Thomas Gurr | Yvonne Kaiser | Laura Kress | Joachim Merchel
Schwer erreichbare junge Menschen:
eine Herausforderung für die Jugendsozialarbeit

Thomas Gurr | Yvonne Kaiser |
Laura Kress | Joachim Merchel

Schwer erreichbare junge Menschen: eine Herausforderung für die Jugendsozialarbeit

Die Autorinnen und Autoren

Thomas Gurr, Jg. 1978, war bis März 2015 wissenschaftlicher Mitarbeiter an der Fachhochschule Münster. Seit September 2015 ist er wissenschaftlicher Mitarbeiter am Institut für Soziologie der Leibniz Universität Hannover in einem von der DFG geförderten Forschungsprojekt zu „Stigma-Bewusstsein von Arbeitslosen und Vorurteile gegenüber Arbeitslosen". Seine Forschungsschwerpunkte sind Armut und Unterversorgung, Jugendsoziologie, qualitative Sozialforschung.

Yvonne Kaiser, Jg. 1975, Dr. phil., war bis März 2015 wissenschaftliche Mitarbeiterin an der Fachhochschule Münster. Seit August 2015 ist sie Leiterin des Bachelorstudiums Soziale Arbeit an der Zürcher Hochschule für angewandte Wissenschaften (ZHAW). Ihre Arbeitsschwerpunkte sind Übergang Schule-Beruf, Kinder- und Jugendhilfeforschung, Qualitative Forschung.

Laura Kress, Jg. 1986, war bis März 2015 wissenschaftliche Mitarbeiterin an der Fachhochschule Münster.

Joachim Merchel, Jg. 1953, Dr. phil., Diplom-Pädagoge, ist Professor für das Lehrgebiet „Organisation und Management in der Sozialen Arbeit" an der Fachhochschule Münster, Fachbereich Sozialwesen, und dort auch Leiter des weiterbildenden Master-Studiengangs „Sozialmanagement".

Bibliografische Information der Deutschen Nationalbibliothek

Die Deutsche Nationalbibliothek verzeichnet diese Publikation in der Deutschen Nationalbibliografie; detaillierte bibliografische Daten sind im Internet über http://dnb.d-nb.de abrufbar.

Werderstr. 10, 69469 Weinheim
www.beltz.de · www.juventa.de
Satz: Marion Jordan, Heusenstamm
Druck und Bindung: Beltz Bad Langensalza GmbH, Bad Langensalza
Printed in Germany

ISBN 978-3-7799-3346-5

Inhaltsverzeichnis

1. Einleitung: Zum Hintergrund und zu den forschungsleitenden Fragestellungen des Projekts

Einrichtungen der Jugendsozialarbeit haben die Aufgabe, solchen jungen Menschen den Übergang in Ausbildung und Beruf zu ermöglichen, die aufgrund sozialer Benachteiligungen und/oder individueller Beeinträchtigungen diesen Übergang ohne Unterstützung nicht bewältigen können. So steht es in § 13 SGB VIII, und so sind dementsprechend die Erwartungen an diese Einrichtungen. Bei der Umsetzung dieser Aufgabe ist es für die Mitarbeiter/innen in den Einrichtungen jedoch bisweilen schwer, einen Zugang zu den Jugendlichen zu finden und den Kontakt zu den Jugendlichen so zu gestalten, dass es zwischen der Organisation und der/m Jugendliche/n ‚passt', der/die Jugendliche das Handeln der Organisationsmitarbeiter/innen als eine Unterstützung empfindet und diese/r somit von der Einrichtung wirkungsvoll ‚angesprochen' oder ‚erreicht' werden kann. Manchmal gestaltet sich der Kontakt so, wie es ein junger Mann in einem mit ihm geführten Interview ausgedrückt hat:

> *„naja wir hatten da auch einen Sozialarbeiter . der . war . dafür mitverantwortlich . dass sie einen Betrieb für mich finden . weil dafür war es ja eigentlich . Unterstützung von denen dass . es denen ihre Aufgabe war irgendwo mir einen Betrieb zu suchen . ich bin zwar selber auch genug rumgelaufen und wie gesagt zwischendurch auch mal Probearbeit gemacht eine Woche . und dann nach einem Monat meinte der Sozialarbeiter . er hat keine Lust mehr da weiterzusuchen auf Deutsch gesagt und . bringt eh nichts wir finden nichts ich soll mir doch . was in einer anderen Richtung suchen . und das hat mich dann auf Deutsch gesagt so angekotzt dass ich dann einfach nicht mehr hingegangen bin . und . dadurch habe ich dann die Kündigung bekommen" (I 31)*

Dieser Jugendliche verdeutlicht in diesem Interviewausschnitt gleichermaßen seine Erwartungen an die Einrichtung wie seine Enttäuschung über das Verhalten des Mitarbeiters, wie er es erlebt hat. Der Jugendliche fühlt sich nicht ausreichend unterstützt. Er spricht der Organisation eine Verantwortung zu, nimmt sich aber auch selbst als aktiv Handelnder wahr, der etwas tut, um einen für ihn passenden Betrieb zu finden. Das Verhalten des Sozialarbeiters empfindet er als wenig unterstützend; er fühlt sich in seinen Bemühungen und mit seinen beruflichen Wünschen nicht aufgenommen. Die Folge ist ein Rückzug, worauf die Organisation nicht mit Bemühungen zur Aufrechterhaltung des Kontakts, sondern mit einem Ausschluss reagiert. Der Kontakt zu dem Jugendlichen ist abgebrochen. Die Organisation hat den Zugang zu dem Jugendlichen verloren, und man kann sich leicht ausmalen, dass diese Erfahrung bei dem Jugendlichen Spuren hinterlassen wird, dass er sich vermutlich künftig gegenüber Kontaktanbahnungen zu anderen Organisationen skeptisch zeigen wird. Die ‚Erreichbarkeit' des Jugendlichen für weitere Organisationen und für deren Unterstützungsbemühungen ist deutlich reduziert. Das Erleben der mangelnden Unterstützung, des Rückzugs und des Ausschlusses können diesen Jugendlichen künftig ‚schwer erreichbar' für Organisationen der Jugendsozialarbeit machen.

Die bisher durch Angebote der Jugendsozialarbeit ‚schwer erreichbaren jungen Menschen', die im Fokus des Forschungsprojekts stehen, haben in ihrem Lebensverlauf Erfahrungen mit Organisationen (Schule, Jugendamt, Einrichtungen der Erziehungshilfe, Organisationen der Jugendsozialarbeit etc.) gemacht, die dazu geführt haben, dass eine angemessene Passung zwischen Individuum und Organisation nicht gefunden werden konnte. Zwischen den jungen Menschen und den Organisationen der Jugendsozialarbeit mit ihren Angeboten und Handlungsprogrammen konnten keine Anknüpfungspunkte gefunden und entwickelt werden, aufgrund derer einigermaßen tragfähige Arbeitsbündnisse hätten entstehen können, die mit einer effektiven Förderung des jungen Menschen einhergehen könnte. In vielen Fällen erwiesen sich Arbeitsbündnisse, die zunächst ansatzweise hergestellt werden konnten, als so brüchig, dass die jungen Menschen sich im Laufe einer Förderungsmaßnahme dem Angebot entzogen oder sich aus der aktiven Mitwirkung herausgelöst haben, so dass ein erstrebter Integrationseffekt nicht erreicht werden konnte.

Die mangelnde Passung zwischen Individuum und Angeboten der Organisationen kann zunächst relativ grob zwei möglichen Faktorenbündeln zugeordnet werden:

- Die biografischen Erfahrungen und die Lebenssituationen der jungen Menschen haben deren Zugang zu den Organisationen der Jugendsozialarbeit markant erschwert oder nicht entstehen lassen.
- Die Organisationen waren, bedingt durch unterschiedliche organisationsinterne und/oder organisationsexterne Konstellationen nicht in der

Lage, ihre Strukturen, Angebote und Handlungsprogramme so auszurichten, dass sie diese jungen Menschen hätten erreichen können.

Beide Faktorenbündel sind in der Formulierung ‚schwer erreichbare junge Menschen' angesprochen: Faktoren, die auf Seiten der jungen Menschen zu identifizieren sind (Biografie, Lebenssituationen, soziale Bezüge etc.) und die es ihnen erschweren, den Zugang zu den Organisationen und Angeboten der Jugendsozialarbeit zu finden, und Faktoren, die in den Organisationen dazu führen, dass diese nur begrenzt in der Lage sind, junge Menschen in schwierigen Lebenssituationen zu erreichen.

Diese fehlende oder nicht ausreichend gelingende Passung zwischen Individuen und Organisationen bildet den zentralen Punkt, auf den sich das Forschungsprojekt richtet, zusammengefasst in der Forschungsfrage: *Welche Faktoren auf Seiten der jungen Menschen und auf Seiten von Organisationen führen dazu, dass bei den ‚schwer erreichbaren jungen Menschen' das Entstehen von tragfähigen Arbeitsbündnissen, die für eine wirkungsvolle Unterstützung und Förderung der jungen Menschen erforderlich sind, markant erschwert oder gar verhindert wird?* Dies ist verbunden mit dem praktischen Interesse, Ansatzpunkte zu finden, um junge Menschen, die sich für Organisationen der Jugendsozialarbeit als ‚schwer erreichbar' erweisen, besser mit für sie akzeptierbaren Angeboten und Arbeitsformen zu integrieren, also die Passungsoptionen zwischen diesen jungen Menschen und Organisationen der Jugendsozialarbeit zu verbessern.

Die Forschungsfrage richtet sich auf eine Zielgruppe und auf den Umgang von Organisationen der Jugendsozialarbeit mit einer Zielgruppe, wie sie in § 13 SGB VIII benannt worden ist: Es sind „junge Menschen, die zum Ausgleich sozialer Benachteiligungen und individueller Beeinträchtigungen in erhöhtem Maße auf Unterstützung angewiesen sind". Es handelt sich also um junge Menschen, denen aufgrund ihrer Lebenssituation die altersgemäße gesellschaftliche Integration bisher nicht ausreichend gelungen ist und/oder denen es aufgrund ihrer persönlichen Merkmale schwerfällt, die für eine gleichberechtigte Teilhabe in der Gesellschaft erforderlichen kognitiven oder sozialen Anforderungen zu erfüllen (Wiesner/Struck 2011, § 13 RZ 3). Damit werden unterschiedliche Gruppen junger Menschen angesprochen, deren biografische Verläufe und deren Lebenssituationen zu verschiedenartigen und bisweilen komplex verwobenen Benachteiligungskonstellationen führen. Diese heterogenen Zielgruppen bedürfen differenzierter und zum Teil individuell ausgerichteter sozialpädagogischer Förderkonzepte, um „ihre schulische und berufliche Ausbildung, Eingliederung in die Arbeitswelt und ihre soziale Integration fördern" zu können (§ 13 SGB VIII).

In der Jugendsozialarbeit sind vielfältige Angebote und Arbeitsansätze entwickelt worden, mit denen Träger und Einrichtungen sich den Anforderungen verschiedener Zielgruppen angenähert und Zielgruppen erfolgreich anzusprechen vermocht haben. Gerade junge Menschen mit sozialen und individuellen Beeinträchtigungen haben es schwer, auf dem Ausbildungs- und Arbeitsmarkt Fuß zu fassen und den altersphasentypischen Schritt des Übergangs von der Schule in das Erwerbsleben ohne Unterstützung erfolgreich zu meistern. Die Ergebnisse des Nationalen Bildungsberichts zeigen für das Jahr 2013, dass knapp 27 Prozent eines Gesamtjahrgangs in das sogenannte Übergangssystem außerhalb des dualen Systems der Berufsausbildung und außerhalb des Schulberufssystems einmünden (Autorengruppe Bildungsberichterstattung 2014, 98; vgl. Kap. 2). Innerhalb des Übergangssystems bestehen neben (berufs-)schulischen Angeboten auch Angebote der berufsbezogenen Jugendsozialarbeit, die insbesondere Jugendliche mit besonderem sozialpädagogischem Förderbedarf im Übergang unterstützen. Stichprobenuntersuchungen und Studien zum Übergangsbereich verweisen jedoch auf z.T. hohe Abbruchquoten dieser Jugendlichen in berufsbezogenen Übergangsmaßnahmen. Zudem werden nicht alle jungen Menschen, die Unterstützung durch solche Angebote benötigen, auch (dauerhaft) von ihnen erreicht. Trotz der Bemühungen insbesondere in den durch die „JUGEND STÄRKEN"-Programme des BMFSFJ geförderten Projekten, mit differenzierenden Angebotsformen verschiedene Zielgruppen für eine Integration in den Ausbildungs- und Arbeitsmarkt zu erreichen, bleibt ein Teil der jungen Menschen, die am Übergang von der Schule in das Erwerbsleben zwar einen besonderen Förderbedarf haben, die jedoch von diesen Angeboten bisweilen nicht oder nur schwer angesprochen werden können.

Zum Übergangssystem, wie es der Nationale Bildungsbericht fasst, zählen unterschiedliche schulische und berufsvorbereitende Maßnahmen (s. Kap. 2), die nur zu einem geringen Teil im engeren Sinne der Jugendsozialarbeit zuzuordnen sind. Der Fokus des Forschungsprojekts ist auf solche Handlungsansätze gerichtet, bei denen ein Träger bzw. eine Einrichtung Aktivitäten entfaltet, die auf eine Hinführung zur oder eine Integration in die Arbeitswelt zielen und die dabei in den Handlungsarrangements die Beeinträchtigungen in der Lebenssituation junger Menschen berücksichtigen und dementsprechend sozialpädagogische Überlegungen und Handlungsweisen einbeziehen. Auch die im Forschungsprojekt kooperierenden Träger und Einrichtungen setzen nicht nur ‚klassische' Jugendsozialarbeitsangebote ein, sondern agieren zu einem erheblichen Teil innerhalb der ‚arbeitsmarktpolitischen Instrumente'. Dementsprechend wird der Begriff ‚Jugendsozialarbeit' im Forschungsprojekt konzeptionell und nicht ausschließlich rechtlich im Sinne § 13 SGB VIII verwendet (genauere Erläuterung s. Kap. 2.1).

Sowohl vor dem Hintergrund des sozialstaatlichen Integrationsauftrags als auch im Hinblick auf die sozialwirtschaftlichen Effekte eines präventiven Handelns, bei dem eine weitere, an eine nächste Generation weitergegebene zirkuläre Verfestigung desintegrativer Lebensverhältnisse mit entsprechend notwendigen sozialen Hilfen möglicherweise unterbrochen werden kann, sind weitere Bemühungen erforderlich, um die jungen Menschen, die sich bisher als ‚schwer erreichbar' erwiesen haben und einen besonderen Unterstützungsbedarf aufweisen, nicht als ‚Restgruppe' aus dem Blick geraten zu lassen. Sie werden insbesondere dann zur mangelnd beachteten ‚Restgruppe', wenn die möglichst schnelle berufliche Integration zur obersten Devise des Handelns wird und der personale und soziale Unterstützungsbedarf, der bei Jugendlichen besteht, aus dem Blick gerät und nicht ausreichend berücksichtigt wird. Somit ist nach Möglichkeiten zu suchen, die auch diesen jungen Menschen mit einem – bisweilen umfassenden – Unterstützungsbedarf eine reale Chance des Zugangs zum Arbeits- und Ausbildungssystem eröffnen. Dies gilt auch vor dem Hintergrund der demografischen Entwicklung und des schon heute zutage tretenden Fachkräftemangels, der auch in ökonomischer Hinsicht die Ausschöpfung aller Potenziale zu einer Herausforderung werden lässt. Auch aus diesem Grund sollten sozialpädagogische Verfahrensweisen und Instrumente zur Integration auch von ‚schwer erreichbaren jungen Menschen' mit besonderem Unterstützungsbedarf am Übergang von der Schule in den Beruf ansetzen und nicht allein die ‚schnelle berufliche Integration' zur primären Handlungsmaxime erheben.

In der Forschungsfrage sind die beiden Bezugspunkte markiert, auf die sich das Forschungsvorgehen richtet:

1. die biografischen Erfahrungen und die Lebenssituationen der jungen Menschen, in denen sich mangelnde Passungen zwischen einem/r Jugendlichen und Organisationen herausgebildet haben: Hier wird danach gefragt, welche biografischen Entwicklungen bei den Jugendlichen möglicherweise dazu geführt haben, dass es zu Schwierigkeiten im Übergang Schule – Ausbildung – Beruf gekommen ist und dass sie zur Bewältigung dieser Schwierigkeiten auch keinen ausreichenden Zugang zu Hilfen der Jugendsozialarbeit gefunden haben. Dabei sind sowohl Erfahrungen mit Institutionen/Organisationen (Schule, Jugendamt, Einrichtungen der Jugendsozialarbeit etc.) als auch familiäre und außerfamiliäre biografische Erfahrungen einzubeziehen, die zu bestimmten Haltungen bei den jungen Menschen oder zu einem bestimmten Lebensstil geführt haben, die ihnen den Zugang zu Angeboten der Jugendsozialarbeit erschwert haben oder möglicherweise dazu geführt haben, dass sich Entwicklungen zu ‚Maßnahmekarrieren' verfestigt haben, aus denen die Jugendlichen kaum herausfinden können.

2. die Strukturen, Prozesse und Handlungsbedingungen in Organisationen der Jugendsozialarbeit: Der Blick auf Organisationen der Jugendsozialarbeit und die damit einhergehende organisationsbezogene Analyse sollen zum einen Bedingungsfaktoren in Organisationen erkennen lassen, die den Jugendlichen den Zugang zu den Organisationen der Jugendsozialarbeit behindern oder ermöglichen, und zum anderen sollen sie Hinweise darauf geben, welche Faktoren aus der Sicht der Organisationsakteur/innen den Zugang zu und den Umgang mit den Jugendlichen der Zielgruppe erschweren oder erleichtern und die Jugendlichen somit zu ‚für die Organisation schwer Erreichbaren' machen.

Im Forschungsprozess werden somit beide Seiten einer mangelnden Passung in den Blick genommen, bei denen sich Entwicklungen in Richtung ‚schwerer Erreichbarkeit' der jungen Menschen verdichtet haben: die Individuen mit ihren Biografien und ihren Erfahrungen mit Organisationen sowie die Organisationen der Jugendsozialarbeit, für deren Akteur/innen diese Jugendlichen nur ‚schwer zu erreichen' sind.

Für den Zugang zu den jungen Menschen und für die Analyse von organisationalen Bedingungen erfolgte im Forschungsprojekt eine Kooperation mit acht Trägern/Einrichtungen der Jugendsozialarbeit. Diese Träger/Einrichtungen verfolgen die Absicht, mit ihren Angeboten Zugang zu den ‚schwer erreichbaren jungen Menschen' zu finden, und haben dementsprechend Erfahrungen im Umgang mit dieser Zielgruppe. Die Träger haben nicht nur mit jungen Menschen aus der Zielgruppe der ‚schwer Erreichbaren' gearbeitet, sondern auch mit solchen jungen Menschen, die Phasen ‚schwerer Erreichbarkeit' in ihren biografischen Verläufen durchlaufen, aber danach wieder ansatzweise Zugang gefunden haben zu Förderungsangeboten, sowie mit solchen jungen Menschen, die aufgrund ihrer Haltungen und Verhaltensweisen in einen Zustand ‚schwerer Erreichbarkeit' abzugleiten drohten. Die acht Träger eröffneten im Forschungsprojekt den Zugang zu verschiedenen jungen Menschen, die zu diesen Einrichtungen in Kontakt standen oder von diesen Einrichtungen betreut wurden bzw. die an Angeboten dieser Einrichtungen teilgenommen haben. Neben der Ermöglichung von Zugängen zu den jungen Menschen der Zielgruppe haben sich diese Träger geöffnet für die organisationsbezogenen Analysen sowie an diesen Analysen und an der Diskussion von Schlussfolgerungen mitgewirkt.

Die mit dem Forschungsprojekt kooperierenden acht Träger/Einrichtungen agieren regional verteilt über das gesamte Bundesgebiet.[1] Die acht

1 Die Auswahl der im Forschungsprojekt kooperierenden Träger/Einrichtungen erfolgte nicht vorwiegend durch die Akteur/innen des Forschungsprojekts, sondern

Träger/Einrichtungen, die sich zu einer Kooperation innerhalb des Forschungsprojekts bereit erklärt haben und über die gesamte Projektlaufzeit mitgewirkt haben, haben unterschiedliche fachliche Profile und unterschiedliche Angebotsprofile. Gemeinsam ist ihnen, dass alle Träger in der Jugendsozialarbeit tätig sind und zumindest in relevanten Teilbereichen ihrer Tätigkeit mit jungen Menschen aus der skizzierten Zielgruppe arbeiten oder mit solchen Jugendlichen, die in diese Zielgruppe hineinzugleiten drohen. Darüber hinaus weisen sie jedoch teilweise deutliche Unterschiede auf im Hinblick auf ihre Strukturen und Handlungsschwerpunkte (vgl. dazu Kap. 3.1).

Zum Argumentationsverlauf der Darstellung

Im nachfolgenden Kapitel wird zunächst der Forschungsstand zum Übergang Schule – Ausbildung – Beruf im Hinblick auf dessen Aussagen zu der hier zur Debatte stehenden Zielgruppe ausgewertet; ferner werden Befunde zu den auf die Zielgruppe ausgerichteten Handlungsansätzen (‚niedrigschwellige Integrationsförderung') referiert (Kap. 2). Kapitel 3 zeichnet die einzelnen Forschungsschritte nach und begründet das Forschungsvorgehen. Den beiden Schwerpunkten im Forschungsvorgehen, den biografischen Interviews mit 44 jungen Menschen und den Organisationsanalysen zu den acht im Forschungsprojekt kooperierenden Trägern auf der Grundlage von insgesamt 41 themenfokussierten Experteninterviews, gingen Recherchen im Rahmen von explorativen Expertengesprächen und eine Fragebogenerhebung mit 253 befragten Jugendlichen voraus. In Kapitel 4 werden insbesondere die familiäre Lebenssituation, die die jungen Menschen in den Interviews zur Sprache gebracht haben, und ihre Erfahrungen mit der Institution Schule analysiert. Die 44 biografischen Interviews erbrachten einen erheblichen Umfang an Datenmaterial, zu dessen Interpretation im Hinblick auf die Forschungsfrage mit dem ‚Agency'-Konzept ein adäquater theoretischer Zugang eröffnet wurde. Das ‚Agency'-Konzept erwies sich als eine produktive theoretische Grundlage, mit der sowohl die biografischen

---

entweder aufgrund bereits im Vorfeld des Forschungsprojekts bestehender Arbeitskontakte zu Personen, die sich für ein Projekt mit einer solchen thematischen Ausrichtung eingesetzt hatten, oder aufgrund der Nennung von Trägern/Einrichtungen durch einige Länderministerien, die um entsprechende Angaben gebeten worden waren. Eine Voraussetzung für eine Kooperation mit dem Forschungsprojekt war, dass die jeweiligen Träger nicht bereits durch eines der Bestandteile aus den „JUGEND STÄRKEN"- Programmen des BMFSFJ gefördert wurden. Ferner sollten die acht Träger/Einrichtungen aus unterschiedlichen Bundesländern kommen.

Erzählungen der Jugendlichen als auch deren Beschreibungen zu ihren Erfahrungen mit Organisationen interpretiert und zueinander in Bezug gebracht werden konnten (Kap. 5). Das Erleben eigener Handlungsmächtigkeit und die den Organisationen zugeschriebene Wirkmächtigkeit sind die beiden Dimensionen, in denen sich das Interviewmaterial strukturieren und auswerten ließ und die es ermöglichten, sechs unterschiedliche Phasen-Typen zu bilden, die die Selbstinterpretationen der jungen Menschen zu unterschiedlichen Phasen ihres Lebensverlaufs und ihrer Kontakte zu Organisationen nachvollziehbar werden lassen. Ebenso lassen sich aus den Charakterisierungen der Phasen-Typen Orientierungen für das sozialpädagogische Handeln der Organisationen formulieren (Kap. 6). In Kapitel 7 richtet sich der Blick auf die Organisationen der Jugendsozialarbeit (im Folgenden: JSA-Organisationen) – aus drei Perspektiven: dem Erleben der Jugendlichen, der Sichtweise der Organisationsakteur/innen (Leitungspersonen und Mitarbeiter/innen) und der Sicht relevanter Organisationen aus dem institutionellen Umfeld der JSA-Organisationen, hier speziell der Akteur/innen aus Jugendämtern und Jobcentern. Es wird danach gefragt, wie sich in den Blickweisen der verschiedenen Akteur/innen der Umgang der JSA-Organisationen mit der Zielgruppe und mit den Anforderungen der Zielgruppe darstellt und welche förderlichen und hinderlichen Faktoren für einen verbesserten Zugang zu der Zielgruppe identifiziert werden können. Abschließend werden aus den verschiedenen Analyse-Teilen praxisbezogene Schlussfolgerungen abgeleitet und zur Diskussion gestellt – auf den vier Handlungsebenen des methodischen Handelns in den Einrichtungen, der Strukturen und Handlungsprogramme innerhalb der JSA-Organisationen, der Ausrichtung im institutionellen Umfeld der JSA-Organisationen und der politisch-administrativen Rahmenbedingungen, innerhalb derer die JSA-Organisationen ihre Arbeit realisieren müssen (Kap. 8).

Der Stellenwert des Forschungsprojekts verdeutlicht sich aus Sicht der Forschungsgruppe vor allem in drei Aspekten. Zum einen nimmt die berufliche Integrationsförderung in der Arbeitsmarkt- und Berufsforschung eine eher marginale Stellung ein, insbesondere dann, wenn man die spezifische Zielgruppe der benachteiligten ‚schwer erreichbaren jungen Menschen' betrachtet; hier trägt die vorliegende Untersuchung dazu bei, die Forschungslücke etwas zu verkleinern. Zum Zweiten wird in dem Forschungsprojekt die biografische mit einer organisationsanalytischen Perspektive verknüpft – ein Schritt, der eigentlich naheliegt, weil sich in der Jugendsozialarbeit junge Menschen mit verschiedenen Biografien immer in speziellen organisationalen Konstellationen bewegen und entsprechend ihrer biografischen Erfahrungen diese organisationalen Konstellationen für sich verarbeiten und bewerten; jedoch wird diese Verknüpfung in vielen Untersuchungen lediglich ansatzweise oder bisweilen gar nicht berücksichtigt.

Zum Dritten wird mit dem ‚Agency'-Konzept eine theoretische Folie nutzbar gemacht, die zwar auch in anderen praxisrelevanten Untersuchungen ansatzweise eingeführt, jedoch nicht konsequent weitergeführt und differenzierend verwendet wurde, so wie es in dieser Untersuchung versucht wurde. Ob und in welcher Weise die aus der Sicht der Forschungsgruppe bestehenden Markierungen des Forschungsprojekts sich als tragfähig und impulsgebend erweisen, wird die weitere fachliche und fachpolitische Diskussion zeigen.

Das Forschungsprojekt „Schwer erreichbare junge Menschen als Zielgruppe der Jugendsozialarbeit" wurde ermöglicht und finanziell maßgeblich gefördert durch das Bundesministerium für Familie, Senioren, Frauen und Jugend (BMFSFJ). Dem BMFSFJ gilt dafür Dank ebenso wie den Mitgliedern des Forschungsbeirats und den acht im Forschungsprojekt kooperierenden Trägern für die vielfältigen fachlichen Anregungen und forschungspraktischen Unterstützungen. Insbesondere ist den jungen Menschen zu danken für ihre Bereitschaft, über sich, ihre Lebenserfahrungen, ihre Wünsche und Vorstellungen und über ihre Erfahrungen mit Organisationen der Jugendsozialarbeit und anderen in ihrem Leben bedeutsamen Organisationen zu berichten. Ohne die Bereitschaft der Jugendlichen, in Interviews mit einem ihnen fremden Menschen über sich zu erzählen, hätte dieses Forschungsprojekt nicht realisiert werden können. Ihnen gilt ebenso ein Dank wie den Mitarbeiterinnen und Mitarbeitern der acht Organisationen der Jugendsozialarbeit und den Mitarbeiterinnen und Mitarbeitern der Jugendämter und der Jobcenter, ohne deren Bereitschaft zum Interview die ‚Organisationsanalyse' nicht möglich gewesen wäre.

2. ‚Schwer erreichbare junge Menschen als Zielgruppe der Jugendsozialarbeit' – Forschungsstand und Handlungsansätze

Im Folgenden werden ausgewählte Ergebnisse aus Forschungen zum Themenfeld Übergang Schule – Ausbildung – Beruf vorgestellt, um das Forschungsanliegen mit vorliegenden Befunden und aktuellen Entwicklungen zu kontextieren und einzuordnen, insbesondere um bisherige Erkenntnisse und Befunde zur Zielgruppe des Forschungsprojektes ‚schwer erreichbare' Jugendliche herauszuarbeiten.

Zunächst gilt es das komplexe Feld der ‚Jugendsozialarbeit' abzustecken, die Komplexität der Angebotslandschaft im Übergangsbereich aufzuzeigen und einige Daten zur Reichweite und zum zahlenmäßigen Umfang der Angebote im Übergangsbereich zu präsentieren. Im zweiten Schritt werden ausgewählte Befunde aus der Übergangsforschung zu Eintritten in berufsvorbereitende Maßnahmen, Abbrüchen und anschließendem Verbleib der Teilnehmenden aufgeführt und empirisch identifizierte ‚typische' Übergangswege gerade von jungen Menschen mit schlechten Ausgangs- und Startbedingungen betreffend ihrer Ausstattung, Herkunft und Bildungsbiografie aufgezeigt, die nicht selten in Ausbildungslosigkeit münden oder zur Aussteuerung führen. Im dritten Teil werden Handlungsansätze vorgestellt, die geeignet erscheinen, diese Zielgruppe zu erreichen.

2.1 ‚Jugendsozialarbeit' und das weite Feld der beruflichen Integrationsförderung

Nähert man sich der ‚Jugendsozialarbeit' – und für die vorliegende Studie insbesondere der berufsbezogenen Jugendsozialarbeit – empirisch, stößt man auf ein unübersichtliches, schwer überschaubares und heterogenes Feld. Einen systematischen Überblick zu geben fällt nicht leicht, nicht zuletzt weil es in den letzten Jahren und anhaltend erheblichen Veränderungen unterworfen war und ist. Dennoch soll im Folgenden der Versuch unternommen werden, das Handlungsfeld und aktuelle Entwicklungen in groben Zügen zu umreißen.

Die Jugendsozialarbeit ist in § 13 des Achten Buches Sozialgesetzbuch (SGB VIII) codiert. In Absatz 1 wird die Zielsetzung der Jugendsozialarbeit formuliert und es werden besondere Merkmale genannt, die die Zielgruppe bestimmen und eingrenzen. Sozialpädagogische Hilfeangebote der Jugendsozialarbeit sollen denjenigen jungen Menschen im Alter von 14 bis 27 Jahren gemacht werden, „die zum Ausgleich sozialer Benachteiligung oder zur Überwindung individueller Beeinträchtigungen in erhöhtem Maße auf Unterstützung angewiesen sind" mit dem Ziel, ihre schulische und berufliche Ausbildung, ihre Eingliederung in die Arbeitswelt und ihre soziale Integration zu fördern. Profilmerkmal der Jugendsozialarbeit ist, dass sie an der Schnittstelle von Schule und dem Ausbildungs- und Arbeitsmarkt tätig ist. Zu den Arbeitsfeldern gehören schulbezogene Angebote, Migrationshilfen, Jugendwohnhilfen, aufsuchende Jugendsozialarbeit und die Jugendberufshilfe, die auch als „Kern- und Gelenkstück" der Jugendsozialarbeit bezeichnet wird (vgl. Galuske 2005). Die vorliegende Studie fokussiert eben letztgenanntes Arbeitsfeld, die sogenannte arbeitswelt- oder berufsbezogene Jugendsozialarbeit und damit Angebote und Maßnahmen, die auf die soziale und berufliche Eingliederung junger Menschen zielen und ihnen Hilfen beim Zugang zu beruflicher Qualifikation und zur Ausbildung und Erwerbstätigkeit anbieten. Hierzu gehören insbesondere Beratungs- und Berufsvorbereitungsangebote und begleitete Ausbildungs- und Beschäftigungsmaßnahmen.

Die gesetzliche Verortung der vorhandenen Angebote im Feld der beruflichen Integrationsförderung basiert jedoch auf einem breiteren Regelsystem. Neben dem Achten Sozialgesetzbuch (SGB VIII) sind als Rechtsgrundlagen für das Handlungsfeld vor allem die Sozialgesetzbücher SGB II (Grundsicherung für Arbeitssuchende) und SGB III (Arbeitsförderung) zentral. Entsprechend den gesetzlichen Regelungen werden Angebote und Maßnahmen von öffentlichen Trägern der Jugend- und Sozialhilfe auf Bundes-, Landes- und kommunaler Ebene finanziert. Dabei ist der Anteil, der aus der Jugendhilfe[1] bezahlt wird, bezogen auf die Kosten für den gesamten Übergangsbereich grob gerechnet mit knapp über 4 Prozent klein

1 Innerhalb der Jugendhilfe selbst ist die Jugendsozialarbeit gemessen am Anteil der Bruttoausgaben an den Gesamtausgaben der Kinder- und Jugendhilfe im Vergleich zu den anderen Handlungsfeldern der Kinder- und Jugendhilfe ein kleines Feld: „Bundesweit lag 2011 der Anteil der Kinder- und Jugendhilfeausgaben für die Jugendsozialarbeit bei 1,4%" (Pothmann o.J., 78).

(vgl. Pingel 2010, 9). Ein Großteil der Maßnahmen wird über das SGB II und SGB III finanziert. Neben den gesetzlichen Sozialleistungen gehören zu den Finanzierungsquellen der Angebote die Kinder- und Jugendpläne und verschiedene Sonder- und Modellprogramme des Bundes und der Länder sowie Mittel des Europäischen Sozialfonds (ESF). Nicht nur in rechtlicher und finanzieller Hinsicht geht die berufsbezogene Jugendsozialarbeit über den Rahmen der Kinder- und Jugendhilfe hinaus, sie ist „im Schnittpunkt von Jugend-, Berufs-, Arbeits- und Migrationspolitik angesiedelt" (Rauschenbach u.a. 2004, 282) und an den Schnittstellen verschiedener Akteure und Verantwortungsbereiche tätig. Den Auftrag und die Notwendigkeit zur Vernetzung mit anderen Akteuren, wie z.B. der Bundesagentur für Arbeit, den Jobcentern, (Berufs-) Schulen und anderen Trägern von Beschäftigungsangeboten, die im Übergang Schule – Ausbildung – Beruf tätig sind, markiert auch das Kooperationsgebot in § 13 Absatz 4 SGB VIII. Agierend in einem solchen Netzwerk hat die Jugendsozialarbeit eine „schwierige Koordinationsaufgabe, in der zunehmend ein ‚Übergangsmanagement' in der Statuspassage zwischen Schule, Ausbildung und Arbeitsmarkt erforderlich ist" (Deutscher Bundestag 2013, 326).[2]

‚Schnittstellenproblematik'

Durch den Erlass des SGB II im Jahre 2005 und die in den folgenden Jahren umgesetzten weiteren gesetzlichen Änderungen und Instrumentenreformen im SGB III hat es im Feld der beruflichen Integrationsförderung starke Veränderungen gegeben. Eine der einschneidenden Veränderungen ist, dass dem SGB II mit seinen Bestimmungen für die Zielgruppe der unter 25-Jährigen die aktive Integration in den Arbeitsmarkt vorbehalten ist. Diese Vorrangigkeit der Zuständigkeit der Grundsicherungsträger hatte erhebliche Folgen für die Jugendsozialarbeit. Sie hat dazu geführt, so konstatiert der 14. Kinder- und Jugendbericht, dass

> „die arbeitsweltbezogene Jugendsozialarbeit nur noch für diejenigen Jugendlichen zuständig [ist], für die ein erhöhter sozialpädagogischer Förderbedarf diagnostiziert wurde. Zugleich mussten sich die Träger daher

---

2 Insgesamt existiert zudem eine weit ausdifferenzierte Landschaft von Trägern der Jugendberufshilfe. Dazu gehören freie und öffentliche Träger sowie privat-gewerbliche Träger auf kommunaler und auf Landes- und Bundesebene. Diese Vielfalt spiegelt sich auch bei den kooperierenden Trägern im Forschungsprojekt wider (vgl. Kap. 3.1).

auch aus Fördermaßnahmen der Bundesagentur für Arbeit zurückziehen, da die Maßnahmen durch die Bundesagentur nunmehr nach Marktkriterien vergeben werden, denen die Träger der Jugendhilfe i.d.R. nicht entsprechen können. Es mehren sich in den letzten Jahren Hinweise darauf, dass dadurch Maßnahmen eingestellt und mithin immer weniger eine Verbindung zwischen sozialpädagogischer und ausbildungsbezogener Förderung stattfindet" (Deutscher Bundestag 2013, 326).

Die Neuausrichtung der Sozial- und Arbeitsmarktpolitik hat die Konkurrenz, die es bereits zuvor zwischen der Jugendsozialarbeit und der Arbeitsförderung gegeben hat, verschärft und umfangreiche und kontroverse Diskussionen um die entstandene „Schnittstellenproblematik" ausgelöst (vgl. z.B. Hampel 2010; Muche u.a. 2010; Pingel 2010; Schruth 2011). Zwar handelt es sich bei der Jugendsozialarbeit um eine kommunale Pflichtleistung, der öffentliche Träger hat jedoch bei den sozialpädagogisch begleiteten Ausbildungs- und Beschäftigungsmaßnahmen (§ 13 Abs. 2 SGB VIII) einen Ermessensspielraum, ob er „unter Berücksichtigung der Nachrangigkeit gegenüber Leistungen anderer Organisationen entsprechende Angebote macht" (Pingel 2010, 5). Und obgleich sich mittlerweile im Sinne einer herrschenden rechtlichen Meinung ein Konsens durchgesetzt hat, dass Jugendsozialarbeit grundsätzlich nicht durch SGB II-Leistungen ersetzt werden kann, wenn sozialpädagogische Unterstützung angezeigt ist, sieht die gegenwärtige Praxis – vor allem aus ökonomischen Gründen – anders aus (vgl. Muche u.a. 2010, 17; Schruth 2011). Aufgrund des Zuständigkeitsgerangels zwischen den unterschiedlichen Sozialgesetzbüchern besteht die Gefahr, dass junge Menschen „im wahrsten Sinne verloren gehen oder zumindest nur suboptimal und nicht abgestimmt und nachhaltig gefördert werden" (Pingel 2010, 7), denn die Zielsetzungen und Integrationsverständnisse der Rechtskreise SGB II, III und VIII unterscheiden sich maßgeblich:

> „Im SGB II und III geht es im Kern um Beschäftigungsförderung mit dem Ziel der Eingliederung in den Arbeitsmarkt unter der Maßgabe des Förderns und Forderns und mit dem Mittel der Sanktionierung. Im SGB VIII sind der Erziehungsgedanke und die Erarbeitung eines individuellen Hilfeprozesses zentral, mit dem Ziel der Entwicklung hin zu einer eigenverantwortlichen und gemeinschaftsfähigen Persönlichkeit" (Muche u.a. 2010, 15).

Inwiefern insbesondere die Befürchtung zutreffend ist, dass sich die öffentlichen Träger der Jugendhilfe (aus Kostengründen) aus der Jugendsozialarbeit zurückgezogen haben, darauf gibt es Hinweise in den Statistiken, wenngleich die Grundlagen für eine empirische Dauerbeobachtung des Arbeitsfeldes erhebliche Leerstellen und Unübersichtlichkeiten aufweisen. So stellte der 14. Kinder- und Jugendbericht des Bundes einmal mehr die defizitäre Datenlage für die Jugendsozialarbeit fest und Experten konstatieren, „dass eine abschließende Bewertung des Status quo an Leistungen und Strukturen in diesem Arbeitsfeld der Kinder- und Jugendhilfe nicht möglich" ist (Pothmann o.J., 113).

Einige Daten und Zahlen zu Angeboten, zu Teilnehmenden, zur Finanzierung und zum Personal der Jugendsozialarbeit werden zwar in der amtlichen Kinder- und Jugendhilfestatistik (Statistisches Bundesamt) erhoben. Pothmann macht in seiner Expertise zur Jugendsozialarbeit in NRW „Benachteiligung in Zahlen" jedoch deutlich, dass die vorliegende Datenlage „derzeit nur ein ausschnitthaftes und wenig aussagekräftiges Bild der Jugendsozialarbeit im Rahmen der Kinder- und Jugendhilfe [zeigt], so dass Rückschlüsse sowohl zu ihrem Umfang als auch zu ihrer Qualität wenig fundiert sind" (Pothmann o.J., 3). Um ein aussagekräftiges Bild zum Umfang der Angebote im Bereich der beruflichen Integrationsförderung zu bekommen, müssen mindestens die Statistiken der Bundesagentur für Arbeit (wie z.B. die Ausbildungsstellenmarkt- und die Förderstatistik) (vgl. Pothmann o.J., 100 ff.) herangezogen werden, darüber hinaus auch Daten und Zahlen zu den geförderten Angeboten im Rahmen von Sonderprogrammen und Initiativen des Bundes und der Länder oder durch die Kinder- und Jugendpläne – systematische Berichterstattungen fehlen diesbezüglich aber weitgehend (vgl. Pothmann o.J., 108).

In der Gesamtschau der vorliegenden Daten kommt Pothmann zur Größenordnung der Jugendberufshilfe-Angebote innerhalb der Kinder- und Jugendhilfe zu dem folgenden Schluss:

> „Die zentralen Grundlagen für dieses Arbeitsfeld sind zwar im SGB VIII verankert, empirisch spielen aber die entsprechenden Handlungsfelder in der Kinder- und Jugendhilfe kaum noch eine Rolle bzw. sind organisatorisch so unterschiedlich und unübersichtlich gestaltet, dass sie kaum noch sichtbar gemacht werden können" (Pothmann o.J., 5).

Seiner Ansicht nach manifestieren sich in den Ergebnissen der amtlichen Kinder- und Jugendhilfestatistik die Befürchtungen, „dass sich die Kinder- und Jugendhilfe mit der Neuausrichtung der Sozial- und Arbeitsmarktpolitik aus Kostengründen aus der Jugendberufshilfe zurückzieht" (Pothmann o.J., 85). Vor dem Hintergrund dieser Einschätzung ist die Jugendhilfe dahingehend kritisch zu befragen, inwiefern sie eine Zielgruppe vernachlässigt und aus dem Blick verliert, die offensichtlich einen besonderen sozialpädagogischen Förderbedarf hat und genuin in den Zuständigkeitsbereich des

SGB VIII fällt. Die Jugendhilfe ist hier aufgefordert, sich ihrer Zuständigkeit anzunehmen.

Maßnahmen und Angebote im Übergangssystem

Einen Überblick über die Größenordnung der außerhalb der Kinder- und Jugendhilfe geförderten Maßnahmen und Regelangebote der Bundesagentur für Arbeit geben z.B. die Nationalen Bildungsberichte und die Berufsbildungsberichte. In der Nationalen Bildungsberichterstattung wird seit 2006 neben dem dualen und dem Schulberufssystem das berufliche Übergangssystem als drittes Teilsystem der Sektoren des beruflichen Ausbildungssystems unterhalb der Hochschulebene unterschieden. Dieses umfasst

> „(Aus-) Bildungsangebote, die unterhalb einer qualifizierten Berufsausbildung liegen bzw. zu keinem anerkannten Ausbildungsabschluss führen, sondern auf eine Verbesserung der individuellen Kompetenzen von Jugendlichen zur Aufnahme einer Ausbildung oder Beschäftigung zielen und zum Teil das Nachholen eines allgemein bildenden Schulabschlusses ermöglichen" (Konsortium Bildungsberichterstattung 2006, 79).

Zu den Maßnahmen des Übergangssystems, so wie es im Nationalen Bildungsbericht gefasst ist, gehören in erster Linie die berufsvorbereitenden Bildungsmaßnahmen (BvB) (§ 51 SGB III) und die Einstiegsqualifizierung (EQ) (§ 54a SGB III) als zwei Maßnahmen aus der umfangreichen Palette an Regelangeboten der Bundesagentur für Arbeit (vgl. BIBB 2013, 256).

Von Bedeutung sind zudem die auf den Schulgesetzen der Länder basierenden einjährigen Bildungsgänge in berufsbildenden Schulen, wie das Berufsvorbereitungsjahr (BVJ), das Berufsgrundschul- bzw. Berufseinstiegsjahr (BGJ/BEJ)[3] und die Bildungsgänge an Berufsfachschulen, die keinen beruflichen Abschluss vermitteln. Nach der Autorengruppe BIBB/Bertelsmann Stiftung (2011, 6) gehören die berufsvorbereitenden Bildungsmaßnahmen (BvB), die Berufsvorbereitungs- und Berufsgrundbildungsjahre (BVJ/BGJ) der Bundesländer und die betriebliche Einstiegsqualifizierung zu den am stärksten besetzten Angeboten.

Neben den berufsbezogenen Angeboten der Jugendsozialarbeit nach § 13 SGB VIII (wie z.B. Jugendwerkstätten), den arbeitsmarktpolitischen Instrumenten und den berufsvorbereitenden Bildungsgängen an berufli-

3 In den Bundesländern gibt es z.T. unterschiedliche Bezeichnungen für diese Bildungsgänge.

chen Schulen lassen sich dem Feld der beruflichen Integrationsförderung eine Reihe an Angeboten und Projekten zuordnen, die in den letzten Jahren im Rahmen von Förderinitiativen und Sonderprogrammen von Bund und Ländern aufgelegt worden sind (vgl. hierzu BIBB 2014, 248), wie z.B. die Initiativen „Bildungsketten" (BMBF) und „JUGEND STÄRKEN" (BMFSFJ). Insgesamt existieren damit im Übergangsbereich Schule – Ausbildung – Beruf vielfältige Angebote zur Unterstützung, die heute kaum zu überschauen sind und einen undurchsichtigen ‚Förder- und Maßnahmedschungel' bilden.

Zwischenfazit bzw. Entscheidungen im Rahmen des Forschungsprojekts

Der aufgezeigten Komplexität des Feldes Rechnung tragend, wird der Begriff ‚Jugendsozialarbeit' im Rahmen des Forschungsprojektes nicht vorwiegend rechtlich im Sinne des § 13 SGB VIII verwendet, sondern konzeptionell. Mit ‚Jugendsozialarbeit' sind solche Handlungsansätze gemeint, bei denen ein Träger/eine Einrichtung Aktivitäten entfaltet, die auf eine Hinführung zur oder eine Integration in die Arbeitswelt zielen und die dabei in den Handlungsarrangements die Beeinträchtigungen in der Lebenssituation junger Menschen berücksichtigen und dementsprechend sozialpädagogische Überlegungen und Handlungsweisen einbeziehen.

Muche u.a. (2010) folgend, ist jedoch davon auszugehen, dass die Zugangs- und Rahmenbedingungen der arbeitsmarktorientierten Instrumentarien des SGB II und SGB III nicht die schwierigen Lebenslagen einer spezifischen Zielgruppe treffen und damit zum Scheitern von Jugendlichen beitragen, sei es, dass die jungen Menschen „gar nicht erst in Qualifizierungsmaßnahmen ankommen, diese abbrechen oder sie ohne verwertbare Ergebnisse beenden" (Muche u.a. 2010, 5). Somit ist zu befürchten, dass diese Förderkonzepte für viele Jugendliche nicht geeignet sind und sie die vorliegende Hilfebedürftigkeit nicht beenden, sondern sogar zu deren Verstetigung beitragen (vgl. Muche u.a. 2010, 5) oder gar „eine zunehmende Zahl von Jugendlichen und jungen Erwachsenen mit den vorhandenen existierenden Angeboten nicht mehr erreicht wird und viele Jugendliche abtauchen bzw. gänzlich aus dem Hilfenetz verschwinden" (Muche u.a. 2010, 7).

Gerade diese spezifische Zielgruppe fokussiert das Forschungsprojekt. Es geht im Rahmen der Studie um ‚schwer erreichbare junge Menschen', zu denen Jugendliche gezählt werden,

a) die bisher keinen Zugang zu Angeboten der Jugendsozialarbeit oder anderen Angeboten der beruflichen Integration gefunden haben und die für sich noch keine Lebensperspektive jenseits sozialstaatlicher Transferleistungen entwickelt und praktisch umgesetzt haben (‚Nichterreichte');
b) die sich aktuell in einer Maßnahme/einem Angebot der Jugendsozialarbeit befinden, aber bereits einmal oder mehrmals eine Maßnahme abgebrochen haben (‚Abbrecher');
c) die sich aktuell in einer Maßnahme befinden, deren weitere Beteiligung oder deren Maßnahmeerfolg aber von den Mitarbeiter/innen als fraglich/bedroht eingeschätzt wird (‚Abbruchgefährdete').

Empirische Untersuchungen zur Größenordnung und zu spezifischen Merkmalen dieser Zielgruppen gibt es nur wenige.

Im Hinblick auf die Größenordnung der Gruppe A bzw. zum Umfang der Zielgruppe der 14- bis 27-Jährigen, die aus allen institutionellen Kontexten herausfallen, gab es bislang nur eine vorsichtige Schätzung. Folgt man der Expertise „Zur Situation ausgegrenzter Jugendlicher" von Tillmann und Gehne (2012), der eine Befragung von Fachkräften aus der freien und öffentlichen Kinder- und Jugendhilfe zugrunde liegt, sind es bundesweit etwa 80.000 junge Menschen[4], „die sich außerhalb von Bildungsinstitutionen befinden, die außerdem zur Sicherung ihres Lebensunterhalts nicht auf reguläre Erwerbseinkommen oder Sozialleistungen zurückgreifen (können)" (Tillmann/Gehne 2012, 13). Die Expertise gibt zudem einige Aufschlüsse über Gefährdungspotenziale und Risikofaktoren der Ausgrenzung junger Menschen. Die befragten Praktiker/innen betrachten als Risiko, von Ausgrenzung betroffen zu sein, auf der individuellen Ebene vor allem fehlende Bildungsabschlüsse, unsicheren Aufenthaltsstatus, soziale Herkunft und psychische Erkrankungen. Zu den strukturellen Ausgrenzungsrisiken zählen ihrer Ansicht nach Phasen längerer Arbeitslosigkeit, die Zeit nach Abbruch einer Maßnahme und die derzeitige Sanktionspraxis junger Erwerbsloser im SGB-II-Bereich. Ein weiterer Versuch, die Größenordnung der unterschiedenen Gruppen in den Blick zu bekommen und Aufschluss über spezifische Merkmale dieser jungen Menschen zu erhalten, bieten die

4 „Die Gruppe der ausgegrenzten Jugendlichen und jungen Erwachsenen umfasst solche 14- bis 27-Jährigen, die sich außerhalb von Bildungsinstitutionen befinden, die außerdem zur Sicherung ihres Lebensunterhalts nicht auf reguläre Erwerbseinkommen oder Sozialleistungen zurückgreifen (können), sondern sich z.B. durch Betteln, Schwarzarbeit, Drogenhandel, (Klein-)Kriminalität oder illegale Prostitution alimentieren. Auch sind Jugendliche und Heranwachsende gemeint, denen Sozialleistungen durch Sorgeberechtigte vorenthalten werden, oder solche, die sich als illegale Einwanderer in Deutschland aufhalten" (Tillmann/Gehne 2012, 13).

Erhebungen von NEET-Raten bzw. Studien zum NEET-Status von Jugendlichen, also von jungen Menschen, die sich nicht in Beschäftigung, (Aus)Bildung oder Qualifizierungsmaßnahmen befinden (vgl. Kap. 2.2). Diese Untersuchungen stehen jedoch für die deutsche Situation noch aus bzw. deren Inblicknahme wird gerade erst diskutiert.

Zu den beiden skizzierten Gruppen (B und C) lassen sich Hinweise zur Größenordnung und zu spezifischen Merkmalen der jungen Menschen in Untersuchungen finden, die einzelne Übergangsmaßnahmen und deren Teilnehmerschaft genauer in den Blick nehmen, sowie über die Längsschnitterhebungen des Bundesinstituts für Berufsbildung (BIBB) und des Deutschen Jugendinstituts (DJI) zu Übergangsverläufen von jungen Menschen, die Auskunft darüber geben, welche Jugendlichen in Übergangsmaßnahmen einmünden, aus welchen Gründen sie Maßnahmen abbrechen oder erfolgreich abschließen und wo sie nach Austritt bzw. im Anschluss verbleiben (Kap. 2.3).

2.2 Befunde zu Jugendlichen, die weder in Beschäftigung, (Aus-)Bildung oder Schulung sind (NEET)

Um sich der Zielgruppe zu nähern, die im Übergang Schule – Ausbildung – Beruf aus allen institutionellen Kontexten herausgefallen sind, findet gegenwärtig zunehmend das Akronym NEET Verwendung. NEET steht für Jugendliche, die sich weder im Arbeitsmarkt oder im Bildungssystem noch in Qualifizierungsmaßnahmen befinden (Not in Employment, Education or Training)[5]. Der NEET-Indikator wird als Ergänzung zur Jugendarbeitslosigkeitsquote fokussiert, in der Hoffnung, mit diesem Indikator auch Jugendliche erfassen zu können, die sich schon weiter vom Arbeitsmarkt entfernt haben. „Somit repräsentiert der NEET-Indikator in gewissem Sinne auch ein Maß für die soziale Ausgrenzung von Jugendlichen und jungen Erwachsenen, wobei anzumerken ist, dass nicht jede/r NEET-Jugendliche von sozialer Ausgrenzung bedroht ist und nicht alle sozial ausgegrenzten Jugendlichen durch den NEET-Indikator erfasst werden“ (Bacher u.a. 2013, 104). Dehmer und Steinle (2011, 547) unterscheiden NEET-Jugendliche im engeren und weiteren Sinne. Im engeren Sinne sind dies: „Junge Menschen im Alter zwischen 15 und 27 Jahren, die keine schulische oder berufliche Ausbildung machen, an keinerlei Maßnahmen des Übergangssystems teilnehmen und nicht arbeiten.“ Im weiteren Sinne handelt es sich hier um

5 Zur Entstehung, zur Verbreitung und zur Funktion des Begriffs vgl. Eurofound 2012.

junge Menschen, die „zwar noch schulpflichtig sind, die Institution Schule allerdings aktiv oder passiv ablehnen oder abbrechen, sowie junge Menschen, die (wiederholt) Maßnahmen des Übergangssystems durchlaufen, deren Chancen auf berufliche Integration sich dadurch aber nicht verbessern." Deutlich wird, dass die im Forschungsprojekt fokussierten Gruppen zum Teil in der Bezeichnung enthalten sind. Dennoch liegt mit dem Zusatz ‚schwer erreichbar' eine andere Akzentuierung vor, die vor allem für die vorliegende Untersuchung den besonderen Organisationsbezug kennzeichnet und beide Betrachtungsebenen (vgl. Kap. 1) verbindet.

In Großbritannien hat die Forschung zu NEET-Jugendlichen bereits eine lange Tradition (vgl. z.B. Furlong 2007). Studien, die allerdings bei der Eingrenzung der Zielgruppe stark variieren – mal 16- bis 18-Jährige, mal 15- bis 24-Jährige – und lediglich Ableitungen für den nationalen/regionalen Kontext zulassen, haben dort a) verschiedene Risikofaktoren identifiziert, u.a. ein sozial benachteiligtes Umfeld, gesundheitliche Beeinträchtigungen, Lernbeeinträchtigungen, frühe Schwangerschaft, Obdachlosigkeit, Drogen und Alkoholkonsum, Migrationsstatus, erwerbslose Eltern, Eltern mit geringerer Bildung, Pflegebedürftigkeit oder Erfahrung in Pflegearrangements usw. und b) auch die Folgen von NEET-Phasen dargelegt: höhere Wahrscheinlichkeit von späterer Arbeitslosigkeit, Wohnungslosigkeit, geringerer Verdienst, weitere physische und psychische Beeinträchtigungen usw. (Cusworth u.a. 2009; Coles u.a. 2010).

Sowohl die Europäische Kommission (2012) als auch die Bundesregierung haben diese Zielgruppe als Herausforderung wahrgenommen und nunmehr stärker im Blick. Das Bundesministerium für Arbeit und Soziales (BMAS 2014) weist eine NEET-Rate von 7,1 Prozent (640.000 Jugendliche) aus. Dies sind Personen, die weder einer Beschäftigung nachgehen noch sich in Ausbildung und Bildung befinden. Von diesen 640.000 Jugendlichen sind laut BMAS 370.000 Nichterwerbspersonen, also Personen, die dem Arbeitsmarkt aus verschiedenen Gründen nicht zur Verfügung stehen. Obwohl der Anteil an allen Personen in der Altersgruppe zwischen 15 und 24 Jahren im internationalen Vergleich vergleichsweise niedrig liegt, verdeutlichen diese Zahlen bereits die Bedeutung von (sozial)politischen Steuerungs- und Gestaltungsengagements und weiterem Forschungsbedarf. Durch verschiedene Maßnahmen (u.a. Jugendberufsagentur, Sozialpartnerschaft, Ausbildungspakt) sollen diesen jungen Menschen am Übergang von der Schule in Beruf/Ausbildung möglichst passgenaue Angebote eröffnet werden (BMAS 2014).

Obgleich für diese Personengruppe über so genannte NEET-Raten und den Vergleich mit anderen Indikatoren Daten auf verschiedenen Ebenen vorliegen (Eurofound 2012), ist Skepsis über das Ausmaß und die Verteilung angebracht[6]. Vermehrt sind auch kritische Stimmen zu vernehmen, die darauf hinweisen, dass mit einer neuen NEET-Kategorie und deren Konjunktur neben den möglichen Vorteilen (wie Sensibilität für die Gruppe und das Dunkelfeld, Abkehr von der Fixierung auf Erwerbsarbeit oder der Vergleich- und Messbarkeit, Planbarkeit von politischen und pädagogischen Interventionen) auch Nachteile verbunden sein können. So bleibt unklar, welche gemeinsamen Merkmale die Personen dieser Gruppe eigentlich teilen (Furlong 2006), oder es werden Zweifel laut, ob diese Kategorie für die Beschreibung einer so heterogenen Gruppe, deren Verteilung und Zusammensetzung gegenwärtig noch unklar zu sein scheint, und die Ableitung zielgruppenadäquater sozialpolitischer und pädagogischer Interventionen geeignet ist. So kommt Furlong (2006, 564) zu dem Schluss, dass „one narrow and outdated concept (unemployment) has now been replaced with another inadequate category (NEET) which fails to provide an imaginative basis for policies towards vulnerable youth." Dehmer und Steinle (2011) verweisen überdies auf die Gefahr einseitiger Zuschreibung von Verantwortung und den defizitären Charakter des Begriffs. Die wenigen Beiträge aus der (noch) sehr dürftigen Forschungslage betonen vor allem die kommunalen/regionalen Herausforderungen für die Handlungspraxis und stellen vielfach bei unterschiedlichen Schwerpunkten und stark variierenden Definitionen der Gruppe regionenspezifische Anleitungen/‚Assessment' und ‚Tool-Kits' zur Verfügung (vgl. exemplarisch DCSF 2008; Scottish Executive 2006; LSN 2009).

In Deutschland ist der Kenntnisstand über NEET-Jugendliche vergleichsweise gering. Eine beispielhafte und für die vorliegende Arbeit instruktive Studie zu NEET-Jugendlichen, die die Heterogenität dieser besonderen Gruppe berücksichtigt, wurde jüngst in einem durch das Österreichische Arbeitsministerium geförderten Verbundprojekt durchgeführt. Hier (Bacher u.a. 2014) wird über verschiedene methodische Zugänge ein

6 Verschiedene Autor/innen (Hauser 2007; Helbig/Nikolai 2008) verweisen auf beträchtliche allgemeine methodische Mängel bei den zugrunde liegenden (EU-SILC) Datensätzen. Was sind die Altersgrenzen, was die Referenzperioden: 1 Monat außerhalb des Bildungssystems oder 24 Monate, oder 6 Monate innerhalb eines Jahres oder 2 Jahre am Stück? Wie werden Fortbildungen und Trainingsmaßnahmen abgebildet und abgefragt? Alle diese Fragen variieren bei den unterschiedlichen Zugängen zur Darstellung dieser Gruppen, was eine Vergleichbarkeit deutlich erschwert. Hinzu kommt, dass diese ohnehin unterrepräsentierte Gruppe durch ihre spezifischen Charakteristika schlecht verfügbar für Umfragen sein dürfte, insbesondere dann, wenn die Datenerhebung auf persönliche Befragungen verzichtet und lediglich postalisch erfolgt.

differenziertes Bild der NEET-Jugendlichen dargestellt, Risikofaktoren, besondere Charakteristika und Untergruppen werden identifiziert sowie Handlungsempfehlungen für die Reduzierung dieser Gruppe – allerdings für Österreich – aufgezeigt. Die Studie zeigt z.B., dass das NEET-Risiko insbesondere von den Faktoren früher Schulabgang, vorausgehende Arbeitslosigkeitserfahrungen, Krankheiten und Beeinträchtigungen direkt abhängt; bei jungen Frauen erhöht es sich zudem als Folge von Betreuungspflichten für Kinder unter drei Jahren. Soziostrukturellen Variablen des Alters, des Wohnortes und des Migrationshintergrundes kommt eine indirekte Wirkung zu. Die Forschergruppe weist darauf hin, dass über die explorativen Pfadanalysen jedoch nur ein Teil des NEET-Risikos erklärt werden kann und „die Komplexität der NEET-Ursachen (...) erst in Kombination mit den qualitativen Forschungsergebnissen sichtbar" wird (Bacher u.a. 2013, 117).

2.3 Befunde aus der Übergangsforschung

Zur Größenordnung des Übergangssystems insgesamt gibt die Nationale Bildungsberichterstattung Auskunft. Anhand der Bildungsberichte wird deutlich, dass der Anteil der Neuzugänge ins Übergangssystem in den letzten Jahren zwar gesunken ist, nach wie vor jedoch eine große Gruppe junger Menschen ins Übergangssystem mündet: Waren es 2005 36,3 Prozent, betrug der Anteil 2010 30,5 Prozent. 2013 befanden sich knapp 27 Prozent eines Gesamtjahrgangs und damit fast 258.000 junge Menschen im Übergangsbereich[7] (vgl. Autorengruppe Bildungsberichterstattung 2014, 98).

Trotz demografischer Wandlungsprozesse bestätigt sich im aktuellen Nationalen Bildungsbericht, dass das schulische Bildungsniveau und die Staatsangehörigkeit als soziale Merkmale den Einmündungsprozess in die Berufsbildung am stärksten selektiv beeinflussen (Autorengruppe Bildungsberichterstattung 2014, 99 f.). Etwa zwei Fünftel der Jugendlichen mit Hauptschulabschluss münden ins Übergangssystem und insbesondere ausländische Jugendliche sind beim Zugang ins Übergangssystem deutlich überrepräsentiert:

---

7 Allerdings gibt es bezüglich des Anteils der Neuzugänge im Übergangssystem zwischen den Bundesländern große Unterschiede: „Diese reichen für das Jahr 2006 von 18,5 Prozent in Bremen bis zu 49 Prozent in Nordrhein-Westfalen." (Braun/Geier 2013, 13).

„Mündet bei den deutschen Neuzugängen jeder Vierte ins Übergangssystem, so ist es bei den Ausländern fast die Hälfte. Bei den unteren Schulabschlusskategorien steigen bei den ausländischen Jugendlichen die Einmündungsquoten im Übergangssystem auf annähernd 85% bei Neuzugängen ohne Hauptschulabschluss und auf fast drei Fünftel mit Hauptschulabschluss" (Autorengruppe Bildungsberichterstattung 2014, 100).

Insbesondere die Frage, wie sich der Übergang der Jugendlichen mit Migrationshintergrund von der Schule in die Ausbildung gestaltet, hat Expert/innen in den letzten Jahren intensiv beschäftigt, so dass zu diesem Bereich mittlerweile verschiedene Expertisen vorgelegt worden sind (vgl. stellvertretend Kuhnke/Müller 2009; Christe 2011).

2.3.1 Stichprobenuntersuchungen zu spezifischen berufsvorbereitenden Angeboten

Im letzten Jahrzehnt hat es verschiedene Untersuchungen im Rahmen von Begleitforschungen zu einzelnen Programmen (vor allem zur Neuen Förderstruktur bzw. dem Neuen Fachkonzept der Bundesagentur für Arbeit[8]) gegeben[9], die Programmumsetzungen und Wirkungen einzelner Bausteine des Übergangssystems Schule - Ausbildung - Beruf im Sinne von Kompetenzzuwachs, Zertifikaten oder Vermittlungsquoten in eine reguläre Ausbildung untersucht haben. Dennoch sind viele Fragen empirisch noch unbeantwortet, wie z.B. die Frage nach den Wirkungen vorhandener Maßnahmen im Vergleich oder nach der Verwertbarkeit der Maßnahmen aus längerfristiger Perspektive. Mit Baethge u.a. (2007, 50) ist dies einerseits auf die oben schon angedeutete große Unübersichtlichkeit des Übergangssystems in Bezug auf Bildungsangebote, Zielgruppen, Träger, Zuständigkeiten und Qualifizierungsziele zurückzuführen, andererseits auf das Fehlen bzw. die Herausforderungen bei der Realisierung systematischer Evaluationen. Mit welchen besonderen methodischen Schwierigkeiten vergleichende Untersuchungen konfrontiert sind, verdeutlicht exemplarisch die quantitative statistische Evaluation von Kuhnke und Skrobanek (2011). Im Abschlussbericht der Vergleichsuntersuchung von drei berufsvorbereitenden Angeboten (BVJ, BvB, Produktionsschulen) weisen die Autoren auf die metho-

---

8 Vgl. BA 2004

9 Vgl. zum Beispiel Christe 2006; INBAS 2006; Bleck/Enggruber 2007; G.I.B./IAB 2010; Plicht 2010

dischen Herausforderungen[10] hin, die zu bewältigen sind, um über einen beschreibenden Vergleich hinaus Schlüsse hinsichtlich der Wirksamkeit der Angebote auf bestimmte Zielvariablen zu ziehen. So ist mit Blick auf das Feld insgesamt nach wie vor die Feststellung von Christe zutreffend, „dass es bislang nur wenige empirisch abgesicherte Erkenntnisse darüber [gibt], welche *Wirkungen* die verschiedenen Maßnahmen haben" und nicht hinreichend empirisch belegt ist, „ob sie die berufliche Integration Jugendlicher fördern oder eher wenig effektive Warteschleifen sind" (Christe 2011, 6).

Hier eine systematische Zusammenschau der bisher durchgeführten Stichprobenuntersuchungen zu einzelnen Maßnahmetypen vorzulegen, würde den Rahmen sprengen und ist für die vorliegende Forschungsstudie weder notwendig noch zielführend. Im Rahmen des Forschungsprojektes interessieren weniger die Wirkungen der Maßnahmen im Sinne von Übergangsquoten aus den Maßnahmen, sondern vielmehr Faktoren, die Einfluss auf die ‚(Nicht-)Erreichbarkeit' der jungen Menschen für den Eintritt in und die regelmäßige (bzw. reguläre Beendigung der) Teilnahme an einer Maßnahme haben. Insofern werden im Folgenden ausgewählte Befunde zu Teilnehmenden mit sogenannten Maßnahmekarrieren präsentiert, insbesondere zu den jungen Menschen, die schon Abbrüche von Maßnahmen erlebt haben oder deren Maßnahmeteilnahme gefährdet ist (Gruppe B und C). Im Folgenden werden dementsprechend zunächst exemplarisch einige Ergebnisse zum Umfang von und zu den Gründen für Abbrüche aus Untersuchungen in berufsvorbereitenden Maßnahmen (BvB und Werkstattjahr) vorgestellt.

Eine repräsentative Studie des Instituts für angewandte Bildungsforschung GmbH (IfaB 2006) widmet sich explizit und ausführlich der „Abbrecherproblematik in berufsvorbereitenden Bildungsmaßnahmen"[11] der Bundesagentur für Arbeit und gibt einen fundierten Einblick in die Strukturen des Abbruchs aus Sicht der Mitarbeitenden bei den Bildungsträgern, der teilnehmenden Jugendlichen und Expert/innen aus Wissenschaft und Praxis. Die Studie kommt zu dem Ergebnis, dass knapp ein Viertel der Teilnehmer/innen ihre berufsvorbereitende Bildungsmaßnahme vorzeitig und ersatzlos abbrechen. Dabei wird mit Abstand am häufigsten „Fehlzeiten" als

---

10 So sind z.B. Verfahren zur Bildung homogenisierter Vergleichsgruppen notwendig, um nicht „Birnen mit Äpfeln" zu vergleichen, die jedoch zur Folge haben können, dass auf Variablen verzichtet werden muss, um eine ausreichend große Zahl – im Fall der genannten Studie statistischer Drillinge – generieren zu können.

11 Betrachtet worden sind hier sowohl Angebote im Rahmen des alten Lehrgangskonzepts wie z.B. der Förderlehrgang, der Lehrgang zur Verbesserung beruflicher Bildungs- und Eingliederungschancen und der tip-Lehrgang als auch das Angebot „Neue Förderstruktur für Jugendliche mit besonderem Förderbedarf" (NFS) der BA.

Abbruchgrund genannt (64% aller Nennungen in der Kernuntersuchung, vgl. IfaB 2006, 194). Aus Sicht der Mitarbeitenden führen folgende Gründe zu hohen Fehlzeiten:

> „Neben der fehlenden Motivation (42%) wurde vor allem das schwierige Umfeld, welches durch den negativen Einfluss der Peergroup und die mangelnde Mithilfe der Eltern gekennzeichnet ist, für dieses Phänomen verantwortlich gemacht. Auch psychische und physische Krankheiten spielen eine nicht unerhebliche Rolle" (IfaB 2006, 196).

Es sind vor allem Jugendliche ohne Schulabschluss (23%), die aufgrund von ‚Fehlzeiten' ihre Maßnahme mit einem Abbruch beenden, wohingegen Teilnehmende mit Hauptschulabschluss diese Entscheidung nur in 12 Prozent der Fälle treffen (IfaB 2006, 194). Bei den Abbruchgründen an zweiter Stelle stehen „Konflikte und Verhaltensauffälligkeiten" (20%), gefolgt von „fehlender Ausbildungsfähigkeit oder -reife" (12%). Des Weiteren fällt die Begründung „Krankheit" (5%) – worunter physische und psychische Erkrankungen gefasst werden – ins Gewicht. Eine untergeordnete Rolle bei der Abbruchentscheidung spielen laut der Untersuchung andere Gründe wie Sprachprobleme, geschlechtsspezifische, kulturelle oder religiöse Faktoren oder eine fehlende Arbeits- oder Aufenthaltserlaubnis (vgl. IfaB 2006, 195).

Vertiefende Einsicht in die Gründe für Abbrüche ermöglicht ein differenzierter Blick auf die Einschätzungen von Mitarbeitenden und den Teilnehmenden selbst. Bei der Frage nach Abbruchgründen betonen die Mitarbeitenden, „dass stets eine Kombination aus Gründen – ohne eine feste Rangfolge – ursächlich für einen Abbruch seien. Etwa 30 Prozent der Mitarbeiter/innen gaben eine fehlende Motivation, Desinteresse und mangelndes Durchhaltevermögen als Gründe für einen Abbruch der BvB an" (IfaB 2006, 197). Bei jungen Frauen spielen aus Sicht der Mitarbeitenden auch „Schwangerschaft, Heirat oder Mutterschaft" und die Bedeutung des Privatlebens als Faktoren für einen potenziellen Abbruch eine Rolle. Angeführt werden auch Sucht- und Drogenproblematik als Gefährdungsfaktor für die reguläre Beendigung einer BvB sowie Prüfungsangst und Leistungsdruck (vgl. IfaB 2006, 198). Die Teilnehmenden selbst geben eine große Bandbreite an möglichen Ursachen für den Abbruch von berufsvorbereitenden Bildungsmaßnahmen an: „Während etliche Befragte den Unterricht als zu langweilig und ohne jede Herausforderung empfanden, fühlten sich andere Jugendliche kaum unterstützt und gefördert im Hinblick auf eine Vermittlung in passgenaue Praktika und fachpraktischen Kompetenzerwerb" (IfaB 2006, 199).

Diese Befunde zu Abbruchquoten und -gründen finden sich in aktuelleren Studien bestätigt. In der repräsentativ angelegten Begleitforschung zum „Neuen Fachkonzept BvB“ kommt Plicht (2010) zu dem Ergebnis, dass rund 31 Prozent der jungen Menschen ihre BvB-Teilnahme vorzeitig ohne direkten oder zugesagten Übergang beendeten. Von dieser Gruppe, die sie als „Abbrecher“ bezeichnet, ist die Mehrzahl (59%) aus Gründen fehlender Motivation und/oder vertragswidrigen Verhaltens (z.B. unentschuldigtem Fehlen, Drogenkonsum etc.) vorzeitig aus der BvB ausgeschieden bzw. ausgeschlossen worden. Zu den sonstigen Gründen gehören bei den restlichen 41 Prozent z.B. Umzug, Krankheit oder Haft. Im Durchschnitt brechen also laut dieser Untersuchung gut 19 Prozent aller Maßnahmeteilnehmenden eine Maßnahme vorzeitig aus Motivations-/Verhaltensgründen ab (vgl. Plicht 2010, 35 f.)

Dies findet sich bei der Vergleichsuntersuchung von Kuhnke/Skrobanek (2011) bestätigt. Als Hauptgründe für die Abbrüche von Berufsvorbereitungen (BvB, Produktionsschulen, BVJ) werden – hier von den Jugendlichen – aus einer vorgegebenen Liste „in der Reihenfolge ihrer Häufigkeit vor allem hohe Fehlzeiten, Kündigung wegen Konflikten, Probleme mit den Leistungsanforderungen sowie gesundheitliche Probleme genannt" (Kuhnke/Skrobanek 2011, 39).

Die empirische Untersuchung der Programmumsetzung des Werkstattjahres, einer berufsvorbereitenden Maßnahme in Nordrhein-Westfalen, weist bezüglich dieses Angebots zwar eine höhere Abbruchquote nach – und kann im Hinblick auf die Zielsetzung und Teilnehmerschaft auch nicht ohne Weiteres mit den BvB verglichen werden –, bestätigt aber erneut die Befunde zu den Abbruchgründen. Zudem gibt sie Hinweise auf Faktoren und Merkmale der Träger, die helfen, Abbrüche zu vermeiden. Das Werkstattjahr kombiniert Unterricht im Berufskolleg mit Lernen und Arbeiten in Werkstätten bei Qualifizierungs- und Ausbildungsträgern und Praktika in Betrieben (vgl. Icking/Mahler 2011, 6). Seit seinem Beginn im Jahr 2005 fokussierte das Programm zunehmend leistungsschwächere Jugendliche. Zur Zielgruppe gehören Jugendliche ohne Hauptschulabschluss bzw. mit maximal einem Hauptschulabschluss nach Klasse 9; zudem sollen insbesondere auch Jugendliche von Förderschulen erreicht werden sowie schulpflichtige ausreisepflichtige ausländische Jugendliche (vgl. Icking/Mahler 2011, 5). Mit dem Ziel, Jugendliche „in die Lage zu versetzen, im Anschluss an das Werkstattjahr weiterführende ausbildungsvorbereitende Maßnahmen erfolgreich absolvieren zu können“ (Icking/Mahler 2011, 7), ist das Werkstattjahr den berufsvorbereitenden Bildungsmaßnahmen der BA (BvB) quasi vorgeschaltet. Die Datenauswertung der Teilnehmendendatenbank der G.I.B.[12] zeigt, dass in allen Programmjahren rund 52 Prozent der Jugendlichen die Maßnahme abbrachen, wobei sich die Gründe für den Abbruch im Zeitverlauf verändert haben: Der Anteil der Abbrüche aus motivationalen und verhaltensbedingten Gründen hat demnach zugenommen (vgl. Icking/Mahler 2011, 7). Allerdings lassen sich anhand der Monitoring-Daten zum Programm erhebliche Unterschiede zwischen den umsetzenden Trägern hinsichtlich der Effekte (Abbrüche, Verbleib nach Austritt) identifizieren (vgl. Icking/Mahler 2011, 7). So zeigen die Analysen, dass bei Trägern mit höheren Anteilen sozialpädagogischer Angebote - wie sozialpädagogische Begleitung, Erlebnispädagogik und Gruppentrainings - geringere Abbruchquoten zu verzeichnen sind (vgl. Icking/Mahler 2011, 64). Zudem wirkt sich im Hinblick auf die Vermeidung von Abbrüchen auf Trägerseite positiv aus, wenn die Träger an der Auswahl der Teilnehmer/innen beteiligt sind (vgl. Icking/Mahler 2011, 65). Dass insbesondere die Betreuungsqualität geeignet ist, die Abbruchquote zu verringern, betont auch die schon oben genannte Studie von Plicht (2010).

Zusammenfassend ergibt sich aus den Studien für den vorliegenden Forschungszusammenhang Folgendes: Die Studien zeigen, dass ein nicht unerheblicher Anteil von Jugendlichen ihre Teilnahme an berufsvorbereitenden Maßnahmen ohne Anschlussperspektive abbricht. Die identifizierten Abbruchgründe Fehlzeiten, fehlende Motivation, Verhaltensprobleme, Krankheit und/oder private Belastungen verweisen auf den Bedarf einer intensiven sozialpädagogischen Begleitung der Jugendlichen, um ein vorzeitiges Beenden der Maßnahme zu vermeiden.

2.3.2 Längsschnitterhebungen im Übergang Schule – Beruf

Die beiden großen Längsschnitterhebungen, die BIBB-Übergangsstudie und das DJI-Übergangspanel, geben im Rahmen der Untersuchung von Übergangsverläufen Auskunft über Eintritte in und Abbrüche von berufsvorbereitenden Maßnahmen sowie den anschließenden Verbleib und arbeiten Risikofaktoren heraus, die zu schwerer Erreichbarkeit oder gar einer Aussteuerung führen.

Einschränkend muss mit Blick auf diese Studien allerdings darauf hingewiesen werden, dass die vom Forschungsprojekt fokussierte Zielgruppe der ‚schwer erreichbaren' Jugendlichen mit den Befragungen nur bedingt

12 Die G.I.B.-Teilnehmendendatenbank enthält Individualdaten, den Status der Jugendlichen vor Eintritt in die Maßnahme, den Verbleib nach Austritt aus der Maßnahme und Angaben zu Abbruchgründen.

erreicht worden ist. So wurde die Basiserhebung des DJI-Panels, das Bildungs- und Ausbildungswege von Jugendlichen mit Hauptschulbildung untersucht, in Schulen per Fragebogen im Klassenverband durchgeführt. Jugendliche, die allerdings schon zu Schulzeiten als schwer erreichbar zu bezeichnen sind, also nicht regelmäßig die Schule besucht oder diese abgebrochen haben, wurden insofern von der Befragung wohl nicht erreicht[13]. Die BIBB-Übergangsstudie wurde als computergestützte Festnetz- (2006) bzw. Mobilfunkbefragung (2011) durchgeführt mit Personen der Geburtsjahrgänge 1987 bis 1993 mit Wohnsitz in Deutschland, die die allgemeinbildende Schule mit maximal mittlerem Schulabschluss verlassen haben. Auch hier ist zu vermuten, dass die Zielgruppe der ‚schwer Erreichbaren' vermutlich in vielen Fällen wohl nicht kontaktiert werden konnte.

Dennoch ist ein Blick auf diese Studien lohnenswert, da in der Beschreibung der Verlaufstypen Faktoren und spezifische Merkmale identifiziert werden, die auf dem Übergangsweg von der Schule in den Beruf offensichtlich zu schwerer Erreichbarkeit geführt haben und damit Hinweise auf die Problembelastungen auch der Zielgruppe des Forschungsprojektes liefern können.

Übergangsstudie des Bundesinstituts für Berufsbildung (BIBB)

Gegenstand der vom Bundesministerium für Bildung und Forschung (BMBF) geförderten BIBB-Übergangsstudie, einer retrospektiven Längsschnitterhebung, sind Bildungs- und Berufsverläufe von Jugendlichen bzw. jungen Erwachsenen im Alter von 18 bis 24 Jahren[14]. Diese Studie zeigt insgesamt, dass ein großer Teil der jungen Menschen, die an einer Über-

---

13 Braun/Geier (2013) weisen zudem darauf hin, dass in den mittels computergestützter Telefoninterviews durchgeführten Folgebefragungen die Platzierungen der Jugendlichen den größten Einfluss auf ein frühzeitiges Ausscheiden aus dem Panel hatten. Jugendliche, die ohne Arbeit und Ausbildung waren, nahmen signifikant seltener an der folgenden Erhebungswelle teil. „Eine Korrektur dieses Phänomens, etwa durch Panelgewichte, konnte nicht durchgeführt werden. Bei der Interpretation der Ergebnisse wurde auf eine mögliche Unterschätzung der Häufigkeit prekärer Stationen bzw. Jugendlicher mit problematischen Biographien geachtet" (Braun/Geier 2013, 16).

14 Auf repräsentativer Basis werden die gesamten Bildungs- und Berufsbiografien von Personen der Geburtsjahrgänge 1987 bis 1993 mit Wohnsitz in Deutschland erfasst, „die die allgemeinbildende Schule mit maximal mittlerem Schulabschluss verlassen haben und (erstmals) an einer Maßnahme des Übergangssystems (BvB/BVJ und Berufsfachschule) teilnahmen, die mindestens 24 Monate vor dem Befragungstermin regulär beendet oder abgebrochen wurde" (BIBB 2013, 106).

gangsmaßnahme (Berufsvorbereitende Bildungsmaßnahme, Berufsgrundschuljahr, teilqualifizierende Berufsfachschule, betriebliches Praktikum, Einstiegsqualifizierung) teilgenommen haben, anschließend nicht rasch in eine Ausbildung einmündet (vgl. BIBB 2013, 105). Anhand der Daten werden vier biografische Verlaufstypen[15] identifiziert, von denen für den hier vorliegenden Untersuchungszusammenhang mit dem Fokus auf ‚schwer erreichbare junge Menschen' vor allem die Befunde zum dritten Typ „nicht glückender oder (noch) nicht beabsichtigter Übergang in Berufsausbildung" aufschlussreich sind. In diesem Typ finden sich Jugendliche mit (beginnender) Maßnahmekarriere und solche, die im zeitlichen Verlauf in der Gefahr stehen, schwer erreichbar zu werden, wie die Beschreibung des Typs deutlich macht:

> „Die betreffenden Jugendlichen münden in den ersten 2 Jahren nach der (ersten) Übergangsmaßnahme nicht in eine vollqualifizierende Ausbildung ein. In den weitaus meisten Fällen nehmen sie an einer weiteren Übergangsmaßnahme teil, jobben oder sind zu Hause, und zwar entweder aus familiären bzw. privaten Gründen oder weil sie nach einer Ausbildungs- bzw. Arbeitsmöglichkeit suchen" (BIBB 2013, 108).

Für diese – so die Autor/innen –, „besteht ein hohes Risiko, dauerhaft von Ausbildungslosigkeit betroffen zu sein und keine tragfähige Integration ins Erwerbsleben zu erreichen" (BIBB 2013, 109). Diesem als problematisch einzuschätzenden Verlaufstyp sind deutlich über ein Drittel (36,6%) der Teilnehmenden an Übergangsmaßnahmen zuzurechnen. Zur Zusammensetzung der Gruppe werden folgende Merkmale benannt:

> „Jugendliche ohne Hauptschulabschluss sind mit 16,5% stark vertreten, 45,4% haben einen Hauptschulabschluss. Einen deutlich überproportionalen Anteil nehmen junge Menschen mit Migrationshintergrund (38,8%) ein. Relativ häufig stammen die Jugendlichen aus Familien, in denen die Eltern keinen Berufsabschluss besitzen (20,1%) und der Vater eine niedrig qualifizierte Tätigkeit ausübt (33,6%)" (BIBB 2013, 108).

---

15 Typ 1: sehr schneller Übergang in betriebliche Berufsausbildung, Typ 2: rascher Übergang in nicht betriebliche Berufsausbildung, Typ 4: verzögerter oder nicht dauerhafter Übergang in betriebliche Berufsausbildung (vgl. BIBB 2013, 108).

Übergangspanel des Deutschen Jugendinstituts (DJI)

Mit dem DJI-Übergangspanel, einer quantitativen Studie des Deutschen Jugendinstituts (DJI), existiert eine groß angelegte Längsschnittuntersuchung zu den Bildungs- und Ausbildungswegen von Jugendlichen mit Hauptschulbildung, die ausgehend vom letzten Schuljahr über einen Zeitraum von rund sechs Jahren Übergangswege untersucht. Das DJI verfügt damit über einen Fundus von Individualdaten zu den Wahlpräferenzen von Jugendlichen bei ihren Einmündungen ins „Übergangssystem" und zu den Konsequenzen der Teilnahme an diesen Bildungsgängen (hier sind zusammengefasst: das schulische Berufsvorbereitungsjahr, das schulische Berufsgrundschuljahr und die BvB der Bundesagentur für Arbeit) aus mehreren quantitativen Untersuchungen. Auch in diesem Panel gibt es Hinweise auf die Zielgruppe, die das vorliegende Forschungsprojekt betrachtet – insbesondere zum Problemfeld Maßnahmenkarrieren.

Ein Blick auf den Verbleib der Teilnehmenden an berufsvorbereitenden Maßnahmen zeigt, dass die Erfolgsquoten einer ersten Teilnahme an einer berufsvorbereitenden Maßnahme nach den Daten des DJI-Übergangspanels kritisch zu bewerten sind: „Nur 35 Prozent mündeten direkt in Ausbildung ein. 28 Prozent traten in einen zweiten berufsvorbereitenden Bildungsgang ein. Und 15 Prozent waren im Anschluss an die Teilnahme weder in Ausbildung noch in Arbeit" (Braun/Geier 2013, 18; vgl. Gaupp u.a. 2008, 35). Mittels clusteranalytischem Verfahren wurden für die Teilnehmenden an berufsvorbereitenden Bildungsgängen drei Verlaufstypen identifiziert. Ganz ähnlich wie im BIBB-Übergangspanel zeigen sich hier im dritten Verlaufstyp „Aussteuerung"[16] wieder Hinweise auf Maßnahmenkarrieren, drohende Ausbildungslosigkeit und fehlende Integration in den Arbeitsmarkt. Auf die erste Teilnahme an einem berufsvorbereitenden Bildungsgang folgte in vielen Fällen eine zweite Phase der Berufsvorbereitung.

> „Allerdings, in etwa der Hälfte der Fälle, war bereits das zweite Jahr nach Verlassen der Hauptschule durch Erwerbslosigkeit oder ungelernte Arbeit ausgefüllt. Ein häufiger Wechsel zwischen diesen beiden Zuständen war für den restlichen Untersuchungszeitraum kennzeichnend, wobei im fünften Jahr nach Verlassen der Schule der Anteil ungelernter Arbeit zu- und der Anteil von Erwerbslosigkeit abnahm" (Braun/Geier 2013, 20).

---

16 Verlaufstyp 1: Übergang in Ausbildung und deren Abschluss, Verlaufstyp 2: Lange Wege in Ausbildung

Deutlich wird hier also, dass das Risiko einer Aussteuerung aus dem Bildungs- und Ausbildungssystem insbesondere dann groß ist, „wenn sich an eine Teilnahme an einem berufsvorbereitenden Bildungsgang ungelernte Arbeit und Erwerbslosigkeit über einen längeren Zeitraum hinweg anschließen" (Braun/Geier 2013, 20). Zudem sind Jugendliche häufiger von Aussteuerung betroffen, „wenn der Besuch eines Bildungsgangs im ‚Übergangssystem' nach der Pflichtschulzeit nicht ihrem ursprünglichen, kurz vor dem Verlassen der Schule gefassten Plan entsprach" (Braun/Geier 2013, 22).

Auskunft über spezifische Merkmale der Gruppe des Verlaufswegs „Aussteuerung" geben Reißig und Schreiber (2012). Sie gruppieren anhand der DJI-Übergangsdaten Typen von Bildungs- und Ausbildungsverläufen[17] (hier im Unterschied zu oben im direkten Anschluss an die Pflichtschulzeit) und charakterisieren ein Muster „Wege in Ausbildungslosigkeit", das sie auch als Typ „Prekäre Übergangswege" bezeichnen, da der Verlauf bis ins fünfte Übergangsjahr nicht in eine stabile Berufsausbildung führt.

Neben dem Migrationshintergrund sind die Arbeitslosigkeit beider Eltern und die individuelle Problembelastung Determinanten, in den ersten Übergangsjahren keinen Zugang zu einer Berufsausbildung zu finden und ausbildungslos zu bleiben. Aber auch Schulabsentismus und Klassenwiederholungen, also Merkmale, die auf schulische Belastungen hinweisen, machen einen Unterschied zwischen den Verlaufstypen. So sind Jugendliche mit diesen schulbiografischen Erfahrungen häufiger im Verlaufstyp „Prekäre Übergangswege" zu finden. Zudem stellen das Fehlen eines konkreten Berufswunsches und eine unklare berufliche Zukunftsperspektive Risikofaktoren dar, die zu problematischen Wegen in den Beruf und zu Ausbildungslosigkeit führen können. (vgl. Reißig/Schreiber 2012, 17).

2.3.3 Weitere Studien

Wie wichtig es ist, Ziele in Richtung Ausbildung und Beruf anzuvisieren, bestätigt auch eine Untersuchung von Reißig (2010). Sie untersucht in ihrer qualitativen Studie Ausbildungs- und Erwerbsbiografien junger Erwachsener „am Rande normaler Erwerbsarbeit" in Bezug auf Exklusions-

---

17 „Jeweils eine Gruppe von Jugendlichen beginnt im direkten Anschluss an die Pflichtschulzeit eine Ausbildung (28%), mündet nach einer verlängerten Schulzeit in Ausbildung (20%), geht den Weg in Ausbildung über berufsvorbereitende oder andere Zwischenschritte (24%), wählt einen langfristigen mehrjährigen Schulbesuch (10%) oder geht Wege in Ausbildungslosigkeit (18%)" (Reißig/Schreiber 2012, 15).

Inklusions-Prozesse und zeigt, welche Wirkungen die Bewältigungsstrategien (auf der Einstellungs- und Handlungsebene) der jungen Menschen auf die Exklusionsprozesse haben (vgl. Reißig 2010, 199). Reißig unterscheidet drei Verlaufstypen: „Verschärfung sozialer Exklusion“, „gleichbleibendes Ausmaß sozialer Exklusion“ und „Verringerung sozialer Exklusion“ (Reißig 2010, 193 ff.). Beim dritten Verlaufstyp „abnehmende soziale Exklusion“ kann sie zeigen, dass von diesen jungen Menschen durchgängig assimilative Bewältigungsstrategien verfolgt werden, „das heißt, dass der Eintritt oder die Rückkehr in den Ausbildungs- und Arbeitsmarkt anvisiert werden“ (Reißig 2010, 195) und sich die Zukunftspläne vor allem auf die Aufnahme einer Ausbildung oder Erwerbsarbeit richten, wobei auch Weiterbildung und der Erwerb höherer Bildungsabschlüsse eine wichtige Rolle spielen. Zudem rekonstruiert sie auf der Handlungsebene dieser Befragten nur aktive Bewältigungsstrategien, die auf den (Wieder-)Eintritt in den Arbeitsmarkt zielen und auch auf andere Lebensbereiche übergreifen (Reißig 2010, 195). Bedeutsam ist zudem, dass diese jungen Menschen fast immer in soziale (vor allem familiäre) Netzwerke eingebunden sind – während bei den anderen beiden Typen soziale Isolation[18] eine große Rolle spielt. Gerade für den für das Forschungsprojekt interessanten Verlaufstyp I „Verschärfung sozialer Exklusion“ zeigt die Rekonstruktion, dass Fragen der Rückkehr in Ausbildung und Beruf in den Hintergrund treten, da andere Lebensbereiche (wie Familie, Kinder, Wohnung etc.) dominant werden. Überdies werden bei den jungen Menschen dieses Typs auf der Handlungsebene vor allem passiv vermeidende Copingstrategien, insbesondere in Bezug auf den Bereich Ausbildung und Erwerbsleben, sichtbar (vgl. Reißig 2010, 193).

Mit den bisherigen Ausführungen sind eine Reihe ‚harter‘ Einflussfaktoren auf die Übergangswege benannt, so dass – fasst man die Ergebnisse dieser quantitativen Studien zusammen – gesagt werden kann, dass Jugendliche mit prekären Übergangsverläufen oft durch folgende Risikomerkmale gekennzeichnet sind: schlechtere Schulnoten, Schulschwänzen, Klassenwiederholungen, Arbeitslosigkeit beider Elternteile (bzw. Arbeitslosigkeit des allein erziehenden Elternteils), Migrationshintergrund, unklare berufliche Pläne sowie persönliche Problemlagen (wie z.B. dauerhafte Auseinandersetzungen mit den Eltern, Probleme mit der Polizei/einem Gericht) (vgl. Gaupp 2013, 12). Abschließend sollen ergänzend Ergebnisse einer Untersuchung referiert werden, die sich mittels eines qualitativen Designs dem subjektiven Blick der jungen Menschen auf ihren Werdegang nähert und

18 Reißig fasst unter „soziale Isolation“ sowohl „tatsächliche Vereinzelung“ als auch „das Zurückgeworfensein auf eine homogene Bezugsgruppe, die selbst sozial ausgegrenzt ist“ (Reißig 2010, 193).

einige „weiche“ Faktoren identifiziert, die Einfluss auf den Verlauf von Übergängen nehmen.

Gaupp (2013) stellt in ihrer Studie – deren Datengrundlage wiederum die Gesamtstichprobe des DJI-Übergangspanels ist (zu Design und Methodik vgl. Gaupp 2013, 17 ff.) – die Frage nach „weichen Faktoren“ zum Gelingen oder Misslingen von Übergängen in die Ausbildung und differenziert Ergebnisse zu den vier Erfahrungsebenen „soziale Interaktionen“, „Agency“[19], „Motivation“ und „kritische biografische Ereignisse“.

Insbesondere den sozialen Interaktionen bzw. bedeutsamen Interaktionspartner/innen kommt laut Gaupp eine wichtige Rolle im Verlauf von Übergangsbiografien zu. Sie zeigt in ihrer Studie, dass diese ganz unterschiedliche Funktionen einnehmen können. Hilfreich sind Interaktionspartner/innen aus Sicht der Jugendlichen insbesondere dann, wenn sie als Türöffner Zugänge zu Bildungs- und Ausbildungsinstitutionen ermöglichen oder schulische oder berufliche Optionen eröffnen. Auch Personen, die eine motivierende Funktion erfüllen, werden von den jungen Erwachsenen als hilfreich im Übergang eingeschätzt. Eine unterstützende Rolle als Ratgeber haben Personen für die jungen Menschen nur dann, wenn diese angemessen die individuellen Interessen und Wünsche der jungen Erwachsenen berücksichtigen. Hinderlichen oder demotivierenden Einfluss wird Interaktionspartner/innen insbesondere dann zugeschrieben, wenn sie jungen Menschen bestimmte Fähigkeiten oder die Eignung für einen geplanten Bildungs- oder Ausbildungsweg absprechen oder individuelle Wünsche und Pläne der Jugendlichen nicht anerkennen, sondern institutionellen Interessen und Logiken folgen (vgl. Gaupp 2013, 96 f.).

Die Analyse der retrospektiven Sicht der jungen Erwachsenen stellt zudem heraus, dass für Übergangsverläufe in Ausbildung Eigeninitiative und Motivation förderliche Bedingungen darstellen. Zwar ist gemäß Gaupp ein hohes Maß an Agency, d.h. an gezielter Planung und aktiver Gestaltung, keine notwendige Bedingung für gelingende Übergänge – so gibt es auch Übergangsbiografien, die primär Ergebnis von externen Gelegenheiten und Zufällen sind –, der Übergang in Ausbildung ist jedoch bei geringer Eigenaktivität zumindest schwieriger (vgl. Gaupp 2013, 97).

---

19 In der Studie von Gaupp wird Agency als ein Aspekt von mehreren anderen untersucht. Gaupp fragt nach „der individuellen Gestaltbarkeit biografischer Übergänge angesichts gegebener äußerer Bedingungen (Gaupp 2013, 44) bzw. nach der Bedeutung von gezielter Planung und aktiver Gestaltung der Individuen im Kontext von Übergängen. An dieser Stelle sei bereits angemerkt, dass das Agency-Konzept im vorliegenden Forschungsprojekt eine zentrale Komponente darstellt. Es dient als Grundlage für die Interpretation der qualitativen Interviews und die Typisierung von Phasen ‚schwerer Erreichbarkeit‘ (vgl. insbesondere Kap. 5 und 6.1.1).

Eine bedeutsame Rolle spielen zudem kritische biografische Ereignisse (wie z.B. Umzüge und Ortswechsel, psychische und körperliche Krankheiten und Krisen, Schwangerschaft und Geburt eines Kindes, Tod einer nahestehenden Person etc.), wobei nicht die Ereignisse selbst, sondern die Folgen für die betroffene Person von Bedeutung sind: „Biografische Erlebnisse können den Wegen in Ausbildung und Erwerbsarbeit eine Wendung oder neue Richtung geben, wobei dies positive Effekte sein können wie die Entwicklung neuer beruflicher Chancen, aber auch negative wie der Verlust des Arbeits- oder Ausbildungsplatzes oder das Nicht-Erreichen schulischer Ziele" (Gaupp 2013, 98).

Die Untersuchung liefert für das vorliegende Forschungsprojekt zu ‚schwer erreichbaren jungen Menschen' wertvolle Hinweise darauf, welche ‚weichen' Faktoren Einfluss darauf haben, dass spezifische Übergangsentscheidungen oder -schritte zu bestimmten Zeitpunkten im Verlauf der Übergangswege gelingen oder misslingen, und zwar auf zwei Ebenen, auf die auch pädagogische Interventionen Einfluss nehmen können: die individuelle Ebene der betreffenden Person (mit ihren Fähigkeiten, Einstellungen und ihrem Handlungsvermögen) und die soziale Ebene der sozialen Interaktionen, Beziehungen und Netzwerke. Gaupp leitet aus ihren Erkenntnissen Fragen nach förderlichen und hinderlichen pädagogischen Interventionen ab.

Vor dem Hintergrund der Studie scheinen insbesondere solche pädagogischen Interventionen als förderlich, die die Motivation und Eigeninitiative der jungen Menschen fördern (vgl. Gaupp 2013, 99). Das schließt an Pohl und Stauber (2007) an, die hinsichtlich einer „Sozialpädagogik des Übergangs" partizipative Strategien fordern und Mitbestimmungsmöglichkeiten und Freiwilligkeit in pädagogischen Angeboten als Voraussetzung begreifen, um junge Erwachsene zu motivieren, sich für den eigenen Übergang zu engagieren. Zudem wird deutlich, dass eine Orientierung an den (beruflichen) Wünschen und Plänen und der individuellen Lebenslage und -situation in der pädagogischen Beratungspraxis unabdingbar ist. Auch betriebliche Arbeitserfahrungen mit Ernstcharakter – im besten Fall verknüpft mit Personen im betrieblichen Kontext, die den jungen Menschen Anerkennung und Zutrauen schenken –, wird motivierende Wirkung zugeschrieben. Eine Rolle spielen zudem motivationsförderliche Vorbilder oder Tandempartner/innen (z.B. Gleichaltrige, die eine Mentorenfunktion übernehmen). Gerade in kritischen oder schwierigen privaten oder beruflichen Situationen der jungen Menschen ist emotionale und soziale Unterstützung notwendig. Fehlen im privaten Umfeld verlässliche Freundschaften, eine Partnerschaft oder auch die Herkunftsfamilie als günstige Bedingungen, gilt es „in pädagogischen Settings ggfs. kompensatorische verlässliche Beziehungen anzubieten" (Gaupp 2013, 100 f.).

2.4 Handlungsansatz „Niedrigschwellige Integrationsförderung"

Gaupps Vorschläge verweisen auf Handlungsansätze, die niedrigschwelligen[20] Charakter haben. Die oftmals prekäre Lebenssituation der Jugendlichen erfordert Angebote, in denen die Stärkung von Selbstwirksamkeit und Selbstwertgefühl, die Erfahrung sozialer Anerkennung und die Vermittlung von Kompetenzen zur Bewältigung der Lebens- und Alltagssituation Raum und Zeit hat.

Einen solchen Ansatz haben Muche u.a. (2010) auf der Grundlage ihrer explorativen Studie „Niedrigschwellige Integrationsförderung" ausbuchstabiert. Sie entwickeln anhand von beispielhaften Projekten ein Organisationsmodell „Fachlichkeit niedrigschwelliger Jugendsozialarbeit" und stellen Kriterien vor, die eine nachhaltig erfolgreiche Arbeit mit dieser Zielgruppe ermöglichen. Im Unterschied zu den Förderlogiken des SGB II und SGB III, die den Arbeitsmarkt und die institutionellen Maßnahmen zum Ausgangspunkt nehmen und versuchen, die Jugendlichen dort einzupassen, fragt eine solche sozialpädagogisch orientierte Sichtweise danach, wie an der biografischen Situation der jungen Menschen anzusetzen und wie der passende Rahmen zu gestalten ist, um junge Menschen auf ihren individuellen Wegen zu fördern.

Niedrigschwelligkeit als Prinzip oder Arbeitsweise ist heute in vielen Feldern der Sozialen Arbeit zu finden und beinhaltet neben dem Kernmerkmal „niedrige Schwellen zu den Hilfeangeboten" einige weitere Praxisfelder übergreifende Elemente wie Prävention, Alltagsnähe und Lebensweltorientierung, Akzeptanz und Verstehen der Zielgruppe sowie eine Mischung aus barrierefreiem Zugang und aufsuchender Arbeit (vgl. Muche u.a. 2010, 10). Im Kontext von berufsbezogener Jugendsozialarbeit zielen solche Ansätze insbesondere darauf, „an ‚abgetauchte' Jugendliche heranzukommen und deren freiwillige Mitarbeit zu erreichen" (Muche u.a. 2010, 10), indem neue Zugangswege und -formen geschaffen werden und eine Pädagogik entwickelt wird, „die an den Lebenswelten der jungen Menschen anknüpft und verlässliche niedrigschwellige (Übergangs-) Räume und Hilfen zur Lebensbewältigung anbietet" und sich „inhaltlich kontinuierlich und konsequent an den Bedürfnissen des einzelnen jungen Menschen ausrichtet" (Muche u.a. 2010, 13). Insofern ist dieser Ansatz im Kontext des

20 „Unter Niedrigschwelligkeit wird die Art des Zugangs zu einem Hilfesystem verstanden, die sich dadurch auszeichnet, dass die potenziellen Nutzer nur geringe oder gar keine Voraussetzungen erfüllen müssen, um die Angebote der Einrichtung nutzen zu können" (Kähnert 1999, 171 zit. nach Muche u.a. 2010, 8).

Forschungsprojekts von besonderer Bedeutung und soll im Folgenden kurz skizziert werden.

Ausgangspunkt einer niedrigschwelligen Arbeit ist der junge Mensch mit seinen ganz konkreten Bedürfnissen, Kompetenzen und seiner Lebenslage. In der Arbeit mit der Zielgruppe spielt – so arbeiten es Muche u.a. (2010) in ihrer explorativen Studie heraus – insbesondere die Haltung der Professionellen den Jugendlichen gegenüber eine entscheidende Rolle, wobei es sich hier „nicht nur um eine persönliche Haltung, sondern auch um einen Bestandteil des professionellen Konzepts" (Muche u.a. 2010, 56) handelt. Diese Haltung zeichnet sich aus durch die Wahrnehmung und differenzierte Sicht auf die heterogene Zusammensetzung dieser Zielgruppe, die Voraussetzung dafür ist, ein professionelles und insbesondere akzeptierend-respektvolles Verständnis für den einzelnen jungen Menschen mit seinen Bedürfnissen und Bewältigungsstrategien zu erreichen. Insbesondere der Aufbau von vertrauensvollen Beziehungen wird für eine gelingende individuelle Unterstützung und Förderung als notwendig erachtet.

Die in der Studie von Muche u.a. analysierten niedrigschwelligen Projekte zeichnen sich dadurch aus, dass der Zugang nicht über eine einfache Zuweisungspraxis mit den Grundsicherungsträgern oder den Jugendämtern gestaltet wird, „sondern über eine kommunikative Klärung zwischen den Akteuren bzw. mit dem Jugendlichen" (Muche u.a. 2010, 51). Die „Konstruktion von Freiwilligkeit", mit der „bewusst Vermittlungsdruck und eine Fremdentscheidung über die Teilnahme im Projekt vermieden oder zumindest abgemindert" (Muche u.a. 2010, 53) wird, spielt eine zentrale Rolle und wird von den untersuchten Projekten „z.T. explizit als Grundvoraussetzung für den Erfolg des Projekts angesehen" (Muche u.a. 2010, 53). Auch im Verlauf der Projekte wird versucht, „eine Passung zwischen den konkreten Biographien und dem Projektrahmen herzustellen und eigenen Entscheidungen der Teilnehmer/innen Raum zu geben" (Muche u.a. 2010, 73). So wird den Teilnehmenden bei der Ausgestaltung des Alltags und der Arbeit Partizipation und Mitbestimmung zugestanden und in der pädagogischen Arbeit Wert gelegt auf einen offenen und transparenten Umgang mit Regeln.

Zwar bleibt die Integration in Ausbildung oder sozialversicherungspflichtige Beschäftigung das Fernziel, vorrangig verfolgen die Projekte jedoch das Ziel, den Grad an Selbstbestimmung und Teilhabe der jungen Erwachsenen am sozialen Leben zu erhöhen (vgl. Muche u.a. 2010, 47) und ihnen berufliche Orientierung zu bieten. Die ‚Beschäftigung' oder Arbeit der Jugendlichen im Projekt dient zuallererst pädagogischen Zwecken und soll den Teilnehmenden Sinn und Motivation, Selbstwert und Anerkennung sowie positive Bilder von Arbeit vermitteln (vgl. Muche u.a. 2010, 62).

Die Mitarbeiterschaft in diesen Projekten weist ein breites professionelles Spektrum auf und bildet „in hohem Maße ein Team“ (Muche u.a. 2010, 63). Gegenseitige Verlässlichkeit und eine vertrauensvolle Atmosphäre im Miteinander werden als Voraussetzungen beschrieben, sich auf die herausfordernde pädagogische Arbeit mit den Jugendlichen einzulassen. Um ein individuelles Eingehen auf die Teilnehmenden realisieren zu können, werden die Projektstrukturen „möglichst flexibel gestaltet“ (Muche u.a. 2010, 74). Eine lokale Vernetzung, d.h. gute Kooperationen mit anderen professionellen Einrichtungen ermöglichen es, weitere Hilfeleistungen organisieren und eine passgenaue individuelle Unterstützung der Teilnehmenden umsetzen zu können (vgl. Muche u.a. 2010, 64).

Zudem lassen sich Besonderheiten bei der Finanzierung der untersuchten Projekte finden. Als Element einer Finanzierungsstrategie wird ein „Vorab-ins-Boot-holen“ vieler Projektbeteiligter (Grundsicherungsträger, Jugendamt, Arbeitsagentur) bezeichnet (vgl. Muche u.a. 2010, 66), so dass durch aktiv kooperative Kommunikationsstrukturen eine „Synchronisation von professionellem Handlungsbedarf und Finanzierungsmöglichkeiten“ (Muche u.a. 2010, 69) möglich wird.

Zentrale Bedingungsfaktoren der verschiedenen Finanzierungskonzepte sind:

- „die Formen der Aushandlung zwischen Finanzgebern und Trägern
- die konkrete Beziehungsgestaltung zwischen einzelnen Mitarbeiter/innen und das herrschende Gesprächsklima vor Ort
- die Interpretationsspielräume der Gesetze, die vor Ort genutzt werden oder auch nicht
- das zur Verfügung stehende Budget des Grundsicherungsträgers
- die Handlungsvorgaben der Bundesagentur, an denen sich letztlich auch die Optionskommunen orientieren, um sich gegen Rückforderungen seitens des Bundes abzusichern“ (Muche u.a. 2010, 68)

Muche u.a. machen jedoch auch auf erhebliche Schwierigkeiten aufmerksam, mit denen die Projekte konfrontiert sind, die sich „fast durchgängig auf den Grundkonflikt zwischen arbeitsmarktpolitischer Strategie auf der Bundesebene und der fachlich fundierten Praxis vor Ort zurückführen“ (Muche u.a. 2010, 79) lassen. Hierzu gehören u.a. die (sich vermutlich in der Zwischenzeit noch weiter verschärfte) Förderpraxis nach dem Grundsatz „Kostenreduzierung durch Trägerkonkurrenz“, die Ausweitung der Ausschreibungspraxis, die letztlich zu Mitarbeiterfluktuation führt, und fehlende kontinuierliche Förderungen nach pädagogisch-fachlichen Kriterien. Die Autorengruppe fordert insgesamt eine „andere pädagogische Förderstruktur“, „ein professionelles Herstellen von niedrigschwelligen Milieus“

und den Wechsel hin zu einem „mehrdimensionalen Inklusionsverständnis“ (Muche u.a. 2010, 82).

Die Sichtung des Forschungsstands zum Übergangsbereich Schule – Ausbildung – Beruf macht deutlich, dass einem Teil der jungen Menschen der Übergang auch trotz vielfältiger Unterstützungsmaßnahmen nicht gelingt und sie auf besondere Hilfeansätze, insbesondere eine intensive sozialpädagogische Begleitung angewiesen sind. Die referierten Studien geben Einblick in die Zusammensetzung der heterogenen Gruppe junger Menschen mit Übergangsschwierigkeiten, Hinweise auf Risikofaktoren und Problembelastungen, Auskunft über Abbruchquoten und Abbruchgründe sowie Aufschluss über die Übergangswege und den Verbleib der jungen Menschen.

In der vorliegenden Studie wird der Fokus auf die jungen Menschen gerichtet, die im Übergang Schule – Ausbildung – Beruf als besonders schwer erreichbar gelten. Von erkenntnisleitendem Interesse ist dabei die Frage: *Welche Faktoren auf Seiten der jungen Menschen und auf Seiten von Organisationen führen dazu, dass bei den ‚schwer erreichbaren jungen Menschen‘ das Entstehen von tragfähigen Arbeitsbündnissen, die für eine wirkungsvolle Unterstützung und Förderung der jungen Menschen erforderlich sind, markant erschwert oder gar verhindert wird?* Die Studie zeichnet sich dadurch aus, dass sie bei der Bearbeitung der Frage nach ‚schwerer Erreichbarkeit‘ sowohl die jungen Menschen, ihre Biografien und Erfahrungen als auch die Organisationen, deren Strukturen und Handlungsweisen in den Blick nimmt. Um die beiden Betrachtungsebenen miteinander zu verbinden, wurden unterschiedliche und aufeinander aufbauende Forschungsschritte gegangen, die im folgenden Kapitel vorgestellt und erläutert werden.

3 Vorgehen im Forschungsprojekt – Forschungsschritte

Der Verlauf der Studie gliedert sich im Wesentlichen in vier sich zum Teil überlagernde und ergänzende Projektschritte[1]. In der ersten Projektphase sind zwei die beiden Hauptteile der Studie vorbereitende Erhebungen durchgeführt worden: explorative Expertengespräche und eine Fragebogenerhebung mit Jugendlichen. Die beiden zentralen Projektschritte stellen die qualitativen Interviews mit jungen Erwachsenen und die Interviews mit Vertreter/innen der Organisationen und des Umfelds der Organisationen dar. Die Schritte Expertengespräche, Fragebogenerhebung und qualitative Interviews waren sequentiell angelegt und in unterschiedlichen Phasen des Forschungsprozesses (Planungsphase, Datenerhebung, Datenauswertung und Ergebnisse) miteinander verbunden.

Im ersten Forschungsschritt wurden an allen Standorten mit Schlüsselpersonen im Feld, die in und/oder außerhalb der beteiligten Organisation/des beteiligten Trägers mit der Zielgruppe zusammenarbeiten, offen angelegte Expertengespräche geführt. Ziel der Gespräche war es, das Untersuchungsfeld kennenzulernen und erste Informationen über die Organisationen zu gewinnen, um Besonderheiten der Standorte herauszuarbeiten und erste Standortprofile zu entwickeln. Des Weiteren ging es darum, Einschätzungen zum Adressatenkreis der Angebote zu erhalten, um auf dieser Grundlage die Zielgruppe eingrenzen, weitere Erhebungsinstrumente erstellen und deren Einsatz planen zu können. Überdies galt es hier bereits Kooperationsbeziehungen mit sogenannten Gatekeepern[2] aufzubauen, die

---

1 Zur Forschungslogik von so genannten Mixed-Method Designs vgl. jüngst Kuckartz 2014

2 Gemeint sind hier Personen, die der Forschergruppe über ihre besondere Funktion im Feld Zugang zu den Jugendlichen verschaffen, Aussagen zu den beteiligten Organisationen machen und Kontakte zu den relevanten Akteuren im Umfeld der Einrichtungen vermitteln konnten. Überdies hatten diese Personen nach entsprechender Instruktion die Aufgabe, die Fragebögen zu verteilen und bei Rückfragen von Seiten der Jugendlichen zur Verfügung zu stehen. Die besondere forschungsstrategische Bedeutung für die „Zugangsarbeit“ und die Vermittlung von Kontakten ergab sich ferner auch aus den Anforderungen, den Mitarbeiter/innen des Forschungsprojekts die Gelegenheit zu geben, „sich zurechtzufinden“ und „warm zu werden“,

als ‚Schlüsselpersonen' im Feld den Kontakt zur Zielgruppe vermitteln konnten. Die von den Expert/innen benannten Themen- und Problembereiche sowie die Besonderheiten bezüglich der Zielgruppe flossen in die Konstruktion des Fragebogens und der Interviewleitfäden ein. Zudem wurden schon einige wichtige Informationen zur Vorbereitung der geplanten Organisationsanalyse gewonnen.

Es folgte im weiteren Verlauf eine Fragebogenerhebung bei 253 jungen Menschen, denen der Übergang von der Schule in die Ausbildung und den Beruf zum Erhebungszeitpunkt noch nicht gelungen ist und die von Seiten der Träger und Gatekeeper als ‚schwer erreichbar' eingeschätzt wurden. Ziel war in diesem Schritt keine Stichprobe im Sinne eines strukturtreuen, verkleinerten Abbilds einer etwaigen Grundgesamtheit, da hierauf bezogen auf die Untersuchungsgruppe keine geeigneten Informationen vorliegen. Vielmehr waren mit diesem Vorhaben drei andere Ziele verbunden: Zunächst ging es darum, Aufschluss über individuelle Merkmale, eigene und familiale Problembelastungen und (soziale) Unterstützungsressourcen der für die Jugendsozialarbeit ‚schwer erreichbaren' jungen Menschen zu erhalten. Die Ergebnisse der Befragung sollten ferner für die weitere, kriteriengeleitete Fallauswahl eine Differenzierung dieser recht heterogenen Population ermöglichen und Hinweise auf bedeutsame Themen liefern, die in den Leitfaden für die qualitativen Interviews aufgenommen werden sollten. Überdies war eine weitere Möglichkeit zur Fallauswahl über die Fragebögen anvisiert, da die jungen Menschen dort bei Bereitschaft für ein Folgeinterview die Gelegenheit hatten, ihre Kontaktdaten anzugeben.

Im dritten Schritt wurden 44 leitfadengestützte Interviews mit Jugendlichen geführt. Der Rahmen für das Sampling ergab sich aus den Ergebnissen der Befragung, den ersten Expertengesprächen und dem Zuschnitt der Projektzielgruppe in der Planungsphase.[3] Ziel war es, in Erfahrung zu bringen, welche biografischen Erfahrungen dazu geführt haben und führen, dass die

„Kontakt zu finden" oder im Bedarfsfall um Verständnis für das Projekt bei anderen Organisationsmitgliedern zu werben. Zur Rolle der „Türsteher" vgl. vor allem Lau/Wolff 1983, 417-437; Wolff 2010, 334-349; Przyborski/Wohlrahb-Sahr 2014, 42 ff.

3 Hier handelt es sich um einen Mix aus „Criterion" und „Convenience" Samplingstrategien. Zu Samplingstrategien in komplexeren Designs, den so genannten „major sampling schemes" vgl. Collins 2010, 353-378. Eine Auswahl erfolgte nach bestimmten ‚Kriterien', die Ergebnis der Fragebogenerhebung waren. Überdies war eine Teilnahme bei dieser Zielgruppe im Besonderen von der ‚Teilnahmebereitschaft' der Interviewpartner/innen abhängig. Mögliche Selektionseffekte wurden im Verlauf reflektiert und die ausgewählten Fälle wurden mit den für die jeweiligen Gruppen kennzeichnenden Charakteristika verglichen.

jungen Menschen ‚schwer erreichbar' (geworden) sind. Ferner war die Frage zu beantworten, inwiefern und warum die Organisationen der Jugendsozialarbeit und Organisationen im Umfeld der Jugendsozialarbeit aus Sicht der jungen Menschen für sie ‚schwer erreichbar' waren oder sind.

Im letzten Schritt, in dem es eher punktuelle Verknüpfungen zu den anderen Projektsträngen gab, wurden im Rahmen thematisch stark fokussierter Interviews 27 Vertreter/innen der kooperierenden Träger interviewt und 14 Interviews mit Personen im Umfeld der Organisationen geführt. Ziel dieser Erhebung war zum einen die Betrachtung der jeweiligen Perspektive der Organisationsmitglieder, zum anderen die Sichtweise von Vertreter/innen relevanter Organisationen aus der Umwelt der kooperierenden Organisationen.

Um den Verlauf des Projekts in seiner Komplexität insgesamt transparent und nachvollziehbar zu machen, werden in diesem Kapitel die einzelnen Projektschritte sowie deren Verknüpfung ausführlicher dargestellt. Hierzu gilt es zunächst Vorab-Festlegungen in der Studie zu plausibilisieren. Daher werden zunächst die kooperierenden Träger vorgestellt und Überlegungen zur Festlegung der Projektzielgruppe erläutert. Da die Ergebnisse der Expertengespräche in der ersten Projektphase für die Planungs- und Erhebungsphase der Befragung relevant waren und die Ergebnisse der Befragung von zentraler Bedeutung für die Festlegung von Kriterien für die weitere Fallauswahl und die Konstruktion des Leitfadens waren, werden bereits in diesem Kapitel die Ergebnisse dargestellt. In Bezug auf die Interpretation der Interviewergebnisse und die Verknüpfung mit der Agencyidee ergibt sich eine besondere „Darstellungsnotwendigkeit" (Reichertz 1991, 6) der Interpretationsarbeit, da die Studie hier bewährte Verfahren modifiziert und neue Ideen der Interpretation ausprobiert. Diese Darstellung erfolgt aus diesem Grund gesondert in Kapitel 6.1.

3.1 Kooperation mit acht Trägern der Jugendsozialarbeit

Im Forschungsprojekt erfolgte eine Kooperation mit acht Trägern/Einrichtungen der Jugendsozialarbeit. Diese Träger/Einrichtungen verfolgen die Absicht, mit ihren Angeboten Zugang zu den ‚schwer erreichbaren' jungen Menschen zu finden. Sie verfügen über Erfahrungen im Umgang mit dieser Zielgruppe, erleben ihre Handlungsansätze als in ein spezifisches organisationales und sozialpolitisches Umfeld eingebettet und erfahren in ihrer Arbeit die Optionen und Begrenzungen ihres Handelns und ihrer Wirkungsmöglichkeiten.

Die Einrichtungen eröffneten im Projektverlauf den Zugang zu jungen Menschen, die zu diesen Einrichtungen in Kontakt standen oder von diesen

Einrichtungen betreut wurden bzw. die an Angeboten dieser Einrichtungen teilgenommen haben. Die Träger arbeiten nicht nur mit jungen Menschen aus der Zielgruppe der ‚schwer Erreichbaren', sondern auch mit solchen jungen Menschen, die Phasen ‚schwerer Erreichbarkeit' in ihren biografischen Verläufen passieren, aber danach wieder ansatzweise Zugang zu Förderangeboten gefunden haben, sowie mit solchen jungen Menschen, die aufgrund ihrer Haltungen und Verhaltensweisen in einen Zustand ‚schwerer Erreichbarkeit' abzugleiten drohten. Neben der Ermöglichung von Zugängen zu den jungen Menschen der Zielgruppe haben sich diese Träger für die organisationsbezogenen Analysen geöffnet und an der Diskussion von Schlussfolgerungen mitgewirkt.

Die beteiligten Organisationen agieren regional verteilt über das gesamte Bundesgebiet und haben unterschiedliche fachliche Profile und verschiedene Angebotsprofile. Gemeinsam ist ihnen, dass alle Träger in der Jugendsozialarbeit tätig sind und zumindest in relevanten Teilbereichen ihrer Tätigkeit mit jungen Menschen aus der skizzierten Zielgruppe arbeiten. Darüber hinaus weisen sie jedoch deutliche Unterschiede auf. Einige sind fast ausschließlich in der Jugendberufshilfe tätig und somit in ihrer Finanzierung auf Maßnahmen der SGB II und III begrenzt. Andere Träger verorten sich in der Jugendhilfe mit entsprechenden Auswirkungen nicht nur im Hinblick auf die Finanzierung der Angebote, sondern auch im Hinblick auf interorganisationale Kooperationsmodalitäten. Die Träger haben eine unterschiedliche Nähe zu öffentlichen (staatlichen und kommunalen) Strukturen: Neben Trägern, die sich als eine Art ‚Ausgründung' aus dem Träger der öffentlichen Jugendhilfe charakterisieren lassen, sind andere Träger deutlich dem Spektrum der freien Träger zuzuordnen, entweder als Teil oder Mitglied eines Wohlfahrtsverbandes oder als im freien Spektrum außerhalb der Wohlfahrtsverbände entstandener Träger. Das Profil der einzelnen, in und mit dem Forschungsprojekt kooperierenden Organisationen lässt sich in einer knappen (und notwendigerweise verkürzenden) Weise folgendermaßen charakterisieren:

- Ein konfessionell geprägter Träger in einer Großstadt in Ostdeutschland nennt ‚Niedrigschwelligkeit' als Leitorientierung für Angebotsgestaltung und versucht dies in seiner Angebotsgestaltung als ein prägendes Prinzip zu praktizieren. Die Einrichtung steht in enger Kooperation mit dem Jobcenter und sieht in einem markanten Teil des Handelns ‚Arbeit/Heranführung an Arbeit' als Ausgangspunkt. Die Einrichtung bettet diesen Schwerpunkt ein in ein umfassendes sozialpädagogisches Verständnis einer Hilfe zur Lebensbewältigung. Damit wird eine konzeptionelle Nähe zur Jugendhilfe deutlich, die jedoch über eine längere Zeit relativ wenig institutionalisiert war in Bezügen zum Jugendamt und zu

Jugendhilfeträgern. Insbesondere mit der Installierung einer Jugendwohngruppe, finanziert durch die Jugendhilfe, hat sich dies verändert; u.a. dadurch hat sich die Einbindung in die Jugendhilfe verstärkt. Neben den über die Arbeitsverwaltung finanzierten Angeboten (insbesondere: offene Aktivierung/Heranführung an Arbeit; Angebot für Jugendliche mit psychiatrischem Hintergrund) und neben der Jugendwohngruppe unterhält die Einrichtung einen offenen Bereich (Zugänglichkeit ‚rund um die Uhr'), in Einzelfällen Möglichkeiten zur Übernachtung sowie einen Jugendgästebereich. Die Einrichtung ist geprägt durch ein säkularreligiöses Leitbild; die fachliche Niedrigschwelligkeit geht mit dieser normativen Prägung einher.

- Geschichtlich entstanden ist eine weitere kooperierende Einrichtung im Rahmen der Arbeit einer kirchlichen Gemeinde als kleine Anlaufstelle für besonders belastete Kinder und Jugendliche in einem Stadtteil einer westdeutschen Großstadt, der durch ehemalige Notunterkünfte und Sozialwohnungen geprägt ist. Mitte der 1990er Jahre übernahm ein regionaler konfessioneller Träger die Trägerschaft für das wachsende Projekt. Die vorgehaltenen Kita- und Hortangebote für die jüngere Zielgruppe werden über die Jugendhilfe finanziert, die Ausbildungsbegleitung und die in den letzten Jahren entstandene Elternschule werden aus Geldern einer Stiftung finanziert, die eigens zur Qualitätssteigerung und zum weiteren Ausbau der Einrichtung gegründet wurde. Die Angebote richten sich an Kinder und Jugendliche im Alter von 3 bis 21 Jahren. Ziel ist es, Kinder und Jugendliche zum regelmäßigen Schulbesuch zu motivieren und sie dabei zu unterstützen, einen Schulabschluss zu machen, eine Ausbildung erfolgreich zu durchlaufen und sie in die Lage zu versetzen, ihr Leben eigenverantwortlich zu gestalten. Die Ausbildungsbegleitung ist das Angebot der Einrichtung, das im engeren Sinne Jugendsozialarbeit und Jugendberufshilfe vorhält. Zwei Fachkräfte unterstützen die jungen Erwachsenen. Kernelement der pädagogischen Arbeit im Ausbildungsbereich ist die individuelle Förderung der Jugendlichen beim Übergang in und beim Absolvieren der Ausbildung. Die Jugendlichen nehmen an den offenen und niedrigschwellig konzipierten Angeboten der Ausbildungsbegleitung freiwillig teil. Zu den Angeboten gehören Berufsorientierungshilfe, Bewerbungstraining, Nachhilfe und Unterstützung in persönlichen Krisensituationen. Durch eine enge Vernetzung mit weiteren Fachdiensten im Stadtteil kann die Einrichtung eine bedarfsgerechte Unterstützung vermitteln. Wenn notwendig, werden die Jugendlichen zu diesen Diensten persönlich begleitet.
- Bei einem weiteren Kooperationspartner handelt es sich um einen großen regionalen gemeinnützigen Träger in Westdeutschland. Der Tätigkeitsbereich umfasst Jugendhilfeangebote (auch betreute Wohnformen

für junge Volljährige) und Angebote der Beschäftigungsförderung. Der Träger fördert und unterstützt benachteiligte Jugendliche und Erwachsene bei der beruflichen Eingliederung und Qualifizierung und verfolgt das Ziel, die persönlichen und beruflichen Fähigkeiten der jungen Menschen durch begleitende, sozialpädagogisch orientierte Aktivitäten zu erweitern und ihre Chancen auf einen Ausbildungs- und Arbeitsplatz zu verbessern. Zu den Angeboten gehören Jugendwerkstätten, die den Jugendlichen Tagesstrukturierung und Beschäftigung in unterschiedlichen hauseigenen Lernwerkstätten anbieten, und berufsvorbereitende Angebote, die Unterricht und betriebliche Praktika miteinander verbinden, die Berufsorientierung der Jugendlichen fördern und ihnen das Erfüllen der Schulpflicht und zum Teil das Nachholen eines Schulabschlusses ermöglichen. Nur eines der berufsvorbereitenden Angebote wird über die Jugendhilfe finanziert. Die Betreuung der Teilnehmer/innen erfolgt hier insbesondere unter sozialpädagogischen Aspekten und ist niedrigschwellig konzipiert. Die bis zu zwanzig Plätze können von Jugendlichen aus dem Stadtteil genutzt werden. Alle anderen Maßnahmen werden über Förderprogramme, SGB II und SGB III finanziert. Der Träger pflegt eine enge Kooperation mit der Arbeitsagentur und dem Jobcenter und konzipiert in enger Abstimmung mit dem Jobcenter Angebote für Jugendliche unter 25 Jahren, denen trotz Erwerbsfähigkeit und intensiver Begleitung bisher keine berufliche Integration gelungen ist. Ziel ist es, diese Jugendlichen zu aktivieren, ihre Beschäftigungsfähigkeit zu verbessern und sie dauerhaft in den Arbeitsmarkt zu integrieren. Kernelement der Projekte ist eine intensive Integrationsbegleitung.

- Bei einem weiteren Träger in Westdeutschland handelt sich um einen gemeinnützigen und stadtnahen Verein mit dem Satzungszweck der Integration beziehungsweise Begleitung von jungen Menschen bis 27 in den Arbeitsmarkt. Der Träger folgt der übergeordneten Zielsetzung, Jugendliche auf dem ersten Arbeitsmarkt zu platzieren. Dabei zielt er vor allem darauf, Jugendliche darin zu unterstützen, ihre beruflichen Stärken zu erkennen, Entwicklungsmöglichkeiten zu finden sowie Ziele zu formulieren. Besonderen Wert legt er darauf, in der eigenen Arbeit erfolgreich auf die bestehenden regionalen Strukturen von Schule, Wirtschaft und Kammern zurückgreifen zu können und diese umgekehrt beispielsweise in Netzwerken und Arbeitskreisen mit der eigenen Tätigkeit zugunsten der Jugendlichen beeinflussen zu können. Er ist von der Stadt beauftragt und wird größtenteils aus kommunalen Mitteln finanziert. Nur zu einem geringen Anteil wird er von der Arbeitsagentur und durch Stiftungsmittel kofinanziert. Seine Arbeit verortet er im Schwerpunkt des SGB VIII und versteht sie als Vorarbeit zum SGB III. Er ist beratend und koordinierend tätig und versteht sich als ‚Agentur' mit

Überblick über das breite Angebot der Berufsbildungsangebote der Kommune. Der Träger hält in den eigenen, zentral gelegenen Räumlichkeiten ein offenes Beratungsangebot für junge Menschen vor, die nach beruflicher Orientierung und Vermittlung suchen. Er kooperiert mit sämtlichen Hauptschulen und beruflichen Schulen der Stadt. Jeweils ein/e Mitarbeiter/in pro Berufsschule betreut die Jugendlichen an ihren Schulen. Daneben sind ca. 900 Schüler/innen aus den Abschlussklassen der Hauptschulen im Blick des Trägers. Ein Drittel davon nimmt an einem Projekt für Hauptschüler/innen aktiv teil, wo sie individuell bei der Suche nach einem Ausbildungsplatz unterstützt werden. In einem Pilotprojekt kooperiert der Träger zudem sehr eng mit dem Jobcenter. In dessen Räumlichkeiten hat er ein spezielles Beratungs- und Unterstützungsangebot für junge ALG-II-Bezieher/innen installiert.

- Weiterhin kooperiert eine Jugendwerkstatt in Trägerschaft eines Wohlfahrtsverbandes. Diese hält zwei Angebote in einer ostdeutschen Großstadt vor: Sie verfügt über 12 Plätze im Rahmen von Arbeitsgelegenheiten gemäß § 16 SGB II. Daneben bietet sie 18 Plätze in einem ESF-geförderten Projekt der Jugendsozialarbeit gemäß § 13 SGB VIII, das sich an Jugendliche und junge Erwachsene richtet, für die keine Möglichkeit besteht, in Beruf oder Ausbildung zu gelangen oder an anderen berufsbildenden Maßnahmen teilzunehmen. Ziel der Angebote ist, – wenn möglich – die Teilnehmenden auf dem ersten Arbeitsmarkt zu platzieren. Alternativ wird die Weitervermittlung in andere Qualifizierungsangebote wie das BVJ oder BvB angestrebt. Für einen Teil der jungen Menschen besteht die Möglichkeit der schulischen Vorbereitung auf die externe Prüfung zum Hauptschulabschluss. Die Angebote der Jugendwerkstatt basieren auf dem Grundsatz der Freiwilligkeit. Den Zugang erhalten die Jugendlichen – teils vom Jobcenter initiiert – über eine Beratungsstelle des Jugendamts. Diese klärt mit den Jugendlichen die Interessen und Bedarfe ab und vermittelt sie an die verschiedenen berufsbildenden Angebote in der Kommune. Nach einem Probearbeitstag entscheiden Jugendliche/r und Einrichtung gemeinsam über die Teilnahme am Angebot. In den Räumlichkeiten der Jugendwerkstatt haben die Teilnehmenden die Möglichkeit, (erste) begleitete Erfahrungen in den zwei Arbeitsbereichen ‚Küche' und ‚Holzwerkstatt' zu sammeln. Beide Bereiche stellen die Nähe zum Arbeitsmarkt über die Durchführung von Auftragsarbeiten her. Im dritten Arbeitsbereich ‚Pflege' finden Arbeitseinsätze und Praktika in anderen Einrichtungen des Trägers statt. Ergänzend erfolgen schulischer Unterricht sowie Begleitung und Beratung seitens der Sozialpädagoginnen und der Psychologin der Jugendwerkstatt.

- Ein weiteres kooperierendes Projekt in Ostdeutschland richtet sich an junge ALG-II-Bezieher/innen unter 25 Jahren, die in keine anderen Angebote zur beruflichen Integration vermittelt werden können. Für sie bietet das Projekt geeignete, auf individuelle Förderung ausgelegte Maßnahmen in unterschiedlichen Arbeits- und Werkstattbereichen mit schulischen Anteilen an. Die Koordinierung der Angebote obliegt einer eigens hierfür bei einem Träger der Jugendsozialarbeit eingerichteten Stelle. Zu Beginn des Forschungsprojektes operierte das Projekt an zwei Standorten in Ostdeutschland mit insgesamt vier kooperierenden Bildungsträgern. Alle Beteiligten blicken auf eine langjährige Erfahrung in der Zusammenarbeit sowie in der Arbeit mit der Zielgruppe zurück. Gleichwohl das Projekt insgesamt auf die berufliche Integration und die Weitervermittlung der Teilnehmenden zielt, räumen die Maßnahmen der sozialen Entwicklung der jungen Menschen sehr viel Raum ein. Die Zuweisung der Teilnehmer/innen zu den Maßnahmen geschieht über das jeweilige Jobcenter des Standorts. Einer der zwei Bildungsträger am Standort hält eine niedrigschwellig und der andere eine höherschwellig ausgerichtete Maßnahme mit praktischen sowie schulischen Anteilen vor. Nach einer einführenden Clearingphase werden die Teilnehmenden entsprechend ihres Bedarfs einer Maßnahme zugeordnet. Die Maßnahmen sind auch nach der Zuordnung prinzipiell durchlässig, so dass der Wechsel eines jungen Menschen möglich ist. Für einzelne Teilnehmer/innen besteht die Möglichkeit, den Hauptschulabschluss nachzuholen. Am Standort betreut eine Fachkraft die jungen Menschen vor, während und nach der einjährigen Teilnahme an den Maßnahmen.
- Bei einem weiteren Kooperationspartner handelt es sich um einen Träger, dessen Angebot sich in einer Kleinstadt in Ostdeutschland befindet. Die verhältnismäßig kleine Einrichtung verfügt über zwei Werkstattbereiche. Der konzeptionelle Kern ist eine Orientierung an einer Verknüpfung von schulischen und betrieblichen Angeboten. Zentrales pädagogisches Mittel ist die starke Anlehnung/Imitation von betrieblicher Realsituation und marktorientierter Produktion verbunden mit zusätzlichen Lernangeboten. In der Tendenz handelt es sich hier um stark berufs- und arbeitsmarktbezogene Jugendsozialarbeit. Obwohl die Teilnahme zumindest vordergründig freiwillig ist, findet die Zuweisung der Teilnehmer/innen vielfach über das kommunale Jobcenter statt. Niedrigschwelligkeit beim Zugang zu den Angeboten ist bei dieser Einrichtung nicht das zentrale Prinzip, vielmehr sollen in realistischer, praxisnaher und am Markt orientierter Produktion Qualifizierung organisiert, die Anschaulichkeit von Lernprozessen gewährleistet und so die Jugendlichen aktiviert werden. Die Abnehmer der Produkte kommen aus der Region. Koordiniert und kontrolliert wird dieser Prozess von einem

Wirtschaftlichen Beirat, der sich aus Vertreter/innen der Kommune, des Landes, des Trägers und der örtlichen Wirtschaft zusammensetzt. Die Jugendlichen bekommen über ein so genanntes Taschengeld, dessen Höhe abhängig von deren Anwesenheit/Mitwirkungsbereitschaft ist, eine zusätzliche Gratifikation.

- Bei einer weiteren Einrichtung in Ostdeutschland steht analog zum vorher beschriebenen Angebot die Verbindung von arbeitsbezogener und beruflicher Bildungsarbeit im Vordergrund. Dieser Einrichtung geht es vor allem um die Bestimmung von Lern- und Entwicklungsprozessen der Jugendlichen durch die betriebliche Praxis. Gegenwärtig lernen und arbeiten etwas mehr als 50 Jugendliche in sechs verschiedenen Werkstattbereichen. Auch hier kommen die Abnehmer der unterschiedlichen Produkte, Gewerke und Dienstleistungen aus der Region. Hier handelt es sich um eine ländliche strukturschwache, aber touristisch stark genutzte Region. Auch hier wird so weit wie möglich eine betriebliche Realsituation in den Werkstattbereichen anvisiert und es geht nicht primär um die Erreichbarkeit der oben skizzierten Gruppe von Jugendlichen, vielmehr sind die zentralen Bezugspunkte der Arbeit Wertschöpfung, Produktion und schulische Qualifikation. Die marktorientierte Produktion ist Zweck (Verkauf), aber auch pädagogisches Mittel beim Zugang zu den Jugendlichen in den Maßnahmen. Der Idee der Verbindung von Lern- und Arbeitsort wird an diesem Standort durch die Möglichkeit einer so genannten Nichtschülerprüfung außerhalb der Regelschulangebote besonders Rechnung getragen, so dass neben der starken Fokussierung auf die berufliche Orientierung und die berufliche Qualifizierung und Hilfe beim Einstieg in eine Erwerbstätigkeit auch die Möglichkeit besteht, einen Schulabschluss zu erwerben.

3.2 Festlegung der Projektzielgruppe

In der ersten Projektphase galt es zunächst die Zielgruppe der für die Jugendsozialarbeit ‚schwer erreichbaren' jungen Menschen genauer zu definieren sowie zu eruieren, was sie im Speziellen kennzeichnet und was sie von den ‚erreichbaren' jungen Menschen unterscheidet. ‚Schwere Erreichbarkeit' meint die Tatsache, dass Institutionen der Jugendsozialarbeit und Individuum nicht zueinander finden. Mit dem Begriffspaar ‚schwer erreichbar' sind zwei Betrachtungsebenen verbunden, auf denen jeweils Ursachen vermutet werden können. Diese sind

- die Betrachtung des jungen Menschen mit seiner Lebenssituation und mit individuellen Merkmalen, die ihm einen Zugang zu den Angeboten

erschweren und aufgrund derer er sich für die Institutionen mit ihren Angeboten als ‚schwer erreichbar' erweist, und
- die Betrachtung der Organisationen, die in ihren Strukturen und in ihren Angeboten es nicht schaffen, einen Zugang zu den jungen Menschen zu bekommen/die jungen Menschen zu erreichen.

Der Thematik des Forschungsprojekts entsprechend wurden junge Menschen in der (Alters-) Phase nach dem Schulbesuch betrachtet, in der es für sie um die Suche nach einem Zugang in ein berufliches Leben geht, das die eigene Existenzsicherung ermöglicht. Für die Untersuchung wurde zunächst die Altersgruppe der 16- bis 26-Jährigen in den Blick genommen. Die Altersmindestgrenze wurde bei 16 Jahren angelegt, da in diesem Alter die allgemeine Schulpflicht endet und eine Person ab diesem Zeitpunkt potenziell dem Arbeits- und Ausbildungsmarkt zur Verfügung stehen kann. Vor dem 16. Lebensjahr sind Maßnahmeerfahrungen höchst unwahrscheinlich. Die Altershöchstgrenze ergibt sich aus der Definition junger Menschen nach § 7 Abs. 4 SGB VIII, gemäß derer junge Erwachsene unter 27 Jahren einen Anspruch auf Leistungen der Jugendhilfe haben.

Im Mittelpunkt des Erkenntnisinteresses des Forschungsprojekts stehen drei Gruppen von Jugendlichen: (A) ‚Nichterreichte', (B) ‚Abbrecher' und (C) ‚Abbruchgefährdete' (vgl. Kap. 2.1).

Bisherige Forschungen geben Hinweise darauf, dass es sich bei den jungen Menschen, die am Übergang von der Schule in den Beruf scheitern und die zudem von Angeboten der Jugendsozialarbeit nicht erreicht werden, weniger um eine homogene Gruppe als vielmehr um eine Gruppe junger Menschen handelt, die aus ganz unterschiedlichen Gründen keine Zugänge finden (können). Erste Hinweise auf einige zentrale Merkmale dieser jungen Menschen ergab die Sichtung des Forschungsstands, allerdings ist zu konstatieren, dass spezifische Untersuchungen zu der vom Forschungsprojekt fokussierten Zielgruppe (insbesondere der Gruppe A) für Deutschland bislang fehlen (vgl. Kap. 2).

Um die heterogene Zielgruppe des Forschungsprojekts näher bestimmen, über bestimmte individuelle Merkmale und Problemlagen erste Erkenntnisse gewinnen und eine begründete Vorauswahl der Interviewpartner/innen für die qualitativen Interviews treffen zu können, sind im Projektverlauf zunächst folgende vorbereitende/hinführende Erhebungen durchgeführt worden: Eine erste Annäherung an die Zielgruppe boten im Forschungsprojekt Erkenntnisse aus sogenannten Expertengesprächen und daran anschließend eine Fragebogenerhebung, die sich an junge Menschen im Umfeld der Jugendsozialarbeit richtete.

3.3 Explorative Expertengespräche

In einem ersten Forschungsschritt wurden an allen Standorten Expertengespräche geführt. Hierbei handelte es sich um explorative Gespräche mit Schlüsselpersonen im Feld, die in und/oder außerhalb der beteiligten Organisation/des beteiligten Trägers mit der Zielgruppe zusammenarbeiten oder aufgrund ihrer Position Kontakt zur Zielgruppe haben und dem Forscherteam einen Zugang zu ihr vermitteln können.

Ziel der Gespräche war es, erstens das Untersuchungsfeld kennenzulernen und erste Informationen über die Organisationen[4] zu gewinnen, um Besonderheiten der Standorte herauszuarbeiten und erste Standortprofile zu entwickeln. Zweitens zielten diese Gespräche darauf, Einschätzungen zur Zielgruppe zu erhalten, um auf dieser Grundlage die Zielgruppe einzugrenzen und die weiteren Erhebungsinstrumente zu erstellen und deren Einsatz zu planen.

Im Zeitraum Januar bis April 2013 wurden je Standort drei bis sechs und somit an den acht Standorten insgesamt 37 Einzel- und Gruppengespräche geführt, die zwischen ein und drei Stunden dauerten. Die Auswahl und Gewinnung der Expert/innen erfolgte in Absprache mit den zuständigen Ansprechpersonen der kooperierenden Organisation am Standort. Zu den ausgewählten Personen gehörten Mitarbeiter/innen aus den beteiligten Organisationen, die (schwerpunktmäßig) Angebote für die Zielgruppe machen, und Fachkräfte außerhalb der Organisationen, die mit der Zielgruppe arbeiten: Mitarbeiter/innen aus Jugendämtern bzw. Allgemeinen Sozialen Diensten, aus Jobcentern und offenen Jugendeinrichtungen (wie Jugendzentren, Jugendberatungshäusern), Streetworker, Psycholog/innen und Mitarbeiter/innen aus Einrichtungen der Hilfen zur Erziehung. Ein Teil dieser Expert/innen fungierte im weiteren Projektverlauf als sogenannte Gatekeeper, als ‚Schlüsselpersonen', die den Kontakt zur Zielgruppe vermitteln konnten.

Thematische Schwerpunkte der Expertengespräche und damit Grundlage für die Planung und Durchführung weiterer Projektschritte (vgl. Kap. 3.4.1) waren

- die Charakterisierung der Zielgruppe des Forschungsprojektes aus Sicht der Expert/innen: Gründe für die ‚schwere Erreichbarkeit', die einerseits

4 In diesem Forschungsschritt konnten schon einige wichtige Informationen zur Vorbereitung der geplanten Organisationsanalyse gewonnen werden. Hospitationen an einzelnen Standorten lieferten einen ersten Eindruck von den Angeboten mit der Zielgruppe.

in der Person und Lebenssituation der jungen Menschen verortet werden und andererseits in den Strukturen und Angeboten der eigenen Organisation vermutet werden;
- die Organisation, in der die interviewte Person tätig ist: konzeptionelle Schwerpunkte, Angebote und Tätigkeitsbereiche, Mitarbeiterstruktur, Ausstattung;
- Angebote für die Zielgruppe und Erfahrungen der Organisation mit der Zielgruppe;
- Kooperationspartner und Kooperationsstrukturen, die für die Arbeit mit der Zielgruppe von Bedeutung sind, und Informationen zum sozialräumlichen Umfeld.

Die von den Expert/innen benannten Themen- und Problembereiche sowie die Besonderheiten bezüglich der Zielgruppe flossen in die Konstruktion des Fragebogens ein und werden an entsprechender Stelle dargestellt (vgl. Kap. 3.4.1). Zudem gingen sie in die Überlegungen zur Konstruktion der Leitfäden für die qualitativen Interviews mit den jungen Menschen und die Interviews im Rahmen der Organisationsanalyse ein.

3.4 Quantitative Fragebogenerhebung

Die Befragung richtete sich an junge Menschen zwischen 16 und 27 Jahren, denen der Übergang von der Schule in die Ausbildung und den Beruf zum Erhebungszeitpunkt noch nicht gelungen ist, d.h. an diejenigen, die sich in Angeboten der Jugendsozialarbeit befinden und dort rauszufallen drohen, und an diejenigen, die von den Angeboten der Jugendsozialarbeit ‚nicht erreicht' sind.

Dieser Forschungsschritt verfolgte nicht das Ziel, repräsentative Ergebnisse zur Zielgruppe zu generieren. Vielmehr war mit diesem Vorhaben das Ziel verbunden, Aufschluss über individuelle Merkmale, eigene und familiale Problembelastungen und (soziale) Unterstützungsressourcen der für die Jugendsozialarbeit ‚schwer erreichbaren' jungen Menschen zu erhalten, um auf Grundlage der Daten verschiedene Typen ‚schwer erreichbarer' junger Menschen zu klassifizieren, die geeignet sind, die Auswahl der jungen Menschen für die qualitativen Interviews anzuleiten.

Bei der Ausgestaltung der quantitativen Erhebung boten Erkenntnisse zu Schutz- und Risikofaktoren aus der Resilienzforschung (vgl. z.B. Fröhlich-Gildhoff/Rönnau-Böse 2011; Zander 2010, 18-49), Befunde über vermeintlich ‚schwer erreichbare' junge Menschen aus einschlägigen Forschungsprojekten im Übergangssystem (vgl. Kap. 2) und ergänzend die Befunde aus den Expertengesprächen Orientierung.

3.4.1 Konstruktion und Aufbau des Fragebogens

Der Fragebogen gliedert sich in drei Bereiche. Einen ersten Fragenbereich bilden soziodemografische Variablen wie Alter, Geschlecht, Staatsangehörigkeit und Migrationshintergrund. Es folgen fünf Themenblöcke mit Fragen zur aktuellen Lebenssituation der jungen Menschen, zu Schule und Ausbildung, zur Herkunftsfamilie, zu sozialer Unterstützung und institutionellen Kontakten sowie zu Gesundheit und Devianz. Der letzte Teil des Fragebogens enthält verschiedene Einstellungsfragen.

Bei einigen Frageformulierungen wurde auf Fragebögen bereits durchgeführter Jugenduntersuchungen zurückgegriffen (vgl. Kuhnke 2007; Winkler 2005). Die Fragen wurden zum Teil übernommen oder dem vermuteten sprachlich-kognitiven Vermögen der Zielgruppe angepasst. Andere Fragen wurden eigens konstruiert. Bei den Einstellungsfragen wurden etablierte Skalensets übernommen oder jene Items aus den Sets ausgewählt, die als für die Zielgruppe verständlich erachtet wurden. Dabei konnte der Fokus nicht auf Vergleichen mit Werten aus bevölkerungsrepräsentativen Untersuchungen liegen, da die Formulierungen einzelner Skalen, die Anpassung der Skalierung oder wechselnde Antwortvorgaben für die hier untersuchte Gruppe mit zu großen Schwierigkeiten (vgl. Kap. 3.4.2) verbunden gewesen und eine weitere Anpassung der Skalierung erforderlich gewesen wäre.

Themenbereich 1: Aktuelle Lebenssituation des jungen Menschen

Die erste Fragebatterie bezieht sich auf die aktuelle Lebenssituation des jungen Menschen. Da nicht nur in der Literatur (vgl. z.B. Filipp/Aymanns 2010), sondern auch in den Expertengesprächen junge Elternschaft als (kritisches) Lebensereignis benannt wird, das Einfluss auf den beruflichen Qualifizierungsweg bzw. auf die Aufnahme und erfolgreiche Teilnahme an berufsbildenden Angeboten hat, wurde nach der Anzahl eigener Kinder und deren Alter gefragt. Die Thematik ‚partnerschaftliche Beziehungen' ist für die jungen Menschen nicht nur altersgemäß von besonderer Bedeutung. Eine feste Partnerschaft kann als mögliche Unterstützungsressource, aber auch als Belastungsfaktor im Kontext des Übergangs fungieren. In einzelnen Expertengesprächen wurde darauf hingewiesen, dass vorhandene Konflikte in der Partnerschaft oder eine Trennung auch großen Einfluss auf die berufsqualifizierende Motivation der jungen Menschen nehmen können bzw. Ressourcen in der Art binden, dass sie für berufliche Anstrengungen fehlen. Insofern wurden die Fragen nach fester Partnerschaft und der Zufriedenheit mit dem aktuellen Beziehungsstatus in den Erhebungsbogen aufgenommen. Einen weiteren wichtigen Aspekt nimmt die Verfügbarkeit materieller Ressourcen ein. Sowohl aus der Literatur als auch aus den Erzählungen der befragten Expert/innen geht hervor, dass Armut, Transfergeldbezug sowie eine unsichere bzw. desolate Wohnsituation bis hin zur Obdachlosigkeit starke Belastungsmomente für die jungen Menschen darstellen können. In der quantitativen Erhebung wurde daher nach der aktuellen Wohnsituation und vorhandenen Geldquellen gefragt sowie jeweils nach der Zufriedenheit im Hinblick auf diese beiden Aspekte.

Themenbereich 2: Schule und Ausbildung

In der Literatur werden vielfach Erfahrungen des Misslingens institutionalisierter Bildungsgänge als Hindernis beim Übergang bzw. als Merkmal von jungen Menschen mit Schwierigkeiten beim Übergang nach Schulende benannt (vgl. Kap. 2). Auch die Expert/innen berichteten von fehlenden Abschlüssen, häufigen Klassenwiederholungen und früh einsetzender Schulmüdigkeit der jungen Menschen, die sie als schwer erreichbar einschätzen. Der zweite Themenbereich des Fragebogens umfasst deshalb Fragen zur Schulbiografie (Klassenwiederholungen, Schulmüdigkeit) sowie zu bisherigen Bildungsstationen, Schul-, Ausbildungs- und Maßnahmeabschlüssen und -abbrüchen.

Themenbereich 3: Herkunftsfamilie

Eine entscheidende Rolle für den Bildungs- und späteren Ausbildungserfolg scheint aber vor allem die Herkunftsfamilie zu spielen. In der Literatur (vgl. z.B. PISA-Studien, Nationale Bildungsberichte, BIBB-Übergangsstudie) finden sich immer wieder Hinweise auf Zusammenhänge zwischen dem Ausbildungsgrad und der sozioökonomischen Situation in der Herkunftsfamilie und den Übergangschancen in die Berufsausbildung bzw. dem Risiko beruflicher Exklusion junger Menschen. Die Vermutung liegt nahe, dass sich unter den jungen Menschen der Zielgruppe des Forschungsprojekts ein überproportional hoher Anteil derer befindet, deren Eltern als niedrig qualifiziert gelten und deren Herkunftsfamilien von Einkommensarmut betroffen sind. Ähnliches bestätigten die Gespräche mit den Expert/innen, in denen immer wieder von finanziellen Belastungen und Transfergeldbezug der Herkunftsfamilie sowie mitunter sogar von der ‚Vererbung von Sozialhilfebiografien' die Rede war. In den Fragebogen sind deshalb im dritten Themenbereich Fragen nach dem Ausbildungsstand und nach Zeiten von

Arbeitslosigkeit der Eltern und längerem Transfergeldbezug in der Herkunftsfamilie eingegangen.

Die Herkunftsfamilie wird als Belastungs- oder Unterstützungsmoment nicht zuletzt auch dann relevant, wenn es gilt Erfahrungen von erfolgloser Ausbildungssuche und Arbeitslosigkeit der jungen Menschen aufzufangen und neben der materiellen Unterstützung emotionalen Rückhalt zu bieten (vgl. z.B. Reißig 2010). Nahezu alle Expert/innen berichteten im Gespräch von problematischen und die jungen Menschen belastenden Familienverhältnissen. Zwar gebe es auch emotional ressourcenreiche Familienkonstellationen, aber für einige Standorte seien junge Menschen mit Problemen in und mit der Herkunftsfamilie beinahe zur Regel geworden. Auffällig sei auch der hohe Anteil junger Menschen mit Erfahrungen temporärer Fremdunterbringung. In den Fragebogen gingen die Frage nach dem Ort des Aufwachsens, Fragen zur Beziehung zu den Eltern und zudem Fragen zur Geschwisterzahl und zur Zufriedenheit mit der Geschwisterbeziehung ein, da auch hier Unterstützungsressourcen oder Belastungsfaktoren vermutet werden.

Themenbereich 4: Soziale Unterstützung und institutionelle Kontakte

Einschlägige Untersuchungen (vgl. Kap. 2; z.B. Gaupp 2013; Reißig 2010) machen auf die Bedeutung und Funktion sozialer Ressourcen für die Übergangsbiografien junger Menschen aufmerksam. Die befragten Expert/innen wiesen in den Gesprächen auf einen Mangel solcher Ressourcen bei den von ihnen als schwer erreichbar erlebten jungen Menschen hin. Entsprechend wurden in einen vierten Themenbereich der quantitativen Erhebung Fragen nach dem Vorhandensein von Kontakten zu Gleichaltrigen und wichtigen Vertrauenspersonen und nach der Einbindung in soziale Netzwerke wie Vereine oder organisierte Jugendgruppen aufgenommen. Die Fragen nach der Nutzung institutioneller Hilfeangebote wie Jugendzentrum, Beratungsstellen, Sorgentelefon und Jugendamt sollen Aufschluss über möglicherweise vorhandene institutionelle Ressourcen geben.

Themenbereich 5: Gesundheit und Devianz

Weitere Aspekte, die auf eine Problembelastung der jungen Menschen hindeuten können und auf die sowohl Studien (vgl. Kap. 2; z.B. IfaB 2006) als auch die befragten Expert/innen bei der Beschreibung der Zielgruppe hinweisen, sind Themen wie Erkrankungen, insbesondere psychische Beeinträchtigungen, sowie Devianz, etwa in Form von Kriminalität und Drogenmissbrauch. Auch sie tauchen als eigene Fragebatterien in der Erhebung auf.

Einstellungs- und Einschätzungsfragen

Einschlägige Studien belegen, dass Benachteiligungserfahrungen Einfluss auf das Selbstwertgefühl, Auswirkungen auf die physische und psychische Gesundheit (Jungbauer-Gans/Kriwy 2004) und auf gesellschaftliche und berufliche Integrationsbemühungen (Lappe 2003) haben. Es ist davon auszugehen, dass Benachteiligungserfahrungen Prozesse sozialer und beruflicher Integration behindern und zur ‚schweren Erreichbarkeit' beitragen können. In den Gesprächen wiesen die Expert/innen darauf hin, dass ‚schwer erreichbare' junge Menschen häufig zum Teil schon beim Durchlaufen der Schulzeit Ausgrenzungs- und Benachteiligungserfahrungen gemacht hätten, die mitunter bereits zu Selbstausgrenzungen geführt hätten. Im Fragebogen wurde die wahrgenommene individuelle Benachteiligung der jungen Menschen bezüglich verschiedener Bereiche erfasst. Zudem thematisierten viele Expert/innen, dass die größtenteils belastenden biografischen Erfahrungen, insbesondere das häufige Scheitern an den gesellschaftlichen oder institutionellen Anforderungen bei den jungen Menschen zu Trauer, Frustration, einem Gefühl des Versagens, fehlender Selbstwirksamkeitserwartung und mangelnder Zukunftszuversicht führten. Mit der Platzierung verschiedener ausgewählter und angepasster Items aus standardisierten Messinstrumenten zum Vertrauen in die Umwelt (Krampen u.a. 1982) und zur Selbstwirksamkeit (Schwarzer/Jerusalem 1999, 57; Beierlein u.a. 2013) war das Ziel verbunden, den Einschätzungen der befragten Expert/innen nachzugehen und ein differenziertes Bild zu den Einstellungen der jungen Menschen zu erhalten. Mit der bilanzierenden Frage zur Lebenszufriedenheit insgesamt schließt der Fragebogen.

3.4.2 Das Pretestverfahren

Nach der Konstruktion der Items und Fragebatterien wurden mögliche Komplikationen bei der Formulierung der Fragen mit den Gewährspersonen im Feld und mit Expert/innen, die über praktische Erfahrungen und Methodenkenntnisse im Erhebungsbereich verfügen, diskutiert. Hier ging es zunächst darum, grundlegende Anforderungen an die Formulierung von Items zu prüfen (Rothgeb u.a. 2007)[5].

Im Anschluss wurde Anfang 2013 bei einer Einrichtung der Jugendsozialarbeit ein Pretest mit 16 Jugendlichen durchgeführt. Dabei war es in der ersten Anwendung wichtig, auf mögliche Charakteristika der Zielgruppe einzugehen, insbesondere auf die heterogene Zusammensetzung der Zielgruppe, möglicherweise geringere kognitive Fähigkeiten, schnelle Ermüdung, wenig Toleranz bei Verständnisschwierigkeiten und geringe Antwortbereitschaft. Für diese Gruppe von Befragten stehen kaum Informationen zum Antwortverhalten und zur Konstruktion von Fragebögen zur Verfügung. Um mögliche Schwierigkeiten im Frage-Antwort-Prozess systematisch zu untersuchen (Presser/Blair 1994; Prüfer/Rexroth 2005), wurde ein Mix aus einem traditionellen Test-Interview mit flexibler Vorgehensweise und zwei systematischen, standardisierten Evaluationsinterviews gewählt. Befragt wurde in drei Befragungskonstellationen, die der späteren Erhebungssituation ähnelten, in einer größeren Gruppe, in einer Kleingruppe und im Einzelkontakt.

Abgesehen von eher technischen Schwierigkeiten (Wording, Layout, Anordnung der Fragen, Instruktionen usw.) verwiesen die Ergebnisse auf grundsätzliche Fragebogenfehler, die mit Wissens- und Erinnerungslücken (Rothgeb u.a. 2007) der Befragten und der Wahl der Skalierung in Zusammenhang stehen und die mit dieser Art der Datenerhebung in diesem Kontext nur schwer zu umgehen sind. Auf der Basis der Pretest-Erkenntnisse wurden abschließend problematische Fragen eliminiert oder nach Maßgabe der Kommentare der im Pretest Befragten modifiziert. So wurde z.B. bei der Frage nach dem Transfergeldbezug der Eltern der Begriff ‚Sozialhilfe' um den Zusatz ‚Hartz IV' ergänzt oder bei der Frage nach der Konsumhäufigkeit bestimmter Drogen die im Pretest-Fragebogen enthaltene differenzierte Unterscheidung verschiedener Suchtmittel vereinfacht. Zudem wurde vor den Fragebatterien zum Polizei- und Gerichtskontakt und zum Drogenkonsum noch einmal in einem Infokasten ausdrücklich darauf hingewiesen, dass alle Angaben streng vertraulich behandelt werden, um die Wahrscheinlichkeit falscher oder ausbleibender Angaben bei diesen ‚heiklen' Fragen zu reduzieren. Des Weiteren wurden einige Fragebogensegmente umgestellt und das Fragebogendesign angepasst.

---

5 z.B. Lesbarkeit, passende Instruktionen, zugrunde liegende Annahmen, antizipierter Wissensvorrat der Informant/innen, inhaltliche Klarheit oder logische Anordnung der Fragen

3.4.3 Durchführung, Rücklauf und Antwortverhalten

In der Zeit von April bis Juni 2013 fand die quantitative Fragebogenerhebung mit den jungen Menschen an den acht Projektstandorten statt. Die Erhebung wurde zur Hälfte von den wissenschaftlichen Mitarbeiter/innen selbst durchgeführt. Die Bögen wurden vor Ort entweder im Einzelkontakt oder in kleinen Gruppen von den Teilnehmenden ausgefüllt. Die andere Hälfte der Fragebögen wurde an Mitarbeitende der kooperierenden Träger oder andere Gatekeeper an den Standorten verschickt, so dass die Erhebung von diesen Personen vor Ort durchgeführt werden konnte. Mit den Mitarbeitenden und Gatekeepern wurden im Vorfeld ausführliche Gespräche zum Ablauf der Erhebung und zur Begleitung der jungen Menschen in der Erhebungssituation geführt. Zudem wurde in einem Informationsschreiben noch einmal darauf hingewiesen, dass sich die Begleitung beim Ausfüllen lediglich auf ‚Lesehilfen' beschränken sollte, um Methodeneffekte zu verhindern. Für das Ausfüllen der Fragebögen benötigten die Befragten zwischen 10 und 30 Minuten. Die Fragebogenerhebung erfolgte anonym. Die jungen Menschen hatten am Ende des Bogens die Möglichkeit, eine Kontaktmöglichkeit anzugeben, wenn sie bereit waren, zu einem späteren Zeitpunkt ein Interview zu geben. Erfreulicherweise konnten eine Vielzahl von Kontaktdaten erfasst (40% der 16- bis 27-Jährigen) und einige Interviewpartner/innen über diesen Weg gewonnen werden.

Die Mitwirkungsbereitschaft der Mitarbeiter/innen bei den beteiligten Trägern, die Antwortbereitschaft der Befragungsteilnehmenden und der Rücklauf der Fragebögen insgesamt waren erfreulich gut. Von den 253 Befragten, die zwischen 13 und 31 Jahren alt sind, wurden für die Auswertung gemäß der Definition der Projektzielgruppe nur die Angaben der 16- bis 27-Jährigen betrachtet. Die gewählte Stichprobe umfasst 236 Personen. Dies entspricht in etwa der anvisierten Stichprobengröße. Geplant waren durchschnittlich 30 Fragebögen pro Standort, also ca. 240 Bögen insgesamt. Der Rücklauf aus den acht Projektstandorten ist u.a. aufgrund der Größe und Reichweite der Einrichtung bzw. der Anzahl von Angeboten der Einrichtungen und Träger für die Forschungsprojektzielgruppe unterschiedlich hoch.

Berücksichtigt man die oben dargestellten Schwierigkeiten der Zielgruppe im Umgang mit Befragungen (vgl. Kap. 3.4.2), so ist die Antwortneigung insgesamt als positiv zu bezeichnen. Erwartungsgemäß konnten die Befragungsteilnehmenden die Fragen zum eigenen soziodemografischen Hintergrund sehr gut beantworten. Lediglich die Fragebatterien zu einzelnen sensitiven Einstellungs- und Einschätzungsfragen und zur Bildungs- und Erwerbsbiografie der Eltern enthalten vergleichsweise viele fehlende Werte. So konnten oder wollten lediglich ca. 80 Prozent der Befragten Angaben zur

Arbeitslosigkeit ihres Vaters machen und 87 Prozent Angaben zu Phasen der Erwerbslosigkeit der Mutter. Bei den Fragen zum bisherigen Bildungsverlauf und der aktuellen Beschäftigung der jungen Menschen sind aufgrund der Fragekonstruktion Schwierigkeiten bei der Auswertung bzw. Interpretationsspielräume bei den vorliegenden Angaben aufgetreten. Bei diesen Items zeigte sich im Feld bei Nachfragen, dass zum Teil Präzisierungen erforderlich gewesen wären. Analog zu den retrospektiven Fragen zur Beschäftigung und zu Maßnahme- und Ausbildungsabbrüchen schien es für die befragten jungen Menschen – anders als in den Pretests – schwierig zu sein, ihre Tätigkeiten im Sinne offizieller Termini klassifizieren zu können. Bei welcher Tätigkeit es sich im Einzelnen um eine berufspraktische Maßnahme, eine schulische Maßnahme, ein fachschulisches Angebot oder eine Weiterbildungsmaßnahme handelt, war – so bezeugen die Nachfragen, aber auch die fehlenden Werte bei einzelnen Items – von den jungen Menschen nur schwer einzuschätzen. Fehlende Werte finden sich zudem überdurchschnittlich häufig bei der Frage nach dem Drogenkonsum der jungen Menschen. Ca. 19 Prozent der Befragten haben die Fragen nach dem Konsum von Drogen mit erhöhtem Gefährdungspotenzial verweigert oder offen gelassen, die Items hingegen, die sich auf den Konsum so genannter weicher Drogen bezogen, wurden wieder vergleichsweise besser beantwortet. Außerdem können hier Verzerrungen bedingt durch das Antwortverhalten vorliegen, etwa in Form nicht gemachter Angaben oder aufgrund des Effekts sozialer Erwünschtheit.

3.4.4 Beschreibung der Gesamtstichprobe

Im Folgenden wird die Gesamtstichprobe anhand des bereinigten Gesamtdatensatzes (N=236) kurz beschrieben.

Die Befragungsteilnehmer/innen sind zwischen 16 und 27 Jahre alt. Das Durchschnittsalter der Befragten beträgt 19,9 Jahre. 60 Prozent der Befragten sind männlich. Bei etwas mehr als einem Viertel der Befragten ist eines der Elternteile nichtdeutscher Herkunft. Etwas mehr als 90 Prozent der Befragungsteilnehmer/innen sind in Deutschland geboren und aufgewachsen.

Über 80 Prozent der Befragten verfügen entweder über gar keinen Abschluss, einen Förderschul- oder einen Hauptschulabschluss, rund 15 Prozent über die Mittlere Reife. Auf einen vergleichsweise problematischen schulischen Werdegang mit den unterschiedlichsten Folgen für die Bewältigung der Übergänge verweisen die Zusatzvariablen zur Schulbiografie. So gibt über die Hälfte der Befragten an, der Schule in den letzten beiden Jahren wenigstens mehrere Male im Monat ferngeblieben zu sein. Etwas mehr als ein Viertel der befragten jungen Menschen gibt sogar an, mehrmals in der Woche die Schule geschwänzt zu haben. Überdies haben nur ca. 40 Prozent der Befragten in ihrer Schulzeit die Klasse nicht wiederholen müssen, ca. 20 Prozent der Jugendlichen hingegen geben an, eine Klasse zweimal oder häufiger wiederholt zu haben.

19 Prozent der befragten jungen Menschen haben in der Vergangenheit mindestens eine Maßnahme zur Berufsvorbereitung abgebrochen, fast die Hälfte davon zwei oder mehr Maßnahmen. Etwa 20 Prozent der Befragten geben an, eine Ausbildung abgeschlossen zu haben, etwa 23 Prozent, bereits eine oder mehr Ausbildungen abgebrochen haben. Bei der Frage der gegenwärtigen Beschäftigung zeigt sich, dass etwas mehr als ein Viertel der Befragten zum Befragungszeitpunkt Angebote der Berufsvorbereitung wahrnimmt und ca. ein Fünftel angibt, gegenwärtig ‚Anderes' oder ‚Nichts' zu machen. Allerdings schien es für die Jugendlichen schwierig zu sein, einzuschätzen, welchen Typ von Maßnahme sie gerade besuchen (vgl. Kap. 3.4.3, vgl. hierzu auch Kap. 7.1), so dass die Vermutung naheliegt, dass Jugendliche etwa Berufsvorbereitung, Ausbildung oder Schule synonym verwendet haben.

Etwas mehr als die Hälfte der Jugendlichen befindet sich in einer festen Partnerschaft, wobei – unter Berücksichtigung des Alters fast erwartungsgemäß – nur etwas mehr als ein Drittel mit Partner oder Partnerin zusammen wohnen und lediglich vier der Befragten verheiratet sind. Ca. 17 Prozent der befragten jungen Menschen haben ein eigenes Kind oder eigene Kinder.

Zur Wohnform gibt etwa die Hälfte der Befragten an, bei den Eltern, bei Mutter oder Vater zu wohnen. Die andere Hälfte verteilt sich auf unterschiedliche Wohnkonstellationen, wobei ca. ein Drittel der Befragten in einer eigenen Wohnung lebt.

Mehr als zwei Drittel geben an, sich bei den Eltern wohl zu fühlen. Diese Werte sprechen, ohne Berücksichtigung von Subgruppenunterschieden, bei den Befragten für den Fortbestand von Familie als vertrauter Bezugswelt und für positive emotionale affektive Beziehungen zwischen den Familienangehörigen. Die Zufriedenheit mit der Familie sinkt nur geringfügig mit steigendem Alter. Für die hohe Bedeutung der Familie sprechen zudem die hohen Zufriedenheitswerte (75%) in Bezug auf die Beziehung zu den Geschwistern. Dies wird auch gestützt durch die Aussage von 72 Prozent der jungen Erwachsenen, dass die Personen, von denen sie im Zweifelsfall Unterstützung erhalten, aus der Familie stammen. Die Frage nach der Mobilisierung familiärer Unterstützung differenzierter betrachtet zeigt, dass insbesondere – und verglichen mit dem Vater – die Mutter bei Schwierigkeiten verlässliche Hilfe bietet. So geben fast 70 Prozent der Befragten an, dass ihre Mutter bei Problemen immer für sie da ist.[6]

Zu Fragen intergenerationaler Transmission von kulturellem Kapital geben einige Items bei den Befunden Hinweise auf verfestigte Bildungs- und Chancenungleichheiten sowie den vergleichsweise geringeren wirtschaftlichen Status der Herkunftsfamilie. 12 Prozent der Befragten geben an, dass der Vater, und immerhin 22 Prozent, dass die Mutter keine Ausbildung absolviert hat. Es zeigt sich ferner, dass die Jugendlichen in vielen Fällen in den Familien Erfahrungen mit Phasen der Arbeitslosigkeit gemacht haben. So geben – als Beispiel – mehr als 60 Prozent der Befragten an, dass ihre Mutter arbeitslos war, bei 37 Prozent aller Befragten gar mehr als zwei Jahre, und mit 54 Prozent geben etwas mehr als die Hälfte der jungen Erwachsenen an, dass ihre Familie für längere Zeit Transferleistungen bezog. Welche Auswirkungen die vergleichsweise geringere Qualifikation der Eltern im Einzelnen auf Entwicklungsbedürfnisse und Potenziale der Jugendlichen, z.B. vermittelt über Deprivationserfahrungen oder veränderte Erziehungspraktiken hat, ist mit den vorliegenden Daten nicht zu eruieren. Dennoch werden die zum Teil schwierigen Sozialisationsbedingungen und für die Jugendlichen relevante Aspekte ihrer Lebenssituation in Kapitel 4 zusammenfassend dargestellt.

In Bezug auf Fragen zu Teilhabedefiziten zeigen etwa die Daten zur Mitgliedschaft in Vereinen und Verbänden differenzierte Ergebnisse. 18 Prozent der Befragten sind sportvereinsgebundene Jugendliche. Hier fallen Subgruppenunterschiede nach Geschlecht auf, denn die männlichen Befragten sind mehr als dreimal häufiger in Sportvereinen aktiv. Überdies nimmt das Engagement in Sportvereinen mit steigendem Alter sukzessive ab. Die Beteiligung an unterschiedlichen Organisationen (Freiwillige Feuerwehr, THW, Kirchengruppen, politische Gruppen) variiert zwischen ein und 4 Prozent und liegt damit für die befragten jungen Erwachsenen sehr deutlich unter den Vergleichswerten aus bevölkerungsrepräsentativen Untersuchungen (SOEP, Freiwilligensurvey). Zudem geben nur knapp 8 Prozent der Befragten an, in anderen Gruppen aktiv zu sein.

Bei der Frage nach Unterstützungsnetzwerken in und außerhalb der Familie zeigt sich, dass die Anzahl von vertrauten Personen, von denen Unterstützung zu erwarten wäre, mit steigendem Alter sinkt. Die befragten jungen Menschen greifen wesentlich auf Unterstützung aus der Familie oder

---

6 Hinzuweisen sei hier auf die große Diskrepanz, die sich im Vergleich dieser tendenziell positiven Einschätzung zu den Schilderungen in den qualitativen Interviews ergibt. Dort finden sich markant andere Ergebnisse hinsichtlich der Einschätzung zur Beziehung zu den Eltern (vgl. Kap. 4).

dem Freundeskreis zurück. Nur etwa 12 Prozent geben an, dass die Personen, von denen sie Unterstützung erwarten, aus dem Bereich pädagogischer Betreuung (Lehrer/innen, Sozialarbeiter/innen) stammen. Die Daten bestätigen die hohe Bedeutung von Gleichaltrigengruppen, Freundschaftsbeziehungen als Bezugssystem und Quelle enger Vertrauensbeziehungen sowie des familialen Kontextes als Rückhalt. Es gibt wenige erwachsene Personen jenseits der Familie, auf welche die Jugendlichen als Bezugspersonen zurückgreifen.

Da die im Forschungsprojekt fokussierte Zielgruppe häufig mit gesundheitsriskantem Verhalten in Form von übersteigertem Substanzkonsum in Verbindung gebracht wird, wurden die Jugendlichen nach der Konsumhäufigkeit einzelner Substanzarten gefragt[7]. Etwas mehr als 60 Prozent der befragten jungen Menschen sind ‚tägliche Raucher', 10 Prozent der Befragten konsumieren mehrmals in der Woche bzw. jeden Tag Alkohol. Ähnlich verhält es sich mit dem Konsum von Marihuana/Haschisch: Hier geben 10 Prozent an, mehrmals in der Woche bzw. jeden Tag zu konsumieren. Allerdings gibt ein Viertel der Befragten an, diese Drogen noch nie genommen zu haben. Immerhin etwas mehr als 90 Prozent der Befragten geben ferner an, noch nie so genannte Partydrogen genommen zu haben. Die Zahlen verweisen zwar auf einen eher moderaten Konsum illegaler Drogen, doch zeigen sich bei Betrachtung der Lebenszeitprävalenz für illegale Drogen im Vergleich zu anderen Studien leicht höhere Raten bei den befragten Jugendlichen. Dies trifft sowohl für den Cannabiskonsum als auch für den Konsum von ‚Partydrogen' zu, der bei den Befragten etwas mehr als doppelt so hoch ist wie bei vergleichbaren Untersuchungen (etwa BZgA 2012).

Obwohl delinquentes Verhalten bei jungen Menschen als schichtunspezifisch, auf einen bestimmten Entwicklungsabschnitt beschränkt und weit überwiegend als episodenhaftes Phänomen beschrieben wird (BMI 2006, 354) und/oder gar als entwicklungsfunktional, da es zu einer „konformen Normensozialisation" beiträgt (Raithel 2011, 38), sei darauf hingewiesen, dass mehr als 40 Prozent der befragten jungen Erwachsenen schon zwei Mal oder häufiger zur Polizei oder zum Gericht mussten, weil sie etwas Unerlaubtes getan hatten. Für verhältnismäßig hohe Täterraten spricht vor allem der hohe Anteil an Personen, die angeben, schon mehr als zehn Mal mit Polizei oder Gericht zu tun gehabt zu haben. Insgesamt hatten zwei Drittel der Befragten schon Kontakte mit Polizei oder Gericht. Da eine Differenzie-

---

7 Allerdings ist bei diesem Fragenbereich von Selektions- und Verzerrungseffekten auszugehen, zudem gibt es bezüglich der Fragen zum Drogenkonsum viele fehlende Werte (vgl. Kap. 3.4.3).

rung in Deliktbereiche fehlt, lässt sich nicht zeigen, ob es sich bei den Taten um bagatellhafte Delikte oder schwere Straftaten handelt.

Im Rahmen verschiedener Skalen wurden überdies Daten zu Einstellungen, Erfahrungen mit Benachteiligungen in verschiedenen Kontexten und dem Risikoverhalten erhoben. Nennenswerte Ergebnisse ergaben sich hier zum einen aus der Betrachtung des konstruierten Index zur allgemeinen Zuversicht. Diese Skala beinhaltet in Anlehnung an das Messinstrument von Jerusalem (1990, bei Schwarzer/Jerusalem 1999) Items zu Herausforderungs- und Bedrohungseinschätzungen. Möglicherweise mit Blick auf die vorangegangenen Beschreibungen sehr überraschend, zeigt sich bei beiden Items zur Einschätzung von Herausforderungen[8], dass mehr als 70 Prozent der befragten jungen Menschen zuversichtlich in die Zukunft blicken und sich auf die kommenden Entwicklungen und Aufgaben freuen. Auf die Frage nach der Befürchtung einer möglichen Überforderung sowie nach Zweifeln an den eigenen Bewältigungskompetenzen berichten etwas weniger als die Hälfte der Befragten von Zweifeln an den eigenen Bewältigungskompetenzen. Legt man den aufsummierten Index aus Bedrohungs- und Herausforderungseinschätzungen zugrunde, wird deutlich, dass die Zuversicht in die Zukunft bei den befragten Jugendlichen ab dem Alter von 22 Jahren sukzessive abnimmt. Ein Interpretationsversuch wäre hier, dass die jungen Erwachsenen in diesem Alter im Vergleich mit Gleichaltrigen, die Übergangsphasen und Berufseinmündungen in dieser Phase vielfach bereits abgeschlossen haben, anfangen, ihre unsichere berufliche Zukunftsperspektive zu realisieren. Wie die (erwerbs-) biografischen Perspektiven letztlich eingeschätzt werden und welchen Einfluss spezifische Faktoren (Familie, Gleichaltrigengruppe, Fachkräfte) auf die Pläne und Hoffnungen haben, wird in den Interviews zu berücksichtigen sein.

Die gewählte und angepasste Skala zur allgemeinen Selbstwirksamkeitserwartung wird in Anlehnung an Schwarzer (1994) als persönliche Bewältigungsressource aufgefasst und bezieht sich allgemein auf die Einschätzung eigener Kompetenzen und darauf, Handlungen erfolgreich ausführen zu können. Analog zur vorhergehenden Skala sinkt die allgemeine Selbstwirksamkeitserwartung bei den Befragten ab dem Alter von 22 Jahren. Grundsätzlich schwindet mit zunehmendem Alter bei den befragten jungen Menschen das Ausmaß des Zutrauens in die Fähigkeit, in ihrem Alltag mit

8 Hier wird das Ausmaß erfasst, in dem sich die jugendlichen Befragten durch ihre konkrete Lebenssituation herausgefordert und motiviert fühlen und entsprechend zuversichtlich und interessiert an ihrer weiteren Entwicklung sind: „Ich bin zuversichtlich, dass ich in nächster Zeit gut zurechtkomme“ und „Ich freue mich auf das, was noch kommt.“

Schwierigkeiten und Barrieren zurechtzukommen, sowie die Zuversicht, kritische Anforderungssituationen aus eigener Kraft erfolgreich bewältigen zu können.[9]

Weitere erhobene Sachverhalte betreffen die Erfahrung, Opfer von Diskriminierung und Missbilligung geworden zu sein. Hier wurde nach verschiedenen Bereichen gefragt, innerhalb derer die Jugendlichen Adressat negativer Zuschreibung geworden sein könnten. Es ergibt sich bei den Befragten das Bild einer Personengruppe, die im Wesentlichen angibt, kaum oder sehr selten auf der Basis bestimmter Charakteristika und Zugehörigkeiten[10] Opfer von persönlicher Benachteiligungen geworden zu sein. Lediglich bezogen auf die Bildung gibt etwa ein Drittel der Jugendlichen an, bereits wegen (fehlender) Bildung benachteiligt worden zu sein.

3.4.5 Zentrale Erkenntnisse für die Auswahl der Interviewpartner/innen

Wie schon erwähnt, zielte die Fragebogenerhebung nicht darauf, repräsentative Daten zur Zielgruppe zu gewinnen. Vielmehr wurde mit diesem Forschungsschritt das Ziel verfolgt, anhand der Daten in einem ersten Zugang mögliche Typen ‚schwer erreichbarer' junger Menschen zu bilden, die geeignet sind, die Auswahl der Interviewpartner/innen anzuleiten und Hinweise auf bedeutsame (Lebens-)Themen zu bekommen, denen in den qualitativen Interviews genauer nachgegangen werden kann.

Mittels clusteranalytischer Verfahren wurde zunächst der Versuch unternommen, in den Daten nach Mustern der Verteilung zu suchen. Ziel war es, über diese Verfahren die Daten zu Gruppen zusammenzufassen, die Ähnlichkeiten aufweisen. Die möglichst vielfältige Gesamtheit der Fälle sollte so auf klar unterscheidbare Gruppen reduziert werden, um strukturelle Eigenschaften der einzelnen Typen darstellen und Fälle für weitere Interviews auswählen zu können. Die Objekte sollten sich Gruppen zuordnen lassen, deren Elemente innerhalb dieser Gruppe möglichst ähnlich und zwischen den Gruppen möglichst verschieden sind. Der Versuch einer Gruppierung mittels Clusteranalyse ist jedoch aus unterschiedlichen Grün-

---

9 Die Items waren: „Es fällt mir leicht, meine Ziele zu verwirklichen", „Schwierigkeiten sehe ich gelassen entgegen", „Ich kann meinen Fähigkeiten vertrauen" und „Was auch immer passiert, ich werde schon klarkommen".

10 Abgefragte Bereiche: Geschlecht, Alter, Familie, Schulbildung, Wohnort, politische Überzeugung, Religion

den nicht gelungen. Bei der Analyse des Gesamtdatensatzes tauchten einige Schwierigkeiten auf, die zwar in der einschlägigen Methodenliteratur zu Klassifikationsverfahren besprochen werden, in der Präsentation von Ergebnissen von Segmentierungs- und Klassifikationsversuchen aber häufig unerwähnt bleiben. So zeigte eine Diskriminanzanalyse des Gesamtdatensatzes hinsichtlich der für eine Clusteranalyse inhaltlich brauchbaren Variablen, dass die Varianz einiger zentraler Variablen im Gesamtdatensatz zu gering ist. Übernimmt man die Gruppierung auf der Grundlage von Abbrucherfahrungen der Befragten (Nicht-, Einmal- und Mehrfachabbrecher), so ergibt eine Analyse der oben dargestellten relevanten Variablen durch die geringe Varianz im Rahmen der Diskriminanzanalyse ein Modell mit geringer Güte. Gründe sind ein unzureichendes Verhältnis der Streuung zwischen den Gruppen und der Streuung der Variablen innerhalb der Gruppen. Hinzu kommen vergleichsweise viele fehlende Werte und die Tatsache zu vieler invarianter Mittelwerte.[11] Um dennoch zu inhaltlich tragfähigen Kontrastdimensionen zu gelangen, wurde der Weg einer deskriptiven Datenanalyse eingeschlagen. Hierzu wurden Untergruppen gebildet, die sich aus der Anzahl der Maßnahmeabbrüche ergeben. So sind junge Erwachsene, die eine Maßnahme (Einmalabbrecher) und solche, die mehr als eine Maßnahme abgebrochen (Mehrfachabbrecher) haben, in jeweils einer Gruppe zusammengefasst sowie junge Erwachsene, die angeben, noch keine Maßnahme abgebrochen zu haben (Nichtabbrecher). Zum einen sind hiermit Kriterien für die Charakterisierung einer der zuvor definierten Gruppen der für die Jugendsozialarbeit ‚schwer erreichbaren' jungen Menschen, den Abbrechern (Gruppe B), gegeben. Mit Hilfe der Differenzierung kann gezeigt werden, dass und inwiefern sich die gebildeten Untergruppen, insbesondere die Gruppe der Abbrecher von der der Nichtabbrecher unterscheidet. Zum anderen können die Befunde dazu genutzt werden, die Gruppe der potenziellen Abbrecher näher einzugrenzen. Gemeint sind damit die jungen Menschen der Nichtabbrechergruppe, die mehrere für die Abbrecher typische Merkmale aufweisen. Sie sind bei der Auswahl der Interviewpartner/innen als sogenannte ‚Abbruchgefährdete' interessant (Gruppe C).

Die für die Auswahl der Interviewpartner/innen relevanten Ergebnisse der deskriptiven Analyse dieser Untergruppen werden im Folgenden dargestellt.

11 Ein Dank gilt hier Cornelia Züll und Michael Wiedenbeck vom Leibniz Institut für Sozialwissenschaften (GESIS), die hilfreiche Kommentare zu den verschiedenen Möglichkeiten der Datenanalyse und den Schwierigkeiten mit dem Datensatz geben konnten.

In der Gesamtstichprobe (N=236) befinden sich 42 Personen (19%), die angeben, schon mindestens ein Berufsvorbereitungsangebot abgebrochen zu haben.[12] 23 Personen (55% der Abbrecher) geben an, *eine* Maßnahme abgebrochen zu haben. 19 Befragte sind als Mehrfachabbrecher zu klassifizieren, da sie zweimal oder häufiger ein Angebot zur Berufsvorbereitung abgebrochen haben.

Die Abbrecher unter den Befragungsteilnehmer/innen sind im Mittel 20,9 Jahre alt und damit älter als die Nichtabbrecher (19,7 Jahre). Dies liegt vermutlich daran, dass Abbrüche die zeitliche Möglichkeit voraussetzen, bereits (mehrfach) mit Angeboten zur Berufsvorbereitung begonnen zu haben. Allerdings könnte dieser Befund darauf hinweisen, dass bei jüngeren Nichtabbrechern ein Risiko für einen späteren Abbruch besteht, insofern sie Ähnlichkeiten mit den durchschnittlichen Merkmalen der Abbrechergruppe aufweisen.

Nicht nur das Alter, sondern auch das Geschlecht scheint mit dem Abbruch von Angeboten zur Berufsvorbereitung in Verbindung zu stehen. Gemessen am Geschlechterverhältnis bei der Befragung insgesamt sind Frauen in der Gruppe der Abbrecher überraschend überrepräsentiert (55%). Obwohl unklar bleibt, ob Mädchen und Frauen Angebote zur Berufsvorbereitung entweder verhältnismäßig häufiger abbrechen oder ob sie vorzeitig beendete Angebote verhältnismäßig häufiger als abgebrochen definieren, wurde dieser Befund auch bei der Auswahl der Interviewpartner/innen berücksichtigt.

Auffällig ist zudem der geringe Anteil von jungen Menschen mit Migrationshintergrund in der Befragtengruppe. Etwas mehr als 90 Prozent der Befragten sind in Deutschland geboren und aufgewachsen. Bei etwas mehr als einem Viertel der Befragten ist mindestens eines der Elternteile nichtdeutscher Herkunft. Auf Grundlage der Daten scheint die eigene Migration oder ein Migrationshintergrund die reguläre Beendigung von Angeboten zur Berufsvorbereitung nicht negativ zu beeinflussen. Es ist jedoch zu beachten, dass die Mehrzahl der Befragten aus den ostdeutschen Bundesländern kommt, in denen der Anteil der Personen mit Migrationshintergrund insgesamt viel kleiner ist. Die Frage, inwiefern Migration im Einzelfall Einfluss auf die ‚(Nicht-)Erreichbarkeit' junger Menschen nehmen kann, soll

12 Hier sei noch einmal darauf hingewiesen, dass 10 Personen zu dieser Frage keine Angabe gemacht haben und bei der Frage zu bisherigen Abbrüchen von Angeboten zur Berufsvorbereitung zu bedenken ist, dass die gemachten Angaben voraussetzen, dass die befragten jungen Menschen vorzeitig beendete Angebote als Abbrüche definiert haben.

im Rahmen der qualitativen Interviews berücksichtigt werden, so dass der Migrationsstatus ein Kriterium für die weitere Fallauswahl darstellte.

Vor allem die Gruppe der Einmalabbrecher sticht in puncto junge Elternschaft heraus, da etwa ein Drittel der Personen aus dieser Gruppe bereits Vater oder Mutter ist. Dieser Anteil ist im prozentualen Vergleich mehr als doppelt so hoch wie bei den Nichtabbrechern (15%) und auch mehr als doppelt so hoch wie bei den Mehrfachabbrechern (16%). Wenngleich junge Elternschaft insgesamt nur in wenigen Fällen eine Rolle spielt, wurde dieses Kriterium bei der Auswahl der Interviewpartner/innen auch berücksichtigt.

Aus den Angaben zu den zur Verfügung stehenden Geldquellen geht hervor, dass ein deutlicher Zusammenhang zwischen Abbrüchen von Angeboten zur Berufsvorbereitung und Transfergeldbezug existiert. So beziehen 48 Prozent der Nichtabbrecher Transfergelder, bei den Einmalabbrechern sind es 65 Prozent, bei den Mehrfachabbrechern sogar 79 Prozent. Hinsichtlich der finanziellen Unterstützung durch die Eltern fällt vor allem auf, dass nur wenige Mehrfachabbrecher (11%) hierauf zurückgreifen können. Die jungen Menschen mit mehr als einer Abbrucherfahrung stellen auch die Gruppe derjenigen dar, die in der Mehrzahl (58%) in einer eigenen Wohnung lebt und die mit ihrer finanziellen Situation am wenigsten zufrieden ist. Interessanterweise geben vor allem die Einmalabbrecher an, sich über ihre Eltern zu finanzieren: 44 Prozent wählten diese Antwortvorgabe, im Gegensatz zu 36 Prozent der Nichtabbrecher. Das mit der Erhebung nachgewiesene gemeinsame Auftreten von wenig vorhandenen materiellen – vor allem finanziellen – Ressourcen und Abbrüchen wirft die Frage nach Ursache und Wirkung auf. Um dieser nachgehen zu können, war die materielle Unterversorgung ein Kriterium bei der Auswahl der Interviewpartner/innen und ein thematischer Fokus bei der Erhebung und Auswertung der Daten.

Wie für die Zielgruppe der Jugendsozialarbeit in der Literatur insgesamt beschrieben, verfügen auch die Befragungsteilnehmer/innen insgesamt über eher schlechtere Schulabschlüsse: Über 80 Prozent der Befragten verfügen über gar keinen Abschluss, einen Förderschul- oder einen Hauptschulabschluss. Entgegen der Berichte der Expert/innen lassen die Daten jedoch keine weiteren Rückschlüsse auf einen Zusammenhang von Schulabschlüssen und der Anzahl von Maßnahmeabbrüchen zu. Auch das Wiederholen von Schulklassen ist ein generelles Problem aller Befragungsteilnehmer/innen. Bei der statistischen Analyse des Datensatzes lassen sich ebenso wenig Zusammenhänge zwischen der Verbreitung von Schulschwänzen innerhalb der Gruppe und Maßnahmeabbruch nachweisen. Unentschuldigtes Fernbleiben von der Schule ist aber sowohl für junge Menschen mit als auch für junge Menschen ohne Abbrucherfahrung ein Thema. Abbrecher, die die Schule schwänzten, taten dies im Durchschnitt jedoch häufiger (33%) als die schulschwänzenden Nichtabbrecher (26%). Inwieweit bei dem schulschwänzenden Teil der Abbrecher eine unregelmäßige Teilnahme an Angeboten zur Berufsvorbereitung ein Grund für den Abbruch dargestellt hat, darüber kann nur spekuliert werden. Gleichwohl weist dieses Verhalten erstens auf eine zumindest im schulbiografischen Verlauf tendenziell bestehende schwere Erreichbarkeit des jungen Menschen hin. Zweitens setzen nicht niedrigschwellig arbeitende berufsvorbereitende Angebote und Maßnahmen ein regelmäßiges Erscheinen der jungen Menschen voraus und sanktionieren mehrmaliges unentschuldigtes Fehlen letztlich mit Ausschluss. Diese Überlegungen sprechen nicht nur dafür, regelmäßiges Schulschwänzen als Merkmal innerhalb der Abbrechergruppe ernst zu nehmen. Die Nichtabbrecher, die (in Verbindung mit dem Vorliegen weiterer Abbrechermerkmale) regelmäßig die Schule geschwänzt haben, können auch als Abbruchgefährdete angesehen werden. Bei ihnen besteht möglicherweise ein erhöhtes Risiko, dass die Maßnahme vorzeitig beendet wird – als Abbruchentscheidung des jungen Menschen oder als Exklusionsentscheidung des Trägers.

Bezogen auf die Herkunftsfamilie sind für den Forschungskontext insbesondere folgende Befunde spannend. Im Vergleich zu allen anderen Gruppen kommen die Einmalabbrecher mit den Eltern am wenigsten gut aus. Nur 46 Prozent der Einmalabbrecher stimmen der Aussage genau oder eher zu, dass sie mit dem Vater gut auskommen. Mit der Mutter kommen dagegen immerhin 73 Prozent gut aus. Bei den Angaben zum Ort des Aufwachsens wird besonders der hohe Anteil der Mehrfachabbrecher (53%) deutlich, der bei der alleinerziehenden Mutter aufgewachsen ist. Im Vergleich dazu sind nur 35 Prozent der Nichtabbrecher und 39 Prozent der Einmalabbrecher bei der alleinerziehenden Mutter aufgewachsen.

Zudem sind bezogen auf die Herkunftsfamilie Zusammenhänge zwischen Erfahrungen mit Arbeitslosigkeit sowie einem langen Transfergeldbezug und Abbrüchen zu vermuten. Bis auf drei Befragte aus der Abbrechergruppe haben alle anderen Erfahrungen mit Arbeitslosigkeit in der Herkunftsfamilie. Der Wert ist in dieser Gruppe mit 92 Prozent wesentlich höher als in der Gruppe der Nichtabbrechergruppe, in der er bei 67 Prozent liegt. Auch die Dauer des Transferbezugs der Eltern scheint im Kontext ‚Abbruch' relevant zu sein. So geben zwar immerhin 52 Prozent der Nichtabbrecher an, ihre Herkunftsfamilie habe bereits längere Zeit Transfergelder bezogen, bei den Abbrechern liegt der Anteil allerdings bei 70 Prozent. Damit finden sich die Ausführungen einiger der befragten Expert/innen zu den sogenannten Sozialhilfebiografien anhand der Daten bestätigt.

Auffällig ist auch der – im Vergleich zum Bundesdurchschnitt – hohe Anteil der Befragten mit drei oder mehr Geschwistern: Er beträgt bei den

Nichtabbrechern 40 Prozent und bei den Abbrechern über 50 Prozent. Das Statistische Bundesamt gibt für 2009 einen Anteil von lediglich 7 Prozent Kindern unter 18 Jahren an, die mit drei und mehr Geschwistern (ledige Geschwister ohne Altersbegrenzung) in einem Haushalt aufwachsen. Ob die Befragten mit ihren Geschwistern in einem Haushalt zusammenleben oder -lebten, kann allerdings anhand der Daten nicht beantwortet werden. Es kann auch nicht beantwortet werden, ob sich hinter den Mehrkindfamilien in dieser Stichprobe auch Patchworkfamilien verbergen (die ggf. nicht zusammen in einem Haushalt leben). Hinweise darauf gibt es, da einige junge Menschen beim Ausfüllen des Fragebogens nachgefragt haben, ob alle Geschwister, nicht nur die leiblichen, gezählt werden sollen.

Die Anzahl und Zufriedenheit mit sozialen Kontakten außerhalb der Herkunftsfamilie scheinen zumindest auf Grundlage des vorliegenden Datenmaterials nur wenig Einfluss auf den Abbruch von Maßnahmen zu nehmen und umgekehrt. Eine Ausnahme stellen hier die Befunde zu den vertrauten Personen dar, mit deren Unterstützung die Befragten im Problemfall denken, rechnen zu können. Hier konnten bezüglich der Anzahl leichte Unterschiede zwischen Abbrechern und Nichtabbrechern festgestellt werden. Hervorzuheben ist, dass hauptsächlich die Einmalabbrecher (29%) die vertrauten Menschen auch dem Bereich der professionellen Helfer (Sozialarbeiter/innen, Lehrer/innen) zuordnen, in der Nichtabbrechergruppe sind es 11 Prozent, aus der Mehrfachabbrechergruppe gibt dies nur eine Person an. Auch Hilfeangebote (Beratungsstellen und Angebote des Jugendamtes) haben vor allem die Einmalabbrecher genutzt. Dies legt die Vermutung nahe, dass solche Angebote ein Interventionspotenzial bei beginnenden schwierigen Bildungs- bzw. Ausbildungsverläufen bergen. Für die Auswahl von Interviewpartner/innen nach diesen Kriterien ist jedoch die Kenntnis der Gatekeeper über die Unterstützungsnetzwerke sowie die bisherige Hilfebiografie des jungen Menschen im Einzelfall erforderlich.

Ein besonders deutlicher Unterschied zwischen Nichtabbrechern und Abbrechern zeigt sich an der Selbsteinschätzung von gesundheitlicher Belastung. Im Gegensatz zu den Nichtabbrechern (35%) geben 46 Prozent der Abbrecher an, bereits an einer schweren, d.h. mit Belastung verbundenen Krankheit gelitten zu haben. Bei den Mehrfachabbrechern beträgt der Anteil 63 Prozent. Im Vergleich zur Untergruppe der Einmalabbrecher, in der 32 Prozent der jungen Menschen diese Belastung bestätigen, ist der Anteil bei den Mehrfachabbrechern sogar doppelt so hoch. Damit bestätigen sich die Berichte der Expert/innen über das mangelnde gesundheitliche Wohlbefinden schwer erreichbarer junger Menschen. Da die Erhebung das subjektive Krankheitsempfinden erfragt und nicht diagnostizierte Krankheiten, kommt bei der Auswahl der Interviewpartner/innen bezüglich dieses Kriteriums den personenbezogenen subjektiven Eindrücken der Gatekeeper, den

Schlüsselpersonen, die den Zugang zu den Jugendlichen im Feld vermitteln, eine tragende Rolle zu.

Die Frage, inwiefern Polizei- und Gerichtskontakte wegen unerlaubter Handlungen und ‚schwere Erreichbarkeit' einander bedingen, kann auf Grundlage der Daten nicht beantwortet werden. Die Ergebnisse der quantitativen Erhebung stützen jedoch die Ausführungen der befragten Expert/innen, wonach die von ihnen als ‚schwer erreichbar' klassifizierten jungen Menschen häufiger mit den Gesetzen in Konflikt gestanden hätten als andere. Die Daten zeigen, dass die Abbrecher (73%), insbesondere die Einmalabbrecher (77%), hier häufiger Erfahrungen gesammelt haben als die Nichtabbrecher (63%).

Drogenkonsum scheint entgegen den Einschätzungen der Expert/innen kein quantitativ relevantes Kriterium für einen Abbruch und damit für die Zugehörigkeit zu der entsprechenden Abbrechergruppe darzustellen. Allerdings ist bei diesem Fragenbereich von Selektions- und Verzerrungseffekten auszugehen (vgl. Kap. 3.4.3). Zudem erklärten viele Befragungsteilnehmer/innen gegenüber den Durchführenden, eine Drogensucht überwunden zu haben oder zumindest aktuell (und erst seit Kurzem) abstinent zu sein. Fraglich bleibt auch, ob die Zugänge zur Zielgruppe der Befragung für Personen mit schwerer Drogensucht ausreichend gewesen sind. Das Kriterium Drogenkonsum soll deshalb – trotz fehlender Hinweise auf einen Zusammenhang mit Abbrüchen in den vorliegenden Daten – bei der Auswahl der Interviewpartner/innen Berücksichtigung finden.

Zusammenfassend lassen sich auf der Grundlage der Analyse zentrale Merkmale der Untergruppen benennen:

Die Abbrecher sind im Gegensatz zu den Nichtabbrechern dadurch charakterisiert, dass

- sie häufiger unentschuldigt in der Schule fehlten, wenn sie Schulschwänzer gewesen sind,
- sie in Familien aufgewachsen sind, die von Arbeitslosigkeit und langem Transfergeldbezug der Eltern betroffen sind/waren,
- sie durchschnittlich mehr Geschwister haben,
- sie durchschnittlich etwas weniger vertraute Personen kennen, mit deren Hilfe sie jederzeit rechnen können
- und sie häufiger Transfergelder beziehen.

Bei den Mehrfachabbrechern sind diese Punkte oft am stärksten ausgeprägt. Sie zeichnen sich im Unterschied zu den beiden anderen Gruppen darüber hinaus dadurch aus, dass

- sie etwa doppelt so häufig angeben, bereits an einer schweren Krankheit gelitten zu haben,
- sie besonders häufig bei der alleinerziehenden Mutter aufgewachsen sind,
- sie inzwischen am häufigsten in einer eigenen Wohnung leben,
- sie am seltensten (auch) finanzielle Unterstützung durch die Eltern erhalten
- und am unzufriedensten mit ihrer finanziellen Situation sind.

Lediglich für die Einmalabbrecher gilt, dass

- ihr Frauenanteil höher ist,
- sie häufiger eigene Kinder haben,
- sie das Verhältnis zu ihren Eltern am negativsten bewerten,
- sie häufiger angeben, an einer dauerhaften psychischen oder körperlichen Krankheit zu leiden,
- sie am häufigsten mit Polizei und Gericht in Kontakt standen,
- sie häufiger vertraute Personen in professionellen Helfern gefunden haben,
- sie bereits häufiger professionelle Hilfeangebote genutzt haben
- und sie am häufigsten (auch) finanzielle Unterstützung durch die Eltern erhalten.

Auf der Grundlage der deskriptiven Datenanalyse, mit der einige mögliche Charakteristika der Zielgruppe herausgearbeitet werden konnten, wurde die Auswahl der Interviewpartner/innen angeleitet. Die Interviewpartner/innen wurden anhand folgender Kriterien ausgewählt: Die jungen Menschen sollten zwischen 16 und 27 Jahren alt sein, sich aktuell nicht in Schule, Ausbildung oder Beruf befinden und überdies zu einer der folgenden Gruppen gehören:

Gruppe ‚Nichterreichte': Junge Menschen, die seit mindestens einem Jahr an keinem Angebot zur Berufsvorbereitung teilnehmen.

Gruppe ‚Mehrfachabbrecher': Junge Menschen mit mindestens zwei Abbrüchen von Angeboten zur Berufsvorbereitung.

Gruppe ‚Abbruchgefährdete': Junge Menschen, die sich zur Zeit in einem Angebot zur Berufsvorbereitung befinden, höchstens einmal abgebrochen haben, aber bei denen die erfolgreiche Angebotsteilnahme als gefährdet eingeschätzt wird und die einige der folgenden Kriterien erfüllen:

- häufiges Schwänzen während der Schulzeit
- dauerhafte psychische oder körperliche Krankheit bzw. (ehemals) Belastung durch eine schwere Krankheit

- bei der alleinerziehenden Mutter aufgewachsen
- in Familie aufgewachsen, die von Arbeitslosigkeit und langem Transfergeldbezug der Eltern betroffen sind/waren
- drei und mehr Geschwister
- wenige vertraute Menschen, mit deren Hilfe sie jederzeit rechnen können
- eigener Transfergeldbezug
- keine finanzielle Unterstützung von den Eltern

Darüber hinaus wurden bei der Auswahl auch junge Menschen berücksichtigt, bei denen vermutet wurde, dass ihre Teilnahme an Angeboten zur Berufsvorbereitung durch folgende Belastungen gefährdet ist: Drogenkonsum, Kriminalität, junge Elternschaft, Krisensituation in der Kindheit/Jugend (Tod eines Elternteils, Scheidung, stationäre Hilfen zur Erziehung). Zudem sollten etwa zu gleichen Teilen junge Frauen und Männer und auch einige junge Menschen mit Migrationshintergrund zum Sample gehören[13].

Die herausgearbeiteten Charakteristika der Gruppen geben auch empirische Hinweise auf möglicherweise besondere (Lebens-)Themen und Problembelastungen der Zielgruppe der ‚schwer erreichbaren jungen Menschen' und gehen in die Überlegungen zur Durchführung der qualitativen Interviews mit der Zielgruppe ein.

3.5 Qualitative Interviews mit jungen Menschen

3.5.1 Interviewform: Leitfadengestützte biografisch-narrative Interviews

Im Rahmen des Forschungsprojekts ist mit ‚schwerer Erreichbarkeit' die Tatsache gemeint, dass Institutionen der Jugendsozialarbeit und Individuum nicht zueinander finden. Mit dem Begriffspaar ‚schwer erreichbar' sind, wie in Kapitel 3.2 schon dargestellt, zwei Betrachtungsebenen verbunden, auf denen jeweils Ursachen vermutet werden können: die Betrachtung des jungen Menschen und die Betrachtung der Organisation.

Mit diesem dritten Forschungsschritt wird insbesondere die genannte erste Ebene in den Blick genommen. Junge Menschen, die gemäß der erarbeiteten Definition als ‚schwer erreichbar' gelten, sollen zu ihrer Biografie und ihrer aktuellen Lebenssituation befragt werden, um auf der Grundlage

13 Vgl. zu den jeweils erreichten Anteilen Kap. 4.2.

dieser Daten typische Konstellationen von ‚schwerer Erreichbarkeit' zu rekonstruieren, anhand derer Empfehlungen für die sozialpädagogische Praxis bzw. den Umgang mit ‚schwer erreichbaren' jungen Menschen abgeleitet werden können.

Aufgrund der Forschungsfrage und den bislang geringen Erkenntnissen zu der im Rahmen des Forschungsprojekts fokussierten Zielgruppe der Jugendsozialarbeit wird ein qualitatives Design gewählt. Mit Einzelinterviews sollen die Lebensumstände und Problembelastungen der jungen Menschen und ihre Erfahrungen in und mit Organisationen erhoben werden. Von besonderem Interesse ist dabei erstens, welche biografischen Erfahrungen dazu geführt haben und führen, dass die jungen Menschen ‚schwer erreichbar' (geworden) sind und zweitens, inwiefern und warum die Organisationen der Jugendsozialarbeit und Organisationen im Umfeld der Jugendsozialarbeit aus Sicht der jungen Menschen für sie ‚schwer erreichbar' waren oder sind. Es geht also zum einen um die Frage, welche Bedeutung Problembelastungen bzw. fehlende Unterstützungsressourcen in der Biografie der jungen Menschen hatten und haben. Zum anderen soll mit Hilfe der Interviews der Frage nachgegangen werden, welche Erfahrungen die Jugendlichen mit Organisationen gemacht haben, wie sie die Organisationen und ihre Hilfeangebote wahrgenommen haben und bewerten und welche Einschätzungen sie aufgrund ihrer Kontakte zu diesen Einrichtungen zur Erreichbarkeit dieser Organisationen benennen.

Diese Fragestellungen verdeutlichen, dass sich im Erkenntnisinteresse zwei Perspektiven verbinden, die jeweils unterschiedliche Interviewstrategien erfordern. Die biografieorientierte Perspektive legt ein klassisches narratives Interview nahe mit einer offenen Erzählaufforderung zur Lebensgeschichte im Hauptteil und anschließendem Nachfrage- und Bilanzierungsteil (Schütze 1977). Explizite Fragen erstens nach vorhandenen Ressourcen, Unterstützungsmöglichkeiten und Problembelastungen und zweitens nach den Erfahrungen der jungen Menschen mit und in den Organisationen verdeutlichen eine eher problemzentrierte Perspektive, die eine stärkere Interviewstrukturierung erfordert. Ziel ist es, auch diese Erfahrungen eingebettet in die gesamte Biografie der Befragten zu betrachten und bestimmte Themenbereiche direkt ansteuern zu können. Zur Erhebung dieser Daten bietet sich als Alternative zum genuin narrativen Interview ein *offenes Leitfadeninterview* an, in dem ein von der Forschergruppe entwickelter Katalog von Themen und Fragen es ermöglicht, die für wichtig erachteten Lebensphasen, Ereignisse und Erfahrungen dezidiert anzusprechen.

Neben dem Erkenntnisinteresse spricht noch ein weiterer Grund dafür, keine genuin biografisch-narrativen Interviews zu führen: die Informantengruppe. Es wird vermutet, dass es für die Jugendlichen – aufgrund der erforderlichen sprachlichen und biografisch-reflexiven Fähigkeiten – zu schwierig sein könnte, eine übergreifende lebensgeschichtlich orientierte Darstellung zu geben. Schütze (1977) unterstellt zwar eine schichtunabhängige narrative Kompetenz und geht davon aus, dass es allen Personen möglich ist, sich erzählend zu präsentieren. Lamnek macht jedoch darauf aufmerksam, dass für ein narratives Interview „ein gewisses Maß an intellektueller Leistungsfähigkeit zur gedanklichen Schließung der Erzählung und sprachlichen Formulierungen der Ereignisse notwendig" (Lamnek 1995, 365) ist. Er sieht in der Methode des Leitfadeninterviews die Chance, „auch sprachlich weniger kompetente Menschen" befragen zu können (Lamnek 1995, 365).

Da die anzusprechenden Themen und Problembereiche aufgrund der Literaturarbeit, des Vorwissens aus den Experteninterviews und der Fragebogenerhebung zudem schon deutlich vorstrukturiert waren, wurde ein Erhebungsinstrument gewählt, das eine Synthese aus problemzentrierter (Witzel 1985) und biografisch narrativer Interviewstrategie darstellt, wie es Lenz (1991) ausgearbeitet hat. Mit dieser Kombination kann die Gefahr einer zu starken inhaltlichen Fokussierung durch den Eingangsstimulus überwunden und den Bedenken knapp ausfallender Haupterzählungen Rechnung getragen werden. Zudem lässt sich der viel beschriebenen Gefahr der „Leitfadenbürokratie" (Hopf 1978) entgehen, da in diesem Vorgehen Wert auf die Offenheit und die Verknüpfung mit den Inhalten der Anfangserzählung gelegt wird.

3.5.2 Interviewleitfaden und Anmerkungen zur Interviewführung

Mit Pretest-Interviews im Februar 2013 wurden ein klassischer Eingangsstimulus für biografisch-narrative Interviews und ein erster biografisch orientierter Leitfadenentwurf erprobt. In den Interviews mit den jungen Menschen bestätigte sich die Annahme, dass auf die offene Erzählaufforderung zur ‚Lebensgeschichte' nur eine knappe oder keine Erzählung in Gang kam, so dass es notwendig war, anhand des Leitfadens die einzelnen biografischen Etappen wiederum zunächst mit einer offenen Erzählaufforderung anzusteuern und interessierende Themen gezielt nachzufragen. Zudem wurde deutlich, dass die Jugendlichen zum Teil klarere Erzählaufforderungen und Rückmeldungen für das Verständnis brauchten und es in der Interviewsituation weiterführend war, je nach Empfinden Kommentare und Rückmeldungen einzubringen, die möglichst immanent erfolgten, also die Sichtweise und Formulierung des Jugendlichen aufgriffen und zurückspiegelten. Das angebotene Erzählpotenzial konnte darüber hinaus weiter ausgeschöpft werden, wenn während des Interviews an impulshafte Erzählthematiken angeknüpft wurde (*„Du hast ja gerade gesagt …"*, *„Kannst* *du das noch mal weiter ausführen ...").* Diese Erfahrungen führten dazu, dass Eingangsstimulus und Leitfaden entsprechend angepasst wurden.

Der für die qualitativen Interviews entwickelte Leitfaden sieht zur Eröffnung des Interviews einen sprachlich veränderten Gesprächsimpuls zur Lebensgeschichte vor, der auch ein Eingangsstimulus für ein narratives Interview sein könnte: *„Ich möchte dich bitten, mir etwas über den Verlauf Deines Lebens zu erzählen. Du kannst dir so viel Zeit nehmen, wie du möchtest und alles erzählen, was du möchtest. Ich werde dich nicht unterbrechen, mir nur einige Notizen machen."* Hiermit sollte zumindest bei allen Interviewpartner/innen in einem ersten Zugang der Versuch unternommen werden, eine lebensgeschichtliche Erzählung anzuregen und – wenn diese nur knapp ausfiel – die Möglichkeit bestehen, die auf diesen Stimulus genannten Ausführungen im weiteren Verlauf des Interviews als Anknüpfungspunkte zu nutzen. Falls dieser Erzählstimulus keine Erzählung in Gang brachte, wurden folgende Lebenslaufetappen mit zunächst offenen Erzählimpulsen und anschließenden vertiefenden Nachfragen zu einzelnen Bereichen angesteuert.

Der konstruierte Leitfaden orientierte sich am bisherigen biografischen Verlauf der Jugendlichen. Als Einstieg in die jeweilige biografische Etappe wurde eine erzählgenerierende Frage gestellt, um einen möglichst großen Artikulationsraum zu öffnen und den jungen Menschen die Themenwahl und den Detaillierungsgrad der Erzählung zunächst vollständig zu überlassen. Zu den Lebenslaufetappen wurden dann erzählgenerierende Nachfragen gestellt zu den folgenden in der Erzählung noch nicht angesprochenen Lebensbereichen oder interessierenden Themenbereichen: Erzählungen und Beschreibungen zu Erfahrungen und Veränderungen in der Herkunftsfamilie, im Freundeskreis und in Institutionen (wie Kindergarten, Schule, Maßnahmen, Ausbildung), zur Wohnsituation, finanziellen Situation, Gesundheit etc., um etwas über die personalen, sozialen, materiellen Ressourcen und möglichen Problembereiche in Erfahrungen zu bringen. Ausführlicher konnten so auch Übergangsituationen (Kita – Schule, Grundschule – weiterführende Schule, Schule – Maßnahme o.Ä.) angesprochen werden. Zudem wurde gezielt nach Unterstützungsmöglichkeiten und Problembelastungen an diesen ‚Schwellen' und auch nach (aktuellen) Erfahrungen mit Organisationen, insbesondere nach Erfahrungen in und mit Angeboten der Jugendsozialarbeit gefragt. Ein weiterer Themenbereich umfasste die aktuelle Lebenssituation des jungen Menschen. Hier interessierten Fragen nach der Wohnsituation, nach Partnerschaft und eigenen Kindern, nach Freundschaften, der Freizeitgestaltung und der finanziellen Situation.

Lebenslaufetappe	Offener Erzählimpuls zum Einstieg	Nachfragen-Bereiche
Etappe 1: Aktuelle Situation	*„Beschreibe doch bitte mal ausführlich deine aktuelle Lebenssituation."*	Familienstand und Partnerschaften Wohnsituation Finanzielle Situation Freundschaften und Freizeitgestaltung
Etappe 2: Aufwachsen	*„Erzähl doch mal, wo und wie du aufgewachsen bist."*	Beziehung zu den Eltern Geschwister, andere Familienmitglieder Bedeutung von Arbeit und Beruf in der Familie und Erfahrung mit Arbeitslosigkeit Wohnsituation Materielle Situation
Etappe 3: Schulbiografie	*„Erzähl doch mal, wie deine Schulzeit verlaufen ist. Denk doch mal an die Zeit zwischen deiner Einschulung und dem Schulende, wie war das damals?"*	Offene Frage nach weiteren Themen oder Ereignissen in dieser Zeit, die eine besondere Rolle gespielt haben (z.B. Krankheit, Trennung, ...)
Etappe 4: Nach Schulende	*„Wie hat sich das dann alles so entwickelt, nachdem du die Schule verlassen hast? Was ist seitdem bis heute gewesen?"*	Übergänge berufliche Orientierung berufliche Perspektiven/Ziele/Pläne bisherige Abbrüche
Themenbereich: Erfahrungen mit Organisationen	*„Wann standst du wo, wie lange und warum mit welcher Organisation in Kontakt?"*	Organisationen der Jugendsozialarbeit, Arbeitsagentur, Jobcenter, Drogenberatung, Schuldnerberatung, Jugendamt, Polizei, Gericht, Psychiatrien, JVA, Ämter Positive und negative Erfahrungen Verhältnis zu Mitarbeiter/innen Verhältnis zu anderen Teilnehmer/innen
Abschlussfragen/ Ausblick	*„Wie stellst du dir dein Leben in fünf Jahren vor?"*	Beruflich Privat

Durch die auf die Erzählphasen direkt anschließenden Nachfragephasen wurden mehrere Themen in einer biografischen Etappe bearbeitbar. Die Nachfragen erfolgten damit zeitlich näher am Erzählten, wodurch Details besser herausgearbeitet werden konnten. Der Leitfaden diente während des Interviews als Gedächtnisstütze. Dem/r Interviewer/in war es jederzeit möglich, ergänzende, weiterführende Ad-hoc-Fragen zu stellen, um flexibel auf die Gesprächspartner/innen eingehen und interessante Aspekte aufgreifen zu können, die in ihrer Variationsbreite im Vorhinein nicht eingeplant waren.

Nach der Fertigstellung des Leitfadens wurden die kooperierenden Träger und einige weitere Gatekeeper, die sich schon an der Durchführung der Fragebogenerhebung beteiligt hatten, telefonisch oder schriftlich über die Kriterien der Interviewpartnerauswahl informiert (vgl. Kap. 3.4.5) und gebeten, vor Ort Interviewpartner/innen zu gewinnen. Zudem wurden auch einige Jugendliche kontaktiert, die bei der Fragebogenerhebung signalisiert hatten, dass sie bereit wären, ein Interview zu geben.

In der Zeit von November 2013 bis April 2014 wurden 44 Interviews mit jungen Menschen geführt. Im Rahmen der Interviewtermine wurden mit Kurzfragebögen ergänzend einige demografische Daten der Interviewpartner/innen erfasst, um die Interviewtengruppe mit dem Fragebogensample vergleichen und im Verlauf überprüfen zu können, ob die angelegten Kriterien zur Interviewpartnerauswahl erfüllt sind. Die Interviews fanden zum größten Teil in den Räumlichkeiten der kooperierenden Träger oder den Einrichtungen der Gatekeeper statt. Nur vereinzelt wurden Interviews auf Wunsch der jungen Menschen an öffentlichen Orten durchgeführt. Die Interviews dauerten zwischen 30 Minuten und 2 ½ Stunden, wurden auf Tonband aufgezeichnet und verschriftlicht. Bei der Transkription wurden sprachbegleitende Charakteristika in Klammern (z.B. Räuspern, Lachen) festgehalten und weitestgehend in Standardorthografie transkribiert. Dialektausdrücke wurden geglättet. Grammatik und Syntax wurden nicht korrigiert, um ein natürliches Bild der Aufnahme zu gewährleisten.[14]

3.5.3 Das Sample und die Datenauswertung

Um in einem ersten Schritt zu überprüfen, ob das Interviewsample eine Nähe zu den identifizierten Lebensthemen und Belastungsfaktoren der ‚schwer erreichbaren' Jugendlichen aus der oben beschriebenen Fragebogenerhebung aufweist, die Kriterien zur Auswahl der Interviewpartner/innen zutreffen (‚Nichterreichte', ‚Mehrfachabbrecher', ‚Abbruchgefährdete') und mögliche Selektionseffekte bei der Auswahl über die Gatekeeper zu berücksichtigen sind, war die Untersuchungsstichprobe der Fragebogenerhebung zunächst mit der Fallauswahl für die qualitativen Interviews zu vergleichen. Aus diesem Grund wurden nach den Interviews demografische Kurzfragebögen ausgefüllt, deren zentrale Themen angelehnt waren an die Systematik der Fragebogenerhebung.

Es wurden 44 junge Menschen interviewt, welche die oben benannten Kriterien ‚schwerer Erreichbarkeit' aus den Gruppen ‚Nichterreichte', ‚Mehrfachabbrecher' und ‚Abbruchgefährdete' erfüllen. Das Sample setzt sich schließlich aus 19 Frauen und 25 Männern zusammen. Die jungen

---

14 Ein spezielles Transkriptionsdesign wurde also nicht gewählt, jedoch sollten bestimmte Mindestanforderungen für eine Verschriftlichung (einfache Handhabung, zeitliche Sequenz, Berücksichtigung parasprachlichen, nonverbalen Verhaltens, Notizen über prosodische Aspekte) erfüllt sein, vgl. dazu Dittmar 2009.

Menschen sind zum Interviewzeitpunkt zwischen 18 bis 29 Jahre und im Mittel 23,5 Jahre alt. Verglichen mit den Befragungsdaten sind zudem mehr Jugendliche mit Migrationshintergrund im Sample der qualitativen Interviews enthalten (20%). 16 junge Frauen und Männer haben keinen Schulabschluss, 6 einen Förderschulabschluss, 17 einen Hauptschulabschluss, 3 einen Realschulabschluss und ein junger Mann hat die Fachhochschulreife erlangt. Das entspricht in etwa der Verteilung bei der Fragebogenerhebung, liegt aber unter dem allgemeinen Bildungsniveau aller Neuzugänge in das Übergangssystem insgesamt.[15]

In Bezug auf weitere Auswahlkriterien setzt sich das Sample ferner wie folgt zusammen: Zum Interviewzeitpunkt besuchen 20 junge Erwachsene Angebote der Jugendsozialarbeit, jeweils zwei gehen zur Schule oder befinden sich in Ausbildung. Drei junge Frauen befinden sich in Elternzeit und eine Interviewte jobbt. 14 Interviewpartner/innen gaben an, aktuell nichts zu tun oder sich um Ausbildung oder Arbeit zu bemühen. Sie sind zum Interviewzeitpunkt von Organisationen der Jugendsozialarbeit kaum bis gar nicht erreicht. Zwei Befragte machten zu ihrem gegenwärtigen Status keine Angaben. 12 Interviewte haben weder ein Berufsbildungsangebot erfolgreich durchlaufen noch eines abgebrochen. 24 Interviewpartner/innen haben mindestens ein Angebot zur Berufsvorbereitung abgebrochen. 12 junge Menschen fallen unter die Kategorie der Mehrfachabbrecher/innen, die mindestens 2 Berufsvorbereitungsangebote abgebrochen haben, drei davon haben bereits 5 und mehr solcher Angebote abgebrochen. 15 junge Erwachsene haben bereits ein oder mehrere Angebote zur Berufsvorbereitung erfolgreich durchlaufen. 32 Interviewte sind in Familien aufgewachsen, in denen die Eltern über einen längeren Zeitraum Hartz IV bezogen haben. 37 Interviewte erhalten selbst staatliche Transferleistungen. 25 Interviewpartner/innen gaben an, 3 oder mehr Geschwister zu haben. In fester Partnerschaft befinden sich 9 der Interviewten. Wieder 9 der Interviewpartner/innen haben ein eigenes Kind und erfüllen damit das vor allem von den Expert/innen häufig genannte Kriterium der jungen Elternschaft. Ein Zusammenhang zwischen Partnerschaft und der Mutter- oder Vaterschaft besteht jedoch nicht. Lediglich zwei junge Elternteile gaben an, eine/n Lebenspartner/in zu haben. Die Mehrzahl ist alleinerziehend. Insgesamt ist mit Blick auf die Fallauswahl festzustellen, dass trotz der Probleme mit der Zugänglichkeit dieser Gruppe, die – so zeigten Erfahrungen mit ausblei-

15 Dort verfügen lediglich 20,6 Prozent der Neuzugänge über keinen Hauptschulabschluss, 52 Prozent verfügen über einen Hauptschulabschluss und immerhin 24,9 Prozent über den mittleren Abschluss. (Autorengruppe Bildungsberichterstattung 2012, 103).

benden Interviewpartner/innen, Schwierigkeiten bei Terminabsprachen und kurzfristigen Absagen im Feld – eben schwer zu erreichen ist, die Interviewpartner/innen den auf der Grundlage der Fragebogenerhebung erstellten Subgruppen inhaltlich entsprechen. So wird das Spektrum ‚schwerer Erreichbarkeit' zusammen mit den herausgearbeiteten zentralen Faktoren (vgl. Kap. 3.2 und Kap. 3.4.5) gebührend abgebildet und durch die Fälle angemessen repräsentiert.

Auswertung

Anders als später bei dem in Kapitel 5 skizzierten Auswertungsschritt, der sich auf die Rekonstruktion agentiver Positionierungen der Akteur/innen richtet und damit eher einer theorieorientierten Auswertungsstrategie entspricht, ging es im ersten Schritt der Ordnung des Materials vor allem darum, die zentralen Lebensthemen und Belastungsmomente der Jugendlichen herauszuarbeiten und das Datenmaterial hinsichtlich bestehender (Vor-)Erfahrungen mit Organisationen zu ordnen. Diese themenorientierte Auswertung, die parallel zu vertieften Fallrekonstruktionen durchgeführt wurde, konzentrierte sich ganz im Sinne der praktischen Anlage der Gesamtuntersuchung nicht auf vorgängige theoretische Überlegungen, sondern auf ein Vorverständnis, welches sich aus den vorhergehenden Projektschritten (Expertengespräche, Fragebogenerhebung) ergab. Um einer zu starken deduktiven Auswertungslogik zu entgehen und die erforderliche Offenheit zu wahren, wurden die ersten Markierungen und Schlagworte und damit auch die späteren Zuordnungskategorien so abstrakt gewählt (Arbeit, Freizeit, Freundschaft, Gesundheit etc.), dass etwaige Vermutungen über bestimmte Zusammenhänge, ein eingeengter Blick auf das Material und damit eine Auslegung über eigene praktische Erfahrungen und Vorannahmen im Grunde schwer möglich waren. Außerdem ließen sich den allgemeinen Schlagworten/Codes so auch Textstellen zuordnen, die nicht im Kontext der gestellten Frage thematisiert wurden. Zentrale Herausforderung in diesem Schritt war die Identifikation fallübergreifender, zentraler Themen in den Interviews mit den Jugendlichen. Insofern entsprechen die Kategorien allgemeinen „thematischen Codes" (Kuckartz 2010, 61) oder „zentralen Themen" (Witzel 1996, 65) und haben eher die Funktion eines Markers, der gewährleistet, dass sich in bestimmten Segmenten Aussagen zu spezifischen Phänomenen finden lassen. Zu diesem Zweck wurden die ersten Interviews von allen vier Autor/innen voneinander unabhängig auf mögliche Markierungen und Zuordnungen hin analysiert. Die so entstandenen vier Varianten von verschiedenen Themen wurden auf Gemeinsamkeiten und Unterschiede hin geprüft und zu ersten gemeinsamen Auswertungs- und Beschreibungskategorien zusammengeführt, divergierende Lesarten diskutiert, Codieranleitungen und Memos zu einzelnen Kategorien gefertigt und Intercodervergleiche angestellt. In diesem Zusammenhang wurden die sehr umfangreichen Kategorien weiter ausdifferenziert (zum Beispiel: Familie → Beruf Eltern, Beziehungen zu Eltern, besondere Ereignisse usw.).

Letztlich ist so ein System von 17 unterschiedlichen Themenkomplexen/Kategorien entstanden, anhand dessen alle 44 Interviews codiert, 3.659 Interviewpassagen zugeordnet und schließlich ausgewertet wurden. Auf die unterschiedlichen Themenkomplexe ist im Fortgang der Untersuchung in unterschiedlichen Forschungsschritten zurückgegriffen worden. Die den Themen ‚Beruf und Arbeit', ‚Leerlauf'[16] sowie ‚Organisation/Institution' zugeordneten Passagen boten beispielsweise erste Orientierungen bei der Identifizierung von Textstellen zu Phasen der ‚schweren Erreichbarkeit' der Jugendlichen im Rahmen der Typisierung solcher Phasen und finden sich in Kapitel 6. Die identifizierten Textstellen zu Kontakten zu Organisation der Jugendsozialarbeit sind vorwiegend im Kontext der Organisationsanalyse und dort für die Bewertungen der Organisationen durch die Jugendlichen weiter ausdifferenziert und ausgewertet worden (vgl. Kap. 7). In Kapitel 4 werden hingegen Ergebnisse eines fallübergreifenden Vergleichs einzelner Themenkomplexe dargestellt. Hier war das Ziel, Gemeinsamkeiten und Unterschiede bei bestimmten Problembereichen sowie Muster und Zusammenhänge zu identifizieren. Maßgeblich bei diesem Auswertungsschritt sind die vorherigen Erkenntnisse über die ‚schwer erreichbaren jungen Menschen' und ihre multiplen Belastungsfaktoren aus den explorativen Gesprächen mit den Expert/innen und der quantitativen Erhebung.

3.6 Der Blick auf die Organisationen – ‚Organisationsanalysen'

Bereits der Begriff der ‚schweren Erreichbarkeit' im Titel des Forschungsprojekts impliziert einen Blick auf Organisationen: Wer will oder soll die Jugendlichen aus welchem Grund ‚erreichen', und was macht es diesen Akteuren schwer, Zugang zu einem bestimmten Personenkreis von jungen Menschen zu bekommen? Der Begriff verweist auf einen oder mehrere organisationale Akteure, als deren Aufgabe es angesehen wird, Jugendliche mit Angeboten und/oder anderen Interventionen so anzusprechen, dass sie ‚erreicht' werden, sie sich also von den Angeboten angesprochen fühlen,

16 Zeiten ohne Beschäftigung, Ausbildung oder Maßnahmeteilnahme.

diese nutzen und somit Unterstützung in Anspruch nehmen bei der Bewältigung des Übergangs von der Schule in Ausbildung/Beruf. ‚Schwere Erreichbarkeit' ist also bereits als ein Merkmal konstituiert, das nur in Bezug auf das Handeln von Organisationen bzw. in der Wahrnehmung des Handelns dieser Organisationen erörtert und konkretisiert werden kann. Daher erscheint es nur konsequent, Organisationen der Jugendsozialarbeit in den Blick zu nehmen, wenn man Entstehungsprozesse von ‚schwerer Erreichbarkeit' erforschen und Handlungsoptionen zur Vermeidung oder Überwindung von ‚schwerer Erreichbarkeit' erkunden will.

Das Ziel der Organisationsanalysen als Teil des Forschungsvorgehens besteht darin, Bedingungen zu erkunden, die einerseits den Jugendlichen den Zugang zu Organisationen der Jugendsozialarbeit erschweren oder erleichtern und die andererseits auch für die Organisationsakteure hinderlich oder förderlich wirken in ihrem Bestreben, einen Zugang zu den Jugendlichen zu finden. Sichtbar ist somit auch bei den Organisationsanalysen die praxisbezogene Intention des Forschungsprojekts: Es geht um das Erkunden von Impulsen für die Praxis der Jugendsozialarbeit, die insbesondere in diesen Organisationen geprägt wird.

Wenn hier von ‚Organisationsanalysen' die Rede ist, so sind damit weder solche Analysen organisationaler Konstellationen gemeint, die im Rahmen von Projekten der Organisationsentwicklung installiert werden (entweder in der ‚klassischen' Organisationsentwicklung in Form von Organisationsdiagnosen, vgl. French/Bell 1990, 79 ff.; oder im Rahmen systemischer Organisationsentwicklung, vgl. dazu Mohr 2006), noch umfassende organisationssoziologische Forschungen, in denen die Verhältnisse bei den acht kooperierenden Trägern anhand differenzierter organisationssoziologischer Kategorien umfassend aufgearbeitet würden (vgl. dazu Mayrhofer/Meyer/Titscher 2010; Vogd 2009). Die ‚Organisationsanalysen' in diesem Forschungsprojekt bewegen sich zwischen diesen Polen: Sie sind auf einen spezifischen inhaltlichen Aspekt ausgerichtet (Definition und Umgang mit ‚schwerer Erreichbarkeit' der Adressatengruppe), mit einem entsprechend eingeschränkten methodischen Instrumentarium und, auch wenn die Analysen in einer praktischen Absicht erfolgen, abseits jeglicher Intentionen, in einer der beteiligten Organisationen spezielle organisationale Entwicklungsprozesse initiieren zu wollen. Die mit den Organisationsanalysen verkoppelten praktischen Absichten beziehen sich auf das Handlungsfeld ‚Jugendsozialarbeit', nicht spezifisch auf eine oder mehrere Organisationen, die innerhalb des Forschungsprojekts beteiligt waren.

Der Blick auf die Organisationen erfolgt aus drei unterschiedlichen Perspektiven: aus der Perspektive der Jugendlichen, aus der Perspektive der in der Organisation tätigen Personen (Leitung und Mitarbeiter/innen) und aus der Perspektive von einigen relevanten Akteuren aus der Umwelt der Organisation (Jugendamt und Jobcenter). Im vergleichenden Zusammenführen der unterschiedlichen Sichtweisen sollen Differenzen und Kongruenzen erkennbar werden, die Ansatzpunkte bilden für eine Diskussion zur Weiterentwicklung der Angebote für die Zielgruppe der ‚schwer erreichbaren jungen Menschen' und der Rahmenbedingungen, innerhalb derer die Organisationen ihre Handlungsansätze für diese Zielgruppe entwickeln. Die Perspektive der Jugendlichen ist in dem Datenmaterial abgebildet, das in den Interviews mit den Jugendlichen erhoben wurde; in dem Interviewleitfaden ist der Themenbereich ‚Erfahrungen mit Organisationen' enthalten (s. Kap. 3.5). Zur Erkundung der Perspektiven der Organisationsakteur/innen und der Akteur/innen aus Umfeldorganisationen wurden themenfokussierte Experteninterviews konzipiert und geführt (Bogner u.a. 2014; Meuser/Nagel 2013).

Als Expert/innen wurden diejenigen Personen angesehen, die aufgrund ihrer beruflichen Praxis als sachverständig gelten können sowohl im Hinblick auf die Zielgruppe (eigene Erfahrungen im Umgang mit der Zielgruppe) als auch auf die jeweilige Organisation und zumindest in Ansätzen im Hinblick auf den institutionellen Kontext, in dem die Organisation tätig ist. In den acht kooperierenden Organisationen der Jugendsozialarbeit wurden insgesamt 27 Interviews mit Leitungspersonen und mit Personen auf der Mitarbeiterebene (Sozialpädagog/innen und handwerkliche Fachanleiter/innen) geführt; es sollten gleichermaßen die Leitungs- wie die Mitarbeiterperspektive zur Sprache kommen. Expert/innen aus dem Umfeld der Organisationen waren Personen aus dem jeweiligen Jugendamt, in dessen Region der Standort eines kooperierenden Trägers liegt, und aus dem jeweiligen örtlichen Jobcenter; diese Expert/innen sollten keine reine „Sachbearbeitungsfunktion" für Einzelfälle haben, sondern innerhalb des Jugendamtes oder des Jobcenters eine die Einzelfallebene übergreifende Gestaltungsfunktion haben. Mit den Expert/innen aus dem organisationalen Umfeld wurden insgesamt 14 Interviews geführt. Die Kontaktaufnahme zu den Expert/innen innerhalb der kooperierenden Träger erfolgte über die Leitung, die gebeten wurde, bis zu fünf Personen aus der Leitungs- und der Mitarbeiterebene anzusprechen, ob sie bereit seien, an einem Interview teilzunehmen. Ebenfalls wurden die Leitungspersonen ersucht, Kontakte zum jeweiligen Jugendamt und zum Jobcenter herzustellen, dort das Interviewanliegen (unterstützt durch eine von der Forschungsgruppe erstellte kurze Informationsskizze zu Charakter und Bedeutung des Interviews) zu erläutern und Personen für das Interview zu gewinnen.

Die Themenfokussierung erfolgte anhand eines Interviewleitfadens, der sich auf „Deutungswissen" (Bogner u.a. 2014, 18 ff.) und Einschätzungen der Expert/innen bezog. Der Interviewleitfaden für die Expert/innen aus den kooperierenden Trägern umfasst vier Schwerpunkte:

- Einschätzungen zum Charakter und zu den Besonderheiten der Einrichtung, in der die befragten Expert/innen tätig sind.
- Charakterisierung der Zielgruppe der ‚schwer erreichbaren jungen Menschen' und der Anforderungen, mit denen die Einrichtung beim Bemühen um das ‚Erreichen' dieser Zielgruppe konfrontiert ist.
- Faktoren innerhalb der Einrichtung, mit denen die Einrichtung versucht, sich auf die Eigenheiten und Anforderungen der Zielgruppe einzustellen (Angebote, individuelle Kompetenzen, Organisationsstrukturen, Organisationsabläufe, informelle Gegebenheiten, organisationskulturelle Aspekte) – Einschätzungen zu gut funktionierenden und weniger gut funktionierenden Elementen in der Organisation sowie zu Veränderungsperspektiven.
- Faktoren im Umfeld der Organisation: besonders wichtige Organisationen – vermutete Bewertungskriterien und Erwartungen dieser Organisationen an die eigene Einrichtung – vermutete Bedeutung des Kriteriums ‚Erreichen der Zielgruppe' für die Bewertung der eigenen Einrichtung – Einschätzungen zu den eigenen Kooperationskontakten mit den relevanten Umfeldorganisationen.

Die Interviewleitfäden für die Gespräche mit Personen aus Jugendämtern und Jobcentern fokussieren drei thematische Schwerpunkte:

- Charakterisierung der Zielgruppe der ‚schwer erreichbaren jungen Menschen' und der Anforderungen, mit denen die Einrichtung beim Bemühen um das ‚Erreichen' dieser Zielgruppe konfrontiert ist – Einschätzungen zur Zuständigkeit der ‚eigenen' Organisation (Jugendamt oder Jobcenter) für die Zielgruppe.
- Anforderungen und Erwartungen an die örtlichen Träger der Jugendsozialarbeit im Hinblick auf ‚gute Arbeit' und im Hinblick auf das ‚Erreichen' der Zielgruppe.
- Einschätzungen zum jeweiligen kooperierenden Träger aus dem Forschungsprojekt: tatsächliches ‚Erreichen' der Zielgruppe – Faktoren bei dem jeweiligen Träger, die das ‚Erreichen' der Zielgruppe fördern oder erschweren – Änderungsperspektiven im Hinblick auf den Träger.

Die themenfokussierten Interviewleitfäden und die damit einhergehende Interviewgestaltung waren so ausgerichtet, dass eine Begrenzung der Interviews auf einen Zeitraum von 30 bis 45 Minuten ausreichte, um das relevante ‚Deutungswissen' und die Einschätzungen der Expert/innen vermittelt zu bekommen.

Die Auswertung der Interviews erfolgte anhand der Themenfokussierungen im Interviewleitfaden auf der Grundlage von Tonaufnahmen, für die die Interviewten um Erlaubnis gebeten wurden, und von Aufzeichnungen, die die interviewende Person während der Interviews gemacht haben. Den interviewten Personen wurde zugesichert, dass alle Aussagen in der Auswertung so anonymisiert werden, dass kein Rückschluss auf bestimmte Personen möglich ist. Dies hervorzuheben war notwendig, um auch kritische Einschätzungen und Wahrnehmungen zu einem Träger oder zu den inneren Verhältnissen bei einer Einrichtung artikulierbar zu machen. Die Interviews fanden entweder in der Einrichtung des kooperierenden Trägers oder – bei den Expert/innen aus den Umfeldorganisationen – im Jugendamt oder im Jobcenter statt.

4. Ausgewählte Aspekte der Lebenssituation der schwer erreichbaren jungen Menschen

Die Gespräche mit den Expert/innen und die Fragebogenerhebung eröffnen erste Erkenntnisse zur Zielgruppe des Forschungsprojektes, den jungen Menschen, die für Organisationen der Jugendsozialarbeit schwer erreichbar sind. Diese aber noch sehr vorläufigen und in Kapitel 3 dargelegten Informationen zu ihren familiären Bezügen, ihren (Vor)Erfahrungen mit Organisationen und den Besonderheiten ihrer gegenwärtigen Lebenssituation müssen über die Auswertung der qualitativen Interviews verdichtet und ihnen muss Kontur gegeben werden. Im Vordergrund steht dabei – dem spezifischen Erkenntnisinteresse folgend – erneut die Frage, welchen jungen Menschen der Übergang von der Schule in den Beruf weder aus eigener Kraft noch mit Hilfe entsprechender Unterstützungsangebote gelingt und auf welche spezifischen Erfahrungen sie zurückblicken, die ihnen nicht nur den Übergang in Ausbildung und Beruf, sondern auch die Erreichbarkeit für entsprechende Unterstützungsangebote der Jugendsozialarbeit erschweren.

4.1 Zur Auswahl der Themen

Die Erzählungen der Interviewten über verschiedene Phasen des Aufwachsens, Erfahrungen mit Organisationen und andere Aspekte der aktuellen Lebenssituation spiegeln die sowohl in der Literatur (vgl. Kap. 2) und von den Expert/innen beschriebenen als auch mit der quantitativen Erhebung erfassten Mehrfachbelastungen der schwer erreichbaren jungen Menschen und damit die für die drei Gruppen der ‚Einmalabbrecher', ‚Mehrfachabbrecher' sowie der ‚Abbruchgefährdeten' beschriebenen Charakteristika (vgl. Kap. 3.4.5) deutlich wider. Die überwiegende Zahl der Interviewten erzählt über ihre Erfahrungen mit eigenem Transfergeldbezug und über fehlendes finanzielles Unterstützungspotenzial in den Familien. Die jungen Menschen schildern neben ihren Verpflichtungen zum Ausgleich eigener Schulden auch finanzielle Transfers an Familienmitglieder und/oder Lebenspartner/innen. Bemerkenswert hoch ist die Anzahl der jungen Erwachsenen, die ihre Erfahrungen mit psychischen und/oder physischen gesundheitlichen Beeinträchtigungen beschreiben. Die Tragweite der psychischen Belastungen wird unter anderem deutlich in der häufigen Benennung von Klinikaufenthalten sowie in umfassenden Erzählungen zu psychischen Erkrankungen wie Depressionen bis hin zur Suizidalität, zu Essstörungen und Psychosen – oftmals infolge traumatischer Ereignisse, negativer Erfahrungen in der Schule und mit der Herkunftsfamilie oder ausgelöst durch Drogen- und Alkoholkonsum. In den meisten Fällen verweisen die jungen Menschen auf die instrumentelle Funktion des Alkohol-/Drogenkonsums, der als hilfreich erscheint, um mit anderen belastenden Erlebnissen oder Situationen umgehen zu können.[1] Daneben finden sich in den Interviews vielfach Erzählungen zu Kriminalität sowie zu Polizei- und Gerichtskontakten, zu Erfahrungen mit ambulanten und stationären Hilfen zur Erziehung, zu (zwischenzeitlich) desolaten Wohnsituationen bis hin zur Obdachlosigkeit, zur jungen Elternschaft und/oder zu Erfahrungen mit Gewalt in der eigenen Partnerschaft oder Peergroup. Besonders auffällig ist allerdings der hohe Anteil von jungen Menschen, die vom Aufwachsen in stark konflikt- und problembehafteten Familienverhältnissen und dessen Folgen erzählen: reduzierte Kontakte innerhalb der Familie, reduzierte Kommunikation in den Beziehungen, fehlende Erziehungsziele, starke Divergenzen usw. Hier zeigt sich eine Diskrepanz zwischen den Ergebnissen der Fragebogenerhebung einerseits und den Erzählungen der jungen Menschen über das Verhältnis zu ihren Eltern und Stiefeltern in den Interviews andererseits. Während aus der Fragebogenerhebung hervorgeht, dass die Jugendlichen das Verhältnis zu ihren Eltern vorwiegend als positiv bewerten (vgl. Kap. 3.4), berichtet der überwiegende Teil der Interviewten davon, im Kontakt mit den Müttern und Vätern sowie mit deren Lebensgefährt/innen schon in sehr frühen Jahren mit extrem belastenden Erlebnissen konfrontiert gewesen zu sein[2]. Etwa die Hälfte der jungen Menschen blickt auf Erfahrungen mit Misshandlung und Vernachlässigung in der Familie zurück. Sie erzäh-

---

1 Bei fast 50 Prozent der Interviewpartner/innen spielt der eigene Alkohol- und Drogenkonsum eine Rolle im Leben, wohingegen dies im Rahmen der Fragebogenerhebung nur wenige Jugendliche angegeben hatten. Dieser Unterschied lässt sich möglicherweise auf einen Alterseffekt zurückführen oder darauf, dass die Ergebnisse durch das Antwortverhalten der Jugendlichen beeinflusst sind.

2 Eine erste mögliche Erklärung hierfür findet sich im Altersdurchschnitt der unterschiedlichen Befragtengruppen; die Interviewten sind im Mittel deutlich älter als die Teilnehmenden der Fragebogenerhebung. Die quantitative Datenanalyse lässt bereits darauf schließen, dass sich die Einschätzung des familiär erkannten Unterstützungspotenzials mit steigendem Alter verschlechtert.

len in diesem Zusammenhang nicht nur von der Brüchigkeit ihrer eigenen Schul- und Ausbildungsbiografie, sondern auch von der ihrer Eltern.

Vor dem Hintergrund des Erkenntnisinteresses im Forschungsprojekt müssen für die Auswertung des Datenmaterials diejenigen Themen ausgewählt werden, die für die Ausbildungs- und Berufsbiografien der jungen Menschen als besonders relevant anzusehen sind. Dabei ist – neben den Erkenntnissen aus der quantitativen Erhebung über die Zielgruppe – vor allem von Bedeutung, welche biografischen Vorerfahrungen der jungen Menschen für ihre Chancen auf erfolgreiche und weniger erfolgreiche Übergänge von der Schule in den Beruf sowie für ihre schwere Erreichbarkeit für die Organisationen der Jugendsozialarbeit ausschlaggebend sein können. So steht im Hintergrund der Auswahl erstens die Überlegung, dass die Assoziationen der jungen Menschen mit den Themen Ausbildung, Arbeit und Beruf eng mit den arbeitsweltbezogenen Erfahrungen ihrer Eltern und deren berufsbezogenen Wertvorstellungen verknüpft sind.[3] Noch bevor die jungen Männer und Frauen hier ihre eigenen Erfahrungen sammeln können, erleben sie über ihre Herkunftsfamilie und vor allem über ihre Eltern, was es heißt, erwerbstätig zu sein. Ihre Eltern können die eigenen Erfahrungen mit ihnen teilen und über Information und Instruktion für sie als Vorbilder und Impulsgeber wirken. Sowohl die Gespräche mit den Expert/innen als auch die Erkenntnisse aus der Fragebogenerhebung zeigen demgegenüber jedoch, dass viele der schwer erreichbaren Jugendlichen über ihre Herkunftsfamilien weniger mit Arbeit als mit Arbeitslosigkeit konfrontiert gewesen sind. So fielen in den explorativen Gesprächen Begriffe wie „Sozialhilfeadel“ oder „Vererbung von Hartz-IV-Biografien“.[4] Das Ergebnis aus der Fragebogenerhebung, dass die dort identifizierten Abbrecher/innen weitaus häufiger angaben, ihre Eltern seien über längere Zeiträume hinweg arbeitslos gewesen und hätten Transfergelder bezogen, verstärkt die Annahme, dass erlebtes Erwerbsverhalten der Eltern einen zentralen Aspekt in den Familienbiografien derjenigen jungen Menschen darstellt, die für die Jugendsozialarbeit schwer erreichbar sind.

---

3 Die Vermittlung und der Zusammenhang zwischen berufsbezogenen Wertvorstellungen und dem Erziehungsverhalten oder den Erziehungsstilen der Eltern ist eine Forschungslücke und bedarf weiterer Untersuchungen. Außerdem ist davon auszugehen, dass eine direkte Übertragung von Wertvorstellungen der Eltern auf die Kinder nicht in jedem Fall erfolgt (vgl. dazu Kotitschke/Becker 2015, 748).

4 Analog gilt dies auch für bildungssoziologische Studien, die – mal mehr, mal weniger die Kontexteffekte und die unterschiedlichen Dimensionen berücksichtigend – die „soziale Vererbung“ von Bildung betonen und die familiäre Bildung und die Erwerbstätigkeit der Eltern in den Messmodellen zu berücksichtigen versuchen, um die ungleiche Reproduktion von Bildung zu erklären (vgl. Hillmert 2012).

Ferner stehen die Chancen auf erfolgreiche Übergänge von der Schule in den Beruf in deutlichem Zusammenhang mit der Unterstützung, die die jungen Menschen von ihrer Herkunftsfamilie zu erwarten haben. So haben die Eltern vielfach über eigene Bildungsplanungen und Entscheidungen für die Kinder direkten Einfluss auf das Gelingen von Übergängen im frühen Lebensverlauf. Sie können ihnen später bei den Entscheidungen hinsichtlich ihrer beruflichen Perspektive beratend zur Seite stehen oder sie mit konkreten Hilfestellungen bei der Ausbildungsplatzsuche und dem Verfassen von Bewerbungen unterstützen. Solche Unterstützung ist unter anderem abhängig von den Erfahrungen der Eltern hinsichtlich ihrer eigenen Berufs- und Bildungsbiografie, deren Einbindung in soziale Netzwerke, ihrem Kenntnis- und Informationsstand zu verschiedenen Bildungsmöglichkeiten und deren Erträgen (Risiken, Kosten), aber auch und besonders von dem Verhältnis zwischen dem jungen Menschen und seinen Eltern. Obgleich ein Teil der Jugendlichen in den Befragungen angab, ein gutes Verhältnis zu den Eltern zu haben, und mitunter sogar, von ihnen Unterstützung zu erhalten, gaben insbesondere Jugendliche mit Abbrucherfahrungen (die Einmalabbrecher/innen) im Vergleich zu den übrigen Befragtengruppen seltener an, sich gut mit ihren Eltern zu verstehen (vgl. Kap. 3.4.5). Außerdem verweisen die explorativen Gespräche mit den Expert/innen darauf, dass in den Familien der schwer erreichbaren jungen Menschen sehr wenig Unterstützungspotenzial vorhanden ist. So ist zu vermuten, dass die Erfahrungen der Jugendlichen mit ihren Eltern vorwiegend begrenzender Natur gewesen sind, es ihnen an wichtigen Unterstützungselementen fehlte und ein Zusammenhang zwischen schwerer Erreichbarkeit im Sinne des Abbruchs von Angeboten zur Berufsvorbereitung und dem Verhältnis der jungen Menschen zu ihren Eltern besteht.

Daneben entscheidet die schulische Qualifikation über die Möglichkeiten von Jugendlichen und jungen Erwachsenen auf dem Ausbildungs- und Arbeitsmarkt. Die Erfahrungen, die Jugendliche mit der Schule gesammelt haben, sind ihre ersten Erfahrungen mit Organisationen im Bildungssektor und können insofern entscheidend Einfluss auf die spätere Bewertung anderer Organisationen durch die jungen Menschen nehmen. Dass es den jungen Frauen und Männern im Übergangssystem insgesamt und schwer erreichbaren jungen Menschen insbesondere an schulischer Qualifikation und motivierenden Schulerfahrungen mangelt, geht ebenfalls sehr deutlich aus den explorativen Expertengesprächen, den Ergebnissen der Fragebogenerhebung und den in Kapitel 2 referierten Studien hervor. Die sozialwissenschaftliche Debatte um Marginalisierung, Stigmatisierung, Selektion, Exklusionsrisiken und der Produktion von „Bildungsverlierern“ (Quenzel/Hurrelmann 2010) und deren weitreichende Folgen (Schulentfremdung, Anomie, eingeschränkte Erwerbschancen, gesamtwirtschaftliche Kosten, vgl. beispielhaft dazu Giesecke u.a. 2010, 421 ff.) im Bildungssystem nachzuzeichnen, würde sicher den Rahmen sprengen. Aber in der Verknüpfung mit nachteiligen Bedingungen im Elternhaus zeigen Untersuchungen einen Sachverhalt, der auch für die hier interviewten jungen Menschen von Bedeutung ist. Sie treffen auf ein Bildungssystem, das durch eine „extrem hohe soziale Selektivität gekennzeichnet ist“ (Kuhnhenne u.a. 2012, 7), in dem der Schulerfolg „so sehr von Einkommen und Bildung der Eltern abhängt“ wie in keinem anderen vergleichbaren Industriestaat und in dem ungleiche Voraussetzungen in der Familie „insbesondere im deutschen Schulsystem durch seine institutionelle Ausgestaltung in Bildungsungleichheiten transferiert“ werden (Dombrowski/Solga 2012, 59 und 64). Die Selektivität des Bildungssystems beeinträchtigt die im Forschungsprojekt untersuchte Zielgruppe besonders intensiv.

Diesen Überlegungen folgend soll deshalb in zwei Schritten ein Überblick über die Erfahrungen in der Familie und die Erfahrungen mit und in der Schule gegeben werden. Dies erfolgt mit dem Ziel, die Besonderheiten der Lebenssituationen der jungen Menschen herauszuarbeiten. Verschiedene Aspekte im Leben der Interviewten (Peerbeziehungen, Gesundheit, Devianz etc.), deren Bedeutung sich vor allem aus den Ergebnissen der vorherigen Projektschritte und den Relevanzsetzungen der jungen Menschen in den Interviews ergeben und die mit gegenwärtigen Herausforderungen und der Entwicklung von Perspektiven verknüpft sind, sind auch in den Erzählungen zu Schule und Familie mit den Alltagspraktiken[5] verbunden. Sie werden auch in diesem Kapitel (mit)thematisiert. In der Darstellung werden, wie auch in den folgenden Kapiteln, zu verschiedenen Einschätzungen und Beschreibungen Interviewsequenzen aufgenommen, die neben illustrativen Zwecken auch dazu dienen, zu plausibilisieren, wie die Interpretationen von Erzählungen der Interviewten zustande gekommen sind. Andere Aspekte der Lebenssituation werden erst in späteren Kapiteln, insbesondere bei den Typisierungen zur schweren Erreichbarkeit (vgl. Kap. 6.2), aufgegriffen.

5 Das meint: im Erleben eines „alltäglichen Miteinander Tun und Lassens“ (Grundmann/Wernberger 2015, 426) unter bestimmten Sozialisationsbedingungen.

4.2 Erfahrungen in der Familie

4.2.1 Erfahrungen mit (fehlender/prekärer) Erwerbsarbeit

Insgesamt ergibt sich bei der Betrachtung der einschlägigen Interviewpassagen ein Bild von hauptsächlich negativ konnotierten Erfahrungen mit Beruf und Arbeit, welche die jungen Menschen über die Herkunftsfamilien gesammelt haben. Die Themen rund um Arbeit und Beruf werden in den Familien nur selten direkt und offen verhandelt; sie wirken vielmehr im Hintergrund. Es entsteht der Eindruck, dass viele Elternteile mit ihren Kindern kaum über die eigenen Berufsbiografien reden oder darüber, welche beruflichen Wünsche sie selber hatten, welche Wege sie dafür gegangen sind, beziehungsweise darüber, welche Kompromisse lohnenswert und welche weniger angemessen sind. In der Konsequenz fehlen vielen Jugendlichen Ideen über etwaige berufsbezogene Wertvorstellungen der Eltern und so müssen die jungen Erwachsenen die Transferleistung von ihren Erfahrungen mit der Berufstätigkeit der Eltern auf die eigene schulische oder berufliche Situation selbst erbringen, wenn sie einen Erkenntnisgewinn und folglich einen Nutzen für die Entwicklung der eigenen beruflichen Perspektive ziehen möchten. Die jungen Menschen tun dies implizit und unbewusst, durchaus aber oftmals auf der Grundlage mangelnder Information und deshalb eher tastend und nach dem Prinzip Versuch und Irrtum mit der damit korrespondierenden erhöhten Wahrscheinlichkeit des Scheiterns. Die jungen Menschen fühlen sich über die Ausbildungs- und Berufsbiografien ihrer Eltern häufig nicht zur Auskunft fähig. Viele wissen nicht genau, was ihre Eltern gelernt haben. Einige äußern sich auch nicht dazu, ob ihre Eltern überhaupt über Schul- und Berufsabschlüsse verfügen. Dennoch geht aus den Erzählungen hervor, dass ein Teil der Mütter und Väter keine Berufsausbildung abgeschlossen hat und – ebenso wie ihre Kinder später (vgl. Abschnitt zur Schule in diesem Kapitel) – auf brüchige Schul- und Ausbildungsbiografien zurückblickt. Eltern von jungen Menschen aus Familien, die nach Deutschland migriert sind, sehen sich zusätzlich damit konfrontiert, dass die vorhandenen ausländischen Schul- und Berufsabschlüsse in Deutschland nicht anerkannt werden und deshalb keinen Zugang zu den ihnen bekannten Arbeitsbereichen bieten. Einzelne der jungen Menschen können gleichermaßen schwer bestimmen, in welchen beruflichen Stellungen ihre Eltern heute arbeiten oder in der Vergangenheit gearbeitet haben. Sie benennen dann lediglich die Arbeitsorte oder allgemeine Branchen. Daneben ist nicht immer zu rekonstruieren, ob es sich bei den beruflichen Tätigkeiten der Eltern um sozialversicherungspflichtige oder geringfügige Beschäftigungen handelt oder ob in einigen – allerdings wenigen – Erzählungen vielmehr Hinweise darauf gegeben sind, dass die

Eltern einer (halb-)illegalen Arbeit (im Sinne von Schwarzarbeit, Zuhälterei, Prostitution o.Ä.) nachgegangen sind. In nur sehr wenigen Interviews sind positiv konnotierte Erzählpassagen zu der häufig brüchigen Erwerbsbiografie der Eltern zu finden. Die wenigen positiv benannten Aspekte, die die jungen Menschen in der Berufstätigkeit ihrer Eltern erkennen können, beschränken sich auf den ‚guten' Verdienst und die finanzielle Absicherung durch Arbeit (*„hat wirklich auch richtig gut verdient muss ich mal sagen . also wir konnten gut eigentlich damit leben" (I 6)*). Nur in Einzelfällen wird ein positiver Zusammenhang zwischen dem Erleben der mit bestimmten Berufen verbundenen Tätigkeiten und dem Verfolgen eigener Erwerbspläne deutlich. So berichtet ein Interviewpartner über den Ursprung und die Verfestigung seiner beruflichen Pläne:

> *„ja . mein Vater war auch Tischler und . ja wie soll ich sagen hört sich vielleicht blöd an wenn man das immer sagt aber . früher als kleines Kind da ist- schon immer gerne mit Holz irgendwas gemacht in Papas Garage irgendwas gebaut oder . dann da ich aus dem Dorf komme viel im Wald gewesen und halt Baumhäuser gebaut und so einen Kram und . da habe ich dann irgendwo Holz für mich . ja das hat mir irgendwo gefallen dann und . zwischendurch auch noch was anderes gemacht so mit Plastik so Modellbaukram und sowas und . aber Holz lag mir dann irgendwie mehr und . hat mir Spaß gemacht und . deswegen bin ich irgendwie dabei geblieben . ja" (I 31)*

Dieser junge Mann bildet im Verlauf seiner Entwicklung umfangreiche Kenntnisse des Berufsbilds und sogar der Arbeitsmarktkapazitäten heraus, so dass er seine Berufswünsche den Entwicklungen am Arbeitsmarkt anpasst und modifiziert:

> *„so Richtung Metallbau oder sowas . weil . was das Holz angeht . keine große Zukunft mehr . viel zu viel maschinell schon hergestellt und so und . ja Tischler ist dann auch heutzutage mehr mit Fenstern und sowas und ich würde dann schon gerne mehr Richtung Möbeltischler oder sowas gehen" (I 31)*

Die meisten Erzählungen der Interviewten stellen allerdings die Belastungen in den Mittelpunkt, mit denen sie und ihre Herkunftsfamilie aufgrund der Arbeitslosigkeit oder wegen der Berufstätigkeit der Eltern umgehen mussten. So sind die Mütter und/oder Väter vieler Interviewpartner/innen bereits seit mehreren Jahren arbeitslos, mit entsprechenden Auswirkungen auf die finanzielle Situation der Familie in den Zeiten des Aufwachsens der jungen Menschen. Den meisten Frauen und Männern ist es merklich unangenehm, darüber zu erzählen, was die Arbeitslosigkeit für die Familie bedeutet hat. Sie übernehmen hier häufig offizielle, behördliche Bezeichnungen für den jeweiligen Status und erwähnen lediglich die Tatsache, dass Mutter oder Vater seit längerem „arbeitssuchend" sind. Manche benennen daneben, dass ihre Eltern zwischenzeitlich in „1,50 Euro-Jobs" tätig waren oder dass sich die Familie wegen des niedrigen Hartz-IV-Satzes mit finanziellen Einschränkungen arrangieren musste. Auf die Kindheit und Jugend der inzwischen erwachsenen Interviewpartner/innen haben sich die finanziellen Einschränkungen auch in der Form ausgewirkt, dass ihnen kein Taschengeld gezahlt wurde und sie einige der eigenen Konsumbedürfnisse auch über illegale Umwege erfüllt haben. Die erwerbstätigen Eltern der jungen Menschen – sowie auch diejenigen, die zwischen ihren Phasen der Arbeitslosigkeit berufstätig waren – führten überwiegend Tätigkeiten im Niedriglohnsektor aus. Viele verdienten ihr Geld in prekären Beschäftigungsverhältnissen im Dienstleistungsbereich. Mitunter hatten und haben sie mehrere Anstellungen gleichzeitig, um die Familie zu finanzieren und um Schulden abzuzahlen. Häufig wechselten sie ihre Arbeitsstellen und die Arbeitsbereiche, in nur wenigen Fällen waren oder sind sie in den Bereichen tätig, in denen sie auch eine Ausbildung absolviert haben. Die jungen Menschen erzählen sehr eindrücklich davon, dass es sich bei den Berufen ihrer Eltern nicht um ‚Traumberufe' handelt, sondern um das Ausführen von Tätigkeiten, die oftmals mit starken Belastungen einhergehen. Dieser junge Mann zum Beispiel beschreibt den Beruf seines Vaters wie folgt:

> *„Kraftfahrer ist halt . so ein Beruf das hat auch . an die Grenzen geht halt ne . also . ist nicht lustig auf einem LKW zu sitzen und sich ganze Zeit- sitzt eigentlich nur auf dem Arsch . eigentlich . kann man so sagen . von einem Ort zum anderen dann musst du ausliefern dann musst das einräumen und dann geht das weiter . ne . also . hat schon seine Vorteile Nachteile es gibt kei- es gibt kei- es gibt in dem Beruf keine Vorteile" (I 39)*

Die Firmen der wenigen Eltern und Elternteile, die sich mit kleineren Unternehmen selbstständig gemacht haben, sind aus unterschiedlichen Gründen in die Insolvenz gegangen und belasten die Familie mit zusätzlichen Schulden. Berufstätigkeit wird häufig nicht nur als starkes Belastungsmoment im Leben der Eltern beschrieben, sondern auch direkt als Ursache für deren physische und psychische Erkrankungen thematisiert (zu den Wechselwirkungen zwischen Erwerbsarbeit und Gesundheit vgl. z.B. Keupp/Dill (Hrsg.) 2010). Insbesondere Elternteile, denen durch ihre Kinder eine hohe Arbeitsmoral zugeschrieben wurde, leiden aus Sicht ihrer Kinder oftmals darunter, dass durch ihre Arbeit hervorgerufene gesundheitliche Einschränkungen ihre weitere Berufstätigkeit be- oder sogar verhindert haben. Ein junger Mann erzählt zum Beispiel, wie seine Mutter, eine Krankenpflegerin, die viele Überstunden gemacht hatte, ihre Arbeitsstelle aufgeben musste. Er führt aus, sie habe

> *„gearbeitet wie eine Verrückte . was sich denn auch auf den Rücken ausgeprägt hat . wo sie denn halt zur Kur gefahren ist" (I 38)*

Ein anderer erklärt die Kündigung seines Vaters:

> *„er hat gesagt er hat gekündigt weil er psychisch . nicht mehr ganz normal das ist also . Burnout Syndrom und so" (I 25)*

Auffällig ist an den Erzählungen der jungen Menschen zur Arbeitslosigkeit ihrer Eltern oftmals, dass sie ausführen, ihre Eltern seien wegen des schlechten Gesundheitszustandes arbeitslos geworden oder sie würden deshalb keine neue Anstellung finden. Die Interviewpartner/innen berichten von psychischer Belastung, von Beeinträchtigungen infolge von Unfällen, von Allergien und chronischen Erkrankungen. Wie bei dem im Folgenden zitierten jungen Mann sind auch Elternteile von vielen anderen jungen Menschen mehrfach und von zahlreichen Erkrankungen gleichzeitig betroffen:

> *„ähm mein Vater der hat . Lungenprobleme . Herzprobleme . Magenprobleme . ja eben halt viele Probleme ((lacht)) so . fünf gebrochene Rippen hat er auch noch . also denen geht es wirklich nicht mehr so gut . Behindertenausweis hat er auch schon . obzwar der laufen kann . aber das- bei ihm ist das eben halt innerlich man sieht es eben nicht" (I 29)*

Häufig handelt es sich um solche gesundheitlichen Einschränkungen, die zu wiederholten Krankheitsausfällen, zur Arbeitsunfähigkeit oder zur Frühverrentung der Eltern geführt haben. Diese beiden jungen Menschen erzählen etwa:

> *„weil sie [die Mutter] hat Diabetes und Rheuma und mit dem Herz und mit der Ohren und ich glaube die hat einen Behin- Behinderungsgrad von achtzig Prozent . kann also nicht mehr arbeiten" (I 43)*

> *„also mein Papa soll jetzt . ähm . Frührenten- Renten . antrag . machen also als Frührentner einsteigen weil er natürlich psychisch und körperlich nicht mehr kann"* (I 25)

Dort wo die jungen Menschen nicht die Arbeitslosigkeit, sondern die Berufstätigkeit der Eltern thematisieren, waren diese durch ihre Arbeit zudem oftmals (noch) derart stark eingebunden gewesen, dass ihnen kaum Zeit zur Verfügung stand, die sie mit der Familie und ihren Kindern verbringen konnten. Hier beschreiben die jungen Menschen die Arbeit der Eltern häufig als Grund für die fehlende Verfügbarkeit und damit für die eingeschränkte Ansprechbarkeit in familiären Beziehungen:

> *„also mein Papa ist Lagerist . der arbeitet in O-Stadt im Lager . also nur Nachtschicht was halt auch doof ist dass ich mich dann halt auch eigentlich nie mit ihm treffen kann außer am Wochenende wenn er da nicht auch dann gerade mal irgendwie irgendeine ähm . Schicht hat die er von seinem äh Freund übernehmen tut weil er mal im Urlaub ist oder weil er krank ist oder so . das heißt ich sehe ihn selten . halt wegen der Nachtschicht die er arbeiten muss . ja" (I 15)*

Dabei thematisieren sie auch Situationen, in denen die Eltern weiterhin darum bemüht waren, ihren Erziehungsverpflichtungen gerecht zu werden. Manche der jungen Frauen und Männer rechnen ihren Eltern ebendies hoch an. Die Bemühungen der Eltern, sowohl den Anforderungen, die sich aus ihrer Elternrolle ergaben, als auch denen, die mit der Berufstätigkeit einhergingen, nachzukommen, stießen jedoch ebenso häufig auf die Widerstände der Kinder, wenn diese ihnen das Recht auf Einmischung wegen der häufigen Abwesenheit nicht zugestehen wollten. So erzählt eine junge Frau:

> *„da war nie groß jemand da die waren alle arbeiten den ganzen Tag .. und mit meinem Vater das war dann immer so dass er kam und dann . halt auch der Meinung war .. da jetzt . den Erziehungsberechtigten durchhängen zu lassen . obwohl er ja den ganzen Tag auch nicht da war" (I 22)*

Ob die Interviewpartner/innen die Erziehungsberechtigung von Elternteilen anerkannten, hing häufig davon ab, ob sie die Bemühungen ihrer Eltern als fürsorglich oder vielmehr als willkürlich und repressiv bewertet haben, was vielfach an die jeweiligen Erziehungsstile und die Frage geknüpft ist, ob die jungen Menschen in der Einmischung das Motiv der Zuneigung ihrer Eltern erkannten. Die Auswirkungen der Arbeitsbelastung ihrer Eltern auf das Eltern-Kind-Verhältnis erlebten die Kinder und Jugendlichen aber nicht nur als Folge von Abwesenheit. Die Interviewten beschreiben sie ebenso als Auslöser für gesundheitliche Probleme und übermäßigen Stress der Eltern, was wiederum Einfluss auf das familiäre Klima und den Umgang miteinander nahm in der Zeit, in der die Eltern zu Hause waren:

„äh wie gesagt da fing es dann an dass sie arbeiten war . hat nur noch die schlechte Laune an mich ausgelassen . oder an meinem Bruder“ (I 37)

Wie dieser junge Mann blicken viele andere auch auf Erfahrungen damit zurück, dass die durch Arbeit überlasteten Mütter und Väter vermeintlich grundlos ungeduldig, ungerecht und willkürlich mit ihren Kindern umgingen. Das Ausmaß willkürlicher und zum Teil massiver gewaltsamer Disziplinierung wird im weiteren Verlauf noch gesondert beschrieben. Zu erwähnen ist hier jedoch, dass die jungen Menschen die dauerhaft eingeschränkten Bedingungen der Eltern am Arbeitsmarkt direkt mit den innerfamiliären Konflikten und den eigenen Bearbeitungsmodi in Verbindung bringen. Gleiches gilt für die Erziehungskompetenz und die empfundene Zuwendung, die Interviewpartner/innen ihren Eltern in diesen Fällen dementsprechend nur noch sehr selten zuschreiben. Die Abwesenheit von Elternteilen durch Arbeit hatte aus Sicht einiger junger Menschen auch Konsequenzen für die praktische Unterstützung, welche sie von zu Hause erhalten haben. Sie erzählen von ausbleibenden Unterstützungsbemühungen und nicht erlebten Hilfestellungen der Eltern, deren Gründe für sie zwar nachvollziehbar waren, die sie aber dennoch als behindernd erlebten. In dem folgenden Zitat thematisiert ein junger Mann dies konkret bezogen auf seine erschwerten Bedingungen bei der Bewerbung um Ausbildungsstellen:

„ich habe noch nie von meiner Mutter- so weil die hat zwei Jobs die muss ein Haus abbezahlen das würde ich auch gar nicht von der erwarten so das ist für mich so . würde ich das gar nicht mit meinem Gewissen klar kriegen dass die mir eine Bewerbung schreibt . und all die Leute die jetzt eine haben so die . hatten halt Mama und Papa dahinter die die ganze Zeit gesagt mach das mach das mach das so . und die Leute . ((räuspert sich)) wo es dann halt nicht so . wo der Vater abgehauen ist und die Mutter halt den ganzen Tag am arbeiten ist“ (I 30)

Aus den Erfahrungen, die die jungen Menschen mit den berufsbezogenen Erlebnissen ihrer Eltern sowie über die Folgen für die gesamte Familie gemacht haben, können sie folglich nur schwer Motivation und einen konkreten Nutzen für ihre beruflichen Pläne und deren Umsetzung schöpfen. Berufliche Themen wurden in den Familien nur sehr selten offen verhandelt. Da viele Eltern – z.T. wegen des schlechten Gesundheitszustandes – über einen sehr langen Zeitraum hinweg arbeitslos waren, einen Arbeitsunfähigkeitsstatus besitzen oder frühverrentet sind und diejenigen, die berufstätig waren, vielfach kräftezehrende und schlecht bezahlte Tätigkeiten ausführten, sehen die Eltern in der Berufstätigkeit weniger ein Mittel der Selbstverwirklichung als vielmehr die Quelle von Be- und Überlastung – so zumindest die Sicht ihrer Kinder. Dies spiegelt sich auch in dem Bild von Arbeit wider, das die Interviewten über die Beobachtung ihrer Eltern und die indirekte Betroffenheit von deren Berufsbiografien entwickelt haben. Die Arbeit vieler Eltern wirkt auf die jungen Männer und Frauen häufig wie ein notwendiges Übel, das die Opferbereitschaft der gesamten Familie voraussetzt. Arbeit, so scheint es, gilt es bestenfalls in Kauf zu nehmen, um sich und die Kinder finanzieren zu können, basale innerfamiliäre Aufgaben wie Betreuung der Kinder oder Haushaltsführung kommen aus Sicht der Jugendlichen zu kurz.

Für Versuche, diese Jugendlichen zu erreichen, können diese Erfahrungen von Bedeutung sein. Berufsorientierte Angebote im Übergang, aber auch berufsbezogene Angebote im Kontext von Schulsozialarbeit sollten den Einfluss dieser in sehr vielen Fällen negativen Erfahrungen mit Erwerbstätigkeit in ihren Programmen und im Umgang mit dieser Personengruppe ausreichend berücksichtigen. Hier treffen sie vielfach auf junge Menschen, die entweder gar keinen oder einen lediglich sporadischen Kontakt zu Erwerbstätigkeit haben/hatten oder – vermittelt durch die Wahrnehmung der zum Teil leidvollen Erfahrungen der Eltern mit prekärer, gesundheitsschädigender und schlechtbezahlter Erwerbsarbeit – überaus negative Erfahrungen mit Arbeit gemacht haben.[6] Die Begegnung mit beruflichen und berufsschulischen Erwartungen in Organisationen muss dementsprechend behutsam vonstattengehen, denn Erfahrungs- und Handlungswissen über den Umgang mit beruflichen Verhaltens- und Leistungsanforderungen sind vielfach schlichtweg nicht vorhanden. Die Bereitschaft zur Auseinandersetzung mit konkreten beruflichen Plänen und zur Normakzeptanz in Bezug auf Berufstätigkeit zu wecken – so zeigen auch einige Darstellungen der Jugendlichen – ist dennoch möglich. Dies gelingt vor allem dort, wo persönliche Bezüge zu bedeutsamen Anderen (Geschwister, Verwandte) bestehen oder Personen in der Lage sind, den Jugendlichen überzeugend die Vorteile von Erwerbstätigkeit zu vermitteln.

6 Die hier nur zu einem kleinen Teil und exemplarisch dargelegten Beschreibungen der Erfahrungen mit Erwerbstätigkeit von Jugendlichen in ihren Familien korrigieren ausdrücklich das in den Diskussionen zu vermeintlich typischen Lebenskonstellationen der Unterschicht (dazu kritisch Chassé 2010) vorhandene und leider auch in einigen Gesprächen mit Vertreter/innen von Organisationen dargestellte stereotype Bild des satten, zufriedenen und unmotivierten Hartz-IV-Empfängers.

4.2.2 Erfahrungen mit (ausbleibender) familiärer Unterstützung

In den Ausführungen der jungen Erwachsenen zu ihren Erfahrungen und Erlebnissen in der Kindheit und Jugend sind zahlreiche Beschreibungen zu finden, die ein Bild von insgesamt ressourcenarmen, hochgradig konflikt- und problembehafteten Familienkonstellationen zeichnen, in denen die jungen Menschen aufgewachsen sind und die deshalb zu einem Teil die von den Jugendlichen eingeforderten familialen Versorgungs- und Unterstützungsleistungen für die Heranwachsenden nicht erbringen können. Nur wenige junge Erwachsene gehen darauf ein, dass sie von Seiten ihrer leiblichen Eltern praktische Unterstützung erhalten oder emotionalen Rückhalt erlebt haben. Diejenigen, in deren Erzählungen sich Ausführungen dazu finden lassen, erläutern nur zum Teil, wie Vater oder Mutter ihnen in einer Krisensituation als emotionale Stütze beigestanden oder ihnen an einzelnen Stationen in ihrer Biografie als wichtige Zuflucht gedient haben, vielmehr bedauern sie in der Rückschau das Ausbleiben der Unterstützung in vielen Fällen. So eine der Interviewpartnerin nach einer Fehlgeburt:

> *„irgendwann mal war das so gewesen äh dass ich äh nach dem dritten Monat mein Kind verloren hatte und dann habe ich sie mehrmals gefragt ob sie mal zu mir kommen möchte wir wollen grillen wir wollen einfach mal quasi Abschied nehmen ne und da hätte ich meine Mutter gebraucht“ (I 6)*

Dennoch finden sich einzelne Beschreibungen praktischer Hilfe, etwa bei der Kinderbetreuung, bei Antragstellungen und der Wohnungs- beziehungsweise Ausbildungssuche. Andere Eltern halfen mit Geld oder Strom aus oder leisteten Fahrdienste zu Schulen und Ausbildungsstellen. Allerdings sind diese Unterstützungsleistungen in Form finanzieller Transfers und praktischer Hilfe sehr stark an die Ressourcenausstattung der Familie gebunden und damit die Ausnahme. Vor allem bedingt durch die oben beschriebene schwierige Arbeitsmarktintegration der Eltern und infolge der damit verbundenen finanziellen Knappheit bleiben auch hier Unterstützungsleistungen weitgehend aus. Ein Teil der Jugendlichen verbindet das Ausbleiben der Hilfe und Unterstützung direkt mit weiteren schwierigen Lebenslaufphasen. So etwa ein Jugendlicher, der mit Blick auf die fehlende Hilfe den Fortgang seiner Entwicklung (Haftaufenthalt nach Hehlerei und mehreren Fällen von Körperverletzung) direkt darauf zurückführt:

> *„ja dieser Weg den man dann . zwangsläufig irgendwann einschlägt wenn man halt keine . Hilfe bekommt und es alleine nicht schafft weil keiner der . so . der Jugendlichen heutzutage kommt eigentlich so wirklich ohne Geld*

klar weil es ist halt ein ((räuspert sich)) hoher Anspruch . so ich kenne den äh Standard eigentlich nicht mehr so dass man . dass jeder ein Smartphone hat dass jeder äh . die Klamotten hat und dass jeder- das ist ja halt so jeder muss ja das Beste haben ..... ja ich . habe manchmal das Gefühl dass es alles anders gelaufen wäre wenn ich . eine Ausbildung gemacht hätte wenn ich . irgendwo die Unterstützung bekommen hätte aber ich hatte halt . nichts zur Verfügung ich hatte keinen PC so ich wusste auch gar nicht wo ich jetzt- in welche Richtung . ich gehen sollte" (I 30)

Insgesamt zeigt sich in den Interviews ein Bild davon, dass Mütter oder Väter nur in Einzelfällen als konstante Unterstützungs- und/oder Vertrauenspersonen beschrieben werden, auf die auch in schwierigen Situationen Verlass ist. Nur wenige – vor allem zwei junge Frauen mit Migrationshintergrund – erkennen in der Verlässlichkeit der emotionalen sowie praktischen Unterstützung durch ihre Eltern ein konstant bleibendes Muster in ihrer Biografie. Sie verdeutlichen sowohl explizit als auch implizit, wie dankbar sie für den familiären Rückhalt sind, den sie hier erlebt haben, und sind sich gleichermaßen ihrer (Mit-)Verantwortung für die Familie bewusst. In der Regel erlebten die jungen Menschen Unterstützungs- und Hilfeleistungen von Seiten ihrer Eltern jedoch höchstens in kürzeren Lebensphasen oder sogar nur punktuell in bestimmten Einzelsituationen. Die meisten sind weit davon entfernt, ihre Eltern als kontinuierliche und verlässliche Unterstützungs- oder Vertrauenspersonen anzuerkennen. So beschreibt eine der Interviewpartnerinnen rückblickend die Rolle ihrer Familie:

„ja wirklich schlecht gelebt . also keine- keine Familienbindung . keine- keine wirkliche Kindheit gehabt immer auf sich selbst gestellt gewesen und . äh Gewalt innerhalb der Fa- der Familie oder sonst irgendwas .. vor allem in dem Umkreis von meinen Eltern . denen ihrem Freundeskreis die haben auch etliche Kinder die sind alle wirklich . ziemlich ja . sagen wir mal . minderwertige Eltern" (I 24)

In zahlreichen Interviews gehen die Erzählungen über das schlichte Ausbleiben von Unterstützung hinaus. Die jungen Menschen thematisieren dann sehr direkt eine seelische oder physische Vernachlässigung durch die leiblichen Eltern oder Stiefeltern, in deren Folge die jungen Erwachsenen einen Mangel an emotionaler und auch versorgender Zuwendung erlebt haben:

„meine Eltern sind beide krank die haben beide starke Depressionen . ich bin in jungen Jahren oft zu kurz gekommen und . äh es war sehr schwer

für mich da irgendwo einen Bezug zu jemandem zu finden wenn die Eltern absolut nicht zugänglich sind und das über viele viele Jahre“ (I 21)

Die Gründe, mit denen sich die Jugendlichen die Vernachlässigung durch ihre Eltern erklären, variieren. Sie reichen von (psychischen) Erkrankungen der Eltern, wie von dem Interviewten hier angeführt, über die allgemeine Überforderung bis hin zur schlichten Gleichgültigkeit. Für die jungen Menschen hat das vernachlässigende Verhalten ihrer Eltern vielfach dazu geführt, dass sie schon sehr früh die Erfahrung gemacht haben, auf sich allein gestellt zu sein. Ein junger Mann erinnert sich an seine Kindheit mit langen Phasen ohne Versorgung oder Aufsicht durch Erwachsene. Er richtet sich in wörtlicher Rede an seine Mutter:

„hättest eine Nanny holen können für uns oder so hättest uns zu irgendwelchen Bekannten geben können die hätten schon auf uns aufgepasst . besser auf jeden Fall als die Kinder alleine zu lassen und dass die selber für sich kochen sollen fast die ganze Bude abfackeln sage ich mal . ist auch auch schon . teilweise passiert“ (I 18)

Wie er haben einige schon früh erlebt, für sich selbst, die Erfüllung der Grundbedürfnisse sowie teilweise auch für ihre jüngeren Geschwisterkinder verantwortlich zu sein und sich dabei auf niemanden sonst verlassen zu können. Bei ihren Eltern haben sie keine Unterstützung finden können und auch andere erwachsene Bezugspersonen, die diese Lücke füllen konnten, tauchen kaum bis gar nicht in den Erzählungen auf. Lediglich im Zusammenhang mit den Erzählungen zu älteren Geschwisterkindern finden sich Hinweise darauf, dass einzelne junge Menschen dort den benötigten Rückhalt und die Unterstützung fanden, welche sie bei ihren Eltern vermissten. Häufig waren die älteren Schwestern und Brüder aber bereits ausgezogen und boten die Hilfestellung im Rahmen ihrer Möglichkeiten lediglich aus weiter Ferne.

Häufig haben junge Erwachsene auf der Grundlage ausgebliebener und verweigerter Unterstützung eine überaus distanzierte Haltung zur Annahme von Hilfe entwickelt und sehen sich früh in einer Rolle, in der sie auf sich selbst gestellt sind. Ein junger Mann beschreibt diese Haltung wie folgt:

„so . nee wirklich dass- dass sich wirklich um mich gekümmert wurde .. in meinem Leben .. näh . ich musste immer irgendwie selber gucken .. ja . und .. habe auch immer selbst gekocht habe mich immer selbst durchgeschlagen halt“ (I 17)

Überraschend wie deutlich zeigt sich aber auch, dass viele junge Menschen sich dennoch weiterhin an familiäre Verpflichtungen gebunden fühlen. Deutlich wird dies insbesondere dort, wo die jungen Menschen von einem veränderten Rollengefüge innerhalb der Familie berichten. Vielfach sind es die Heranwachsenden selbst, die statt auf Unterstützung zurückgreifen zu können, den Eltern und Geschwistern trotz widriger Umstände umfangreiche Hilfe gewähren. Für diesen Interviewpartner ist es selbstverständlich, dass er seine Familie finanziell unterstützt:

> *„was ich arbeite äh arbeit- vom Arbeitsamt bekomm vom Jobcenter . das geb ich meine Familie es sind ja eh nur 350 Euro .. und das Arbeitslosengeld was ich bekomme . das sind ja auch noch mal vier fünfhundert Euro weil was ich in der Ausbildung verdient habe . minus 20 Prozent das kriege ich .. genau und dies sind 530 Euro oder so da kriege ich noch von . Jobcenter 350 das gib ich alle meine Eltern was mir bleibt was ich vielleicht zwanzig dreißig Euro für Zigaretten hole ich mir auch schon so sparsam Tabakbox dann stopf ich mir selbst“ (I 8)*

Die Unterstützung beschränkt sich nicht nur auf finanzielle Hilfe und reicht in einigen Fällen bis zur vollkommenen Aufopferung und zur Erschöpfung der jungen Menschen. So beschreibt eine junge Frau ihren geplanten Auszug, nachdem sie lange Zeit unter Verzicht auf berufliche und private Möglichkeiten die Pflege der Mutter übernommen hat:

> *„ja ich kann ja nicht immer für sie da sein ich kann ja nicht jeden Tag bis sie eh . irgendwann nicht mehr ist an ihrer Seite stehen und . ihr da helfen . da soll sie sich dann andere Hilfe holen also ich werde weiterhin für meine Mutter da sein und so . werde ja auch nicht weit ziehen . werde wieder nach H-Stadt vielleicht und . das ist ja nicht weit . dass ich immer in . Reichweite bin weil meine große Schwester wohnt jetzt in M-Stadt . ist auch noch in Reichweite dass Mama immer so einen kleinen Abstützpunkt hat“ (I 9)*

Diese hier nur in Ausschnitten skizzierten innerfamiliären Prozesse, die auf fehlende beziehungsweise unzureichende Unterstützung und Hilfe in Entwicklungsphasen verweisen, in denen die jungen Menschen in besonderer Weise darauf angewiesen waren, sind – so lässt sich schließen – auch für die Erreichbarkeit und das Ansprechen dieser jungen Menschen von Organisationen der Jugendsozialarbeit von Bedeutung.[7] Zusammengefasst und angesichts der Fülle und der Variationen im Material notwendigerweise etwas vereinfachend, haben diese Organisationen es vielfach mit Jugendlichen zu tun, die in der Vergangenheit kaum Unterstützung im Sinne praktischer Hilfe oder emotionalen Beistands erfahren haben, die zu einem Teil stark an Autonomie orientierte Selbstbilder und Haltungen entwickelt haben, die es ihnen schwer machen, Unterstützung anzunehmen, die zum Teil bis zur Erschöpfung selbst Fürsorge- und Erziehungsverantwortung für ihre Eltern übernehmen und denen deshalb nur begrenzte Kapazitäten (zeitlich, materiell, emotional) für berufsvorbereitende Angebote zur Verfügung stehen.

4.2.3 Erfahrungen mit Geschwistern

Aus den Befunden der Fragebogenerhebung (Kap. 3.4.5) geht hervor, dass die Jugendlichen, die Maßnahmen abbrechen, im Unterschied zu den Nichtabbrechern häufiger drei oder mehr Geschwister haben. Im Interviewmaterial wird zunächst einmal deutlich, dass für einen Teil der jungen Menschen vor allem (ältere) Geschwister als wichtige Ansprechpartner/innen und Bezugspersonen gelten, auf die sie zurückgreifen, wenn sie sich in einer schwierigen Situation befinden. Umgekehrt übernahmen in der Vergangenheit wie oben beschrieben auch viele der Interviewten selbst versorgende und erzieherische Verantwortung innerhalb der Familie und damit zu einem Teil auch für jüngere Geschwisterkinder. Die inzwischen jungen Erwachsenen schreiben ihren Schwestern und Brüdern im Verlaufe der Erzählungen über die Zeiten ihres gemeinsamen Aufwachsens vielfältige Funktionen und Rollen zu, welche ihre Persönlichkeit sowie ihren biografischen Verlauf entscheidend beeinflusst haben (zu Funktionen und Rollen von Geschwistern s. auch Walper u.a. 2009). Einzelne Geschwister sind geliebte Freund/innen oder Elternersatz geworden, haben Vorbildfunktion oder fungieren als wichtige Identifikationspersonen. Mitunter haben sich feste Bündnisse zwischen den Schwestern und Brüdern entwickelt, die für die jungen Menschen unangreifbar sind. Diese junge Frau erklärt dies so:

> *„alle fünf zusammen . haben wir zusammengehalten wie Pech und Schwefel“ (I 2)*

---

7 Diese Beschreibungen korrespondieren hier auch mit den Ergebnissen der Fragebogenerhebung. Die mit dem Alter sinkende Inanspruchnahme und Wahrnehmung von Unterstützungspotenzial im Umfeld lässt sich nun vor dem Hintergrund der Erfahrungen der jungen Menschen auch besser einordnen.

Gleichwohl die jungen Menschen die Beziehungen zu ihren Geschwistern und Halbgeschwistern nicht immer als positiv empfinden, häufig ein großer Altersabstand zu den Brüdern und Schwestern besteht und sie sogar zum Teil erst im Jugend- oder Erwachsenenalter von ihnen erfahren, übernehmen einige für sie eine zentrale stützende sowie unterstützende Funktion. Ein Beispiel dafür findet sich bei diesem jungen Mann, dem als Jugendlichem die Einreise nach Deutschland vorerst nicht gestattet wird, nachdem er in der Folge eines Drogenausflugs in die Niederlande einen psychotischen Anfall erleidet. Er kontaktiert seine Schwester:

> *„meine Mutter konnte ich nicht erreichen weil die war in Deutschland . die so ja wie du rufst aus Amsterdam an hat sofort aufgelegt weil ja was das kostet . ja und . da war ich erst mal auf meine Schwester gestellt . die hat mir auch echt gut dabei geholfen so die hat meine Geburtsurkunde besorgt und so weiter damit ich da endlich wieder raus konnte aus dem Land" (I 18)*

Wie er beschreiben viele andere junge Menschen Notsituationen, in denen sie auf ihre Geschwister angewiesen waren, weil die Eltern für sie nicht verfügbar waren. In den Biografien mancher junger Menschen ist hier ein fortlaufendes Muster zu erkennen, das sie von der Kindheit bis ins junge Erwachsenenalter hinein begleitet. Viele der inzwischen jungen Erwachsenen haben in der Vergangenheit gemeinsam mit den Geschwistern sehr belastende Situationen durchgestanden. Zusammen haben sie ihre Erfahrungen mit der Abwesenheit von Elternteilen, der familiären Unterversorgung, mit Gewalt, mit destruktiven Konflikten, mit Heimaufenthalten u.v.m. durchgestanden und sich dabei immer wieder gegenseitig emotionalen Rückhalt geboten. Einige sind in der Folge zu der Erkenntnis gelangt, dass diese Geschwister immer für sie da sind, egal was noch passieren mag. Gleichzeitig werden Geschwistern aber auch solche Funktionen im Familiengefüge zugeschrieben, die sich für die jungen Menschen als eher begrenzend darstellten: Die jungen Erwachsenen berichten hier von ihren Schwestern und Brüdern als Aggressor/innen, Verursacher/innen von Konflikten im Elternhaus, Rival/innen oder Abgrenzungssubjekten. Dabei ist auch hier der Einfluss oben beschriebener Aspekte (finanziell angespannte Situation, durch Arbeitsbelastung der Eltern verursachte familiäre Konflikte, wenig Unterstützungspotenzial) deutlich auszumachen und es wird einmal mehr deutlich, wie verwoben die unterschiedlichen Einflussfaktoren sind. So zeigt sich hier, dass die oben beschriebenen Versorgungs- und Hilfekapazitäten der Eltern durch eine höhere Anzahl von Kindern in diesen verletzlichen Familien noch einmal reduziert werden. Dies äußert sich auch in der Ausgestaltung innerfamiliärer Beziehungen, wenn die Eltern sich – zumindest in der

Wahrnehmung der interviewten jungen Menschen – einseitig auf ein Kind fokussieren. So berichtet eine Interviewpartnerin von sehr gewaltsamen und willkürlichen Disziplinierungsmaßnahmen, bei denen ihre Geschwister keine Partei ergriffen:

> *„ähm ja meine Geschwister haben sich halt immer alle rausgehalten deswegen sind das auch immer die Lieblingskinder gewesen weil die haben Augen Ohren zu äh ich weiß nichts und . ja aber so war ich nie und so werde ich auch niemals sein" (I 24)*

oder ein Interviewpartner nach dem Umzug zu seinem Vater und der neuen Partnerin:

> *„und dann bin ich da weggezogen zu meinen Vater gezogen zu meiner Stiefmutter und habe dann da gelebt die sind- haben dann noch geheiratet noch ein Kind gekriegt . und seitdem mein kleiner Bruder da war- war ich für meine Stiefmutter denn nicht mehr allzu wichtig . und da . ging dann das . mit Klauen langsam los wo ich meine Eltern beklaut habe . Geld . . hm . ja" (I 3)*

Hier zeigen sich überdies auch Wechselwirkungen zwischen der finanziellen Verknappung und einem vielfach „permissiv-vernachlässigenden Erziehungsstil" (Stein 2009, 54) der Eltern. Die Jugendlichen berichten davon, dass ihnen wegen der eingeschränkten Wohnraumversorgung wenig Rückzugsmöglichkeiten zur Verfügung standen und viele Konflikte bei widersprüchlichen Bedürfnissen nur aufgrund der hohen Interaktionsdichte zustande kamen. So erzählt eine Interviewpartnerin:

> *„somit waren wir dann noch . zu fünft . wir haben auch zu fünft . also sprich mit Mama zu sechst in der Wohnung gewohnt . ähm . also so lange wir klein waren war alles noch gut gewesen . wo w-wo wir immer größer wurden- wurden halt diese Probleme die wir als Kinder schon hatten . halt immer größer . Streitereien Zickereien . Mama hatte dann ja auch nicht so viel Geld ((räuspert sich)) hat man eher gekloppt gehabt" (I 2)*

Im Zeitverlauf werden die Kontakte mit den Geschwistern vielfach reduziert, so dass einige junge Menschen mit dem eigenen Auszug oder dem der älteren Geschwister eine wichtige Unterstützungsressource verlieren, und andere von der Verpflichtung entbunden sind, selbst Fürsorge- und Betreuungsleistungen übernehmen zu müssen.

Für die Organisationen kann auch dies von Bedeutung sein. Diese jungen Erwachsenen meiden mit einer gewissen Wahrscheinlichkeit Organisationen, weil sie in ihren Geschwistern vielfach das notwendige Unterstützungspotenzial, Rollenvorbilder und Impulsgeber sehen, die ihnen Orientierung bieten, oder sie sehen sich analog zu den oben ausgeführten familiären Verpflichtungen selbst mit Versorgungsanforderungen konfrontiert und übernehmen Betreuungs- oder Fürsorgefunktionen für die Geschwister und besitzen deshalb keine Kapazitäten für das Absolvieren von Maßnahmen.

4.2.4 Erfahrungen mit konflikthaften Beziehungen zu den Eltern

Nur ein sehr kleiner Teil der jungen Menschen bewertet das Verhältnis zu den Eltern – von kleineren Einschränkungen abgesehen – als konstant bleibend „normal"[8] bis gut. Die meisten, bei denen dies der Fall ist, gehen dabei nur sehr sporadisch und ohne Nennung von Einzelheiten auf die Beziehungen zu ihren Müttern und Vätern ein. Mitunter wirken sie skeptisch angesichts der Ansprache des Themas und scheinen nur wenig Interesse daran zu haben, über ihre Eltern und das familiäre Klima Auskunft zu geben. Ob dies daran liegt, dass sie es leid sind, immer wieder erklären zu müssen, dass sie keine familiären Probleme haben, oder ob sie ausweichend reagieren, weil sie befürchten, dass Andere doch zu dem Schluss kommen würden, dass familiäre Spannungen bestehen, kann allerdings nicht rekonstruiert werden. Fakt ist aber, dass nur sehr vereinzelt ausführlich über ein harmonisches familiäres Klima oder von Wärme und Zuneigung berichtet wird, die Eltern und Kinder füreinander empfinden. Weitaus häufiger legen die jungen Frauen und Männer demgegenüber Wert darauf, ins Detail zu gehen, um ein besonders gutes Verhältnis zu einem bestimmten Elternteil zu verdeutlichen, dann häufig in Abgrenzung zu der eher angespannten Beziehung zu dem jeweils anderen Elternteil. Knapp die Hälfte der jungen Menschen erzählt von kürzeren bis längeren Phasen, in denen ein „normales" bis gutes Verhältnis zu mindestens einem leiblichen Elternteil bestanden hat, beziehungsweise davon, dass sie ein solches zum Interviewzeitpunkt

---

8 Die Begriffswahl „normal" findet sich in vielen Bewertungen der Beziehungen zu den Eltern und der Aufwachsenssituation durch die jungen Erwachsenen selbst. So zum Beispiel hier: *„ja ich bin eigentlich normal aufgewachsen . ein bisschen Familienstress aber das ist ja normal eigentlich" (I 13).* Gleichwohl nicht eindeutig auszudifferenzieren ist, was die jungen Menschen mit der Zuschreibung „normal" jeweils verbinden und sie das oftmals auch selbst nicht eindeutig benennen können, lassen die Erzählzusammenhänge darauf schließen, dass sie von ihnen im Sinne des Negierens von überdurchschnittlich hoher Problem- und Konfliktbelastung in der Herkunftsfamilie verwendet wird.

erkennen können. Einige der jungen Erwachsenen erleben eine solche „normale" oder gute Phase mit dem Zeitpunkt ihres Auszugs und nach der Verarbeitung von zum Teil stark belastenden Erlebnissen mit den Eltern in der Kindheit, viele andere haben und hatten hingegen niemals ein konfliktfreies Verhältnis zu auch nur einem ihrer Elternteile.

Insgesamt dominieren die Erzählungen zu belasteten Familienverhältnissen sowie zu mitunter extrem angespannten Beziehungen zu den erwachsenen Bezugspersonen in der Zeit des Aufwachsens der jungen Menschen. Die inzwischen jungen Erwachsenen erzählen vermehrt von häuslichem Stress und Streitereien, die es ihnen erschwert oder sogar verunmöglicht haben, sich auf anderes, wie zum Beispiel die Schule zu konzentrieren *(„und dann . war nur noch Streit und Stress zu Hause . konnte mich nicht mehr auf die Schule konzentrieren" (I 2))*. Häufig beschreiben sie das Gefühl, von den Eltern nicht geliebt worden zu sein *(„was in meinem Elternhaus gefehlt hat war definitiv die Liebe" (I 17))*.

4.2.5 Erfahrungen mit instabilen Partnerschaften

Schnell wird in diesem Kontext deutlich, dass die überwiegende Mehrzahl der elterlichen Partnerschaften sehr instabil war. Weniger als ein Viertel der jungen Frauen und Männer ist in Familien aufgewachsen, in denen die leiblichen Eltern sich nicht schon vor ihrer Geburt, in ihrer Kindheit oder ihrer Jugend voneinander getrennt haben. Einige wenige, die bei Vater und Mutter aufgewachsen sind, berichten zudem, dass ihre Eltern es bis zum Auszug der Kinder miteinander ausgehalten hätten und sich erst danach getrennt haben. Dort wo dies nicht der Fall gewesen ist, die jungen Menschen also zum Trennungszeitpunkt noch minderjährig waren und bei ihren Eltern lebten, sind sie hauptsächlich bei ihren leiblichen Müttern verblieben. Für die meisten war die Wahl des Lebensorts nach der Trennung ihrer Eltern keine Entscheidung, von der sie glauben, sie selbst getroffen zu haben. Das Ereignis ‚Trennung' ging für einige sogar mit dem sofortigen Kontaktabbruch zum Vater einher. Nur wenige Frauen und Männer berichten von Phasen des Aufwachsens im Haushalt des Vaters, zumeist weil sie wegen diverser Konflikte bei ihrer Mutter nicht mehr leben wollten oder konnten.

Die jungen Menschen und ihre Geschwister haben zum Teil sogar heftige körperliche Auseinandersetzungen ihrer Eltern vor und in den Trennungssituationen direkt miterleben müssen. Nicht selten hat ebendies ihr Verhältnis zu sich selbst und zu Mutter und Vater sowie zu Partnerschaft und Familie insgesamt maßgeblich geprägt. Gleichwohl sie die Entscheidung ihrer Eltern, nicht mehr zusammen sein zu wollen, häufig akzeptieren oder gar positiv bewerten, haben einige das Ereignis der elterlichen Trennung für ihre Biografie noch lange Zeit danach verarbeiten müssen. So stellten und stellen die partnerschaftlichen Konflikte auch manche jungen Menschen vor die Herausforderung, sich für eines der Elternteile entscheiden zu müssen. Während die einen sich hiermit unwohl fühlen, verweisen die anderen in ihren Erzählungen sehr deutlich darauf, dass sie sich mit dem Vater oder der Mutter in besonderer Weise solidarisieren. Wie bei dem im Folgenden zitierten jungen Mann ist dies häufig dann der Fall, wenn sich auch das Verhältnis des jungen Menschen zu dem jeweils anderen Elternteil als stark konflikthaft darstellte. Dieser junge Mann erinnert sich an ein Gespräch mit seinem Vater:

> *„also mein Vater hat gesagt er hätte keine andere Wahl mehr gehabt sonst hätte er sich umbringen wollen . was ich bei meiner Mutter auch nachvollziehen kann“ (I 17)*

Vereinzelt beschreiben andere junge Erwachsene auch noch lange Zeit nach der Trennung, erfahren zu haben, dass sie von Vater oder Mutter mit dem/r ehemaligen Partner/in wegen ihres Aussehens oder Charakters assoziiert und entsprechend von ihnen nicht geliebt worden sind. Gleichzeitig fühlten und fühlen sich viele selbst für die Trennung der Eltern mitverantwortlich oder erlebten, dass sie seitens ihrer Eltern zur Verantwortung gezogen wurden. Sie beschreiben, dass es die Streitigkeiten um sie und/oder die Geschwister, um ihr unangepasstes Verhalten oder um Erziehungsfragen generell gewesen seien, die, manchmal neben anderem, letztlich die Trennung verursacht hätten. Dieser junge Mann führt im Kontext seiner Erzählungen über die später erfolgende Trennung der Eltern aus:

> *„weil ich habe auch jahrelang . sage ich mal für viel Unruhe gesorgt in der Familie . und . das ging- das war auch teilweise berechtigt . aber auch teilweise unberechtigt ich muss auch dazu sagen ich bin viele Jahre zu kurz gekommen . und wollte dann auch mal zeigen dass ich da bin und habe das dann aber auch auf eine Art und Weise getan die . äh . dann nicht unbedingt familienfreundlich ist“ (I 21)*

Die Eltern revidierten diese für ihre Kinder sehr belastende Einschätzung der Situation nur selten. Gleichzeitig dazu erlebten die jungen Menschen sowohl das Trennungsereignis selbst als auch die Folgeentwicklungen aus der Perspektive eines zwar teilnehmenden, aber ohnmächtigen Beobachters heraus, der sich lediglich mit den Konsequenzen der Geschehnisse zu arrangieren hat. Für einige bedeutete die Trennung der Eltern einen sehr unerwarteten Einschnitt in der eigenen Biografie. Die betroffenen jungen

Menschen erzählen sehr deutlich davon, wie sie das Trennungsereignis vor dem Hintergrund ihres Glaubens an die Stabilität und Verlässlichkeit in ihrer Herkunftsfamilie in besonderer Weise erschüttert hat – vor allem dann, wenn die Trennung mit dem Verlust des Kontakts zu einem Elternteil (i.d.R. zum Vater) verbunden war. Die jungen Menschen erklären, dass ihnen plötzlich alles andere in ihrem Leben egal geworden sei und beschreiben individuell unterschiedlich, wie sie nach Wegen gesucht haben, um mit der neuen und belastenden Situation umzugehen, auf die sie selbst keinen Einfluss hatten. Rückzug, Leistungsabfall und Schulverweigerung, aber auch Rebellion, Alkohol- oder Drogenmissbrauch sind für einige die Folge gewesen.

Weil die Eltern getrennt lebten, aber ebenso aus vielen anderen Gründen, hatte beinahe die Hälfte der jungen Frauen und Männer zu mindestens einem Elternteil für längere Zeit keinen Kontakt. Manche haben ihre leiblichen Väter niemals kennengelernt, weil schon vor ihrer Geburt kein Kontakt mehr zwischen den Eltern bestand. Oder aber sie trafen ihre Väter erst Jahre später, wenn etwa der Kontakt über Organisationen (z.B. das Gericht oder Jugendamt) nachträglich hergestellt wurde. Unabhängig davon, ob ihre Eltern getrennt leben oder nicht, wählten viele die Kontaktpausen wegen des schlechten Verhältnisses zu der Mutter oder dem Vater als Jugendliche selbst, andere wurden damit konfrontiert, dass eines ihrer Elternteile (zumeist der Vater) den Kontakt willentlich abbricht (s.u.). Daneben bestand für einige schlichtweg nicht die Möglichkeit, den Kontakt zu halten, etwa weil sich ihre Väter zwischenzeitlich im Gefängnis oder im Ausland befanden. Insbesondere junge Männer führen einen nicht unbedeutenden Teil der Geschehnisse und Entwicklungen in ihrer Biografie darauf zurück, dass ihnen die „starke Hand" des Vaters oder männliche Rollenvorbilder gänzlich gefehlt hätten. Mitunter suchen sie bis zum Interviewzeitpunkt noch nach adäquatem Ersatz für das Fehlen männlicher Bezugspersonen in ihrem Leben oder – das ist die andere Variante – sie wehren sich massiv gegen die Versuche von männlichen Erwachsenen, zum Beispiel von neuen Partnern der Mütter, aber ebenso von Lehrern und Sozialpädagogen, mit ihnen in Beziehung zu treten. Eine andere für das Leben der Interviewten massive Folge der partnerschaftlichen Instabilität der Eltern liegt in den Wohnortwechseln, die häufig mit den Trennungen verbunden waren. Die Anpassungen an für sie neue, oft schnell wechselnde Umgebungen und vertraute Personen gelingt vielen der Interviewten nicht. Erschwerend kommen oben beschriebene verweigerte Unterstützungsleistungen und das fehlende Verständnis für die Bedürfnisse dazu. So beschreibt eine Interviewpartnerin exemplarisch die verschiedenen Wohnortwechsel und die damit verbundenen Schwierigkeiten wie folgt:

„wir sind halt erst in L-Stadt dann sind wir nach U-Stadt gezogen von U-Stadt dann hier hochgezogen also die war immer am Rumziehen meine Mutter . die wollte ja auch noch in die K-Stadt ziehen und so ich sage jetzt werd dir mal einig wo du wi- wo du hier wohnen willst . denn ich möchte irgendwann mal Freunde finden . ich kann ja keine Freunde finden wenn ich ständig umziehe . halten ja keine Freundschaften . so richtig . mh . schön . wieder umgezogen und habe ich dann aufgegeben mit Freunde suchen" (I 6)

Deutlich wird an Darstellungen wie diesen, dass die Jugendlichen mit dem Alter auch reflektierter mit den Spannungen zwischen den Standards, die sie außerhalb der Familie wahrnehmen, und den innerfamiliären Gegebenheiten und Handlungen umgehen, zum Teil gar versuchen, ihre Eltern mit der Normalität zu konfrontieren oder Versuche unternehmen, diese darauf zu verpflichten. Für den Großteil der jungen Menschen sind die Trennung der Eltern, die damit verbundenen Wohnortwechsel, die Anpassungsschwierigkeiten im neuen Umfeld, das veränderte Familienklima usw. angesichts der vielfältigen begrenzenden Erfahrungen, die sich im Verlauf des Aufwachsens mit ihren Eltern angesammelt haben, jedoch nur die Spitze eines Eisbergs. Gut die Hälfte von ihnen erzählt darüber hinaus von Gewalterfahrungen in ihrer Herkunftsfamilie.

4.2.6 Erfahrungen mit häuslicher Gewalt

Statt fürsorglicher Begleitung hat ein recht großer Teil der jungen Frauen und Männer in der Kindheit und Jugend körperliche Züchtigung durch die Eltern erlebt. Etwa ein Drittel der Interviewpartner/innen thematisiert in unterschiedlichem Ausmaß Erfahrungen mit physischer Gewalt und Misshandlung im Elternhaus. So erzählt zum Beispiel dieser junge Mann:

„ich bin mit einen .. aggressiven Vater aufgewachsen . und . der . und der hat mir auch mal . wo ich das nicht wusste da habe ich ihm mal einen Stinkefinger gezeigt und . habe auch mal dafür mal mit der Faust mal auf die Nase gekriegt also . das war auch nicht alles ohne" (I 39)

Das von ihm für die Beschreibung seines Vaters gewählte Adjektiv „aggressiv" scheint für einige der Interviewten einer Beschönigung des Verhaltens ihrer gewalttätigen Elternteile gleichzukommen. Mitunter finden sich Erzählungen zu körperlicher Züchtigung im Datenmaterial, die einer Folter gleichen Gewaltanwendung ähnelt. Diese junge Frau führt die Erlebnisse ihrer Kindheit zum Beispiel wie folgt aus:

„äh mein Vater ist auch immer richtig schlimm ausgerastet wenn ich irgendwas gesagt habe der hat auch mich öfter mal mit dem Baseballschläger oder mit dem Totschläger verkloppt oder . sonst irgendwas mit Elektroschockern und alles Mögliche was er gerade da hatte" (I 24)

Einige Erzählungen thematisieren sehr direkt, dass die erlebten Misshandlungen die jungen Menschen nicht nur extrem belastet haben, sondern die Gewalttätigkeit der Eltern für sie zur akuten Lebensgefahr geworden ist. So berichtet diese junge Frau davon, wie ihr Vater sie, müde von der Arbeit, beinahe erstickt hätte:

„wollte der [Vater] mich damals als Kind umbringen der hat mir damals Kissen aufs Gesicht gedrückt wo ich ein Baby war weil ich geschrien habe" (I 6)

Wie sie selbst waren auch viele Geschwisterkinder von den körperlichen Übergriffen der Eltern betroffen. Mitunter haben ältere Geschwister später auch einzelne junge Menschen als Jugendliche bei sich aufgenommen, um sie aus dem gewalttätigen Umfeld der Eltern herauszuholen. Jedoch erzählt kaum einer der jungen Menschen davon, dass ihnen Schwestern oder Brüder in den Situationen akuter Bedrohung beschützend zur Seite standen. Viele waren noch zu klein, um Einfluss nehmen zu können. Ein kleiner Teil der jungen Menschen beschreibt jedoch, wie sie in schmerzlicher Weise erleben mussten, dass Geschwister sich (vorsätzlich) „herausgehalten" oder sogar auf die Seite der Eltern gestellt haben. Diese jungen Menschen stellen ihre Geschwister häufig als Rival/innen um die Zuneigung der Eltern dar, denen es im Vergleich zu ihnen selbst gelungen war, von diesen „geliebt" zu werden. Sie werfen den Geschwistern dann oftmals vor, sie in entscheidenden Situationen im Stich gelassen zu haben, distanzieren sich und grenzen das eigene Verhalten deutlich von dem ihrer Geschwister ab.

Eine unterschiedliche Verteilung in der Zuwendung und Liebe seitens der Eltern und hiermit einhergehend auch der Betroffenheit von Vernachlässigung sowie physischer Gewaltanwendung thematisieren die jungen Menschen nicht ausschließlich, aber häufig im Zusammenhang ihrer Erzählungen zu Halb- und Stiefgeschwistern. Sowohl im Kontext der Vernachlässigung als auch in dem der körperlichen Misshandlung wird häufig nicht nur auf die leiblichen Mütter und Väter, sondern auch auf deren neue Partner/innen Bezug genommen. Die in den meisten Fällen getrennt lebenden Elternteile sind nahezu alle neue, teils häufig wechselnde Partnerschaften eingegangen. In sehr wenigen Fällen konnten die jungen Menschen ein gutes bis sehr gutes Verhältnis zu den neuen Partner/innen ihrer Eltern aufbauen. Diese Frauen und Männer erzählen von ihnen als vertraute und wichtige Unterstützungspersonen oder erkennen in ihnen Vater- beziehungsweise Mutterersatz („*er [der Stiefvater] ist in Ordnung also er ist eigentlich im Prinzip der . Mensch . oder eher gesagt die Vaterfigur die mir die ganzen Jahre gefehlt haben*“ *(I 7)*). Häufiger sind die Ausführungen zu den neuen Lebenspartner/innen der jeweiligen Elternteile durch Erzählungen über angespannte Verhältnisse und extrem belastende Erfahrungen geprägt.

Die neuen Partnerinnen der Väter werden vor allem im Kontext von Vernachlässigung benannt; häufig besonders dann, wenn die Frauen eigene Kinder in die neue Partnerschaft mitbrachten oder in der Partnerschaft gemeinsame Kinder geboren wurden. An anderen Stellen tauchen die Lebenspartnerinnen als Personen auf, die den Kontakt zum Vater be- oder sogar verhindert haben. Die jungen Männer und Frauen begründen dies vorwiegend damit, dass die neue Partnerschaft der Anlass dafür war, dass ihre Väter den Wohnort gewechselt haben und es deshalb zu einer räumlichen Trennung gekommen ist. Diese wiederum bewirkte, dass sie die Väter nicht mehr oder nicht mehr oft sehen konnten. Daneben finden sich in den Ausführungen zu den neuen Partnerinnen ebenso Vermutungen darüber, dass die Frauen schlichtweg nicht wollten, dass ihre Partner die Kontakte zu den Kindern (weiterhin) pflegen. Hierzu erklärt ein Interviewpartner:

> *„ja und mein Vater hatte halt eine Zeit lang- also nachdem er aus dem Knast entlassen wurde . eine Freundin gehabt . mit der . kam ich . überhaupt nicht klar . die war . keine Ahnung irgendwie komisch . und hat auch die ganze Zeit immer gesagt ja dein Vater der kann- der kann dich jetzt nicht treffen“ (I 35)*

Die neuen Partner der Mütter gelten für die jungen Menschen seltener als Ursache für Kontaktabbrüche – sicherlich auch deshalb, weil die Interviewten als Kinder und Jugendliche zumeist im Haushalt der Mutter lebten. Auch die neuen Partner werden jedoch – wie die Partnerinnen der Väter – vielfach mit Vernachlässigungserfahrungen in Verbindung gebracht. Vor allem junge Frauen erzählen zudem davon, wie die Partner der Mütter in den gemeinsamen Haushalt einzogen und von ihnen ein nicht kindgemäßes Maß an Reproduktionsarbeit einforderten.

Im Zusammenhang mit den Partnern der Mütter finden sich aber – nicht anders als bezogen auf die leiblichen Väter – vor allem Erzählungen zu diversen Formen körperlicher Misshandlung. Ein Teil der Betroffenen erkennt in den Beziehungen ihrer Mütter zu aggressiven Männern ein wiederkehrendes Muster in ihrem Leben:

„ja meine Mutter hat äh hat immer die Alkoholiker gekriegt und hat dann immer schön Stress gehabt mit denen und hat dann auch manchmal was in die Fresse gekriegt von den Typen“ (I 10)

Die jungen Menschen erzählen neben den Erlebnissen mit der Gewalt gegen die Mutter auch von aggressiven Verhaltensweisen den Geschwistern und/oder sich selbst gegenüber. Dabei sind in einigen Interviews, wie an der folgenden Erzählpassage ersichtlich wird, auch hier detailliertere Erzählungen zu schwersten Formen von Misshandlung mit Hilfsmitteln wie Gürteln, Schlagstöcken oder Eisenstangen auszumachen:

„da war ich . acht .. ja acht . am Anfang war er ja nett und freundlich so wie alle sind immer . aber dann mit der Zeit wurde es immer schlimmer erst- erst nur so geschlagen .. und dann irgendwann mit Gegenständen . also Eisenstangen . Bierflaschen halt . manchmal mit dem Gürtel (5 sec) ja“ (I 35)

Daneben finden sich auch Erzählungen über Misshandlungen durch Anwendung psychischer Gewalt oder Freiheitsentzug und sogar über die Bedrohung ihres Lebens. Auch hierzu ein Beispiel:

„ja . geschlagen . habe auch mal eine Knarre gegen den Kopf gekriegt . dass ich nichts sagen darf . wenn ich das verraten würde würde der mir sch- sonst wie . abgehen . ich wurde auch misshandelt damals . auch sage ich jetzt auch so wie es ist . ich wurde ins K- ich wurde auch ins Zimmer gesperrt . für mehrere Wochen habe nichts zu essen gekriegt durfte auch nicht auf die Toilette . also- ich habe alles- alles in meiner Vergangenheit durchgemacht was es Schlimmes gibt“ (I 39)

Vielfach machen die jungen Menschen ihre Erfahrungen mit der Gewalt durch die Stiefväter an bestimmten Männern im Leben der Mütter fest. Mitunter drängt sich dabei in einigen Erzählungen die Vermutung auf, dass diese Männer die Kinder ihrer Partnerinnen schlichtweg als Ventil nutzten, um einen angestauten Druck ablassen zu können. Eine junge Frau erzählt:

„also erst hat er [der Stiefvater] meine Schwester geschlagen . und dann . als meine Schwester im Heim war dann . hat er mich geschlagen“ (I 34)

In der Konsequenz gilt der Einzug des neuen Partners der Mutter für Einzelne als zeitlicher Marker für das Ende eines vormals als harmonisch erlebten Familienlebens oder ihrer Kindheit insgesamt. So erklärt diese Jugendliche:

„also meine Kindheit hat aufgehört mit neun . also . da hat es aufgehört mit Geschenken . also einfach so . da musste ich schon aufräumen . weil mein Stiefvater der war schon streng und . das war schon hart also . geschlagen wurde ich ja manchmal so" (I 41)

In den Situationen, in denen die Gewalt nicht von den leiblichen Eltern selbst ausging, erhofften sich die meisten Jugendlichen deren Unterstützung. In einigen Fällen zeigten die Mütter und/oder Väter jedoch Desinteresse an der Gewalt, die ihre Kinder erfuhren:

„ja ich meine mal so . meine Mutter hat nicht gegendirigiert . also wenn er mich geschlagen hat- hat er mich geschlagen . es war ihr dann egal" (I 9)

Die Mütter und auch Väter anderer junger Menschen taten die ‚Anschuldigungen' der Kinder schlichtweg als Erfindungen oder Lügen ab:

„nee . wir haben es ja probiert ihr [der Mutter] zu erklären aber . sie hat uns nie geglaubt . wie gesagt ich habe mich ja auch mit meinem Vater und mit ihr hingesetzt . meine- mein Vater hat es ja auch nicht geglaubt . sie hat ja- hat das wahrscheinlich für ein Spaß äh gehalten alles . dass ich- was ich mir ausgedacht habe früher als kleines Kind . deswegen sie hat es jetzt erst begriffen . und meinte auch . was für ein Arsch . tja . hätte sie mal früher gehört" (I 34)

In diesem Zuge erzählen einzelne junge Menschen davon, wie die leiblichen Eltern die sichtbaren Spuren der Misshandlung ignoriert haben. So musste zum Beispiel dieser junge Mann als 9-Jähriger die Verletzungen durch eine Attacke seines Stiefvaters selbst versorgen:

„keine Ahnung ich habe der [Mutter] auf jeden Fall das gesagt aber sie hat mir nicht geglaubt (4 sec) ich hatte sogar hier oben offenen Kopf von einer Bierflasche .. da war sie arbeiten .. musste ich mir selber ein Handtuch draufhalten und das selber alles sauber machen und warten bis es verheilt" (I 35)

In beiden Fällen – bei Gleichgültigkeit ebenso wie bei ignoranter Ungläubigkeit – mussten die jungen Menschen erleben, dass ihr Wunsch nach Hilfe und Unterstützung von Elternteilen unerfüllt blieb. Nur wenige der Betroffenen fanden die gesuchte Unterstützung bei den leiblichen Müttern oder Vätern, die intervenierten. Erzählungen wie von dieser jungen Frau sind entsprechend selten zu finden:

> *„und meine Mama hat sich- mich- mich immer in Schutz genommen . sie haben sich auch gestritten . das war immer so also ich war immer die Blöde von ihm . also ich war immer an allem schuld . zuerst hat meine Mama nichts gesagt anfangs aber dann hat sie auch gesagt hier lass meine Tochter in Ruhe und . hör auf damit" (I 41)*

Den jungen Frauen und Männern gelang es in diesen Fällen jedoch häufig, den Kontakt zu den gewalttätigen Partnern der Mütter zu beenden (*„ja . und das wollte mein Vater sich nicht mehr antun und hat mich dann da weggeholt" (I 10)*). Manchmal war dies für sie jedoch teuer erkauft. Während sich die einen verantwortlich fühlten für das Scheitern der Beziehung ihrer Mutter, verließen andere den Haushalt der Mutter und zogen zum Vater, mit dem es später ebenfalls zu teils heftigen Konflikten und Auseinandersetzungen kam.

Vor dem Hintergrund solcher Erfahrungen kommen diese jungen Menschen bei den Organisationen der Jugendsozialarbeit als junge Erwachsene an, deren Vertrauen in ihre Umwelt und erwachsene Bezugspersonen deutlich gelitten hat. Ihre Versuche, den familiären Begrenzungen entgegenzutreten, führten häufig lediglich zu deren Verschärfung, fremde Hilfe haben sie zudem nur selten erleben können. Viele fühlten sich in ihrer Kindheit und Jugend angesichts der gewalttätigen Verhaltensweisen von Erwachsenen machtlos und den bedrohlichen Situationen schutzlos ausgeliefert. In der Arbeit mit solchen jungen Menschen müssen die Mitarbeiter/innen von Organisationen sehr behutsam vorgehen, insbesondere in der Ansprache solcher immens belastenden biografischen Erfahrungen. Viele der Erfahrungen der jungen Menschen sind nicht wiedergutzumachen, auch sind die negativen Folgen auf ihre biografische Entwicklung mitunter nicht über die nur in begrenztem Rahmen möglichen Gespräche mit Sozialpädagog/innen und auch Psycholog/innen in den Organisationen der Jugendsozialarbeit aufzufangen. Hier sind oftmals andere – die berufsvorbereitenden Angebote begleitende – professionelle Settings vonnöten, um die jungen Menschen in der Verarbeitung ihrer Erlebnisse in der Kindheit und Jugend zu unterstützen. Die Mitarbeiter/innen aus den Organisationen der Jugendsozialarbeit stellen diese Erfahrungen ihrer Adressat/innen hingegen vor die mitunter immense Herausforderung, zu jungen Erwachsenen, die gelernt haben, nicht zu vertrauen, eine professionelle Beziehung aufzubauen, die genügend Vertrauen beinhaltet, um in koproduktiver Weise an der beruflichen Entwicklung arbeiten zu können. Sie sind nicht selten dazu aufgefordert, mit dem Misstrauen und der Ablehnung von jungen Menschen umzugehen, die jederzeit damit rechnen, vor den Kopf gestoßen, abgewertet und sanktioniert zu werden. Die Befürchtungen, die die jungen Menschen dabei haben, mit einem Gegenüber in Beziehung zu treten, sind für sie oftmals nur schwer zu verbalisieren, entweder weil sie eben oftmals unbewusst und unaussprechlich sind oder aber, weil sie gelernt haben, dass es häufig sinnlos ist, Befürchtungen und Ängste mit anderen zu teilen.

4.2.7 Erfahrungen mit Alkoholmissbrauch

Exzessiver Alkoholkonsum ist insgesamt ein häufig zu findendes Thema in den Erzählungen der Jugendlichen über die Zeit ihres Aufwachsens. Zahlreiche Interviewte berichten von dem Alkoholmissbrauch ihrer Eltern oder Stiefeltern, der bis hin zur ausgewachsenen Alkoholkrankheit reicht. Die Jugendlichen, die von Alkohol im Zusammenhang mit männlichen (Bezugs-)Personen erzählen, thematisieren hauptsächlich Erfahrungen physischer Gewalt infolge des Alkohols:

> *„ja äh dadurch dass mein Vater ja angefangen hat durch seinen Alkoholkonsum äh meine Mutter zu schlagen . hatte ich ja eine gewisse Zeit keinen Kontakt mehr"* (I 14)

Mitunter gestaltet sich nicht nur das Erleben des gewalttätigen Verhaltens der alkoholisierten Väter als traumatisierend, sondern auch die weitreichenden Folgen des Verhaltens auf das System Familie. So schildert eine junge Frau ein einschneidendes Erlebnis in ihrer Kindheit, das neben vielen anderen für sie bewirkt hat, dass die möglichst frühe Gründung und Versorgung einer eigenen „kleinen Familie" in ihrer Prioritätensetzung weit vor der beruflichen Perspektivplanung steht:

> *„ein Kind das war ein- ein Junge gewesen und der ist damals tot auf die Welt gekommen . weil äh weil die [Eltern] damals eine Auseinandersetzung hatten und da hat meine Mutter meinen Vater provoziert wo er betrunken war und da hat mein Vater sie damals angepackt und über den Tisch gezogen . das haben wir als Kinder alles gesehen"* (I 6)

Die Interviewpartner/innen litten bei all dem aber nicht nur unter den Aggressionen, sondern ebenso unter den Autoaggressionen der betroffenen Väter – dem Selbsthass angesichts ihres Verhaltens und den Schuldgefühlen Kindern und Partner/innen gegenüber. Wie diese junge Frau erzählen auch andere junge Menschen von mitunter dramatischen Situationen im Kontakt mit ihren alkoholkranken Vätern, die sie psychisch an ihre Grenzen brachten:

„und er [der Vater] ist immer noch starker Alkoholiker also er trinkt manchmal eine Vodka-Flasche am Tag und . dann ruft er mich immer an und fängt dann am Telefon zu weinen . einmal habe ich den betrunken in der Bahn getroffen und dann . hat er angefangen zu weinen dass sein Leben so scheiße ist" (I 43)

Die wenigen jungen Menschen, die von der Alkoholkrankheit der Mutter erzählen, erwähnen in diesem Zusammenhang hingegen weder psychische noch physische Gewalt. Für sie steht die Sorge um ihre Mutter im Mittelpunkt. Die im Folgenden zitierten jungen Menschen berichten beide davon, dass der Verlust eines Kindes durch stationäre Unterbringung beziehungsweise Todesfall die Alkoholkrankheit verursacht habe:

„ähm ja weil mein klein Bruder auch . weggekommen ist also . bei Pflegefamilie untergekommen ist . deswegen hat die [Mutter] auch mal ab und zu mal auch . bisschen . trinkt auch . Alkohol und so .. also mich macht eigentlich nicht aus" (I 4)

„wo mein Bruder damals gestorben war hatte sie [die Mutter] auch schlagartig angefangen zu trinken anfangs war es noch ganz erträglich gewesen da hat sie vielleicht ein zwei . am Tag getrunken . aber irgendwann wurde es dann immer schlimmer dass mehr Alkohol statt Brause oder Saft oder so mit halt im Glas drinne war . und da brauchte . klitzekleiner Punkt ist die Frau an die Palme gegangen" (I 7)

Exzessiver Alkoholkonsum betrifft nicht nur die Eltern und Stiefeltern der jungen Menschen. Daneben wirkt sich auch der eigene Alkohol- und teilweise auch Drogenkonsum auf das familiäre Klima aus. So erzählen viele Interviewte von innerfamiliären Konflikten, die sie auf ihr eigenes Verhalten zurückführen. Das Verhalten, das die Interviewten selbst als Fehlverhalten deuten, steht häufig im Zusammenhang mit Alkohol, Drogen, aber auch mit den sogenannten „falschen Freunden", Partys und mit schulischen Einbrüchen. In nur wenigen Fällen stellen sich die daraus resultierenden Konflikte als Folgewirkungen eher typischer Pubertätsphasen dar, die als harmlose „Rowdyzeiten" oder „sture Phasen" gekennzeichnet werden. In den übrigen Erzählungen hierzu ist hingegen von weitreichenden Folgen für die Beziehung zwischen Eltern und Jugendlichen die Rede. So erzählen die jungen Erwachsenen in unterschiedlicher Weise davon, den Kummer ihrer Eltern verschuldet und familiäre Konflikte verursacht zu haben. Für diesen jungen Mann waren vor allem sein Alkoholkonsum und die Konflikte mit der Polizei ausschlaggebend:

„weil ich viel zu viele Scheiße gebaut habe . zu viel getrunken . habe äh wurde jeden von Bullen . äh von Polizei nach Hause gefahren . ja . habe mich mit äh Polizisten angelegt und so und meine Eltern haben alles mitbekommen“ (I 1)

Detaillierter beschreibt ein anderer, wie sich sein Drogenkonsum auf das Verhältnis zu seiner Mutter ausgewirkt hat:

„es war gerade die Anfangszeit mit den Drogen und ich habe mir gedacht ja so schlimm kann das doch gar nicht sein . ja habe dann wieder angefangen ja und dann hat es angefangen so dass meine Mutter das halt gemerkt hat und ja . dass ich immer wieder nach Geld gefragt habe so weil ich auch irgendwie das bezahlen musste . ja und so halt kam dann eine ja schwere Zeit für meine Mutter und mich weil wir uns oft gestritten habenhart gestritten haben . ich habe Sachen kaputt geschlagen weil ich halt äh ja wenn ich nicht dieses High-Gefühl hatte so dann kam die- halt die ganze Scheiße die mich belastet und dann habe ich dieses Belastende einfach rausgelassen habe da alles kurz und klein geschlagen“ (I 30)

Für einige führt der Lebensstil – die ‚falschen‘ Freunde, das deviante Verhalten, der exzessive Alkoholkonsum und/oder der Drogenkonsum – dazu, dass Elternteile (vorwiegend Väter) den Kontakt zu ihnen zeitweise abgebrochen haben. Für manche der jungen Erwachsenen ist dies von dem Gefühl begleitet, dass Vater oder Mutter sie bereits vor einiger Zeit aufgegeben haben. Sie führen aus, wie sie den Kontakt zu ihnen mitunter über mehrere Jahre vermissen oder wie ihre Kontaktversuche sowie ihre Bemühungen, etwas an dieser Situation zu ändern, entweder ins Leere liefen oder nur sehr langsam kleinere Erfolge zeigten.

Gleichwohl sie zum Teil sehr schuldbewusst von ihren Fehltritten erzählen, führen die jungen Erwachsenen ihr als ‚unangepasst‘ bewertetes Verhalten jedoch mehrheitlich auf die Konstellationen in ihrer Herkunftsfamilie zurück sowie auf vorausgegangene begrenzende Erfahrungen mit ihren Eltern und Stiefeltern. Verantwortlich machen sie die Trennung der Eltern, den erlebten Erwartungsdruck, mangelnde Strukturgebung, das generell angespannte Verhältnis, aber vor allem ihre Erlebnisse mit Vernachlässigung und Gewalt. Ein junger Mann beginnt die Erzählungen zu der Entwicklung seiner kriminellen Laufbahn mit den Erfahrungen in der Zeit des Aufwachsens bei seinem Vater und dessen Partnerin:

„na ja ich habe dann wurde vernachlässigt dann habe ich auch mit den Klauen angefangen weil ich ja denn auch kein Taschengeld gekriegt habe

oder sonst irgendwas . habe ich dann mit meinen Klauen angefangen habe dann meinen Vater beklaut ja“ (I 10)

Die Interviewpartner/innen berichten mitunter auch davon, wie familiäre Konflikte bis zu physischen Auseinandersetzungen zwischen Eltern und Kindern eskalierten:

> *„irgendwann bin ich dann auch abgehauen weil meine Mutter und ich uns dann auch . schon geprügelt haben ((lacht)) wenn es mal ein Streit kam ich meine sie hat jetzt nicht so doll jetzt zugeschlagen oder so aber . als Jugendlicher da war ich halt . oft auch betrunken ((lacht)) habe ich halt einfach . wurde ich auch gewalttätig und sie und . irgendwann bin ich dann immer mal abgehauen denn war ich mal eine Woche verschwunden“ (I 28)*

Wie diese junge Frau berichten auch andere davon, dass sie in der Folge der Konflikte im Elternhaus und der teils massiven Vernachlässigungs- und Gewalterfahrungen einige Wochen bis zu mehreren Jahren nicht bei ihren Müttern und Vätern leben wollten oder konnten. Sie haben den Ausweg aus der als begrenzend empfundenen familiären Situation in der Flucht aus ihrem Elternhaus gesucht, weil sie sich nicht in der Lage sahen, die belastende Lebenssituation ihrer Jugend in anderer Weise zu verändern. Einige kamen als Jugendliche zeitweise bei älteren Geschwistern und Freunden unter oder verbrachten ihr Leben phasenweise auf der Straße. Bei anderen haben Organisationen – vorwiegend Jugendämter und freie Träger der Jugendhilfe – interveniert und Fremdunterbringungen initiiert. Häufig haben die jungen Frauen und Männer den elterlichen Haushalt dann im Rahmen von Hilfen zur Erziehung verlassen (müssen) und waren (oder sind noch zum Interviewzeitpunkt) für wenige Monate bis hin zu mehreren Jahren in teils wechselnden Pflegefamilien, stationären Wohngruppen, Jugend-WGs oder im betreuten Einzelwohnen untergebracht gewesen.

4.2.8 Erfahrungen mit Fremdunterbringung

Auch die Erfahrungen, die die jungen Menschen im Zuge von Fremdunterbringungen mit Organisationen und ihren Vertreter/innen gemacht haben, beschreiben sie häufig als sehr ambivalent und nicht immer als unterstützend. Einige ergriffen selbst die Initiative und traten an das Jugendamt heran, um einen Ausweg aus der als begrenzend empfundenen familiären Situation zu finden. Nicht wenige der Interviewpartner/innen wurden als Kinder oder junge Jugendliche aber gegen ihren Willen fremd untergebracht. Ein Teil von ihnen verübelt es „dem Jugendamt" – und in Einzelfällen ebenso anderen eingreifenden Organisationen – aus ihrer Familie herausgenommen worden zu sein. Sie haben ihren Aufenthalt in den stationären Hilfen weniger als Schutz vor der Vernachlässigung beziehungsweise Gewalt in der Familie denn als Bestrafung für sich selbst oder die Eltern erlebt – im Sinne eines *„wer nicht hören will muss fühlen" (I 18)*. Während die einen nur wenig über ihre Fremdunterbringungen und die anderen durchaus wohlwollend davon erzählen, bewerten die meisten den Heimaufenthalt als vorwiegend begrenzende Erfahrung in ihrer Biografie. Einige geraten mit den anderen Kindern und Jugendlichen und auch mit den Pädagog/innen der Einrichtungen aneinander. Ein junger Mann erzählt davon etwa wie folgt:

> *„ich habe dem Leiter des Heims auch dann einen Stuhl vor die Füße geworfen und den PC-Monitor einfach auf den Tisch geschmissen weil der Typ mir einfach so gegen den Strich ging . ich meine so immer was schreist du mich an Mann A bist du nicht mein Vater und B äh versuch es erst gar nicht bei mir die Vaterrolle einzunehmen weil . da stößt du auf Granit mein Freund" (I 18)*

Ein Teil der Interviewten verbleibt bis zur Volljährigkeit in der außerfamiliären Unterbringung. Für viele bringen die Heimaufenthalte auf Dauer keine Verbesserung ihrer Lebenssituation mit sich. Wie der im Folgenden zitierte junge Mann werden sie aufgrund ihrer Verhaltensweisen in den Wohngruppen und Jugend-WGs wieder hinausgeworfen und ziehen zurück zu ihren Herkunftsfamilien:

> *„weil ich ja äh Scheiße gebaut habe . weil ich nachts äh rumgerannt bin und überall gegen die Türen geklopft habe und so und da ist ja natürlich Kamera . können ja unser Betreuer am nächsten Tag ja sehen . und sollte ich meine Sachen packen und dann habe ich meine Sachen gepackt und dann bin ich wieder nach Hause gegangen" (I 1)*

Andere beenden den Aufenthalt selbstständig, indem sie schlichtweg von dort ausreißen, nach Hause zurückkehren, zu Freunden ziehen oder erst einmal auf der Straße leben. Diese junge Frau erzählt:

> *„und dann hatte ich auch keinen Bock mehr drauf und dann hatte ich den Vater . von . mein Sohn kennengelernt . der nicht dort in dem Heim gewohnt hatte . gewohnt hatte . der ging äh-- die Schwester ging auf die Schule wo ich war . sie hat mir ihren Bruder halt kennenge- äh . vorgestellt . und somit hat er mich dann mitgenommen" (I 2)*

Für diese junge Frau beginnt ein Lebensabschnitt auf der Flucht mit ihrem sie misshandelnden Partner, bevor sie schließlich ihre Mutter kontaktiert und nach Hause zurückkehrt. Neben dieser finden sich viele individuell sehr unterschiedliche Erzählungen dazu, dass sich das Leben im Anschluss an stationäre Hilfen zur Erziehung nicht oder nur unmerklich verbessert hat. Nur in wenigen Fällen führten die Interventionen von Helfer/innen und Organisationen zu einer Entspannung der familiären Situation.

4.2.9 Die Bedeutung der Erfahrungen in bilanzierender Perspektive

In der Gesamtschau der vielen Erzählungen rund um die Erlebnisse der jungen Menschen mit Vernachlässigung und Gewalt in der Herkunftsfamilie in der Kindheit und frühen Jugendzeit stellt sich zwangsläufig die Frage nach physiologischen und psychologischen Folgewirkungen. Gleichwohl im Einzelfall Hinweise darauf gegeben sind, ist auf Grundlage des Datenmaterials nicht zu rekonstruieren, inwiefern die Erlebnisse und Erfahrungen für den Einzelnen mit entscheidenden Entwicklungs- (s. hierzu Kindler u.a. 2006) oder Bindungsstörungen (s. hierzu Julius 2009) einhergegangen sind. Zumindest aber wird anhand dieser Erzählungen und denen über (Folge-) Konflikte deutlich, dass die Interviewpartner/innen ihre Eltern und deren neue Partner/innen weniger als emotionale Stütze erlebt haben denn als Verursacher/innen von Enttäuschung, emotionalem Stress und mitunter sogar physischer Bedrohung. Der Aufbau von vertrauensvollen Beziehungen zu Erwachsenen ist ihnen vielfach nicht möglich gewesen. Nur wenige junge Erwachsene blicken auf ermöglichende Erfahrungen mit ihrer Herkunftsfamilie zurück oder – berücksichtigt man die mal mehr und mal weniger erfolgreichen eigenen Interventionsversuche sowie diejenigen von Organisationen – auf die Erfahrung, die als begrenzend erlebten Situationen durch eigenes Zutun oder institutionelle Hilfe konstruktiv auflösen zu können. Während einige den (vermeintlichen) Ausweg, wie beschrieben, in der Rebellion oder einem frühzeitigen Auszug fanden und bei anderen das Jugendamt mit unterschiedlichem Erfolg intervenierte, blieben wieder andere den massiven Begrenzungen durch die Eltern und Stiefeltern bis zuletzt ausgesetzt, ohne das Gefühl, darauf in wirksamer Weise Einfluss nehmen zu können.

Retrospektiv bewerten die jungen Menschen die belastenden Erfahrungen und Erlebnisse ihrer Kindheit und Jugend aber durchaus unterschiedlich. Einige junge Erwachsene machen ihre Eltern explizit für ihre schulischen Misserfolge und letztlich auch für die bis heute belastende Lebenssituation verantwortlich:

„deswegen kam halt ähm . der versäumte Abschluss mit Abgang siebte Klasse dadurch dass ich drei Jahre am Stück äh geschwänzt habe . bin ich dann von der Schule geflogen und . danach hatte ich . insgesamt . zweimal BVJ und einmal BvB und jetzt bin ich hier" (I 24)

Zum Teil sagen sich diese jungen Frauen und Männer von ihren Eltern los und verweigern den Kontakt zu ihnen, um sich nicht weiter mit ihnen auseinandersetzen zu müssen:

„sprich zu meiner Mutter habe ich überhaupt keinen Kontakt . wünsche ich auch nicht weil . ich finde . sie hat mir die Kindheit zu doll versaut und wo ich sie wirklich gebraucht habe war sie gar nicht da . also da wo meine schwierigere Zeit war . da wo ich wirklich . ziemlich weit nach unten gerutscht bin" (I 34)

Oftmals ist den jungen Menschen die Entscheidung, Mutter oder Vater aus dem eigenen Leben weitestgehend auszuschließen, jedoch nicht leichtgefallen. Sie wünschen sich dringend, eine Versöhnung sowie die Liebe und Unterstützung der Eltern zu erfahren, welche sie bisher nicht erkennen konnten. Sie arrangieren sich mit der Situation, keinen Einfluss darauf nehmen zu können, dass ihre Mütter oder Väter das gewünschte Maß an Einsicht zeigen und sich mit ihnen aussöhnen wollen oder auch nur Energie in die Verbesserung der Beziehung zu ihrem Kind investieren. Dennoch empfinden sie einen deutlichen Verlust in Anbetracht des fehlenden Kontakts. So schildert diese junge Frau ihren Nichtkontakt zur Mutter wie folgt:

„naja . ich vermisse sie schon manchmal und denke ich mir immer die wird sich nie ändern . ich wollte damals . wollte ich nur eine einfache Entschuldigung von der haben das hat die nie gemacht . die hat es nicht eingesehen dass die was falsch gemacht hat bei mir . gar nicht" (I 6)

Andere erkennen wichtige Änderungen in der Lebenssituation der Eltern, im eigenen Verhalten oder in dem der Eltern, die ihnen trotz vergangener Negativerfahrungen ein umgängliches Verhältnis zu den Eltern ermöglichen. Sie stellen die belastenden Erfahrungen und Erlebnisse mit ihren Eltern zugunsten eines aktuell als deutlich besser eingeschätzten Verhältnisses zurück:

„ich geh jetzt öfter mit meine Mama weg . kann mit ihr lachen kann manchmal auch . über Probleme mit ihr reden sie hört mir zu . man kann sagen seitdem ich reifer geworden bin . ab dahin ging diese Beziehung zwischen mir und meiner Mama besser . wir können uns-- wir können zwar

nicht miteinander wohnen . da wird nie mehr hinhauen aber so ab und zu mal besuchen" (I 2)

„mein Mutter ist viel mehr .. die reißt sich mehr zusammen sie weiß was sie jetzt macht sie weiß was sie tut . das hat sie auch früher gewusst aber wo mein Vater in Gefängnis war da war sie hilflos" (I 8)

Mitunter rechtfertigen sie dabei das vergangene Verhalten ihrer Eltern, indem sie es – wie in der folgenden Aussage einer jungen Frau deutlich wird – auf eine für sie nachvollziehbare Überforderung im Umgang mit den Kindern zurückführen:

„weil ich auch nicht ein sehr leichtes Kind war weil ich ADHS habe . und das halt nicht immer . leicht . mit ein hyperaktives Kind was sehr schnell reizbar ist . schafft man das halt nicht als alleinerziehende Mama . weil ich an meiner Mama auch heutzutage wirklich schätzen tue dass sie's versucht hat . mit fünf Kindern alleinerziehend" (I 2)

Andere machen schwierige Lebenssituationen oder Überlastungen der Eltern für das begrenzende Verhalten verantwortlich. So erklärt etwa diese junge Frau:

„ich weiß wie das ist wenn man . einfach [von der Arbeit und der Gesamtsituation] genervt ist und dann will man einfach nur noch .. einfach mal so mit der Hand mal überall so durchgehen so ((lacht)) einmal mal jeden eine- einen Gedenkstoß geben so" (I 6)

Wie sie stellen auch andere dabei Vergleiche zwischen ihrem eigenen Verhalten und dem Verhalten der Eltern her, um die Eltern (in einem Atemzug mit sich selbst) von Schuld oder dem Vorwurf mangelnder Zuneigung zu entlasten:

„das waren auch bloß Gründe wo ich mir sage warum habe ich das gekriegt . meine Mutter hat zwei Zähne ausgeschlagen . wo ich nur sage warum . weil er so viel Stress hatte . und so bin ich halt . wenn ich geladen bin dann" (I 39)

Insgesamt ist es dem Großteil der Interviewpartner/innen wichtig, zu einer positiven Beziehung zu den Eltern zu finden. Im Hintergrund wirkt auch für sie die Vorstellung von Familie als Ausgangspunkt für emotionalen Rückhalt und Unterstützung. Ein Teil von ihnen versucht oder versuchte deshalb in einen Klärungsprozess mit den Eltern einzutreten. Wie die im

Folgenden zitierte junge Frau zeigen sie dafür auch Nachsicht angesichts schlimmster Gewalt, die ihnen in der Vergangenheit durch die Eltern zugefügt wurde:

> *„da war ich vierzehn Jahre und da habe ich ihn gefragt ob das [die versuchte Kindestötung] wirklich stimmt und dann hat er mir das sogar bestätigt da hat er gesagt dass . sich dann hätte ich es bereut . ich hätte es nicht einmal gerne getan ich hätte es nicht mal getan weil du mich genervt hast ich- ich war einfach nur überfordert . und da habe ich gesagt . ist okay dann habe ich halt dann lange noch mit dem gesprochen" (I 6)*

Ein anderer Teil der jungen Frauen und Männer rückt nicht das Verhalten der Eltern, sondern das eigene ‚Fehlverhalten' in den Mittelpunkt der retrospektiven Bewertung ihrer Erlebnisse in der Kindheit und Jugend. Sie bereuen ihr eigenes Zutun zu Konflikten, weil dies für sie mit dem Gefühl und der Erinnerung daran verbunden ist, ihren Eltern Sorgen bereitet und Leid zugefügt zu haben. Diese jungen Erwachsenen verspüren häufig den Drang, die Geschehnisse durch schulischen oder beruflichen Erfolg wiedergutzumachen:

> *„also ich habe halt schon so das Gefühl auf irgendeine Art und Weise wieder was gutmachen zu müssen . weil ähm . ich weiß dass meine Mutter die letzten Jahre ziemlich gelitten hat (3 sec) und ich- das hört sich vielleicht blöd an aber ich glaube ähm . ich mache das was ich momentan mache und dass ich ähm überhaupt so am Ball bleibe mache ich nicht nur so für mich" (I 23)*

Jungen Männern und Frauen, die davon überzeugt sind, dass ihre Väter oder Mütter sie bereits aufgegeben haben, geht es vor allem darum, den Eltern zu beweisen, dass sie sich geändert haben:

> *„und das ist halt mein Ziel ist so weil ich meinem Vater beweisen will dass ich halt was kann weißt du- dass ich halt nicht- dass er mich nicht so sieht als ähm .. hoffnungsloser Fall sage ich jetzt mal- also halt als Gangster so gesagt- ((lacht kurz)) wie man so schön sagt ne . äh . das sieht halt- der hat es eigentlich mit mir schon lange aufgegeben halt so . sind auch viele Tränen geflossen aber . ich für mich selber ich kann es ich weiß dass ich es kann ne" (I 39)*

Ein Großteil der jungen Menschen, die wegen ihrer schweren Erreichbarkeit für Organisationen der Jugendsozialarbeit interviewt wurden, befindet sich zum Zeitpunkt der Interviews noch in der Situation, mit den erlebten

Begrenzungen in den Herkunftsfamilien umgehen zu müssen. Sie sind damit befasst, die Kindheits- und Jugenderfahrungen oder das noch immer angespannte Verhältnis zu den Eltern zu verarbeiten. Dennoch haben sich nur die wenigsten von ihnen von den leiblichen Eltern losgesagt, häufig weil sie zu der Einschätzung gelangt sind, dass der Kontaktabbruch für sie das kleinere Übel darstellt. Manche befinden sich zum Interviewzeitpunkt noch in einem zum Teil mühsamen Prozess der Ablösung vom Elternhaus. In den meisten Fällen sind die Bewertungen der Kindheit und Jugend hochgradig ambivalent. Ein bedeutender Teil der jungen Männer und Frauen ist um das ‚gute Verhältnis' zur Herkunftsfamilie bemüht und setzt viel daran, einen gelingenden Kontakt zu den Eltern aufzubauen oder aufrechtzuerhalten. Im Hinblick auf ihre berufliche Entwicklung ist dies nicht ausschließlich negativ zu bewerten. Manche ziehen hieraus sogar die Motivation, gewaltige Kraftanstrengungen zu unternehmen, um schulisch und beruflich wieder Fuß zu fassen.

Gleichwohl blickt die überwiegende Zahl der Interviewten auf sehr begrenzende Erfahrungen in und mit der Herkunftsfamilie zurück, die ihren weiteren Lebensweg maßgeblich beeinflussen. Die innerfamiliären Verhältnisse und Erlebnisse mit Vernachlässigung und Gewalt sowie die Konflikte mit ihren Eltern haben ihnen in der Vergangenheit häufig kaum Raum gelassen, sich auf andere Lebensthemen wie die Schule oder ihre berufliche Entwicklung konzentrieren zu können. Vertrauen und Unterstützung seitens der leiblichen Eltern und Stiefeltern haben die jungen Frauen und Männer nur in seltenen Fällen und dann vor allem nur sehr punktuell erfahren. Oftmals fehlt es ihnen gerade deshalb auch in Bezug auf ihre weitere schulische und berufliche Entwicklung erstens an familiären Unterstützungsnetzwerken und emotionalem Rückhalt als wichtigen Voraussetzungen für den reibungslosen Übergang in den Beruf sowie zweitens an positiven (Vor-)Erfahrungen im gemeinschaftlichen Verfolgen von Zielen und Plänen mit interessierten und verlässlichen Erwachsenen, wie sie etwa für die koproduktive Teilnahme an Berufsbildungsangeboten wünschenswert wären. Dabei haben die begrenzenden Erfahrungen in der Herkunftsfamilie dazu geführt, dass die jungen Menschen häufig noch keine beruflichen Perspektivvorstellungen ausgebildet haben und sie mitunter kaum ausreichend Leistungsmotivation beziehungsweise Durchhaltevermögen in Bezug auf berufliche Themen ausbilden konnten. Nicht zuletzt mangelt es auch an den entsprechenden Schulabschlüssen.

4.3 Erfahrungen der jungen Menschen in und mit der Organisation Schule

Die Mehrzahl der jungen Menschen, die für Organisationen der Jugendsozialarbeit schwer erreichbar sind, hatte bereits in ihrer Kindheit und Jugend Schwierigkeiten, den Anforderungen der Organisation Schule gerecht zu werden. So berichten viele von ihnen schon über Phasen der schweren Erreichbarkeit, mit denen sie in ihrer Grundschulzeit oder auf der weiterführenden Schule zu kämpfen hatten. Bereits in Kapitel 3.5.3 ist darauf hingewiesen worden, dass die jungen Männer und Frauen, mit denen die Interviews geführt wurden, zu großen Teilen keinen (16 junge Menschen) oder nur den Förder- oder Hauptschulabschluss (insgesamt 23 junge Menschen) erlangt haben und ihre Chancen auf erfolgreiche Übergänge in Ausbildung und Beruf schon deshalb als stark eingeschränkt zu bewerten sind. Auf der einen Seite haben die geringen Bildungsaspirationen der Eltern sowie die stark belasteten Familienverhältnisse, in denen die Interviewpartner/innen aufgewachsen sind, und ihre dortigen Erfahrungen mit Gewalt und Vernachlässigung entscheidend zu brüchigen Schulbiografien beigetragen. Auf der anderen Seite finden sich in den Erzählungen der jungen Menschen ebenso umfangreiche Passagen zu Lernschwächen, Erfahrungen mit Ablehnung und Ausgrenzung unter Gleichaltrigen, Konflikten mit Lehrkräften, häufigen Schulwechseln und deviantem Verhalten als Faktoren, die eine gelingende Teilnahme am Bildungssystem stark eingeschränkt oder sogar verhindert haben.

Vereinzelt erzählen die Interviewten davon, dass sie trotz widrigster Umstände und mit Erfolg um die gelingende Teilnahme am Schulsystem gekämpft haben und/oder davon, wie sie mit Hilfe sehr engagierter Lehrkräfte zu einem für sie zufriedenstellenden Schulabschluss gelangt sind. Angesichts der schwierigen Voraussetzungen und Umstände haben einige Interviewpartner/innen teils Unglaubliches geleistet, um das Ziel Schulabschluss zu erreichen. Dieser junge Mann berichtet etwa davon, wie er trotz seines Lebens auf der Straße letztlich die Fachhochschulreife erlangt hat. Er ist Beleg für die überaus großen Anpassungsleistungen, die diese Gruppe leisten muss, um die mitunter schwierigsten Sozialisationsbedingungen zu kompensieren:

> *„ich saß auf der Straße da muss man- ich habe auf der Straße gelernt das war schon hart so und ich habe im Sommer- ich habe auf der Parkbank geschlafen und bin morgens . zur Schule gefahren und ich habe trotzdem . halt das halt alles irgendwie geschafft so ich habe auf jeden Fall . mich da hingesetzt und ich hatte immer meine Hausaufgaben und . ja so das ist halt . anders- so die alle anderen Leute haben mir gesagt so ja wie kommst*

du- wieso bist du da nicht hingegangen so . ich hab- natürlich bin ich auch mal nicht zur Schule gegangen weil ich mir gedacht habe fickt euch ich habe keinen Bock mehr . aber ich- im Endeffekt bin ich immer wieder hingegangen und habe mir gedacht . du musst das machen . für deine Zukunft" (I 30)

Letztlich handelt es sich hierbei jedoch um Einzelfälle. Insgesamt finden sich in nur wenigen Interviews Erzählungen zu positiv gewerteten Schulbiografien, wichtigen Lehrer-Schüler-Kontakten oder der Freude am Lernen in der Schule. Die überwiegende Zahl der Interviewpartner/innen berichtet von Erfahrungen des Scheiterns und allzu oft auch von dem eigenen Desinteresse und der Lustlosigkeit an der Schule und dem Lernen. In zahlreichen Selbstbeschreibungen distanzieren sich die jungen Menschen von der Rolle des angepassten Schülers. Dabei führen sie aus, weshalb und in welcher Weise sie eine fehlende Passung mit dem System Schule empfunden haben. Dieser junge Mann erklärt, er

„war nie wirklich der Schultyp ich habe immer Schule gehasst also . war mir zu langweilig . nicht weil ich alles wusste sondern einfach zu langweilig . keinen Bock gehabt" (I 10)

Die Gründe, die die jungen Menschen aufzählen, um zu erklären, wie es dazu gekommen ist, sind mannigfaltig. Bereits im vorherigen Kapitel ist punktuell auf die Wechselwirkungen zwischen den begrenzenden Erfahrungen der Interviewpartner/innen in ihren Herkunftsfamilien und schulischen Misserfolgen hingewiesen worden. Im Rahmen ihrer Erzählungen zu den eigenen Schulbiografien nehmen viele Interviewte sehr direkt Bezug darauf, dass sie ihrer schulischen Entwicklung wegen der Erlebnisse in und mit den Herkunftsfamilien kaum Aufmerksamkeit schenken konnten. So berichtet diese junge Frau wie folgt über den Zusammenhang zwischen der Trennung ihrer Eltern und ihrem Desinteresse an dem Lebensbereich Schule und dessen Folgen:

„mein Leben verlief eigentlich so dass ich ähm von der ersten Klasse an eigentlich schon so eher Probleme hatte . mit der schulischen Laufbahn beziehungsweise mich eigentlich so auf das Schulische zu konzentrieren . wobei ich mal denke dass es eigentlich eher was so zwischen der Trennung von meiner Mutter und meinem Vater zu tun hatte . dass mich das alles so ein bisschen eigentlich so aus dem Kreis rausgeworfen hat . ab der zweiten Klasse fing es dann an dass ich eigentlich gar nicht mehr zur Schule gegangen bin" (I 23)

Eine andere Interviewpartnerin erzählt, wie die Konflikte mit ihrer Mutter schließlich dazu geführt haben, dass sie die neunte Klasse wiederholen musste:

> *„ich muss ja die Neunte auch noch mal machen . weil da auch dieser Stress war jetzt hier mit- mit Mutter und so . weil da haben- war das ganz intensiv dass ich mich dann nur noch in die Haare hatte mit der . also da war das richtig Extremstfall schon da habe ich auch- ich habe keine Lust mehr dann auf die Schule gehabt" (I 6)*

In dem einen Teil der Erzählungen handelt es sich um ein fortlaufendes Muster, dass familiäre Konflikte und schulische Misserfolge sich wechselseitig beeinflussen beziehungsweise verstärken. Der andere Teil der Erzählungen stellt hingegen konkrete Ereignisse in den Vordergrund, die zu entscheidenden Wendepunkten in ihrer Schulbiografie geführt haben. So berichtet dieser junge Mann wie folgt von dem Abbruch seiner Berufsschule:

> *„dann bin ich auch ins Betreute Wohnen gewechselt sie [die Mutter] ist umgezogen hat gesagt sie will mich nicht mehr sie brauch Abstand bubb war alles wieder . im Eimer und das ging halt los . Schule habe ich nicht mehr hingekriegt bin immer wieder mit jemandem in Streit geraten dann . habe ich mich selbst . allem Möglichen abgewendet habe- war halt richtig Scheißphase" (I 19)*

Dabei thematisieren die Interviewten auch, dass die Eltern kaum Wert auf die schulische Entwicklung der Kinder gelegt haben. Motivation, Unterstützung, Impulse, Informationen usw. sind von elterlicher Seite oftmals kaum zu erwarten gewesen. Diese junge Frau erklärt ihre Bildungslücken beispielsweise mit

> *„Eltern die sich äh nicht unbedingt äh um Konsequenz gesch- äh gekümmert haben und auch äh den- denen Schulbildung auch nicht so wichtig war" (I 24)*

Wie sie verweist ein Teil der Interviewpartner/innen, der die fehlende Förderung durch die Eltern problematisiert, darauf, dass er prinzipiell gute Ausgangsbedingungen gehabt hätte. Diese jungen Menschen betonen ihr Potenzial und legen Wert darauf, im Grunde keine „dummen Hauptschüler" zu sein. Der im Folgenden zitierte junge Mann hat zum Beispiel drei Schuljahre übersprungen, bevor seine schulische Entwicklung eine gegenteilige Entwicklung genommen hat:

„ich weiß nicht ich war halt . intelligenter . ich . schätze halt zu wenig für mich getan . weil mein Mutter mich eigentlich nicht so halt ähm aufgefordert hat so halt“ (I 4)

Als Ursache für die schulischen Misserfolge sehen diese jungen Menschen nicht das fehlende Leistungspotenzial, sondern die Lebenssituation, in der sie aufgewachsen sind, sowie das Ausbleiben adäquater Unterstützung durch die Herkunftsfamilie. Mitunter kam erschwerend hinzu, dass die Eltern, selbst wenn sie gewollt hätten, aufgrund der eigenen Bildungsdefizite häufig nicht in der Lage gewesen wären, die notwendige Hilfestellung zu leisten. Solches trifft unter anderem auf einen Teil der jungen Menschen mit Migrationshintergrund zu, deren Eltern nicht in Deutschland zur Schule gegangen waren und deshalb über bestimmtes (landesspezifisches) Wissen nicht verfügen oder die ihren Kindern aufgrund von Sprachbarrieren bei der Bearbeitung der schulischen Aufgaben nicht helfen konnten.

Im Gegensatz zu diesen jungen Menschen berichten jedoch viele Interviewpartner/innen auch umgekehrt über ihre eigenen Einschränkungen, zum Beispiel durch Lernschwächen, die das erfolgreiche Durchlaufen der Schule erheblich erschwert haben. Sie thematisieren ihre schulischen Beeinträchtigungen durch diagnostizierte Leserechtschreib- oder Rechenschwächen sowie durch ADS (Aufmerksamkeit-Defizit-Syndrom) oder ADHS (Aufmerksamkeit-Defizit-Hyperaktivität-Syndrom) vorwiegend vor dem Hintergrund schulischer Enttäuschungen über nicht erbrachte Leistungen und den Besuch von Förderschulen:

„und denn bin ich direkt auf eine Förderschule gekommen . was mich denn halt auch ziemlich angekotzt hat . aber da hat man denn halt nachher später mitgekriegt dass ich eine LRS habe und Konzentrationsschwäche . und . dass ich bisher immer noch damit kämpfe das ist . einfach . blöd . aus der Hinsicht .. ja“ (I 27)

Vor allem bei jungen Menschen, bei denen eine Kombination aus fehlender Unterstützung durch die Eltern und Lern- und Konzentrationsschwäche zum Tragen kam, finden sich Erzählungen zu entscheidenden Auswirkungen auf die aufmerksame Teilnahme am Unterricht:

„ich war . kein aufmerksamer Schüler ich habe eher gemalt im Unterricht . bin . keine Ahnung ein paarmal eingeschlafen Stress zu Hause auch im Unterricht und so weiter . als Kind hatte ich auch ADS“ (I 18)

Letztlich hat die schulische Überforderung bei vielen zu Resignation, Rebellion, Schulverweigerung, Schulverweisen und auch zu versäumten Abschlüssen geführt (s.u.). Dabei lassen sich kaum Erzählungen im Datenmaterial ausmachen, aus denen hervorgeht, dass die jungen Menschen auf Lehrer/innen getroffen sind, die ihre Überforderung frühzeitig erkannt und dann erfolgreich interveniert haben. Vielmehr verweisen die jungen Erwachsenen darauf, dass ihre eingeschränkten Möglichkeiten, dem Unterricht und den dort vermittelten Inhalten zu folgen, häufig maßgeblich zu Konflikten mit ihnen beigetragen haben.

Die beschriebenen Konflikte mit den Lehrkräften eskalierten in einigen Fällen, weil das als Schikane erlebte Verhalten auf den Widerstand der Kinder oder Jugendlichen stieß. So berichtet zum Beispiel dieser junge Mann von den Geschehnissen, die für ihn letztlich zu einem Schulverweis geführt haben, wie folgt:

> *„na weil die- die- die Bio-Lehrerin halt die hat halt angefangen mich zu beleidigen und sowas . ich weiß jetzt nicht mehr was die gesagt hat ist halt schon lange her . und auf jeden Fall habe ich dann einen Zirkel auf die geschossen so“ (I 16)*

Während solche und andere Situationen in der Schule aus der Erwachsenen- beziehungsweise Lehrerperspektive heraus oftmals vor dem Hintergrund der Konfrontation mit schwierigen Schüler/innen interpretiert werden, beschreiben die jungen Menschen ihr Handeln vielfach aus dem Gefühl heraus, sich gegen die Ungerechtigkeiten ihrer Lehrer/innen zur Wehr setzen zu müssen. Sie haben dabei zumeist die Erfahrung gemacht, mit den eigenen Lösungsstrategien zwar kurzfristig, jedoch nicht auf Dauer weitergekommen zu sein. Die jungen Menschen erzählen kaum davon, dass Lehrkräfte darum bemüht waren, ihnen alternative Handlungsweisen an die Hand zu geben, bevor sie zum Teil weitreichende Sanktionen anwandten.

Umgekehrt problematisieren aber auch einige Interviewte bei ihren Erzählungen nicht in erster Linie das Verhalten ihrer Lehrer/innen, sondern vor allem das eigene. So erzählt ein anderer junger Mann über seine Aggressivität, die für ihn in der Grundschulzeit schon zum Schulverweis geführt hat:

> *„ich habe da . Leute Steine an- an die Köpfe gehauen habe da . Leuten einfach mal ein Bleistift durch die Hand gerammt und so und . habe die Leute- die Lehrer angespuckt und . stand jeden zweiten Tag im Sekretariat oben was mir egal war“ (I 21)*

Wie aus diesem Zitat hervorgeht, kam es nicht nur zwischen den jungen Menschen und ihren Lehrer/innen, sondern auch mit den Mitschüler/innen zu teils heftigen Auseinandersetzungen. Dabei steht für die meisten jungen

Erwachsenen weniger ihr unangepasstes Verhalten als vielmehr die begrenzenden Erlebnisse mit ihren Mitschüler/innen im Vordergrund der retrospektiven Betrachtungen. So berichtet etwa ein Viertel der Interviewten von ihren vergangenen Erfahrungen mit Ausgrenzung und Missbilligung in der Schule und den damit verbundenen Schwierigkeiten, Anschluss in der Schulklasse finden zu können. Als auslösende Faktoren betrachten die jungen Frauen und Männer vor allem ihr (ehemaliges) Erscheinungsbild. Sie erzählen von Pickeln, Gewichtsproblemen, unpassender Kleidung und dem sichtbaren Migrationshintergrund, aber auch von ihrem Aufwachsen in kinderreichen Familien oder der frühen Mutterschaft als vermeintliche Anlässe, wegen derer sie von anderen ausgegrenzt worden sind. Diese Handlungen haben mitunter sehr bedrohliche Züge angenommen. Die junge Frau in der folgenden Erzählung berichtet über ihre Angst angesichts erhaltener Morddrohungen. Den Ausweg aus der bedrohlichen Situation in der Schule sehen sie sowie ihre Eltern letztlich nur noch in einer temporären Abmeldung vom Unterricht:

> *„und da wurde ich denn anfangs auch von meinem Mitschüler- . also von ein paar Mitschülern richtig böse gemobbt . da hatte ich denn ja auch schon Mord- und das ging ja so weit dass ich in der Schule Morddrohungen um den Hals hatte . dann wurden Schulsachen von mir versteckt kaputt gemacht weggeschmissen und und und . dann hatte ich eine Auszeit genommen gehabt von der Schule beziehungsweise meine Eltern haben mich da für eine Weile abgemeldet von der Schule" (I 7)*

Vor allem nach Klassen- oder Schulwechseln fiel es einigen schwer, in den neuen Schulklassen Anschluss zu finden. Vielfach scheiterten die jungen Menschen an dem Unwillen ihrer Mitschüler/innen, sie in die Klassengemeinschaft aufzunehmen. Diese junge Frau erzählt stellvertretend für einige andere:

> *„da sind halt mehrere auf einen aber so der Klassenzusammenhalt ähm gegenüber anderen war halt sehr stark und das war in der anderen Klasse dann wo ich sitzengeblieben war gar nicht die waren so äh totale Grüppchen mehrere Grüppchen in der Klasse und die haben dann halt alle auf die Neuen einge- eingestochen immer also und dann hatte ich da gar keine Lust mehr drauf ((lacht)) wenn man denn gar keinen mehr hat ist es dann schon sehr krass .. ja und dann habe ich einfach mein Ding in der Freizeit durchgezogen und habe gesagt keinen Bock mehr auf Schule" (I 28)*

Wie bei ihr haben solche Erfahrungen sehr häufig dazu geführt, dass die Interviewten ihren Schulen den Rücken gekehrt haben. Sie haben begonnen, dem Unterricht fern zu bleiben, oder die Klassen und Schulen gewechselt. Oftmals versuchten die Betroffenen zuvor, diese Probleme zu bearbeiten, in dem sie die Lehrer/innen der Schulen einschalteten:

> *„also ich wurde da wirklich unterdrückt und ich konnte nichts sagen ich habe versucht Gespräche zu führen aber es hat nichts geholfen . wir hatten Lehrergespräch da ging noch alles gut zwei Tage danach auch und dann fing es von vorne an“ (I 43)*

Die meisten Versuche, die als stark einschränkend empfundene Situation mit den Mitschüler/innen mit Hilfe der Unterstützung von Lehrkräften zu verändern, blieben jedoch ohne nachhaltige Wirkungen. Wie diese junge Frau berichten auch andere von physischen Auseinandersetzungen mit ihren Mitschüler/innen, in denen sie letztmalig und (erneut) erfolglos versuchten, den Ausgrenzungen und Anfeindungen ein Ende zu setzen:

> *„und ich habe gesagt hier . jetzt reicht es ich habe keine Lust mehr da kam auch so leicht mein altes Ego raus mit dem . Aggressiven da hat die mich getreten da habe ich mich dann halt gewehrt und dann . das hätte ich nicht machen sollen die hat dann ihre Leute gerufen und die haben mich dann noch mal zusammengeschlagen“ (I 43)*

In anderen Fällen wehrten junge Menschen sich sehr direkt gegen ihre Klassenkameraden, indem sie selbst verbal oder physisch Gewalt anwendeten. So erklärt dieser junge Mann:

> *„na im Unterricht halt . also . wenn mich da einer irgendwie blöde vollgequatscht hat von der Seite oder so dann habe ich was zurückgesagt oder habe irgendwas geschossen“ (I 16)*

Das Ergebnis ist häufig dasselbe. Unabhängig von der sonstigen Relevanz, die sie der Schule und ihrer Anwesenheit dort prinzipiell zusprachen, blieben die jungen Menschen dem Unterricht fern wegen der Auseinandersetzungen mit den Mitschüler/innen. Viele mussten aufgrund von Konflikten und dem exzessiven Schulschwänzen ihre Klassen und Schulen verlassen.

Infolge der Konflikte mit Lehrer/innen und Mitschüler/innen, aber vor allem wegen häufiger Umzüge mit der Herkunftsfamilie und im Zuge von Heimaufenthalten oder einer wechselhaften Leistungsfähigkeit, musste über die Hälfte der jungen Menschen nicht nur die Klasse, sondern auch die Schule mehrfach wechseln. Dieser junge Mann berichtet von den vielen Stationen in seiner Schulbiografie:

„ich habe die Schule die Grundschule habe ich dreimal gewechselt und . dann Oberschule . einmal gewechselt .. also ich war als erstes erste Klasse war ich in P-Stadtteil noch . zweite Klasse bis sechste Klasse . war ich in O-Stadtteil . und dann war Oberschule und dann Oberschule ein Jahr und denn ins Heim und da habe ich denn die Schule weitergeführt die letzten drei Jahre .. Grundschule P. Grundschule O. . und dann Mitte . und halt . D-Stadt" (I 10)

Bei vielen der Interviewten finden sich unterschiedlich begründete Erzählungen über derart viele Schulwechsel, dass es ihnen schlichtweg deshalb nicht möglich gewesen ist, den schulischen Lernanforderungen gerecht zu werden:

„also ich habe sechs Mal die Grundschule gewechselt . da ist natürlich erst mal eine fette Bildungslücke entstanden . weil meine Mutter halt ziemlich-sehr oft umgezogen ist wegen wechselnden Partnern" (I 18)

In Anbetracht solcher Erzählungen wird nicht nur nachvollziehbar, mit welchen schulischen Versäumnissen die jungen Menschen schon früh umzugehen hatten, sondern auch, warum nur ein kleiner Teil der Interviewten im Kontext ihrer Erzählungen über die Schulzeit von engeren Kontakten zu Mitschüler/innen oder sogar Freundschaften spricht.

Dennoch spielt gerade die Peergroup in vielen Erzählungen der jungen Menschen über das weniger erfolgreiche Durchlaufen der Schule eine gewichtige Rolle. Das Desinteresse an der Schule und das Fernbleiben vom Unterricht stand für viele in Verbindung mit neuen Freundschaften und Peerbeziehungen. Diese haben sie jedoch oftmals außerhalb der Schule gefunden:

„da habe ich halt so- ich sage mal da hat das angefangen als ich die Freunde außerhalb der Schule . gefunden habe und . mich bef- mit denen so immer- ich war halt immer draußen und unterwegs und Schule war mir dann einfach egal weil mir halt dann Freunde wichtiger waren weil es in der Schule halt nie so freundschaftenmäßig gut aussah" (I 28)

Wie bereits angesprochen ist in diesem Kontext auch von deviantem Verhalten im Peergroup-Kontext die Rede. Zusammen haben die Jugendlichen außerhalb der Schule „gechillt", gefeiert, randaliert und/oder Alkohol oder Drogen konsumiert.

Die Erfahrungen mit Alkohol- und Drogenkonsum, der die Schulzeit begleitet hat, werden zwar häufig im Zusammenhang mit der Peergroup thematisiert. Allerdings machen einige junge Menschen auch deutlich, dass der eigentliche Auslöser ihres Konsumverhaltens nicht bei ihren Cliquen, sondern in den begrenzenden Erfahrungen mit der Schule und in der Herkunftsfamilie zu finden ist. In diesem Sinne erzählt ein junger Mann, der früh vom Alkohol, dann von Marihuana und schließlich von Chrystal Meth abhängig ist:

> *„also es war immer irgendein Mittelchen da . sage ich mal . um- um das irgendwie auszugleichen das in der Schule weil . mich in die- in die Schule setzen dann da hin . dann alles mitschreiben und auch gut das ist ja alles schön und gut aber wenn du dann zu Hause bist . dann hast du aber doch so eine Leere" (I 21)*

Umgekehrt führten die Auswirkungen, die das Peergroup-Verhalten, das gemeinsame Feiern und „Chillen" oder der Alkohol- und Drogenkonsum auf die schulische Leistungsfähigkeit der jungen Menschen hatten, wiederum – wie beschrieben – auch zu Konflikten mit den Eltern.

Das Schulschwänzen stellt insgesamt ein immer wiederkehrendes Thema in den Erzählungen der Interviewten dar. Für beinahe die Hälfte der jungen Frauen und Männer haben die in unterschiedlicher Weise vorliegenden negativen Erfahrungen mit der Organisation Schule dazu geführt, dass sie dem Unterricht für längere Zeit ferngeblieben sind. Andere erzählen davon unabhängig, dass das Desinteresse ihrer Mütter oder Väter schon in frühen Jahren dazu geführt hat, dass sich für sie nie ein regelmäßiger Schulbesuch einstellen konnte. So hat diese junge Frau beispielsweise mit Wissen ihrer Mutter bereits in der Grundschule angefangen, ihre Tage weniger in der Schule als zu Hause zu verbringen:

> *„na ja also am Anfang probiert man halt aus ja mir geht es nicht gut ich habe jetzt Kopfschmerzen ich will jetzt nicht in die Schule nach einer Weile merkt man halt die Mutter interessiert sich nicht dafür . weckt dich früh nicht mal oder sonst irgendwas . dann bleibst du einfach liegen dann ist dir das einfach egal . und . ja mir war es dann auch einfach egal . und ich bin dann auch einfach auch nicht mehr hingegangen" (I 24)*

In Einzelfällen haben, jenseits der negativen schulischen Erfahrungen und Erlebnisse, familiäre oder andere Krisensituationen dazu geführt, dass sie erst an einem bestimmten Punkt in ihrer Schulbiografie keinen Wert mehr auf die regelmäßige Teilnahme am Unterricht gelegt haben. Diese junge Frau benennt als Auslöser für ihr Schulschwänzen in der neunten Klasse die Krebserkrankung ihres Vaters:

„es ging also wie gesagt ich bin nie sitzengeblieben oder so ich habe halt wirklich nur . als mein Vater das erste Mal Krebs halt gekriegt da war ich in der Neunten . und die habe ich auch komplett verkackt . also wirklich so wie man sich das so vorstellt . halt keinen Bock mehr gehabt und nicht mehr hingegangen" (I 22)

Mitunter konnten auch die Interventionsversuche von Lehrkräften und Schulbehörden oder das Einschalten psychologischer Dienste nur wenig Einfluss auf die Wiederherstellung einer regelmäßigen Unterrichtsteilnahme der Kinder und Jugendlichen nehmen. In einigen Fällen ist es hierzu aber gar nicht erst gekommen. Das häufige Schulschwänzen stieß bei diesen jungen Menschen ebenso wie bei ihren Eltern auf das Desinteresse ihrer Lehrer/innen. Ein junger Mann erzählt:

„das war denen [den Lehrer/innen] glaube ich egal . es hat- die haben da sich da mit der Zeit glaube ich dran gewöhnt . weil ich war ja da nie wirklich da ((lacht)) nur wenn es kalt war oder in der Sportstunde oder sowas . und selbst da habe ich nicht mitgemacht da saß ich auch nur auf der Bank ((lacht)" (I 10)

Bei diesen jungen Frauen und Männern hat das häufige Schulschwänzen und bei anderen die Eskalation der Konflikte mit den Lehrer/innen und Mitschüler/innen oftmals dazu geführt, dass sie an den Schulabschlussprüfungen nicht mehr teilgenommen haben. Ihr Schulbesuch hat damit geendet, dass sie infolge ihrer Abwesenheit im Abschlussjahr, von Schulverweisen oder Klassenwiederholungen ohne Abschluss von der Schule abgegangen sind.

In der Summe blickt kaum einer der Interviewten auf positive Erfahrungen mit der Schule zurück. Die Schulbiografien der jungen Menschen sind geprägt von Konflikten, Enttäuschungen angesichts nicht erfüllter Erwartungen, Etikettierungsprozessen, Defizitcharakterisierungen auch durch Gleichaltrige, Lehrer und Schule ratifizierten Selektionsprozessen sowie dem stets präsenten Gefühl, wichtige biografische Schritte verpasst zu haben und damit in gewisser Weise für weitere Bildungsanstrengungen disqualifiziert zu sein. Bei vielen der inzwischen jungen Erwachsenen fällt die rückblickende Bewertung ihrer Schulzeit dabei aber durchaus selbstkritisch aus. Diese jungen Männer und Frauen würden, könnten sie die Zeit zurückdrehen, heute vieles anders machen:

„ich war mein Gott ein kleines Kind aber . gut ich würde es jetzt wenn ich überlege schon anders machen . viel anders . ich wäre gar nicht auf die Sonderschule gekommen . aber ich war halt dumm klein ich gespielt mehr

als ich gelernt habe . ich konnte aber trotzdem lesen schreiben rechnen .. aber ich habe mich dafür nicht interessiert" (I 8)

„ganz ehrlich für mich ist das scheiße . also . ich finde das richtig .. dumm eigentlich weil hätte ich das gewusst oder so wo ich klein war . wo ich mit der Schule angefangen habe so Mittelschule hätte ich mich ein bisschen angestrengt" (I 41)

Dennoch haben viele der Jugendlichen nicht gänzlich mit Rückzug und Verweigerung reagiert und später trotz der zuvor zahlreichen blockierten Gelegenheiten vermehrt Versuche unternommen, Schulabschlüsse auf dem zweiten Bildungsweg nachzuholen oder zu verbessern. Einigen ist dies gelungen, häufig waren jedoch auch diese Versuche hauptsächlich von Misserfolgen begleitet. Manche befinden sich noch zum Interviewzeitpunkt auf der Suche nach Möglichkeiten, Schulabschlüsse nachzuholen, andere haben diese Idee bereits aufgegeben. Wieder andere arrangieren sich mit den erschwerten Bedingungen auf dem Arbeitsmarkt, welche sich aus dem nicht vorhandenen oder nur sehr schlechten Schulabschluss ergeben, schon im direkten Anschluss an die Schulzeit.

4.4 Fazit

Richtet man nun den Blick zurück auf die zu Beginn des Kapitels gestellte Frage, welche jungen Menschen es sind, denen der Übergang von der Schule in den Beruf weder aus eigener Kraft noch mit Hilfe entsprechender Unterstützungsangebote gelingt, und auf welche biografischen Vorerfahrungen sie zurückblicken, die für sie zur schweren Erreichbarkeit geführt haben, muss die Antwort lauten: Es sind junge Menschen, die in ihrer Biografie schon sehr früh damit konfrontiert waren, dass ihr Leben sie vor große Herausforderungen stellt, und die vielfach schon in jungen Jahren auf zahlreiche Erfahrungen des Misserfolgs und Scheiterns zurückblicken.

Ohne dem „Sozialhilfeadel" oder der „Vererbung von Hartz-IV-Biografien" das Wort reden zu wollen, sind in den Beschreibungen sehr deutliche Hinweise auf stark verfestigte inferiore Lagen zu erkennen, die eine Reproduktion und Verfestigung über weitere Generationen und die schwere Erreichbarkeit dieser Gruppe begünstigen. So waren die Eltern vieler der schwer erreichbaren jungen Menschen über sehr lange Zeiträume hinweg arbeitslos und die finanzielle Versorgung der Familie war oftmals von staatlichen Transferleistungen abhängig. Entgegen gängiger Klischeevorstellungen zeichnet aber keiner der jungen Erwachsenen rückblickend ein Bild des Aufwachsens in einer Familie, die das Leben mit Hartz IV selbst gewählt hat. Vielmehr verhinderten schlechte Lebensbedingungen, fehlende oder nicht anerkannte Schul- und Ausbildungsabschlüsse, aber vor allem die zahlreichen gesundheitlichen Einschränkungen der Eltern ihre kontinuierliche Teilnahme am Arbeitsmarkt. Viele sind arbeitsunfähig oder frühverrentet und ebenso viele lange Zeit arbeitssuchend und erfolglos, aber gewillt, beruflich wieder Fuß zu fassen.

Die Erfahrungen der jungen Menschen mit der Berufstätigkeit ihrer Eltern sind dabei fast durchweg negativ besetzt. Arbeit in verschiedenen Funktionen, etwa als Sinnstiftung, Quelle von Anerkennung und Autonomie und damit als Modus von Integration/Teilhabe spielt im Leben ihrer Eltern und in den Familien, in denen sie aufgewachsen sind, kaum eine Rolle. Ob die Eltern ihre Arbeit gerne ausführten oder ob und warum sie sich diese ausgesucht haben, ist dabei kaum von Relevanz. Die meisten berufstätigen Eltern sind in schlecht bezahlten und kräftezehrenden Arbeitsbereichen tätig, für die sie oftmals keine Ausbildung absolviert haben. Mitunter hat die Berufstätigkeit der Eltern die zahlreichen gesundheitlichen Einschränkungen erst hervorgerufen. Einige haben mehrere Arbeitsstellen gleichzeitig. Vielfach fehlte ihnen in der Vergangenheit Zeit für ihre Kinder. Die jungen Menschen haben oftmals erfahren müssen, wie die berufliche Überlastung ihrer Eltern zu innerfamiliären Konflikten und inkonsequentem Erziehungsverhalten geführt hat.

Über ihre Herkunftsfamilien konnten die jungen Menschen folglich nur selten Erfahrungen mit konsistenten Berufsbiografien sammeln oder hierfür produktiv beeinflussende Vorbilder auf Seiten ihrer Eltern finden. Vielmehr haben viele die Berufstätigkeit der Eltern als zusätzliches Belastungsmoment für die Familie empfunden. Zudem sind die Themen rund um Schule, Ausbildung und Beruf in den Familien der Frauen und Männer häufig nicht gemeinsam besprochen worden. In der Folge fehlt es vielen jungen Menschen an beruflichen Perspektivvorstellungen und Ideen davon, wie diese zu entwickeln und berufliche Ziele zu verfolgen sein könnten. Vor diesem Hintergrund verwundert es kaum, dass viele Mitarbeiter/innen aus Organisationen der Jugendsozialarbeit es schwer damit haben, die jungen Menschen dabei zu unterstützen, berufliche Ziele und Pläne zu formulieren, die über den Wunsch hinausgehen, Geld zu verdienen.

Nicht alle jungen Menschen, aber viele von ihnen sind in Familien aufgewachsen, in denen sie folglich nur sehr wenig Unterstützung hinsichtlich ihrer schulischen und beruflichen Entwicklung erhalten konnten. Hilfestellungen und Unterstützungsbemühungen der Eltern blieben häufig auf kürzere Lebensabschnitte beschränkt oder zeigten sich punktuell in bestimmten Einzelsituationen. Stattdessen haben zahlreiche der jungen Frauen und Männer in ihren Familien entwicklungs- und lebensprägende Erfahrungen mit Konflikten, Vernachlässigung und Gewalt machen müssen.

Die Eltern der meisten jungen Menschen haben sich getrennt. Die Erfahrung, dass in Paarbeziehungen Stabilität, Kontinuität und Prinzipien von Gegenseitigkeit zu finden sein können, haben dementsprechend nur wenige von ihnen über ihre Herkunftsfamilien gemacht – nicht zuletzt, weil auch die Folgebeziehungen ihrer Mütter und Väter oftmals nicht lange anhielten. Während das Ereignis Trennung in der Biografie einiger junger Erwachsenen keine Rolle spielt, weil sie zu dem Zeitpunkt noch nicht geboren oder noch zu klein waren, um es bewusst mitzuerleben, betrachten es andere als einen entscheidenden Einschnitt in ihrer Kindheit oder Jugend. Viele arrangierten sich mit der neuen Lebenssituation und bewerteten die Entscheidung ihrer Eltern gar als positiv oder notwendig, dennoch ging die Trennung der Eltern für einige jungen Menschen mit einem Gefühl von Machtlosigkeit, Vertrauensverlust, Selbstzweifeln und Schuldzuweisungen einher.

Im Zuge der Trennung ihrer Eltern haben einige der jungen Menschen den Kontakt zu ihren Vätern verloren, andere mussten sich damit abfinden, dass die Kontakthäufigkeit deutlich abnahm. Manche kennen den leiblichen Vater zudem nicht einmal. In den neuen, teils häufig wechselnden Partnern ihrer Mütter fanden die jungen Erwachsenen nur selten einen Ersatz für das Fehlen der väterlichen Bezugsperson. Insbesondere junge Männer problematisieren sehr direkt, wie Versuche von Lehrer/innen, Sozialpädagog/innen und anderen Fachkräften, mit ihnen in Beziehung zu treten, auf sie verstörend und anmaßend wirken. Aus Angst, jemand wolle den Vater ersetzen, wehren sie sich gegen Beziehungsangebote, aber auch gegen die Grenzen, die ihnen männliche Vertreter/innen von Schulen oder Organisationen der Jugendsozialarbeit auferlegen möchten.

Seitens der Eltern und Stiefeltern, bei denen die jungen Frauen und Männer aufgewachsen sind, fühlten sie sich oftmals nicht geliebt. Einige haben schon früh erfahren müssen, was es heißt, auf sich allein gestellt zu sein. Sie fühlten sich von ihren Eltern vernachlässigt; es fehlte ihnen in ihrer Kindheit und Jugend an emotionaler Zuwendung ebenso wie an Aufsicht und Versorgung. Diese jungen Menschen haben häufig gelernt, dass sie sich auf niemanden als auf sich selbst – oder mitunter noch ihre Geschwister – verlassen können. Dabei haben sie und andere Frauen und Männer auch Erfahrungen mit massiver Gewalt durch die Eltern und Stiefeltern machen müssen. Sie er- und vor allem überlebten Angriffe mit Flaschen, Schlagstöcken, Gürteln und Elektroschockern und mitunter sogar gezielte Tötungsversuche. Diese jungen Menschen haben die Eltern und Stiefeltern, mit denen sie aufgewachsen sind, demzufolge weniger als emotionale Stütze erlebt denn als Verursacher/innen von Enttäuschung, emotionalem Stress und physischer Bedrohung. Der Aufbau von vertrauensvollen Beziehungen zu Erwachsenen ist ihnen in ihrer Kindheit und Jugend oftmals nicht möglich gewesen. Die Eltern- und Stiefelternteile waren aus Sicht der jungen Menschen Aggressor/innen, zum Teil ebenfalls Opfer, aber auch desinteressierte Mitwisser oder Ungläubige, die sich weigerten zu erkennen, was ihre Partner/innen den Kindern antaten und die die Versuche, ihrer auf Hilfe hoffenden Kinder ins Leere laufen ließen, indem sie die Erzählungen als Spinnereien, Lügen oder Witze abtaten. Vergleichsweise wenige Mütter und Väter stellten sich auf die Seite der Kinder, verließen die gewalttätigen Partner/innen oder holten die Kinder aus dem gewalttätigen Umfeld und ließen sie bei sich einziehen.

Die Versuche der jungen Menschen, den familiären Begrenzungen entgegenzutreten, führten häufig zu noch intensiveren Konflikten und zu Gefühlen von Ohnmacht. Gleichermaßen selten fanden sie Unterstützung bei anderen Erwachsenen in ihrem Umfeld. Viele entwickelten alternative Formen des Umgangs mit der sie belastenden familiären Situation und bildeten auf Dauer Konfliktlösungsstrategien aus, die vorrangig auf die Vermeidung oder das Aushalten der Situation zielten. Mitunter führte dies dazu, dass weitere Konflikte mit ihren Eltern folgten, die in einigen Fällen sogar den Verlust des Kontakts zu ihnen nach sich zogen. In ähnlicher Weise sind einige auch im späteren Verlauf ihrer Biografie mit Problemen und Schwierigkeiten bei ihrer schulischen und beruflichen Entwicklung umgegangen. Sie saßen Maßnahmen ab oder blieben ihnen sogar fern, wenn sie dort an Grenzen stießen.

Inwiefern ihre Erfahrungen mit Vernachlässigung und Gewalt in der Kindheit und Jugend für die jungen Menschen auch mit physiologischen und psychologischen Folgewirkungen – wie Bindungs-, Lern- und Entwicklungsstörungen – einhergingen, ist auf Grundlage des Datenmaterials zwar nicht zu rekonstruieren. Sicher ist jedoch, dass bei all dem viele junge Menschen in ihren Eltern und deren Partner/innen häufig weniger verlässliche Unterstützungspersonen sahen, die für sie in ihrer Schulbiografie oder bei der Entwicklung einer beruflichen Perspektive, der Planung weiterer Handlungsschritte und bei Bewerbungsaktivitäten wünschenswert gewesen wären. Vielmehr banden und binden die dortigen Erfahrungen mit Trennungen, Vernachlässigung und Gewalt, die Konflikte in und mit ihren Familien, aber auch die Bemühungen der jungen Menschen, das Verhältnis zu ihren Eltern aufrechtzuerhalten oder zu verbessern, wichtige Ressourcen, die ihnen in anderen Lebensbereichen wie zum Beispiel der Schule fehlten und die oftmals noch zum Interviewzeitpunkt und im Kontakt mit Organisationen der Jugendsozialarbeit für sie nicht vorhanden sind.

Dabei haben viele in ihren Familien auch nicht erlebt, dass Regeln sinnhaft sein können und ausgehandelt werden oder dass Sanktionen logisch und konsequent, aber wohlwollend und im Interesse des jungen Menschen umgesetzt werden. Stattdessen haben einige auch in diesem Punkt weitestgehend Gleichgültigkeit erlebt oder fühlten sich der willkürlichen Disziplinierung überlasteter, überforderter und in vielen Fällen aggressiver Elternteile ausgesetzt. Entsprechend schwer fiel es ihnen, sich in Organisationen wie Schulen oder Maßnahmeträgern an die dort vorherrschenden Strukturen und Regeln zu halten.

Daneben sind auch viele Erfahrungen, die die jungen Menschen mit Organisationen und ihren Vertreter/innen gemacht haben, die intervenierten und ihnen Unterstützung bieten wollten, aus der retrospektiven Sicht der Frauen und Männer weniger hilfreich als vielmehr begrenzender Natur gewesen. Bei einem Teil der jungen Menschen hat schon in diesem Zuge das Vertrauen in institutionelle Helfer/innen deutlich gelitten. Einige Kinder und Jugendliche verloren angesichts der konflikt- und problembehafteten Situation in ihren Familien – die weder sie selbst noch ihre Eltern noch intervenierende Organisationen entspannen konnten – das Interesse an der Schule, waren dort unkonzentriert, zogen sich zurück oder blieben dem Unterricht fern. Dabei fanden viele Jugendliche den vermissten Rückhalt oder alternative Verarbeitungsmöglichkeiten in ihren Peergroups, deren ohnehin hohe Bedeutung mit dem der Familie zugeschriebenen Bedeutungsverlust noch zunahm. Ihre Reaktionsweisen sind selten konstruktiv auf eine Lösung des Problems oder die Verbesserung der Situation ausgerichtet gewesen. In der Regel handelte es sich vielmehr um die Verschiebung scheinbar unauflösbarer Probleme auf Lebensbereiche, auf die sie Einfluss nehmen konnten. Ihre Reaktionsweisen trugen insofern ihrer Einschätzung der Situation Rechnung, weder Einfluss auf die Trennung und die darauf folgende Entwicklung der Lebenssituation noch auf die innerfamiliären Konflikte, die dort erfahrene Gewalt und die Versorgungsdefizite nehmen zu können. Wie noch zu zeigen sein wird, finden sich ähnliche Verhaltensmuster bei ihnen auch in ihren späteren Phasen der schweren Erreichbarkeit für die Organisationen der Jugendsozialarbeit wieder; nämlich dort, wo die jungen Menschen angesichts erlebter Begrenzungen durch die Organisationen in ähnlicher Form ablehnend, ausweichend oder verweigernd reagieren.

Für die Mehrzahl der jungen Menschen haben sich die begrenzenden Erfahrungen aus ihren Familien in der Organisation Schule fortgesetzt. Viele, die für Organisationen der Jugendsozialarbeit schwer erreichbar sind, blicken schon auf sehr frühe Phasen der schweren Erreichbarkeit zurück. Sie finden sich etwa in den Erzählungen über die Grundschulzeit oder über die weiterführenden Schulen, welche die jungen Frauen und Männer besucht haben. Auch hier waren sie mit zahlreichen belastenden Erlebnissen konfrontiert, auf die sie bis zum Interviewzeitpunkt noch glauben, nur bedingt Einfluss haben nehmen zu können.

Einige dieser Erlebnisse waren eng verknüpft mit ihren familiären Problemlagen. Genannt wurden bereits die familiären Erfahrungen mit Konflikten, Vernachlässigung und Gewalt, die dazu führten, dass viele ihr Interesse an der Schule und dem Lernen verloren, zur Konzentration nicht mehr fähig waren oder dem Unterricht gar fernblieben. Auch das Desinteresse der Eltern, die mitunter nur wenig Wert auf Bildung insgesamt und die ihrer Kinder im Besonderen legten, sowie das Ausbleiben von Unterstützung und gezielter Förderung von dieser Seite, haben sich negativ auf ihre Möglichkeiten ausgewirkt, im System Schule zu bestehen.

Hiervon im doppelten Sinne betroffen waren diejenigen, die neben ihrer familiären Benachteiligung auch durch – bereits diagnostizierte, aber auch erst im Nachhinein erkannte – Konzentrations- und Lernschwächen nur mit Einschränkungen in der Lage waren, die Leistungsanforderungen der Schule ohne fremde Unterstützung zu erfüllen. In den Biografien mancher Frauen und Männer ist bis in ihre Einmündung ins Übergangssystem hinein das deutliche Muster zu erkennen, dass ihre speziellen Förderbedarfe von Lehrer/innen und Anleiter/innen nicht erkannt oder schlichtweg ignoriert wurden und sie mit Leistungsanforderungen konfrontiert wurden, deren Bewältigung für sie – in Anbetracht ausbleibender Unterstützung – geradezu unmöglich gemacht wurde.

Erschwert wurde die Teilnahme am Bildungssystem sehr vielen der jungen Menschen auch durch häufige Umzüge, mit denen sie sich zum Beispiel infolge der Trennungen ihrer Eltern, deren häufig wechselnden Partnerschaften oder Heimaufenthalten arrangieren mussten. Deshalb und bedingt durch die eigene wechselhafte Leistungsfähigkeit, Klassenwiederholungen oder Schulverweise finden sich in den Biografien eines großen Teils der jungen Menschen gleich mehrfache Schulwechsel, die für viele immense Bildungslücken mit sich brachten, sowie die Herausforderung, sich immer wieder neu in die Klassengemeinschaften zu integrieren, wohl wissend, dass sie vermutlich auch hier nicht auf Dauer bleiben werden.

Engere Freundschaften zu Mitschüler/innen beschreiben folglich nur wenige junge Menschen. Vielfach kommt es mit ihnen zu Konflikten und verbalen sowie physischen Auseinandersetzungen. Mitunter betrachten die jungen Menschen solche vor dem Hintergrund ihrer Schwierigkeiten, in Gruppen von Gleichaltrigen zu interagieren. Sehr viele beschreiben nicht nur, keinen Anschluss an die Klassengemeinschaft gefunden zu haben, sondern zudem von den Mitschüler/innen ausgegrenzt worden zu sein. Die Erfahrung, dem Verhalten der Klassenkamerad/innen ausgesetzt zu sein, haben die jungen Menschen oftmals als sehr bedrohlich erlebt. Nicht selten haben sie sich nicht nur verbal, sondern gleichsam physisch ausgedrückt. Mitunter gingen sie so weit, dass die jungen Menschen um die körperliche Unversehrtheit und in Einzelfällen sogar um ihr Leben fürchteten. Die eigenen Bemühungen, dem Verhalten und den Bedrohungen durch die Mitschüler/innen – ohne oder mit fremder Hilfe – ein Ende zu setzen, blieben in der Regel erfolglos oder führten sogar zur Zuspitzung der Situation. In der Konsequenz blieben viele dem Unterricht fern und fanden zum Teil außerhalb ihrer Schulen Gleichgesinnte, die entweder älter waren oder die wie sie nur wenig Wert auf den regelmäßigen Schulbesuch legten. Einige griffen zum Alkohol oder zu Drogen. Viele konnten in der Schule nur wenig positive Erfahrungen damit sammeln, was es heißt, gemeinsam mit anderen zu lernen, sich gegenseitig zu unterstützen und auch voneinander zu lernen. Auch in den Erzählungen zu ihren Erfahrungen in den Organisationen der Jugendsozialarbeit legen die jungen Menschen – wie an späterer Stelle deutlich werden wird – entsprechend viel Wert auf die Tragfähigkeit der Gruppen, mit denen sie die Angebote gemeinsam durchlaufen.

Nur wenige trafen auf die Förderung und Unterstützung durch Lehrer/innen, die sich für sie, ihre belastete Lebenssituation und ihre Lernschwierigkeiten interessierten. Vielmehr beschreiben die jungen Menschen auch hier oftmals Konflikte mit den Lehrkräften, die sich an ihrer Unaufmerksamkeit, der mangelnden Leistungsfähigkeit, ihren unangepassten Verhaltensweisen sowie den wenig ausgeprägten konstruktiven Konfliktlösungsstrategien stören und statt mit ermöglichenden Impulsen zu reagieren oder den Schüler/innen alternative Verhaltensweisen an die Hand zu geben, sehr bald Sanktionen und Unterrichtsverweise aussprachen. Nicht selten wurden die jungen Menschen letztlich von ihren Schulen verwiesen, häufig nur um woanders wieder von vorn anzufangen und dort dieselben Erfahrungen zu machen. Viele junge Menschen erinnern sich daran, das Verhalten dieser Lehrer/innen als ungerecht, willkürlich und abwertend empfunden zu haben. In den Organisationen der Jugendsozialarbeit reinszenieren diese jungen Menschen ihre Erfahrungen mit den Lehrer/innen ihrer Schulen manchmal, unterstellen den Fachkräften die Ablehnung ihrer Person oder das Desinteresse an ihrer beruflichen Entwicklung und verweigern die Zusammenarbeit aus Frustration oder Protest.

Auf die sehr begrenzenden Erfahrungen in ihren Schulen, mit Mitschüler/innen und mit Lehrer/innen, aber auch auf die Überforderung, gleichzeitig mit den familiären Herausforderungen und schulischen Leistungsanforderungen umzugehen, reagierten viele der jungen Menschen – wie deutlich wurde – mit Schulschwänzen und in der Konsequenz häufig auch mit Schulabbrüchen. Diese jungen Menschen haben ihre Schulen in der Regel ohne Abschluss verlassen. Einige von ihnen nehmen dann an den Angeboten der Jugendsozialarbeit teil, um ihre Schulabschlüsse – auf mitunter mühsamen Wegen – nachzuholen. In den Organisationen der Jugendsozialarbeit finden sie sich aber häufig auch als diejenigen wieder, deren teils wiederholte Versuche, Abschlüsse nachzuholen oder ohne Abschluss beruflich Anschluss zu finden, immer wieder gescheitert sind. Diese jungen Menschen sind in gewissem Maße motiviert, sich selbst, ihren Eltern und ihrem Umfeld zu beweisen, dass sie letztlich doch noch schulischen oder beruflichen Erfolg haben können, aber ebenso häufig haben sie die Idee, jemals einen Schulabschluss zu erlangen, aufgegeben. Während dies für die einen bedeutet, eine berufliche Perspektive ohne schulische Qualifikation anzustreben, sind die anderen resigniert und lustlos, überhaupt noch weitere Anstrengungen zu unternehmen.

Wie die Auseinandersetzungen mit den Familien- und Schulbiografien der jungen Menschen in diesem Kapitel zeigen, haben die jungen Frauen und Männer im Verlaufe ihres Lebens zahlreiche Erfahrungen gemacht und Entwicklungen durchlaufen, bei denen sie mit sehr widrigen Bedingungen ihrer Umwelt umgehen mussten. Dabei handelt es sich vor allem in späteren Phasen ihrer Jugend und zum Teil mit Hilfe der wenigen verlässlichen Bezugspersonen ebenso um Erfahrungen mit ihren Versuchen, bei all dem auch selbst Einfluss auf die Ausgestaltung einer gelingenden Lebensführung zu nehmen. Sie haben ihnen vertraute Verhaltensweisen im Umgang mit (widersprüchlichen) Anforderungen und zur Lösung ihrer Probleme eingesetzt und erprobt, sich bestimmten Rollenerwartungen in verschiedenen sozialen Bezügen angepasst beziehungsweise eigene Rollenvorstellungen entwickeln müssen oder aber sich auf ihnen zuvor unbekannte Situationen mit darin enthaltenen neuen Anforderungen an ihr Handeln eingelassen und versucht, sich an diese anzupassen. Alle jungen Menschen blicken auf Situationen zurück, in denen ihnen dies mit mal mehr und mit mal weniger Erfolg gelungen ist. Diese Situationen, die mit unterschiedlichen Erfahrungen des Ge- und vor allem Misslingens verbunden sind, waren für die jungen Menschen Lernfelder zu einem Zeitpunkt in ihrer Biografie, der ihren Erfahrungen mit den Schwierigkeiten und der schweren Erreichbarkeit im Übergang von der Schule in Ausbildung und Beruf vorgelagert sind. Die jungen Menschen haben hier Handlungsmächtigkeit erprobt.

5. Agency als analytischer Rahmen

Der fallübergreifende, thematische Vergleich insbesondere mit Fokus auf die familiäre Situation und die Erfahrungen mit der Schule (vgl. Kap. 4) hat gezeigt, welche Bedeutung die biografischen Erfahrungen in unterschiedlichen Kontexten für den Umgang mit an die jungen Menschen gerichteten Erwartungen am Übergang von der Schule in den Beruf hat. Diese Jugendlichen sind vielfach wegen der überaus widrigen Bedingungen in der Zeit des Heranwachsens und den schwierigen Erfahrungen mit Institutionen nicht in der Lage, mit neuen Anforderungen umzugehen und langfristige, etwa berufliche Ziele zu entfalten oder aufrechtzuerhalten. In diesen Phasen der Entwicklung ist ein Großteil der interviewten jungen Menschen überdies häufig nicht befähigt, Routinen zu entwickeln, um mit wiederkehrenden Aufgaben umzugehen oder auf Ressourcen/Erfahrungen zurückzugreifen, um konkrete Handlungsprobleme zu bearbeiten. In dieser Phase des Übergangs zeigt sich ein besonderer Hilfebedarf und hier treffen die jungen Menschen (im Idealfall) eben auf Organisationen, die versuchen, sie mit Unterstützungsangeboten zu erreichen. Diesen Organisationen schreiben sie in diesen Sequenzen – so zeigten erste offene Auswertungsprozeduren – in unterschiedlicher Weise Einfluss auf ihr Handeln, ihre Motivlagen und die Konstitution und die Erhaltung ihrer Ziele zu. Um einen Zugriff auf die Verbindung zwischen Organisation (Verhältnisebene) und Jugendlicher/m (Personenebene) zu bekommen, den Umfang an Darstellungen zu den Erfahrungen mit Organisationen handhabbar zu machen und mit weiteren Schritten im Untersuchungsverlauf zu verbinden, ist ein stärker theoriebasiertes Vorgehen angezeigt. Aus diesem Grund erfüllen die Ideen des Agencykonzepts in den folgenden Phasen/Schritten des Forschungsprojekts die Funktion eines analytischen Bezugsrahmens[1]. Dabei kann Agency mit Blick auf den Verlauf des Vorhabens und deren Anwendung im Sinne Blumers (2013, 46, zuerst 1956) oder Schimanks (1999, 416) als „einsatzfähiges Erklärungswerkzeug“ beschrieben werden, um bei empirischen Arbeiten bestimmte Phänomene zu begreifen, neue Orientierungspunkte zu liefern

1 Dabei haben diese Überlegungen hauptsächlich Bedeutung für die Auswertungsphase des Projekts. Insbesondere die Planungsphase war durch die Entstehung des Projekts noch nicht von diesen theoretischen Überlegungen angeleitet.

oder als ein Mittel, sich über spezifische Phänomene und Zusammenhänge auszutauschen.

Ziel des folgenden Abschnitts ist ein kurzer Abriss der theoretischen Diskussion zum Agencykonzept. Es folgen eine Herleitung verschiedener Komponenten des Rahmens aus den theoretischen Überlegungen und einige Gedanken zur konkreten Anwendung auf die dem Projekt zugrunde liegenden Fragestellungen. Verbunden werden diese Ausführungen mit einer kritischen Würdigung der Eignung dieses Konzepts als Fundament dieser Untersuchung, der Skizzierung gegenwärtig noch offener Fragen sowie der Darstellung verschiedener Anwendungsmöglichkeiten im Projektverlauf.[2]

In ihrem wegweisenden und in der sich anschließenden Debatte um die Anwendung und Auslegung des Begriffs stark rezipierten Aufsatz gehen die Autor/innen Emirbayer und Mische (1998) der Frage nach dem Gehalt des Begriffs Agency[3] nach. Sie definieren diesen als

> "the temporally constructed engagement by actors of different structural environments – the temporal-relational contexts of action – which, through the interplay of habit, imagination and judgement, both reproduces and transforms those structures in interactive response to the problems posed by changing historical situations."

Schon hier zeigen sich die verschiedenen Dimensionen (Zeit, strukturelle Bedingungen, Bewertungen etc.), die für eine Analyse zu berücksichtigen und im weiteren Verlauf einzeln auszuführen sind.

Bis heute entwickelte sich eine lebhafte Auseinandersetzung um die theoretische Anschlussfähigkeit dieser Begriffsbestimmung. Beim Blick auf diese Diskussionszusammenhänge lassen sich zwei Ebenen des Zugangs unterscheiden. Die eher grundsätzlichen Überlegungen widmen sich Fragen der Theoriekonstruktion. Hier geht es vor allem um die Verortung der theoretischen Konstruktionen, um die Rekonstruktion von Entwicklungspfaden sowie um Fragen nach innovativem oder gesellschaftskritischem Potenzial der Begrifflichkeiten und der Anschlussfähigkeit an andere theoretische Zugänge. Eingebettet sind diese Überlegungen in allgemeinere theoretische Diskussionen (dazu u.a. Scherr 2012; Mick 2012, 528/529; vor allem aber mit zahl- und kenntnisreichen Verweisen auf die US-amerikanische Dis-

---

2 Hintergrund dieser Darstellungen ist auch die Forderung nach Offenlegung des theoretischen Vorwissens (Witzel 2000).

3 Die Begriffe ‚Agency' und ‚Handlungsmächtigkeit' werden im Folgenden synonym verwendet.

kussion Raithelhuber 2008, 17 ff.). Es ist im Hinblick auf die Klärung der Frage der Brauchbarkeit des Konzepts ratsam, diesen allgemeinen Darstellungen aus dem Weg zu gehen, vor allem weil diese für die Verwendung der Agencyidee als analytischem Bezugsrahmen für die Auswertung und die Verbindung unterschiedlicher Projektstränge nur am Rande zielführend sind.[4] Bei der Frage, ob das Konzept geeignet ist, einer empirischen Untersuchung den Weg zu weisen, sind andere Aspekte zu berücksichtigen. Ziel in diesem Zusammenhang ist eher eine Rekonstruktion semantischer und syntaktischer Aspekte des theoretischen Rahmens unter Berücksichtigung bisheriger Überlegungen zur Anwendung des Konzepts. Eine Bewährung der theoretischen Gedanken wäre in diesem Zusammenhang erst dann gegeben, wenn die in der oben angeführten Definition enthaltenen Begriffe in einer empirischen Untersuchung ausreichend zu berücksichtigen sind. Dazu gilt es jeweils deren Bedeutungsgehalt zu identifizieren und die Beziehungen zwischen den Elementen des Konzepts zu untersuchen. Erst die Möglichkeit eines systematischen Bezugs zu konkreten empirischen Sachverhalten würde für die Verwendung der Agencyidee sprechen und damit für ein ausgewogenes Verhältnis theoretischer Diskussion und dem Ertrag für empirische Forschung. Hier ist die Idee von Agency noch in einem Entwicklungsstadium, denn „current treatments are unfortunately too abstract to offer guidance for empirical research, especially across different dimensions of social action" (Hitlin/Elder 2007, 186), ein Aspekt allerdings, den sich Untersuchungen durchaus zu Nutze machen können.

5.1 Agency als ‚sensibilisierendes Konzept'

Bei der Sichtung einschlägiger Veröffentlichungen zum Thema lässt sich feststellen, dass Klärungsversuche des Begriffs Agency lückenhaft bleiben müssen. Zum einen ist dies der Unübersichtlichkeit und Vieldeutigkeit des Konzepts geschuldet (Emirbayer/Mische 1998; Hitlin/Elder 2007; Heinz 2009; Helfferich 2012), zum anderen wird „Agency in (und innerhalb) so unterschiedlicher Disziplinen wie der Linguistik, der Soziologie, der Sozialarbeitswissenschaften, der Anthropologie, der Ökonomie, der Psychologie etc. in unterschiedlicher Weise verwendet" (Helfferich 2012, 9). Dies erschwert eine kritische und reflektierte Verwendung des Begriffs. Die kaum zu leugnende Unschärfe bei der Verwendung des Begriffs allerdings ist kein Verweis auf den fehlenden instrumentellen Charakter der Agencyideen.

4 Dennoch wird der in dieser Debatte viel diskutierte Verweis auf den strukturdynamischen Charakter des Konzepts später noch in Teilen zu berücksichtigen sein.

Der Frage, wie sich Handlungs- und Wirkmächtigkeit im Kontext ‚schwerer Erreichbarkeit' darstellen und wie sie zu berücksichtigen sind, kommt diese vordergründig fehlende Präzision für eine offen konzipierte Untersuchung sogar gelegen.[5] Agency ist sogar prädestiniert als sensibilisierendes Konzept (Blumer 1954; Kelle/Kluge 1999), da die Bedeutungsgehalte der unterschiedlichen Dimensionen und deren Beziehungen erst in Auseinandersetzung mit der komplexen und kontingenten „Welt der Erfahrung" (Blumer 2013, 59, zuerst 1930) präzisiert, modifiziert und sukzessive angepasst werden können.

Es ist zweckmäßig, bei der o.g. Definition von Emirbayer und Mische zu bleiben und Agency als „Dreiklang" (Ziegler 2008) aus „iterativen"[6], „prospektiven"[7] und „bewertenden" Elementen zu entwerfen. Das Konzept präskriptiv auf einzelne Elemente zu reduzieren, würde der Mehrdimensionalität und Komplexität und damit dem Potenzial des Konzepts wenig gerecht. Die reduzierte Verwendung des Begriffs, etwa als Eigeninitiative, Aktivitätsniveau oder Mitwirkungsbereitschaft, würde zu einer einseitigen Akzentuierung in der Untersuchung führen. Hier kommt der Betrachtung des Verhältnisses von Struktur und Agency durchaus eine Bedeutung bei der Betrachtung von Hilfeangeboten zu, denn es gilt immer unterschiedliche Betrachtungsebenen in den Blick zu nehmen (Objekt und Subjekt oder Struktur und Handeln). Untersuchungen, die weder den oben enthaltenen Verweis auf „different structural environments" noch Aspekte von „production and reproduction" zur Kenntnis nehmen, werden der syntaktischen Bedeutung dieser Komponenten in der Begriffs- und Theoriekonstruktion nicht gerecht. Verschiedene Autoren (u.a. Deacon 2004; Ziegler 2008) machen auf mögliche Folgen dieser unbedarften Verwendung aufmerksam: Im Kontext der Veränderung wohlfahrtsstaatlicher Arrangements und neuer sozialpolitischer Leitbilder (Butterwegge u.a. 2008, 8; Kessl u.a. 2007, 11) sehen diese Autoren im Gefolge der Debatte um Agency die deutliche Gefahr einseitiger Zuschreibungen von Verantwortung an die Empfänger von Hilfe und der Ausblendung sozialer Ungleichheitsrelationen. So verwendet, verkäme die Idee von Agency von einem Mittel, um bestimmte Phänomene begreifen zu können, zu einer Legitimationsformel für neue sozialpolitische Maßnahmen und Empowermentstrategien, die lediglich auf den Einzelfall ausgerichtet sind und den Akteur/innen einseitig Verantwortung zuschrei-

5 Vgl. zu sensibilisierenden Konzepten auch Hammersley 2006, 279.

6 Hier wird der Grad der Routine/der Wiederholung und der Fähigkeit zum Aufbau stabiler Handlungsmuster angesprochen.

7 Hier wird die zeitliche Dimension berücksichtigt, da sich diese Dimension auf die in die Zukunft gerichteten Handlungsentwürfe der Akteur/innen bezieht.

ben[8]. Agency ist aber immer auch Handeln unter spezifischen strukturellen Bedingungen, die zwingend bei einer Analyse zu berücksichtigen sind. Die Akteur/innen sind weder Opfer gesellschaftlicher Verhältnisse noch agieren sie autonom und verfügen über eine von Strukturen unabhängige, umfassende Handlungsbefähigung (dazu Scherr 2013).

Insbesondere der Fokus auf Erfahrungen mit Organisationen im Übergangsbereich eröffnet in diesem Projekt die Möglichkeit, über die fallkontrastive Betrachtung die unterschiedlichen Befähigungserfahrungen mit den Handlungsumwelten zu verbinden. Dabei geraten die Verhältnisse (Organisation/Handlungsfeld) als Bedingungen und Voraussetzungen, die ermöglichenden, aber auch begrenzenden Einfluss auf die Agency der Jugendlichen (Personen/Zielgruppenbezug) haben, in den Blick. Durch diesen komplementären Zugang kann der oben beschriebenen Gefahr der einseitigen Verwendung des Konzepts (Ziegler 2008, 87 ff.) begegnet werden. Aus dem Zuschnitt des Projekts, aus der in Kapitel 3 dargestellten Art der Datenerhebung und den beiden Auswertungsstrategien/-perspektiven (Verlaufsebene, Handlungsebene) ergibt sich die Möglichkeit, beide Ebenen zu verbinden und die Verhältnisse der Akteur/innen hinsichtlich des Zugangs zu den sozialen Positionen sowie deren Verbindung mit systematisch vorteilhaften – oder mit Blick auf die Jugendlichen in dem Projekt wahrscheinlicher – mit nachteiligen Lebensbedingungen zu analysieren. Außerdem wurde für die Soziale Arbeit die Idee der „stellvertretenden Agency" ausgearbeitet. Von stellvertretender Agency lässt sich in Anlehnung an Bender u.a. (2013) sprechen, wenn

> „Akteur A eine Intention verfolgt, die nicht aufgegeben wird, zugleich jedoch auch keine eigenen Handlungen zu deren Realisierung führen können. Akteur B, zu dem Akteur A in sozialer Relation steht, vollzieht die Handlung stellvertretend für Akteur A und wirkt damit förderlich auf dessen Zielerreichung ein" (Bender u.a. 2013, 267).

In diesem Zusammenhang wären die Hilfemaßnahmen eine spezifische Form der Unterstützung mit dem Ziel, unter bestimmten (widrigen) Bedingungen Handlungsmächtigkeit wiederherzustellen oder Ohnmacht zu kompensieren. Was aber ist nun Agency und welche Dimensionen sind bei einer Untersuchung zu berücksichtigen?

---

8 Scherr (2013, 240) macht auf die Gefahr eines „ungleichheitstheoretisch unterbestimmten Verständnisses" von Agency und auf die folgenreiche Allianz zwischen Wissenschaft und der Sozialpolitik aufmerksam.

Agency setzt sich mit Blick auf die oben dargestellte Definition von Emirbayer und Mische zusammen aus Aspekten der Vergangenheit (Habitus, Routinen, verlaufsprägende Ereignisse), aus dem Wunsch und der Fähigkeit, mit dem eigenen Handeln bestimmte Ziele zu verfolgen sowie aus der für die Handelnden anspruchsvollen Aufgabe, vergangene Ereignisse und deren Folgen unter Berücksichtigung der bestehenden Verhältnisse/Situationen (Umweltebene) auf die zukunftsbezogenen, erwünschten Ziele zu beziehen. Für den Blick auf die Jugendlichen und die Organisationen des Übergangs lassen sich diese Überlegungen unter Berücksichtigung eines Konzeptionalisierungsversuchs von Hitlin und Elder (2007) und Lange (2008) brauchbar erweitern. Die Autoren beschreiben vier Varianten von Agency. Sie unterscheiden unter besonderer Berücksichtigung der zeitlichen Dimension „existential, identity, pragmatic, and lifecourse agency" – wobei für eine empirische Untersuchung vor allem die drei letztgenannten fruchtbar zu sein scheinen.

Existenzielle Agency bezieht sich eher auf die grundlegende (anthropologische) Fähigkeit zu handeln, auf „universal human potentiality" und verweist „to a fundamental level of human freedom" (Hitlin/Elder 2007, 177).

Identitätsagency bezieht sich auf kurze und mittelfristige Ziele, die spezifischen Rollenerwartungen von Anderen und die Fähigkeit, auch kontextübergreifend diesen Erwartungen entsprechen und Rollen mit entsprechender Hingabe routiniert ausfüllen zu können.

Pragmatische Agency ist wirksam in Situationen, in denen der/die Akteur/in mit Handlungsproblemen konfrontiert ist, die sich über eingeübte Routinen nicht lösen lassen. Sie bezieht sich auf die Fähigkeit, in neuen Situationen jenseits habitualisierter Problemlösungsmuster Ziele zu verfolgen.

Lebensverlaufagency (Hitlin/Elder 2007, 181) kann definiert werden als Fähigkeit, Lebenspläne zu entwerfen und zu verfolgen (Shanahan/Elder 2002, 147; Hitlin/Elder 2007, 183) und lässt sich weiter ausdifferenzieren in konkrete Handlungen, die langfristige Effekte haben oder hatten (hier eine zeitliche Ausdehnung der *existential agency*) und dem Glauben/Zutrauen, langfristige Ziele verfolgen zu können.[9] Bei dieser Form besteht aufgrund der beiden Aspekte – der Befähigung, Lebenspläne zu entwickeln, und dem Zutrauen in die eigenen Fähigkeiten, diese erreichen zu können – die Mög-

9 Der zeitliche Rahmen ist gegenwärtig noch unklar: "We must stress that there are extreme temporal variations within life course agency, and a full article might be written discerning differences between types of future horizons." (Hitlin/Elder 2007, 183)

lichkeit, bei der Interpretation des Datenmaterials unterschiedliche Grade der Abstufung zu berücksichtigen.

Ferner zu bedenken ist der Verweis auf die Offenheit des Begriffs und der Hinweis darauf, dass Agency trotz des (biografischen) Akzents auf vergangene Erfahrungen kein kontextübergreifendes stabiles Persönlichkeitsmerkmal ist. Mit den Worten von Raithelhuber (2011, 54) ist es keine stabile Eigenschaft „des Individuums, das in Situationen hineingetragen wird, sondern eine soziale und relationale Errungenschaft, die situativ hergestellt wird". Vorübergehend ergibt sich in Anlehnung an die oben skizzierten Versuche der Begriffsbildung und einer Anpassung an den Untersuchungsgegenstand folgendes Schaubild:

Agency - iterativ - prospektiv - bewertend	zeitl. Dimension	Situationen
	existentiell	übergreifend
	Lebenslauf	verlaufsprägende Ereignisse
	Identität/Rolle	Routinen
	pragmatisch	aktuelle, neue Herausforderungen
	ermöglichend, begrenzend ambivalent, stellvertretend...	angepasst, modifizierend

strukturelle Bedingungen

Organisationen des Übergangs, regionaler Arbeitsmarkt, Förder- und Tarifnormen, Weiterbildungs - und Vermittlungsangebote, Netzwerke.....

Schaubild 1: verschiedene Komponenten eines analytischen Agencyrahmens

Um die instrumentellen Möglichkeiten des Agencykonzepts einschätzen zu können, ist zunächst zu prüfen, ob sich die verschiedenen Elemente des Konzepts auf die Verhältnisse und das Handeln der Jugendlichen und deren Folgen als Gegenstand beziehen lassen. Die unterschiedlichen Dimensionen und deren Wechselwirkung hinsichtlich der Agency von Jugendlichen könnten bedeuten:

Die Jugendlichen folgen Zielen *(prospektiv, bewertend)*, die sowohl mittel- und kurzfristig sein können, als auch bestimmten langfristigen Lebensentwürfen *(Lebenslauf)*. In das Bewusstsein geraten die kurz- und mittelfristigen Orientierungen in Momenten, wo die Jugendlichen Entscheidungen treffen und auf spezifische Anforderungen aus der Umwelt reagieren müssen. Diese Situationen variieren je nach Kontext und zeitlicher Dimension. So können (präreflexive) Wissensbestände, die sich im Rollenhandeln zu Mustern verfestigt haben *(Identitätsagency, iterative Dimension)*, vor dem

Hintergrund neuer Herausforderungen brüchig werden. Habitualisierte Praktiken, das routinierte Ausfüllen von spezifischen Rollen, wie Schüler/in, Patient/in oder Maßnahmeteilnehmer/in *(Identitätsagency)*, werden brüchig, scheinen wenig geeignet, bestimmte Ziele zu realisieren und sind so gleichsam als Identitätsstützen hinfällig. Außerdem werden kurzfristig Herausforderungen erkennbar, die abhängig von den *(pragmatischen)* Kapazitäten des Akteurs/der Akteurin zu bewerten und zu bearbeiten sind. Hier wirken widersprüchliche Anforderungen auf unterschiedlichen Ebenen, die für Jugendliche nur schwerlich in Einklang zu bringen sind. So obliegt es ihnen, etwa in schwierigen finanziellen und psychischen Situationen oder in für sie kaum zu bearbeitenden konfliktlastigen Beziehungen mit spezifischen Anforderungen – z.B. der Arbeitsvermittlung oder den Maßnahmen des Übergangs – umzugehen. Gleichzeitig ergeben sich eventuell Schwierigkeiten, bis dato funktionale Rollenmodelle und langfristige Pläne aufrechtzuerhalten. Hier offenbaren sich konkrete Handlungsprobleme bei den Jugendlichen, die vielfach weder über eingeübte, verinnerlichte Routinen noch über die Inanspruchnahme gewohnter Ressourcen gelöst werden können, die aber bei Versuchen der Organisationen, die Jugendlichen zu ‚erreichen', zwingend einzubeziehen sind. Die Kapazitäten für die Handlungsbefähigung ergeben sich überdies aus deren vergangenen, kontextuell variierenden Erfahrungen von Handlungs- und Wirkmächtigkeit (mit Netzwerkpartnern, Familie, Ausbildung, Schule, Maßnahmen etc.).

Im Schaubild ist überdies die andere Richtung des Wechselverhältnisses von Handeln und Struktur berücksichtigt. So sind auch veränderte Strukturen und vor allem der Prozess der Veränderung struktureller Aspekte in den Blick zu nehmen. Bei Betrachtung von Agency sind komplementär auch spezifische Verhältnisse zu betrachten, die in ermöglichender oder begrenzender Weise als Bedingungen und Voraussetzungen Einfluss auf die ‚Erreichbarkeit' der Jugendlichen haben. Wichtig ist im Sinne der skizzierten Agencyidee die Hervorbringung neuer Strukturen. In der Handlungspraxis wird durch die Jugendlichen eben auch Struktur hervorgebracht oder reproduziert, wenn sich zum Beispiel die Zugangsmodi bei den Organisationen verändern, Disziplinierungsinstrumente der Arbeitsvermittlung in den U25-Teams modifiziert werden oder sich Strukturen von Beziehungen der Jugendlichen dauerhaft verdichten, stärker, schwächer, direkter oder indirekter werden. Über die Betrachtung dieser zahlreichen Wechselwirkungen mithilfe der Agencyidee kann es gelingen, bei den vielfältigen Strukturelementen zu differenzieren und zu versuchen, deren spezifische Auswirkungen und Veränderungen zu verstehen. Trotz der Komplexität verspricht das Konzept ein hohes Maß an Verständnis für das Handeln der Jugendlichen (Handlungsbezug) und dessen Bedingungen (Organisationsbezug). Dabei eröffnet der Zugang über Agency bei Berücksichtigung der verschiedenen Zeit- und Handlungsdimensionen unterschiedliche Interpretationsideen und Zugänge zu spezifischen Fragen an das Material. Gleichsam ist dieser Weg mit einigen theoretischen Unzulänglichkeiten und Fallstricken versehen, die insbesondere folgenreich für die Überlegungen zu den Auswertungsprozeduren sind.

5.2 Leerstellen und Widersprüche bei der Agencyidee

Zunächst soll ein schwieriger Aspekt skizziert werden, der unmittelbar Auswirkungen auf die Interpretation des Materials hat. Die von Hitlin und Elder (2007, 184) vorgebrachte Annahme, die verschiedenen Ebenen von Agency ergeben sich nur aus den „big life choices we make about the timing and sequence of new pathways to follow", ist kritisch zu hinterfragen. Einzuwenden ist, dass sich die Ebenen auch aus anderen lebensgeschichtlichen Erfahrungen und aus Verknüpfungen mit wichtigen biografischen Interaktionspartner/innen, denen eine Rolle und Wirkung im Leben der Akteur/innen zugeschrieben werden, ergeben. Die Bedeutung des Außergewöhnlichen wird besonders in den für den/die Ereignisträger/in gewichtigen Phasen und Situationen deutlich. Vordergründig ist die Annahme plausibel, dass an Bruchstellen, Wendepunkten, biografischen Krisen oder Übergängen in der retrospektiven Ausarbeitung des Erzählgeschehens Fragen nach der Wirk- und Handlungsmächtigkeit besonderes Gewicht bekommen. So erleichtert der Blick auf verlaufsprägende Situationen im Leben der Akteur/innen in der Tat die Interpretation und prädestiniert das Konzept für die Analyse von Übergängen. Dennoch liegt eine problematische Verwendung des Begriffs vor, die nicht zur theoretischen Herleitung passt: Schicksalhafte oder verhängnisvolle Ereignisse verweisen eher auf intentionsäußerliche Bedingungen, dennoch heißt es bei (Marshall 2000, 19) dazu:

> "Fateful moments are those when individuals are called on to take decisions that are particularly consequential for their ambitions or more generally for their future lives. Fateful moments are highly consequential for a person's destiny."

Zwar werden die Reflexion von Zielen und das Vermögen, handlungsmächtig zu sein, in diesen Passagen besonders deutlich, aber aus der Forderung nach Offenheit und den oben skizzierten Dimensionen von Iterativität und habitualisiertem Handeln ergibt sich die Notwendigkeit, routiniertes Handeln ebenso in den Blick zu nehmen. Die Zweifel von Marshall (2000, 8), ob Agency nur an „turning points" oder „fateful moments" deutlich wird, sind ernst zu nehmen.

Offen bleiben auch Fragen zur Genese von Agency. So geben einschlägige theoretische Überlegungen kaum Hinweise darauf, wo die Ziele/Bedürfnisse der Akteur/innen in der Situation herkommen. Resultieren sie aus der sozialen Einbettung, werden sie also von anderen an die Akteur/innen herangetragen? Ergeben sie sich möglicherweise abhängig von und abgeleitet aus den langfristigen Lebensentwürfen der Akteur/innen? Wie werden welche spezifischen Anforderungen/Rollenerwartungen eigentlich mit lebenszeitgemäßen Erfahrungen verbunden oder in welchem Verhältnis stehen besagte eingeübte Routinen und vergangene Erfahrungen? Der Verweis auf habituelle Komponenten scheint recht dürftig und eine zusätzliche sozialisationstheoretische Perspektive wäre sicher brauchbar.

Das Agencykonzept ist gegenwärtig in einem Entwicklungsstadium und insofern von begrenztem deduktivem Wert. So sind zunächst ergebnisoffen Interaktionszusammenhänge, in denen Wirkmächtigkeit ausgehandelt wird, bereichs- und lebensphasenspezifische Handlungs- und Wirkmächtigkeit sowie die Frage nach Zuschreibungen von Wirkung und Verantwortlichkeit und der Genese von Agency zu berücksichtigen. Diese Aspekte können gegenwärtig aus einer erklärenden Perspektive kaum aufgeschlossen werden. Das macht sowohl die Datenerhebung als auch die Auswertung der Interviews zu einer besonderen Herausforderung, denn Passagen, in denen sich Handlungsbefähigungen äußern, sind für die Interviewpartner/innen häufig vordergründig biografisch irrelevant. Somit sind Initiativen zur Veränderung von Lebensbedingungen in vielen Fällen nur über konkrete narrative Nachfragen zugänglich. Dafür gibt es vor allem zwei Gründe: Zum einen werden bestimmte Passagen von den Jugendlichen als zu schmerzhaft empfunden, zum anderen ergeben sich aus der detaillierten Erzählung insbesondere vor dem Hintergrund konkreter, erwartbarer und institutionell gerahmter Abläufe Legitimationsprobleme. So ist es erforderlich, im Interview und bei der Interpretation besonderes Augenmerk auf die im Erzählduktus gerafften Darstellungen und rezessiven Erzähllinien (z.B. Familie, Freunde) zu legen und gezielt, aber offen nachzufragen. Gerade in für die Jugendlichen vermeintlich unwichtigen Phasen, die für die Akteur/innen dennoch hochgradig kontingent sind und in denen sich Handlungsspielräume hinsichtlich der ermöglichenden und der begrenzenden Möglichkeiten auftun, zeigt sich, wie sie in konkreten Situationen und unter welchen Bedingungen sie in der Vergangenheit erworbene Fähigkeiten und Gewohnheiten mit zukunftsbezogenen Vorstellungen verbinden. Im Datenmaterial kommen diese Ebenen zusammen, denn dort werden in der biografischen Binnensicht der Akteur/innen Ereigniserfahrungen zur Sprache gebracht, die sich über unterschiedliche Darstellungsmodi (Beschreiben,

Argumentieren, Erzählen) auf Gewohnheiten, Bewertungen und prospektive Elemente beziehen.[10] Die verschiedenen für den/die Akteur/in relevanten Situationen, Phasen und Bezügen (Schule, Maßnahme, Gleichaltrigengruppe) im Auswertungsmodus lassen sich nach oben skizzierten Dimensionen im Auswertungsprozess analytisch trennen, um sie dann gesondert einerseits sequenzanalytisch (Verlaufsebene) auf der Fallebene und andererseits problemfokussiert (Verhältnisebene) hier dann eher fallübergreifend verwenden zu können.

5.3 Konsequenzen für die verschiedenen Projektschritte

Die oben skizzierten Komponenten des Agencykonzepts ermöglichen auf der Suche nach vielversprechenden Perspektiven für die zielgruppenadäquate Angebotsgestaltung auch die Verknüpfung unterschiedlicher Stränge und Analyseebenen. Dennoch ergibt sich aus der Verwendung des oben skizzierten Rahmens die Möglichkeit der Fokussierung auf spezifische Aspekte im Untersuchungsverlauf.

Zunächst leiten die oben dargelegten Komponenten des analytischen Rahmens die Datenauswertung an. In Kapitel 6 wird der zweistufige Prozess der Konstruktion von typischen Phasen ‚schwerer Erreichbarkeit' demonstriert. Im ersten Zugriff auf das Material sind zunächst Einzelfallanalysen vorzunehmen. Aus diesem Schritt ergibt sich vor allem die Möglichkeit, die differenten Dimensionen des Konzepts und damit die Komplexität materialbasiert zu reduzieren. Hier werden offene Fragen aus dem oben skizzierten Rahmen abgeleitet und an das Material herangetragen. Auf dieser Stufe der Auswertung geht es darum, in Erfahrung zu bringen, welche Punkte sich in der Biografie/in der biografischen Erzählung der Jugendlichen identifizieren lassen, in denen sie sich als handlungsmächtig wahrgenommen oder eine Form von Agency erprobt haben (und umgekehrt). In dieser Phase der Interpretation, an deren Ende eine Typologie der Phasen ‚schwerer Erreichbarkeit' steht, ist zunächst ergebnisoffen danach zu fragen, welche Akteure aus Sicht der Jugendlichen an welchen Prozessen beteiligt sind und

---

10 Ein Dank gilt Lucius-Hoene, die auf persönliche Nachfrage einige Bedenken zur Verwendung der Textsorte zerstreut hat. Zum Beispiel geht es bei der skizzierten Agencyidee ja auf der iterativen/habituellen Dimension auch darum, gewohnheitsmäßiges Handeln zu rekonstruieren, so dass auch andere Darstellungsmodi zu berücksichtigen sind. Gerade beim Beschreiben geht es ja darum, „Momente der Gewohnheit und des Zustandes herauszuarbeiten", und hier finden sich in den impliziten und expliziten Bewertungen ebenso Prädikatsausdrücke und semantische Rollen wie beim Erzählen.

wer von ihnen in welcher Weise als wirkmächtig und damit als Verursacher bestimmter Ereignisverkettungen wahrgenommen wird. Beim folgenden Teil der Darstellung von Phasen ‚schwerer Erreichbarkeit' unter Berücksichtigung der im ersten Schritt extrahierten wesentlichen Dimensionen mit den jeweiligen Ausprägungen von Agency wird die unterschiedliche Hervorbringung der Erfahrungen von Handlungs- und Wirkmächtigkeit verknüpft mit dem spezifischen Einfluss von Organisationen dargestellt. Dabei verändert sich der Untersuchungsgegenstand durch die vorher gewonnenen Erkenntnisse. Die Perspektive verschiebt sich vom Fall auf einzelne Phasen ‚schwerer Erreichbarkeit' als Untersuchungsgegenstand. Der Fokus ist nunmehr eingegrenzt und richtet sich noch konkreter auf die Verbindung zwischen den Organisationen und den Jugendlichen. An dieser Stelle lassen sich bereits konkreter Hinweise auf Unzulänglichkeiten bei bestehenden Angeboten und Chancen für die Gestaltung neuer Angebote für diese Zielgruppe formulieren. Dabei steht die Frage nach Mustern der Zuschreibung von Wirkmächtigkeit unter besonderen Bedingungen (die jeweilige Agencykonstellation) im Mittelpunkt. Es ist zu verdeutlichen, wie und mit wem Jugendliche Entscheidungen in verlaufsprägenden Situationen aushandeln. Welche Bedeutung haben die betreffenden Organisationen bei Versuchen der Jugendlichen, für sie schwierige Situationen unter Kontrolle zu bringen und damit handlungs- und wirkmächtig zu bleiben, mithin also bei der Konstitution von Agency?

Auf einer weiteren Ebene wird im Anschluss an die Themen des Leitfadens die Bewertung der Organisationen durch die Jugendlichen analysiert (s. Kap. 7.1). Hier wird die bei den Konzeptionalisierungs- und Codierungsversuchen des Materials gewonnene Kernkategorie der ‚Bewertung von Maßnahmen der Jugendsozialarbeit' analysiert. Als fallübergreifendes Thema bieten die Äußerungen der Jugendlichen zu den Kontakten mit den Organisationen einen Zugang zu den verschiedenen besonderen Charakteristika dieser Kooperationsbeziehung. Dabei ist die Verbindung zur Idee von Agency offenkundig, denn den Jugendlichen sollen – vielfach vermittelt über Leistungsträger – spezifische Kombinationen von Leistungen und Instrumenten (Beratung, Anleitung, Information, Hilfeplanung etc.) und Handlungsoptionen dargestellt und im Bedarfsfall praktische Hilfen gewährt werden. Die Frage ist hier, wie die Jugendlichen diese Angebote wahrnehmen und mit welchen Anforderungen sie sich in den Hilfe- und Förderarrangements konfrontiert sehen. Welche Aspekte sind zu berücksichtigen und welche Form der sozialpädagogischen Ansprache und Förderung sind aus der Perspektive der Adressat/innen erforderlich, um diese Gruppe zu ‚erreichen'? Dieser Auswertungsschritt ist weiterhin verknüpft mit der Analyseperspektive auf die Organisationen. Wie in Kapitel 2 dargelegt, bleibt eine Gruppe von Jugendlichen, die andere Modalitäten der Ansprache benötigt, um ihnen wirkungsvolle Zugangsmöglichkeiten zum Ausbildungs- und Arbeitsmarkt zu eröffnen. Diese Zielgruppe ist offenbar in den vorhandenen Angebotsstrukturen nicht ausreichend berücksichtigt. Die bestehenden Angebote sind theoretisch als strukturelle Bedingungen der Ausbildung, Erprobung und Verfestigung von Handlungsmächtigkeit gefasst. Neben der Zuschreibung von spezifischer Wirkmächtigkeit und abhängig von den verschiedenen Konstellationen von Agency gilt es auch konkrete Punkte und Gründe zu identifizieren, an denen sich die Jugendlichen gegenüber den Ansprechbemühungen von Organisationen der Jugendsozialarbeit verschließen oder sich ihnen entziehen. Dabei sind die besonderen Charakteristika dieser Beziehung zu berücksichtigen (diffus vs. spezifisch, flüchtig vs. wiederkehrend, symmetrisch vs. asymmetrisch etc.), um Vorschläge für eine passende Angebotsgestaltung für diese Zielgruppe zu formulieren.

Allerdings kommt eine Betrachtung der Angebote für die Jugendlichen nicht ohne eine Beobachtung der am Prozess beteiligten Organisationen aus. Auch hier trägt der oben skizzierte Agencyentwurf. Analog zur Perspektive auf die Jugendlichen lassen sich Fragen nach der Handlungsmächtigkeit auch auf die entsprechenden Organisationen/Hilfeangebote beziehen.[11] Angelehnt an verschiedene Komponenten aus dem oben skizzierten Rahmen sind die Fragen in diesem Projektschritt allerdings grundsätzlich andere.

Bei dieser Verwendung stößt die Agencyidee in der oben skizzierten Form an ihre Grenzen. Sie ist beim Blick auf die Organisationen nicht durchgängig stringent, aber dennoch Hintergrundidee und dient so einer eher assoziativen Verwendung. Die Organisationen der Jugendsozialarbeit lassen sich als Akteure beschreiben, die in den komplexen Dienstleistungs- und Kooperationsbeziehungen mit verschiedenen Anforderungen von unterschiedlichen Seiten konfrontiert sind und deren Grad an Agentivität selbst maßgeblich von strukturellen Bedingungen abhängig ist. Es gilt auch für die Organisation in verschiedener Hinsicht unter problematischen Handlungsbedingungen funktionsfähig zu bleiben. Auf der Ebene der Beziehungen zwischen den Sozialleistungsträgern und den Leistungserbringern offenbaren sich zahlreiche Schwierigkeiten, mit denen die Organisationen umgehen müssen, wenn sie ihre Angebote im Hinblick auf die Zielgruppe ausrichten und damit deren Zugangsmöglichkeiten erweitern

11 Dabei gilt es Verwechslungen mit der Agencytheorie, die aus der „neueren Institutionenökonomik“ stammt und sich auf die Betrachtung der Beziehungen zwischen einem Prinzipal und einem Agenten bezieht, zu vermeiden, dazu Preisendörfer 2011, 105 ff.

wollen. Die Organisationen müssen mit verschiedenen Zwängen umgehen, um als handlungsmächtige Akteure (Agency) entsprechende Angebote konzipieren und aufrechterhalten zu können. Sie liegen im Schnittpunkt verschiedener Zuständigkeiten unterschiedlicher Hilfesysteme, so dass sie ihre Rolle (Identität) den jeweils zugrunde liegenden Handlungslogiken gegenüber situationsangepasst *(pragmatische Ebene)* umstellen müssen. Eine entsprechende Rolle/Identität in diesen Konstellationen und damit Raum für Routinen zu finden, ist für die Organisationen mit erheblichem Aufwand verbunden und das Gelingen dürfte wesentlich davon bestimmt sein, wie sie es bewerkstelligen, sich jeweils als Einrichtung gegenüber der Organisationsumwelt zu inszenieren/legitimieren *(Identiätsebene).* Diese Darstellung, wahlweise als umfassende sozialpädagogische Hilfe, als Einrichtung, deren zentrale Aufgabe es ist, Bildungszertifikate oder Instrumente zur Ausbildungsvermittlung und Beschäftigungsfähigkeit bereitzustellen, verlangt diesen Organisationen einige Anstrengungen ab. Kurzfristige Handlungsbefähigung dürfte ferner nur gegeben sein, wenn es gelänge, flexibel auf die Anforderungen der Kooperationspartner und der Kostenträger reagieren zu können. Insbesondere die Ausgestaltung der Beziehungen zu den beteiligten Organisationen und die eingeschränkten finanziellen Möglichkeiten (Dauer, Höhe, Zweckbindung der Leistungen etc.) dürften Auswirkungen auf die Gestaltung der Angebote für diese Zielgruppe haben. Dabei unterscheiden sich Organisationen der Jugendsozialarbeit – so eine vorsichtige These – in der Fähigkeit, flexibel mit diesen Anforderungen umzugehen, ihre Arbeit auch unter schwierigen Finanzierungsbedingungen, Konkurrenzbedingungen und zum Teil widersprüchlichen Anforderungen (wechselnde und begrenzte Finanzierungsanteile, unterschiedliche und auch begrenzte Förderprogramme) aufrechtzuerhalten. Für eine langfristige, dauerhafte (agentive) Positionierung (projektive Ebene) sehen sich diese Organisationen gegenwärtig mit schwierigsten Rahmenbedingungen konfrontiert, die sich aus einem Zusammenspiel widersprüchlicher Interessen und Ziele der Kooperationspartner ergeben und gleichsam organisationsintern die verschiedenen Interessen der Organisationsmitglieder zu berücksichtigen haben. Dabei geraten auf dieser Ebene, allerdings mit Fokus auf die Möglichkeiten für die Ausgestaltung der Maßnahmen für die Zielgruppe, sowohl interne Abläufe und Strukturaspekte der Organisationen als auch die Ausgestaltung der Beziehungen zu den Kostenträgern/Auftraggeber in den Blick.

6. Typisierung von Phasen schwerer Erreichbarkeit

6.1 Vorgehensweise bei der Strukturierung und Interpretation der qualitativen Interviews für die Typenbildung

Wie in Kapitel 5 skizziert, gilt es sich dem Interviewmaterial auf zwei Ebenen zu nähern. So wird durch die Verwendung der Agencyidee nahegelegt, sowohl die Verlaufs- und Handlungsebene (Zielgruppen- und Personenbezug) als auch die Verhältnisebene (Organisationsbezug) bei der Auswertung zu berücksichtigen. Aus der gewählten Art der Datenerhebung – einer Synthese aus problemzentrierter und biografisch narrativer Interviewstrategie (vgl. Kap. 3.5.1) – und den unterschiedlichen Auswertungsperspektiven ergibt sich die Möglichkeit, diese verschiedenen Ebenen zu verbinden und konkret die Verhältnisse der Akteure und die Bedingungen hinsichtlich des Zugangs zu den Angeboten der Jugendsozialarbeit zu analysieren.

Ausgangspunkt der interpretativen Arbeit ist bei einer für dieses Vorhaben notwendigen/zweckmäßigen zweistufigen Typologiekonstruktion zunächst der Fall als Ganzes. Auf dieser Ebene gilt es den am Anfang stehenden umfangreichen Satz von Dimensionen, der sich aus dem in Kapitel 5 dargestellten analytischen Rahmen ergibt, auf die für die Untersuchten und das Erkenntnisinteresse wesentlichen Aspekte zu reduzieren. Ziel dieser Reduktion im ersten Schritt ist die Herleitung logischer, inhaltlich tragfähiger Kombinationsmöglichkeiten wesentlicher Dimensionen, um zu einer systematischen Typologie gelangen zu können. Mit dieser typologischen Verdichtung lässt sich an den grundsätzlich widersprüchlichen Charakter von Idealtypen anknüpfen. Diese sind einerseits Maßstab und in dieser Funktion sollen sie Erklärungen von Abweichungen veranlassen, auf der anderen Seite müssen sie, wenn sie der Überprüfung von Hypothesen dienen sollen, selbst überprüfbar sein.[1] Dieser Widerspruch verweist auf zwei

1 Die Typen sind nicht falsifizierbar und die Schwierigkeiten gehen über das Problem der Falsifizierbarkeit hinaus, denn nicht nur, dass die Idealtypen mit dem Anspruch konstruiert sind, dass sie keine Aussagen über die Wirklichkeit treffen, sie entfalten erst bei Nicht-Übereinstimmung mit dieser ihre Wirkung als Mittel zur Erkenntnis.

Funktionen, die für die vorliegenden Zwecke genutzt werden. Der Idealtyp ist auf der ersten Stufe ein Hilfsmittel, um die Phänomene der empirischen Welt zu durchdringen. In diesem Sinne geht es im ersten Schritt der Interpretation um die Aufklärung der Relation zwischen den verschiedenen Attributen des Typus. Auf dieser Stufe der Anwendung verfolgt die Typenbildung vor allem den Zweck der Komplexitätsreduktion und damit des themen- und problemfokussierten Blicks auf vorliegende Sequenzen. Weber hat sich seinerzeit noch auf Erfahrungsregeln stützen können, so dass er den Anspruch an die Typenbildung wie folgt darstellt: „Es handelt sich um die Konstruktion von Zusammenhängen, welche unsere Phantasie als zulänglich motiviert und als objektiv möglich unserem nomologischen Wissen als adäquat erscheinen" (Weber 1973, 192). Weder besagte Erfahrungsregeln noch die allgemeine Phantasie sind allerdings aus unterschiedlichen, aber offenkundigen Gründen bei dem hier fokussierten Forschungsgegenstand[2] ausreichend, um eine Typologie konstruieren zu können, so dass im ersten Analyseschritt die Bestimmung des Merkmalsraums eine Synthese aus forschungsstrategischer Entscheidung und den Ergebnissen von Einzelfallanalysen ist. Die Konstruktion ist zum einen also wesentlich vom konkreten praktischen Erkenntnisinteresse geprägt und zum anderen vor allem in Auseinandersetzung mit den Einzelfallanalysen gewonnen und damit eine Vorbereitung auf den zweiten Schritt des Verfahrens, den Zugriff auf die verschiedenen Phasen der ‚schweren Erreichbarkeit' in den Erzählungen. Erst hier bietet sich die Möglichkeit, am Material orientiert Varianten dieses Typus zu untersuchen (Gerhardt 2001, 235).

In diesem zweiten Schritt sind die Typen Resultate einer Untersuchung (Przyborski/Wohlrab-Sahr 2014, 330) und am Material gewonnene Konstruktionen von Zusammenhängen und damit ein Fundus für Hypothesen und praktische Empfehlungen. Sie liefern im weiteren Projektverlauf fortlaufend Annahmen und konkrete Anhaltspunkte für die Vorschläge zum Umgang der Organisationen mit der Zielgruppe. Dabei ist die stete Bindung an das Material und die im Hauptteil dieses Abschnitts folgende dichte Darstellung angezeigt, auch um dem gelegentlich geäußerten Vorwurf an

---

Ein Dilemma, dass sich laut Janoska-Bendl nicht logisch lösen lässt. (Janoska-Bendl 1965, 84).

2 Unter anderem wäre dies ein Widerspruch zum Credo der Offenheit, der Bindung an empirisches Material, und weder verfügen die Verfasser/innen über ausreichend Kenntnisse der Lebenswelten der Jugendlichen noch reicht die Phantasie, um sich von deren Umständen ein realistisches Bild zu machen. Vielmehr dürfte der Wissens- und Erfahrungshintergrund zwischen jungem Menschen und Forscher/innen, aber auch Sozialarbeiter/innen recht unterschiedlich sein.

die Typenbildung „der reinen Fiktion und Gedankenspielerei" (Albert 2007, 58) zu begegnen.

Aus der Auseinandersetzung mit konkreten Fallverläufen ergibt sich bei der Reduzierung auf für die Ziele der Untersuchung und für die jungen Menschen relevante Aspekte ein spezieller Interpretationszugang. Dieser beschränkt sich im zweiten Interpretationsschritt noch auf zwei Ausgangsdimensionen mit jeweils unterschiedlichen Eigenschaften, die ‚Lebensverlaufagency' einerseits und die ‚Zuschreibung von Wirkmächtigkeit' spezifischer Organisationen andererseits. Die Notwendigkeit dieses besonderen Fokus auf das Material bei der Typenbildung, der im Arbeitsprozess – im deduktiven (Rückgriff auf theoretische Ideen) und induktiven (Anleitung durch das Material) Wechselspiel – sukzessive entwickelt wurde, soll nachfolgend kurz verdeutlicht werden. Aus diesem Grund werden zunächst die zur theoretischen Grundlegung passenden Auswertungsideen von Lucius-Hoene (2012) beschrieben. Es schließt sich an einem Fallbeispiel und der beispielhaften Anwendung dieser Auswertungs- und Beschreibungskategorien die Darstellung konkreter Sequenzen und die daraus extrahierten Ideen für die typologische Verdichtung von ‚Phasen schwerer Erreichbarkeit' an.

6.1.1 Zur Rekonstruktion von Agencykonstruktionen

Lucius-Hoene (2012) liefert, angelehnt an Beschreibungskategorien aus der Linguistik, zur Rekonstruktion von Agencykonstruktionen in Erzählungen Anhaltspunkte für die Auswertungsarbeit. Ziel ist dabei, die sprachliche Zuordnung der Wirkung von Ereignissen, die Agentivierung (Lucius-Hoene 2012, 42), aber auch die zugeschriebene Agentivität von Objekten und Personen zu rekonstruieren. Über die Zuordnung von Wirkmächtigkeit wird die Handlungsmächtigkeit auf den oben skizzierten, verschiedenen Dimensionen von Agency thematisiert. Von zentralem Wert für die Auswertungen sind die von Lucius-Hoene vorgeschlagenen Beschreibungskategorien[3]. Sie erfüllen im Interpretationsprozess mehrere Funktionen: Sie machen die Passagen in den Interviews gut fassbar und ermöglichen ergebnisoffen sowohl die Identifikation von Verursachern für bestimmte Zustän-

3 Die von Lucius-Hoene zu analytischen Zwecken vorgeschlagene Trennung von drei Ebenen, auf denen Agency rekonstruiert werden kann (Ebene der Erzählung, interaktive Ebene, Ebene der Geschichtenmoral) wird im Folgenden nicht berücksichtigt, zumal diese Ebenen bei der Fallrekonstruktion zusammen zu bedenken sind. Die jeweiligen Versionen der Lebensgeschichte ließen sich später über das Zusammenfügen von Agentivierungen vornehmen, sind für das vorliegende Erkenntnisinteresse und diesen Arbeitsschritt aber ohne Bedeutung.

de, mit denen die jungen Menschen umzugehen haben, als auch die Zuschreibung von Handlungsmächtigkeit. Überdies machen sie die Aussagen einer fallbezogenen und fallübergreifenden Variationsanalyse der Diskussion in der Projektgruppe und der prüfenden Rekonstruktion der Arbeitsschritte zugänglich. Bedeutsam sind aus Lucius-Hoenes Sicht so genannte Prädikatsausdrücke, semantische Rollen und Wirkmächte. Aus den vom Erzähler/von der Erzählerin verwendeten **Prädikatsausdrücken** lässt sich ableiten, „um was für eine Art Geschehen es sich in der Geschichte handelt – ob hier aktiv wirkende Personen oder Mächte auftreten oder ob sich etwas in der Zeit ohne deren erkennbare Handlungsträgerschaft abwickelt" (Lucius-Hoene 2012, 50). Von Interesse sind für den vorliegenden Forschungskontext die folgenden Prädikate (vgl. hier Lucius-Hoene 2012, 49):

Aktionsprädikate zeigen eine Handlung oder Tätigkeit und unterstellen eine Zielgerichtetheit und damit Absicht.	*„ich habe mich auf die Prüfung vorbereitet"*
Prozessprädikate stellen einen Vorgang dar und entspringen nicht der Absicht eines handlungsfähigen Lebewesens, sondern vollziehen sich ohne willentliche Einwirkung.	*„meine Noten sind dann immer schlechter geworden"*
Statusprädikate beschreiben einen Zustand, der grundsätzlich veränderlich ist.	*„zu der Zeit hatte ich Abgangszeugnis Klasse 9"*
Qualitätsprädikate gehören zu dauernden Merkmalen. Sie verweisen auf unveränderliche Eigenschaften.	*„ich bin Allergikerin"*

Über die Betrachtung der **semantischen Rollen** hingegen erhält man im Auswertungsprozess Zugang zu den Trägern und Verursachern der Aktion. Hier wird deutlich, wer einen Vorgang initiiert hat und wie sich der/die Erzähler/in in diesem Zusammenhang selbst positioniert. (vgl. für die folgende Darstellung Lucius-Hoene 2012, 51)[4]

4 Die in der Tabelle enthaltenen semantischen Rollen sind bis auf die ergänzte Bezeichnung ‚Agent' der Darstellung von Lucius-Hoene entnommen, die Textsegmente stammen aus dem vorliegenden Datenmaterial.

Agens/Agentiv, Handelnder/Agent (AG): Person oder Sache, die eine Handlung ausführt	*„ich bin zu dem Betrieb gegangen und habe mich vorgestellt“*
Contraagens, Partner (CAG): Person, auf die hin eine Handlung oder Interaktion ausgerichtet ist	*„sie hat sich mit mir hingesetzt und mit mir eine Ausbildung gesucht“*
Experiens, Erfahrender (EXP): Person, die einen psychischen oder physischen Vorgang oder Zustand an sich erlebt	*„ich habe Stimmen gehört und hatte einen totalen Zeitverlust“*
Patiens, Betroffener, Erleidender (PAT): Person, die von einer Handlung betroffen ist	*„die haben mich einfach in eine Maßnahme gesteckt“*
Causativ, Ursache (CAU): Sachverhalt, der die Ursache für einen anderen Sachverhalt darstellt, auch als kausale Verknüpfung	*„weil ich keinen festen Wohnsitz hatte, konnte ich die Ausbildung nicht antreten“*
Instrument (IN): Person, Sache oder Handlung, die bei einer Handlung vom Agens als Instrument (Werkzeug, Mittel) genutzt wird	*„dann habe ich Drogen genommen, um den Problemen zu entkommen“*

Bei der Frage nach den Wirkmächten geht es vor allem darum, deren Träger zu identifizieren (vgl. Lucius-Hoene 2012, 52 f.). Dies können etwa Personengruppen, Organisationen etc. sein, denen der Status handlungsfähiger Subjekte zugesprochen wird, oder auch unbelebte Elemente, deren Agentivität durch ein entsprechendes Bild transportiert wird, z.B. dargestellt in Form von ‚Sprachfiguren‘ (*„die Psychose hat mir derbst den Schädel geboxt“*). Verbunden damit ist die Frage, ob der/die Erzähler/in den Trägern oder sich selbst Intentionalität und Richtung, Wissen um sein Handeln und Verantwortlichkeit zuschreibt.

Auch die Wahl der Erzählperspektive spielt bei der Auswertung von Erzählpassagen eine Rolle, deren Analyse hebt jedoch eher auf die interaktive Ebene der Interviewsituation ab. Zu denken ist hier an Darstellungsstrategien wie z.B. den Gebrauch der Pronomen ‚man‘ bzw. ‚du‘, mit denen der Versuch unternommen wird, das erlebte Geschehen zu verallgemeinern, oder die den Zuhörer/die Zuhörerin zur Perspektivübernahme auffordern (Lucius-Hoene/Deppermann 2004, 260). Die Wahl einer solchen Erzählperspektive kann die Funktion einer entlastenden Entindividualisierung erfüllen, sie ermöglicht es den Interviewpartner/innen Distanz zu ihrem Handeln einzunehmen oder dieses zu legitimieren. Dies kann insbesondere dann von Bedeutung sein, wenn die Interviewpartner/innen von besonders belastenden oder schambehafteten Ereignissen berichten. Allerdings ist auch darauf hinzuweisen, dass es sich beim Wechsel der Perspektiven „um ein Mittel der sprachlichen und interaktiven *Gestaltung*“ handelt und aus einer unpersönlichen Darstellung „nicht ein direkter Schluss auf die tatsächliche emotionale Betroffenheit des Erzählers" (Lucius-Hoene/Deppermann 2004, 139) gezogen werden kann. Aufgrund dieser Strategien, die geeignet sind, die eigene aktive Beteiligung am erzählten Geschehen zu vermeiden, ist es jedoch in dem vorliegenden Kontext zuweilen schwierig, Aussagen über Agentivierungen hinsichtlich der erzählten Lebensphase zu treffen.

Um die Auswertungsstrategie zu veranschaulichen, wird im Folgenden exemplarisch der biografische Verlauf eines jungen Mannes rekonstruiert. Zentral in den Blick zu nehmen sind hier beispielhaft die in Kapitel 5 skizzierten unterschiedlichen Dimensionen der Handlungsmächtigkeit des jungen Menschen und die von ihm zugeschriebene Wirkmächtigkeit der Organisationen (hinsichtlich der Strukturen, Angebote, Handlungsweisen). Mit Hilfe der Analysekategorien werden ausgewählte Textpassagen zu aufeinander folgenden biografischen Phasen auf Agentivierungen und zugeschriebene Wirkmächtigkeit der Organisationen aus Sicht des jungen Menschen untersucht, insbesondere um Hinweise auf die wesentlichen Dimensionen zu bekommen, die zu einer logischen, inhaltlich tragfähigen Kombinationsmöglichkeit und damit zu einer am Material orientierten Typenbildung zu berücksichtigen sind.

6.1.2 Vier Phasen schwerer Erreichbarkeit anhand eines Fallbeispiels

Thorsten – zum Zeitpunkt des Interviews 25 Jahre alt – ist mit zwei jüngeren Schwestern bei den Eltern in einem Einfamilienhaus in einer ländlichen Region Ostdeutschlands aufgewachsen. Bis zum Zeitpunkt der Trennung der Eltern, als Thorsten ca. 16 Jahre alt ist, hat er – wie er berichtet – *„eigentlich eine schöne Kindheit gehabt" (I 31)*. Nach der Trennung beginnt für ihn eine Odyssee, eine unruhige und problembehaftete Zeit, die gekennzeichnet ist von zahlreichen Wohnort- und damit verbundenen Schulwechseln. Infolge der Scheidung zieht Thorsten allein mit seiner Mutter zunächst nach D-Stadt. Dort bleibt er immer häufiger der Schule fern und beginnt zu Hause Online-Spiele zu spielen. Schließlich beendet er nach der Pflichtschulzeit die neunte Klasse ohne Schulabschluss. Die Intensität des Spielens nimmt zu, andere Lebensbereiche und Interaktionspartner/innen in seinem Umfeld verlieren an Bedeutung. Die Alltagsorganisation von Thorsten ist für seine Mutter nicht mehr hinnehmbar und es kommt nach offenen Konflikten zum Bruch der Beziehung. Nun zieht Thorsten zu seinem Vater und entwickelt nach dem Wohnortwechsel mittelfristig die Perspektive, den Schulabschluss nachzuholen. In einer Phase, in der er auf den Beginn einer schulischen Berufsvorbereitung wartet, kommt es auch hier zu einem offenen Konflikt mit dem Vater, der ihm Untätigkeit vorwirft und – aus Thorstens Sicht vollkommen unberechtigt und überraschend – mit Anforderungen konfrontiert, denen er nicht gerecht werden kann. Nach diesem neuerlichen Wendepunkt[1] wechselt Thorsten den Wohnort erneut und zieht zurück zu seiner Mutter. Dort besteht Kontakt zum Jobcenter. Nach einer längeren Reaktivierungsphase, in der er einen Berufswunsch entwickelt hat, muss er erfahren, dass sowohl seine als auch die Anstrengungen der beteiligten Organisation, eine Ausbildung zu finden, erfolglos bleiben. Er wird damit konfrontiert, dass sein Ausbildungswunsch nicht zu realisieren ist, und ihm wird abverlangt, eine alternative Ausbildungsperspektive zu entwickeln. In Reaktion darauf zieht er sich wütend und enttäuscht zurück, wird (wieder) schwer erreichbar und bleibt ohne weitere Perspektive. Zum Zeitpunkt des Interviews leistet Thorsten Sozialstunden ab und hat in diesem Zusammenhang Kontakt mit einer Jugendsozialarbeits-Einrichtung. Den Kontakt zum für ihn zuständigen Jobcenter hat er abgebrochen und berufliche Erwartungen und Pläne formuliert er nicht.

Der Fallverlauf lässt sich in vier Phasen gliedern, die jeweils einer lebensgeschichtlichen Zäsur folgen. Allen Sequenzen liegen verschiedene Konstellationen von eigener Handlungsmächtigkeit und der zugeschriebenen Wirkmächtigkeit relevanter Anderer zugrunde. Exemplarisch werden im Folgenden an den einzelnen Phasen über die oben erwähnten Beschreibungskategorien Agentivierungsprozesse rekonstruiert, um die spezifische Kombination aus eigener Handlungsmächtigkeit und zugeschriebener Wirkmächtigkeit von Organisationen zu beschreiben.

Eine virtuelle Welt

In der ersten Phase – er lebt nach der Scheidung der Eltern bei seiner Mutter in D-Stadt – benennt Thorsten weder auf Zukunft gerichtete Pläne, Wünsche und Ziele noch lassen sich Ausführungen finden, die darauf hindeuten, dass das Thema Zukunft eine Bedeutung für ihn hat. Ganz und gar geprägt ist diese Zeit vom Online-Spiel, welches jegliche anderen Aktivitäten überlagert und so vor allem die projektiven Kapazitäten von Thorsten stark einschränkt. So berichtet er über seinen Tagesablauf:

> *„Tag und Nacht hat sich mein Leben dann nach dem Spiel gerichtet ich habe dann nach dem Spiel geschlafen so wie ich Lust hatte habe ich mich*

---

1 Unter dem Begriff „Wendepunkt" ist ein Ereignis/eine Situation zu verstehen, die aus der Sicht des Akteurs/der Akteurin dessen/deren eigenes Leben in gewisser Weise verändert hat. Zu den unterschiedlichen theoretischen Vorstellungen von Wendepunkten (Sackmann 2013, 62 ff).

an den PC gesetzt . wie ich Lust hatte bin ich dann schlafen gegangen dann war ich nachts aktiv habe dann tagsüber gepennt . oft und . da habe ich nicht mehr gemacht als zwischen Couch PC . Kühlschrank und Toilette andere Plätze habe ich da nicht wirklich eingenommen" (I 31)

Es zeigt sich deutlich, dass Thorsten zu Beginn der Passage als Agent nicht vorkommt. Handlungsträgerschaft wird allgemein und anonymisiert dem „Leben" (AG) zugeschrieben, das sich voll und ganz an dem Spiel „ausrichtet". Die gewählte Darstellung ermöglicht es dem Erzähler, sich selbst in Bezug auf das Spielen keine Intentionalität zuschreiben zu müssen und so die Verantwortlichkeit für das Geschehen zurückweisen zu können. In der weiteren Erzählung wird zwar eigene Agentenschaft (AG) dargestellt, die genauere Betrachtung zeigt jedoch, dass das eigene Handeln nicht zielgerichtet ist. Thorstens Tag-Nacht-Rhythmus verkehrt sich und sein Aktionsradius ist zunehmend auf die Wohnung beschränkt. Das Spielen hat für ihn in dieser Phase eine instrumentelle Funktion (IN), um mit der belastenden Situation umzugehen. Er nutzt das Spielen, um *„der Realität und den Problemen zu entkommen"*. Er bezeichnet es als Parallelwelt, als *„zweites Leben"*, in dem er soziale Kontakte aufbauen kann:

„nun ja das . einfach das . der Realität und den Problemen zu entkommen wie es- wie das Vorurteil ist so ist es dann auch wirklich dann . hat man da seine Freunde hat da- ist dann wie ein zweites Leben da wenn man dann so ein Spiel spielt mit so einem Charakter hochleveln und so weiter . ist dann wie ein zweites Leben . und ja . hat man dann- lernt man dann da seine Freunde kennen . die sitzen dann auch den ganzen Tag nur am PC . egal wenn du den PC anmachst die sind dann da quatschst du mit denen spielst du mit denen . ja das hat einen irgendwie mitgezogen gehabt" (I 31)

Hier lässt sich eine Form pragmatischer Agency rekonstruieren. Zwar bleibt Thorsten in der Rolle als Agens hinter dem gewählten entindividualisierten Pronomen ‚man' verborgen und es wird deutlich, dass er sich in das Spielen von den anderen *„irgendwie mitgezogen"* fühlt (Prozessprädikat), dennoch dient es ihm dazu, in dem veränderten neuen Alltag weiterzuleben (Stichwort: zweites Leben), soziale Kontakte zu haben und sich im Netz mit seiner zweiten Identität *(„mit so einem Charakter")* handlungsmächtig zu fühlen. Lebensverlaufagency lässt sich in Bezug auf diese Phase nicht rekonstruieren. Da die Neigung zum Spielen sukzessive zunimmt – der Verlust von Handlungsmächtigkeit in den Sequenzen in dieser Lebensphase zeigt sich vor allem durch Status- und Prozessprädikate *(„auf Spielen hängen geblieben")* – und er in dieser Phase nichts anderes macht, kommt es mit der

Mutter zu einem massiven Konflikt, in dem die Mutter als treibendes Agens dargestellt wird, die Thorsten, der sich diesbezüglich in der semantischen Rolle des Patiens (PAT) darstellt, vor die Tür setzt *(„dadurch dass mich meine Mutter dann rausgeschmissen hat", I 31).*

Ein mögliches Vorhaben ohne eigene Initiative

In der darauf folgenden Phase wartet er bei seinem Vater auf den Beginn des Berufsvorbereitungsjahres (BVJ) und verbringt wieder die meiste Zeit vor dem PC. Es kommt auch hier zu einer Konfliktsituation, weil der Vater von Thorsten erwartet, dass er sich um Beschäftigung oder um einen Schulbesuch kümmert:

> *„ich habe gemacht was ich wollte . konnte auch nicht wirklich was machen habe dann auf die Schule gewartet das BVJ hieß es da damals . berufsvorbereitendes Jahr wäre das gewesen . wäre in der nächsten Stadt gewesen mit dem Bus dann jedes Mal fahren aber das wäre nicht das Problem gewesen . das hatte ich ja schon mal angefangen vorher . und ja . ab dann den einen Tag . in der Wohnstube mit gesessen am PC . und habe mich da halt unterhalten mit wem er hat dagelegen besoffen und fing dann auf einmal an mich richtig vollzupöbeln ohne Grund . such dir Arbeit . geh Schule . mach irgendwas bla . ich- ich so willst du mich verarschen du siehst doch hier ich warte dass die Schule losgeht ja ist mir doch egal und sowas . das habe ich mir dann einfach nicht gefallen lassen" (I 31)*

Die vom Vater formulierte Anforderung, aktiv zu werden, kommt für Thorsten erstens im Vergleich zu der sonst lethargischen Haltung des Vaters, der Thorstens Schilderungen zufolge den ganzen Tag alkoholisiert und untätig auf dem Sofa verbringt, unerwartet und ist zweitens für ihn unverständlich und unbegründet, da Thorsten davon ausgeht, dass er mit Beginn des Schuljahres sein BVJ beginnen kann. Zwar lässt sich anhand dieser Textstelle rekonstruieren, dass Thorsten auch in dieser Zeit weitgehend ohne Begrenzung seiner Handlungsmöglichkeiten agiert hat *(„ich habe gemacht, was ich wollte")*, andererseits aber benennt er den Plan, einen Schulabschluss nachzuholen, sieht sich in seinem Handlungsspielraum, eine schulische/berufliche Perspektive verfolgen zu können, aber insofern begrenzt *(„konnte auch nicht wirklich was machen")*, als er auf die Rückmeldung der Schule wartet, um sein BVJ beginnen zu können. In dieser Phase werden im Vergleich zur vorhergehenden Phase zwei für die beiden oben beschriebenen Betrachtungsperspektiven bedeutsame Unterschiede deutlich: Thorsten formuliert eine schulische Perspektive, zudem hat die Organisation Schule in dieser Zeit für ihn als möglicher Ausbildungsort Relevanz. Thorsten nimmt in dieser Phase an, dass er das BVJ starten kann, wenn das Schuljahr beginnt. ‚Nicht erreicht' ist er in dieser Zeit, weil die Schule keinen Kontakt zu ihm aufnimmt und auch er selbst nichts unternimmt, um seine Teilnahme dort sicherzustellen[2]. So kann hier aufgrund der ausbleibenden Kontaktaufnahme von Seiten der Schule der Organisation begrenzende Wirkmächtigkeit im Hinblick auf die Realisierung der Abschlussqualifikation zugeschrieben werden. Aber die Analyse der Passage zeigt auch, dass Thorsten nicht initiativ geworden ist, um das BVJ beginnen zu können. Die Möglichkeit, selbst aktiv zu werden, wird von ihm nicht in Betracht gezogen. In der Wiedergabe der wörtlichen Rede des Konfliktgesprächs wird sichtbar, dass er letztlich überzeugt davon ist, dass die Schule sich melden wird. Thorsten formuliert im Unterschied zur ersten Phase jedoch einen in die Zukunft gerichteten Plan, im BVJ seinen Schulabschluss zu machen. Insofern lässt sich ihm bezüglich dieser Phase Lebensverlaufagency zuschreiben. Da er seinen Plan jedoch nicht aktiv verfolgt und dieser somit auf der Ebene eines Wunsches oder einer Vorstellung verbleibt, kann hier lediglich von einer geringen Ausprägung von Lebensverlaufagency gesprochen werden.

Ein Ausbildungswunsch ohne Perspektive

Nach dem Konflikt mit dem Vater erneut zu seiner Mutter zurückgekehrt, wird eine neue Sequenz eingeleitet. Hier hat Thorsten Kontakt zum Jobcenter und wird in eine Reaktivierungsmaßnahme vermittelt, die er wegen fehlender Pünktlichkeit in Folge ein zweites Jahr besucht. Vermittelt an einen Bildungsträger, soll er dann im Anschluss unterstützt werden, einen Ausbildungsplatz zu finden. Von dieser Zeit berichtet Thorsten wie folgt:

> *„da war ich dann einen Monat da haben wir einen Betrieb gesucht ich wollte Tischler werden . auch mal Probearbeit gemacht zwischendurch . eine Woche aber . die haben dann leider nein gesagt . und dann noch ewig weitergesucht und nach einem Monat meinten die dann . die wollen das*

---

2 Es liegt die Annahme nahe, dass keine Kontaktaufnahme von Seiten der Schule erfolgt ist, weil Thorsten seine Schulpflicht zu diesem Zeitpunkt schon erfüllt hat. Um die Schule besuchen und seinen Schulabschluss dort nachholen zu können, hätte er sich selbst aktiv um eine Anmeldung zur Teilnahme bemühen müssen. Zumindest aus den Erzählungen des jungen Mannes wird deutlich, dass er über das Anmeldeverfahren nicht informiert war. Insofern ist vermutlich auch ein Kommunikations-/Informationsdefizit ausschlaggebend dafür gewesen, dass der Kontakt nicht zustande gekommen ist.

einfach aufgeben Tischler zu suchen hätten eh keine Chance ich solle was anderes machen . ja und dann war mein Fehler ich bin dann einfach nicht mehr hingegangen anstatt . wenigstens hinzugehen und sagen nee das passt mir nicht und . damit hat das mit der Ausbildung nicht geklappt" (I 31)

Nach der Reaktivierungsphase, in der er im Holzbereich gearbeitet hat, kann Thorsten einen konkreten beruflichen Wunsch formulieren. Er möchte Tischler werden und versucht mit Unterstützung des Bildungsträgers, eine Ausbildung zu finden. Anhand der genaueren Betrachtung der Textstelle lässt sich in dieser Phase eine hohe Ausprägung von Lebensverlauf-agency rekonstruieren. Im Unterschied zur vorhergehenden Phase formuliert Thorsten nicht nur einen beruflichen Wunsch, sondern verfolgt diesen auch aktiv, indem er Probearbeiten macht und selbst intensiv nach Ausbildungsplätzen sucht. Allerdings erlebt er die Organisation bei der Realisierung seines Ausbildungswunsches als begrenzend wirkmächtig:

> *„naja wir hatten da auch einen Sozialarbeiter . der . war . dafür mitverantwortlich . dass sie einen Betrieb für mich finden . weil dafür war es ja eigentlich . Unterstützung von denen dass . es denen ihre Aufgabe war irgendwo mir einen Betrieb zu suchen . ich bin zwar selber auch genug rumgelaufen und wie gesagt zwischendurch auch mal Probearbeit gemacht eine Woche . und dann nach einem Monat meinte der Sozialarbeiter . er hat keine Lust mehr da weiterzusuchen so auf Deutsch gesagt und . bringt eh nichts wir finden nichts ich soll mir doch . was in einer anderen Richtung suchen . und das hat mich dann auf Deutsch gesagt so angekotzt dass ich dann einfach nicht mehr hingegangen bin . und . dadurch habe ich dann die Kündigung bekommen" (I 31)*

Der für Thorsten zuständige Sozialarbeiter, den er in der Rolle des Contraagens (CAG) einführt und dem er (Mit-)Verantwortung dafür zuschreibt, einen Betrieb zu finden, signalisiert ihm dann jedoch, dass ein Ausbildungsplatz im Tischlerbereich nicht zu bekommen ist, und fordert ihn auf, *„doch was in einer anderen Richtung"* zu suchen (I 31). Seinen Berufswunsch zu revidieren und eine Alternative zu entwickeln, dazu ist Thorsten aber nicht bereit. Das aus seiner Sicht fehlende Engagement und die letztlich resignative Entscheidung des Sozialarbeiters führen dazu, dass Thorsten – in der sprachlichen Darstellung als Handelnder (AG) – den Kontakt zum Bildungsträger abbricht und ihm dann gekündigt wird (PAT). Zum Zeitpunkt der erzählten Passage erlebt er aber vor allem die Organisation als begrenzend wirkmächtig, da ihre Unterstützung bei der Ausbildungssuche nicht zum Erfolg geführt hat und sie die Suchaktivitäten einstellt. Nach einer längeren Reaktivierungsphase, in der er einen Berufswunsch entwickelt hat, muss er erfahren, dass sowohl seine als auch die Anstrengungen der Organisation, eine Ausbildung zu finden, erfolglos bleiben. Er wird damit konfrontiert, dass sein Ausbildungswunsch nicht zu realisieren ist, und ihm wird abverlangt, eine alternative Ausbildungsperspektive zu entwickeln. In einer Zeit, in der Thorsten ‚erreicht' ist, er einen Berufswunsch entwickelt hat und motiviert und aktiv bemüht ist, eine Ausbildung zu finden, in der also eine hohe Ausprägung von Lebensverlaufagency rekonstruiert werden kann, wird die Organisation als begrenzende Wirkmacht erlebt, was zur Folge hat, dass Thorsten erneut schwer erreichbar wird. Zwar besteht in dieser Zeit noch Kontakt zum Jobcenter, welches versucht, eine Rückführung zum Bildungsträger zu organisieren. Diese Anschlussperspektive scheitert jedoch, weil sich – so Thorstens Erklärung – die Organisation wieder nicht meldet: *„aber irgendwie hat das dann doch nicht mehr geklappt und . habe dann auch nichts mehr von denen gehört"* (I 31).

Resigniert und jenseits der Hilfeangebote

Zum Zeitpunkt des Interviews ist Thorsten in Kontakt mit einer Jugendsozialarbeits-Einrichtung, da er dort seine Sozialstunden ableistet. Er hat für sich keine Perspektive:

> *„und . ja . jetzt weiß ich dann auch nicht wie es weitergeht. habe jetzt noch ungefähr hundertfünfzig Sozialstunden das . sind ungefähr zwei Monate oder so . und beim Jobcenter hatte ich auch schon lange keinen Termin mehr . und dann weiß ich nicht wie es weitergeht" (I 31)*

Den fehlenden Kontakt zum Jobcenter begründet er damit, dass er mit dem 25. Geburtstag eine andere Betreuerin bekommen hat, von der er sich zurückgewiesen fühlt und keine Unterstützung erhält. Er beschreibt sich in der semantischen Rolle des Erleidenden (PAT):

> *„nja ich bin jetzt 25 geworden habe dadurch auch eine neue Bearbeiterin bekommen . ähm da hätte ich eine Mal einen Termin gehabt . da war ich aber zehn Minuten zu spät da wollte sie mich nicht mehr rannehmen und sollte den nächsten Tag wiederkommen dann hat aber nur eine Vertretung da gesessen . das war im Oktober oder November . und seitdem habe ich keinen neuen Termin mehr gehabt und . war mir so ehrlich gesagt erst mal egal ich mache jetzt erst mal meine Stunden hier und . wenn bald nichts kommt dann melde ich mich da mal damit ich wieder einen Termin kriege irgendwas . und da mal fragen und . ja dann will ich da auch alles so mal erklären müssen dass da eine neue Bearbeiterin ist . sie nicht*

wirklich was von mir weiß und . wer weiß wie lange das dann alles dauert und . mal sehen . wie es dann weitergeht ob ich dann irgendwie noch mal . was Richtung Maßnahme machen soll oder so oder . keine Ahnung" (I 31)

In der Einrichtung, in der er die Sozialstunden ableistet, könnte er Hilfe in Anspruch nehmen, tut es aber aktuell nicht. Er berichtet:

[Name des Mitarbeiters] „kennt sich vor allem was mit dem Amt Sachen angeht . scheint der sich sehr gut auszukennen wie ich gehört habe und . wenn ich mich mal mit ihm wieder zusammensetze dann . bestimmt . oder vielleicht auch ein paar andere Leute . ja die Anleiter hier sind sowieso alle cool ich . komme eigentlich mit jedem klar den ich soweit kenne . die helfen auch wo sie können wenn sie sehen dass man selber will und . ja die Möglichkeit gibt es schon .. ich ergreife sie halt nur . nicht . leider nicht" (I 31)

Beide Passagen zeigen, dass Thorsten in Bezug auf seine berufliche Zukunft aktuell keine Handlungsmächtigkeit zugeordnet werden kann (weder Lebensverlauf- noch pragmatische Agency). Im Verlauf der Ereignisse ist er bezüglich seiner Zukunftsperspektive so ‚abgekühlt'[3] (Goffman 1952), dass ihm aktuell jegliche Motivation verloren gegangen ist, Handlungsziele zu entwickeln oder Schritte in Richtung berufliche Qualifizierung zu unternehmen. Zwar sieht er die Möglichkeit, sich Unterstützung in der Einrichtung zu holen, und schreibt der Organisation ermöglichende Wirkmacht zu, sieht sich aber selbst nicht mehr in der Lage, aktiv zu werden und die Unterstützungsangebote zu nutzen.

---

3 Dieser Begriff schließt an einen Aufsatz von Goffman (1952) an und meint einen „Prozess der Redefinition des Selbst" (Schumann u.a. 1991, 2), der erforderlich wird, weil Ziele nicht erreicht werden, weil Statusverlust eingetreten ist oder bevorsteht. Die Akteur/innen müssen in dieser Situation mit der Enttäuschung zurechtkommen, dass sie nicht das erreichen können/erreicht haben, was sie sich vorgenommen haben, an den Anforderungen Anderer, institutionellen Vorgaben oder allgemein an „gesellschaftlich vermittelten Ansprüchen" (Walther 2002, 100 für das Übergangssystem) gescheitert sind. Eine wichtige Rolle bei dieser „Befriedung von Enttäuschung" spielen so genannte „Abkühlungsagenten". Dies können Lehrer/innen, Sozialarbeiter/innen, Freunde, Familienmitglieder u.a. sein, deren Funktion sich daraus ergibt, dass sie dem/r Akteur/in dabei helfen, sich mit seinem Schicksal zu versöhnen und die Ziele den vermeintlichen/zugeschriebenen Möglichkeiten anzupassen (dazu beispielhaft für höhere Bildung: Clark 1960).

6.1.3 Bedeutung der Einzelfallanalyse für die Auflösung der Grundelemente in einer Typologie

Diese Rekonstruktion zeigt beispielhaft den ersten Schritt der Interpretationsarbeit. Deutlich wird hier, dass nicht personenbezogene Verläufe, sondern einzelne Sequenzen zu Lebensphasen in den Blick genommen werden müssen, um spezifische Muster der schweren Erreichbarkeit identifizieren zu können. Dies ist insbesondere in Bezug auf die in Kapitel 5 diskutierte Annahme der Kontextgebundenheit von Agency plausibel, da es sich nicht um eine stabile Charaktereigenschaft handelt, sondern davon auszugehen ist, dass sich Agency im biografischen Verlauf unterschiedlich zeigt. Insofern ist es zielführend, bei der weiteren Analyse des Materials die Interviewpassagen in den Blick zu nehmen, in denen die Jugendlichen und jungen Erwachsenen von Zeitpunkten/Phasen schwerer Erreichbarkeit berichten, um typische Konstellationen schwerer Erreichbarkeit identifizieren zu können.

Im Hinblick auf die verschiedenen Ausprägungen der Handlungsmächtigkeit – dies sollte die exemplarische Beschreibung verdeutlichen – lassen sich an ein und derselben Lebensphase verschiedene Dimensionen von Agency mit jeweils unterschiedlichen Ausprägungen rekonstruieren. Weitere Fallanalysen weisen auf die vergleichsweise hohe Bedeutung der in den jeweiligen Phasen ausgebildeten oder fehlenden projektiven Kapazitäten für die Erreichbarkeit im Kontext Jugendsozialarbeit hin, so dass als eine der zentralen Dimensionen der Typologie ‚Lebensverlaufagency' gewählt worden ist.

Entscheidend für das ‚Erreichbarsein' ist ferner die Wirkmächtigkeit, die den Organisationen beim Verfolgen der Ziele/Pläne von den Jugendlichen und jungen Erwachsenen zugeschrieben wird. Schwere Erreichbarkeit für Jugendsozialarbeit konstituiert/entwickelt sich dabei nicht nur im Kontakt mit entsprechenden Bildungsträgern, sondern beginnt – so zeigen die Einzelfallanalysen – schon in Kontakten mit Organisationen im Umfeld der Jugendsozialarbeit, so dass gebunden an das praktische Forschungsinteresse insbesondere die Organisationen Schule, Jobcenter und Arbeitsagentur bei weitergehenden Analysen zu berücksichtigen sind. Auf der Basis dieser Ergebnisse und vom Erkenntnisinteresse angeleitet, lässt sich über die Kombination aus ‚Lebensverlaufagency' und der ‚zugeschriebenen Wirkmächtigkeit von Organisationen' folgender mehrdimensionaler Eigenschaftsraum entwerfen:

Lebensverlaufagency	zugeschriebene Wirkmächtigkeit von Organisationen		
	begrenzend	irrelevant	ermöglichend
liegt vor	Typ A	Typ B	Typ C
fehlt	Typ D	Typ E	Typ F

Schaubild 2: Typische Phasen schwerer Erreichbarkeit

Bei der Reduzierung des vorläufigen Satzes an Kategorien und Dimensionen auf Lebensverlaufagency und zugeschriebene Wirkmächtigkeit ergibt sich bei Berücksichtigung der unterschiedlichen Ausprägungen der im Schaubild dargestellte Merkmalsraum. Die aus der logischen Kombination folgenden Zuordnungen ergeben jeweils eine für das Material ‚typische Phase schwerer Erreichbarkeit', die im folgenden Vorgehen Gegenstand weiterer Analysen sind.

6.2 Junge Menschen in Phasen: Sechs Konstellationen von eigener Handlungsmächtigkeit und zugeschriebener Wirkmächtigkeit von Organisationen

Zur Vorbereitung der Analysen wurden alle codierten Interviews durchgesehen und die Textstellen zu den Phasen schwerer Erreichbarkeit im biografischen Verlauf der jungen Menschen den unterschiedlichen Phasen-Typen A bis F zugeordnet. Auf diesem Weg konnten insgesamt über 100 Phasen schwerer Erreichbarkeit für Schule, Jobcenter/Arbeitsamt und Organisationen der Jugendsozialarbeit identifiziert werden mit weiteren den Phasen zugeordneten Textstellen. Je nach Typus gibt es hierbei jedoch große Unterschiede hinsichtlich der Anzahl der identifizierten Phasen. Phasen-Typus A, D und E kommen relativ häufig vor, die Anzahl der Phasen und Textstellen zu den Typen B und C sind für die Typenbeschreibung ebenfalls aufschlussreich. Etwas schwerer fällt das für den Typus F, da sich für diesen Typus nur wenige Phasen ausmachen ließen. Bei der Zuordnung der Passagen wurden zudem schon in den Textstellen angesprochene Themen und erste Hinweise auf weitere Agencyformen notiert.

Bei der folgenden Charakterisierung der sechs Phasen-Typen wird einleitend jeder Typus kurz beschrieben und dann anhand exemplarischer Interviewpassagen die typische Konstellation aus Lebensverlaufagency und zugeschriebener Wirkmächtigkeit der Organisation veranschaulicht und konkretisiert. Um den jeweiligen Typus dichter zu beschreiben, werden weitere Textpassagen hinzugezogen und Varianten der Konstellation herausgearbeitet. Des Weiteren werden die zugeordneten Erzählpassagen zu den jeweiligen Phasen auf andere Agentivierungen bzw. Agency-Dimensionen (pragmatische/Identitätsagency) hin untersucht und relevante Themen des Typus näher analysiert. Zum Abschluss werden erste Konsequenzen und Empfehlungen für mögliches Organisationshandeln formuliert, die hilfreich erscheinen, die jungen Menschen in diesen Phasen zu erreichen[4].

6.2.1 Typ A: Phase, in der Organisationen die Tür zur Realisierung beruflicher Wunsch-vorstellungen verschließen

In Phasen schwerer Erreichbarkeit, die dem Typen A zugeordnet sind, zeigen die jungen Menschen Lebensverlaufagency und erleben Organisationen als begrenzend wirkmächtig. Sie haben ein schulisches oder berufliches Ziel vor Augen, für das sie das Handeln oder Nichthandeln von Organisationen als Einschränkung bewerten. In den Erzählungen der Interviewten aus ihren Typ-A-Phasen lassen sich unterschiedliche Ausprägungen der Lebensverlaufagency sowie der begrenzenden Wirkmächtigkeit von Organisationen rekonstruieren.

Auf der Ebene des beruflichen Plans äußert sich die Lebensverlaufagency in Form von unterschiedlich konkreten mittel- und langfristigen Zielen oder beruflichen Wunschvorstellungen. Die jungen Menschen zeigen den Willen und die Absicht, gemäß dieser Ziele und Wünsche zu handeln. Auch verdeutlichen sie ihre Bereitschaft, vorhandene Hilfeangebote zu nutzen sowie die gebotene Unterstützung anzunehmen. Junge Frauen und Männer mit hoch ausgeprägter Lebensverlaufagency entwickeln daneben eigene Ideen und Vorstellungen, wie sie ihre Ziele zu erreichen versuchen.

Auf der Handlungsebene liegt Lebensverlaufagency nur bei einem Teil der jungen Menschen in den Typ-A-Phasen vor. Bei diesem Teil findet sie sich erstens als aktives Verfolgen der beruflichen Pläne im hierzu passenden Wahlbereich. Zweitens kommt sie zum Tragen, wenn sich junge Menschen darum bemühen, den mit ihrem Ziel verknüpften organisationalen Anforderungen gerecht zu werden. Lebensverlaufagency auf der Ebene von Handlung zeigt sich drittens in Form von Bemühungen um Angebotsteilnahme oder dem Herstellen von Kontakten zu Organisationen.

---

4 Eine erste Entwurfsfassung der Empfehlungen ist im Rahmen eines Workshops mit den im Forschungsprojekt beteiligten acht Einrichtungen/Trägern der Jugendsozialarbeit diskutiert worden. Die Anregungen der Träger sind in die jeweiligen Empfehlungen eingegangen.

Von Seiten der Organisationen finden die jungen Menschen hingegen keine oder keine angemessene Hilfestellung beim Verfolgen der eigenen Ziele. Die jungen Frauen und Männer nehmen die Organisationen als begrenzend wirkmächtig wahr, weil sie nicht, nicht ausreichend oder unpassend handeln. Mitunter wird das Handeln der Organisationen sogar als aktive Verhinderung der beruflichen Perspektive bewertet. Nichtbeachtung durch die Organisationen, Überforderung der jungen Menschen bei mangelnder Unterstützung und die Nichtanerkennung von Krankheit als Grund für hohe Fehlzeiten und entsprechend als Auslöser für Kündigungen oder die Nichtzulassung zu Prüfungen, nehmen hierbei eine besondere Position ein.

In einer ersten Variante des Phasen-Typen erhalten die jungen Menschen durch mangelnde Bemühungen der vermittelnden Stellen keinen Zugang zu Angeboten, die sie bei ihren beruflichen Plänen unterstützen. Zuständige Vermittlungsstellen unterlassen es, die Zugänge zu ermöglichen, oder die Organisationen der Jugendsozialarbeit verfügen (auf Dauer) über zu hohe Zugangshürden.

In einer zweiten Variante haben die jungen Menschen zwar den Zugang gefunden, erfahren in den Hilfeangeboten jedoch keine adäquate Unterstützung. Sie sehen keine Möglichkeit, den als hoch erlebten Anforderungen im gewünschten Bereich gerecht zu werden, weil sie erkennen, dass ihre Kompetenzen nicht ausreichen, oder sie erleben, wie ihre persönlichen Umstände (bspw. die psychische Belastung) das Tätigsein im Wunschbereich erschweren und sogar verunmöglichen. Die Organisationen der Jugendsozialarbeit bieten ihnen hierbei keine oder keine ausreichenden Hilfestellungen an. Mitunter fehlt es an Möglichkeiten, in passendere Arbeitsbereiche zu wechseln. Oftmals reagieren die jungen Frauen und Männer schließlich mit Resignation oder Protest. Es kommt zu hohen Fehlzeiten oder dem Abbruch von Angeboten der Organisationen (Maßnahmeträger/Schule).

Biografische Themen jenseits des Organisationskontakts (Krankheiten, Schwangerschaft, familiäre Konflikte etc.) spielen im Phasen-Typen A lediglich im Hintergrund der Erzählungen eine Rolle, etwa als zurückliegende Ereignisse oder Entwicklungen, die mitverantwortlich für die aktuelle schulische oder berufliche Situation sind. Tatsächlich benannt werden sie in den Erzählpassagen zu Typ-A-Phasen der schweren Erreichbarkeit nur sehr selten. In den Erzählungen über diese Phasen geht es vorwiegend um Themen, die sich auf Beruf und Qualifikation beziehen.

Hinsichtlich des Ausstiegs aus den Typ-A-Phasen kann ein Wechsel in der Wahrnehmung der organisationalen Wirkmächtigkeit entscheidend sein. Ändert die Organisation ihr Verhalten, ermöglicht sie den jungen Menschen den Ausstieg aus der Phase schwerer Erreichbarkeit.

Gelingt es den jungen Menschen innerhalb der Phasen, Anknüpfungspunkte für routiniertes Handeln innerhalb bekannter Rollenmuster zu finden, oder fühlen sie sich in der Lage, auch in ihnen unbekannten Situationen die eigene Handlungsmächtigkeit zu bewahren und mit alternativen Verhaltensweisen bzw. der Entwicklung neuer Ideen zu reagieren, schaffen sie es häufig, ihre schwere Erreichbarkeit eigenständig zu beenden. Gelingt ihnen beides hingegen nicht, bleiben sie entweder in der Phase schwerer Erreichbarkeit des Typen A oder es ändert sich lediglich der Phasen-Typus, nicht aber der Zustand schwerer Erreichbarkeit.

Die beiden Varianten des Phasen-Typen A werden im Folgenden anhand einzelner Interviewpassagen von jungen Menschen veranschaulicht. Dabei kann auch nachgezeichnet werden, inwiefern es den jungen Frauen und Männern gelingt, die Phasen schwerer Erreichbarkeit unter Aufbringung anderer Formen der Handlungsmächtigkeit eigenständig zu beenden.

Variante 1: Ausbleiben von Unterstützungsangeboten

Zwei für den Typen A charakteristische Phasen schwerer Erreichbarkeit, in denen junge Menschen keinen Zugang zu Angeboten finden, lassen sich in den Schilderungen einer jungen Frau über ihre Zeit zwischen dem Schulbesuch und dem Einstieg in ein Berufsvorbereitungsjahr (BVJ) finden: Jana möchte ihren Hauptschulabschluss nachholen. Die Schule hat sie nach der 9. Klasse ohne Abschluss verlassen. Im letzten Schuljahr war ihr Vater an Krebs erkrankt, was dazu führte, dass Jana das Interesse an der Schule temporär verloren hatte und dem Unterricht vermehrt fernblieb. Wegen einer Sechs auf dem Zeugnis wurde sie schließlich nicht zu den Abschlussprüfungen zugelassen. Zwei Anträge auf Klassenwiederholung werden vom Schulamt abgelehnt. Dieses teilt der Familie mit, dass Jana stattdessen ein BVJ besuchen muss, um ihre zehnjährige Pflichtschulzeit zu erfüllen, und sich das „Arbeitsamt" deshalb bei ihr melden werde. Das Arbeitsamt versäumt dies und meldet sich nicht. Jana verbringt einige Monate wartend zu Hause, bis sie selbst die Initiative ergreift und erfährt, dass sie vom Amt vergessen wurde. Im laufenden Schuljahr wird sie daraufhin ins BVJ vermittelt. Von den Ereignissen berichtet Jana wie folgt:

> *„J: keine Ahnung . ((räuspert sich)) es hieß nur dass ich meine Neunte nicht noch mal wiederholen darf . und dass ich ins BVJ soll . da war ich dann im BVJ . aber auch nur ein halbes Jahr weil das Arbeitsamt vergessen hatte mich anzumelden . ich bin dort erst im Januar .. ja Januar war es glaube ich . halt praktisch eingeschult worden . [...] .. ja ich weiß auch nicht warum ich die Neunte nicht wiederholen durfte . ich bin nie sitzengeblieben oder so . und ich war ja- wo ich aus der Neunten raus bin war*

ich 15 . also das wäre jetzt nicht so gewesen dass ich da übermäßig älter gewesen wäre wie die anderen . die dann in dem Jahrgang gesessen hätten . aber da hat kein Weg reingeführt .. zweimal hat wohl Mutti glaube ich Antrag gestellt . und zweimal abgelehnt .
I: gab es eine Begründung dazu oder-
J: nee gar nicht . nur dass die Möglichkeit nicht besteht dass ich die neunte Klasse wiederhole . und . dass ich halt ins BVJ muss . was auch- wie gesagt BVJ das war so . ein Jahr verschenkt . wirklich . ich bin da auf das Arbeitsamt und da sagt der zu mir ja ich habe Sie komplett vergessen . und ich dachte ja okay . weil es mich gewundert hatte weil ich wusste ja dass die Schuljahre immer zur gleichen Zeit anfangen . und im November hatte ich dann immer noch keinen Brief . und deswegen bin ja dann los und sonst wären die ja nie drauf gekommen dass ich hätte ins BVJ gemusst" (I 22)

Die erste Typ-A-Phase wird damit eingeleitet, dass Jana nicht zu den Abschlussprüfungen ihrer Schule zugelassen wird. Die begrenzende Wirkmacht geht dabei vom Schulamt aus, das auch dem zweiten Antrag auf Klassenwiederholung nicht zustimmt. Daraufhin beginnt die zweite Phase des Typen A, bei der die begrenzende Wirkmächtigkeit nun vom Arbeitsamt ausgeht, das Jana einfach vergisst.

Jana kann in beiden Phasen insofern Lebensverlaufagency zugeschrieben werden, als sie trotz ihrer temporären Schulunlust in der 9. Klasse das Ziel „*Hauptschulabschluss*" weiterverfolgen möchte. Von Beginn der ersten bis zum Ende der zweiten Phase mit der Kontaktaufnahme zum Arbeitsamt nimmt sie in der oben angeführten Textpassage aber die semantische Rolle eines Patiens ein, der die Klasse nicht wiederholen „*darf*" und der ins BVJ „*soll*". Sie macht damit deutlich, dass ihr etwas widerfahren ist, auf das sie selbst im Gegensatz zu den wirkmächtigen Organisationen (Schulamt und Arbeitsamt) nur begrenzt Einfluss hatte. Für die erste Phase des Typen A finden sich vor allem Hinweise auf die stellvertretende Agency der Mutter, die sie als aktiv Handelnde in der Situation darstellt, indem sie ihr in der sprachlichen Darstellung Aktionsprädikate zuordnet *(„zweimal hat wohl Mutti glaube ich Antrag gestellt")*. Die Bemühungen der Mutter bleiben jedoch angesichts der Wirkmächtigkeit der Behörde Schulamt erfolglos *(„und zweimal abgelehnt")*. Janas Agentenschaft wird semantisch an anderer Stelle im Interview deutlich. Unter Verwendung von Aktionsprädikaten formuliert sie dort: *„und da habe ich dann halt drum gebeten dass ich die Neunte wiederholen kann . und das wurde aber abgelehnt" (I 22)*.

Der begrenzende Handlungsträger in der ersten Phase bleibt in beiden Erzählpassagen anonym hinter Passivformulierungen verborgen *(„es hieß nur"; „wurde aber abgelehnt")*. Erst später, auf direkte Nachfrage, klärt Jana auf, dass es das Schulamt ist, von dem, als entscheidender Behörde, die begrenzende Wirkmächtigkeit ausgeht:

> *„ich meine auf dem Schulamt ist man ja auch nur . irgendeine Akte . das ist ja nun mal so . ich meine die Schule an sich entscheidet das ja wohl irgendwie gar nicht . sondern das Schulamt ist dafür zuständig (5 sec) hat die nicht wirklich interessiert (3 sec) kann man nicht ma- kann man nichts machen“ (I 22)*

Die Gründe für die Entscheidung des Schulamts sind Jana bis zuletzt nicht bekannt *(„ja ich weiß auch nicht warum ich die Neunte nicht wiederholen durfte“)*. Mit ihren Spekulationen über mögliche Ursachen, die zur Nichtzulassung geführt haben, kritisiert sie die Entscheidung und stellt sie in Frage: *„ich bin nie sitzengeblieben oder so . und ich war ja- wo ich aus der Neunten raus bin war ich 15“*. Die Verwendung des Qualitätsprädikats *(„ich bin nie sitzengeblieben“)* verweist hier zusätzlich darauf, dass die nicht vorhandene Möglichkeit der Klassenwiederholung einer Ausprägung ihrer Identitätsagency widerspricht. So bringt sie an anderer Stelle im Interview explizit ihr Selbstbild von sich als einer guten Schülerin zum Ausdruck, die zwar *„faul“* ist, aber dennoch immer *„so durchkommt“ (I 22)*. Letztlich führt Jana die Entscheidung auf die Unkenntnis und das Desinteresse an ihrer Person seitens der Behörde Schulamt zurück. Sie erklärt, für die Behörde nur *„irgendeine Akte“* gewesen zu sein. Mit dieser entindividualisierten Form der sprachlichen Darstellung kann sie trotz der erneuten Wahl des Qualitätsprädikats *(„man ist ja auch nur . irgendeine Akte“)* mit dem innewohnenden Rollenkonflikt umgehen, eine Person zu sein, die die Schule *„so“* schafft, die aber gleichzeitig nicht zum Abschluss zugelassen ist.

In der zweiten, darauf folgenden Phase des Typen A sieht sich Jana mit der begrenzenden Wirkmächtigkeit des *„Arbeitsamts“* konfrontiert. Die Organisation wird, anders als das Schulamt, in personalisierter Form dargestellt. Jana führt den Mitarbeiter des Arbeitsamtes in der semantischen Rolle des Contraagens ein, der zwar ihren Anspruch auf einen Platz im BVJ anerkennt, seine Pflicht, ihr diesen zu vermitteln, aber versäumt, indem er Jana, wie sie später erfährt, vergisst *(„da sagt der zu mir ja ich habe Sie komplett vergessen“)*. Die begrenzende Wirkmächtigkeit der Organisation äußert sich hier in Form einer ausbleibenden Handlung eines Mitarbeiters. Eine Kollision mit dem Rollenbild der Schülerin, die es *„so“* schafft, vermeidet die junge Frau, indem sie sich in unvermeidbarer Abhängigkeit vom Handeln des Amtes beschreibt, bei der sie nicht als Schülerin, sondern als vergessene Kundin des Arbeitsamts angesprochen ist. An dem Punkt, an dem sie aber die Gefahr realisiert, ihrem schulischen Anspruch *„so durchzukommen“* nicht gerecht werden zu können, wenn sie nicht auch als ‚Kundin des Arbeitsamts' aktiv wird, ergreift sie die Initiative. Sie weiß, dass das BVJ, auf das sie wartet, bereits angefangen haben muss und tritt – hier in der Rolle der Handelnden – eigenständig an das Arbeitsamt heran *(„ich bin da auf das Arbeitsamt“)*. An dieser Stelle sind die Übergänge zwischen Lebensverlaufagency, Identitätsagency und pragmatischer Agency fließend. Die junge Frau handelt gemäß ihrem Ziel, den Hauptschulabschluss nachzuholen, und dem Anspruch an sich selbst als Schülerin *„so durchzukommen“*. Beides verlangt von ihr, aktiv zu werden und pragmatische Agency aufzubringen, indem sie auf die ihr unbekannte Situation reagiert, in ihrem Fortkommen vom Arbeitsamt abhängig, aber nicht beachtet zu sein. Sie beendet diese Phase der schweren Erreichbarkeit durch eigene Handlungsmächtigkeit.

Einige der hier beschriebenen Aspekte finden sich auch in den Erzählungen anderer Interviewpartner/innen zu Phasen der schweren Erreichbarkeit wieder, in denen wegen ausbleibender Aktivitäten vermittelnder Organisationen der Zugang zu geeigneten Angeboten, die die jungen Menschen bei ihren schulischen oder beruflichen Plänen unterstützen, versagt bleibt.

Ein Beispiel für eine ähnliche Phasenkonstellation findet sich in folgender Textpassage, in der eine junge Mutter das Nichthandeln ihrer Fallmanagerin mitverantwortlich dafür macht, dass sie beruflich nicht vorankommt. Die junge Frau hat die Schule mit dem Förderschulabschluss verlassen und besucht im Anschluss nacheinander zwei Berufsvorbereitungen, die sie beide vorzeitig beendet. Die junge Frau selbst nimmt die Situation hin, wie sie ist, und arrangiert sich, anders als Jana, mit den fehlenden Bemühungen um ihr berufliches Ziel:

> *„tja . ich habe in H-Stadt habe ich Frau D* [Name der Fallmanagerin] *. wo ich 16 war also wo ich die Förderschule beendet habe hatte ich mit ihr ein Gespräch gehabt wo meine Mutter noch dabei war und da hat sie gemeint ja du bist ja Förderschülerin du hast ja eh Vorrang weil ich es ja schwerer habe . dabei ist es dann geblieben . ich habe nichts von ihr vermittelt bekommen wie es versprochen war . ähm ja . denn war ich noch mal da dann hat sie-- war meine Mutter auch wieder bei und dann hat sie die angesprochen war glaube ich ein zwei Jahre später . äh ja davon hätte sie nie was gesagt . also hm . das hat sich dann auch erledigt mit diesem . ja sie kümmert sich drum“ (I 11)*

Auch ihre Lebensverlaufagency äußert sich in der Phase schwerer Erreichbarkeit im Kontakt mit dem Jobcenter über das Vorliegen eines konkreten Ziels. Sie möchte Tischlerin werden. Wie Jana ist auch sie willens, hierauf ausgerichtete Angebote und gebotene Möglichkeiten in Anspruch zu nehmen, erhält aber keine.

Die begrenzende Wirkmächtigkeit der Organisation Jobcenter zeigt sich auch hier personalisiert in ihren Schilderungen der zwei Kontakte zu einer Mitarbeiterin. Diese erkennt an, dass die junge Frau wegen ihres Förderschulabschlusses auf ihrem beruflichen Weg mehr Unterstützung benötigt als andere Jugendliche und junge Erwachsene. In der semantischen Rolle des Agens verspricht sie, sie bei ihren beruflichen Plänen zu unterstützen, und erklärt, dass ihre Vermittlung für sie Vorrang habe. Wie bei Jana geschehen, versäumt die Mitarbeiterin jedoch die Einhaltung ihrer Zusage. Die angekündigte Unterstützung bleibt aus *(„dabei ist es dann geblieben")*. Im Gegensatz zu Jana in ihrer zweiten Typ-A-Phase ergreift die junge Frau nicht selbst Initiative. Sie insistiert nicht auf das Handeln der Mitarbeiterin. Wie die auf ein Prozessprädikat aufbauende Formulierung *„ich habe nichts von ihr vermittelt bekommen"* verdeutlicht, reicht ihre Lebensverlaufagency hier nicht über die Wirkmächtigkeit der Organisation hinaus. Zwar wäre sie bereit gewesen, Angebote wahrzunehmen, die *„wie es versprochen war"* hätten erfolgen müssen. Sich selbst nimmt sie jedoch nicht als ausreichend handlungsmächtig wahr, um ihre beruflichen Pläne trotz der ausbleibenden Hilfe weiterverfolgen zu können. Hier zeigt sich eine Überschneidung zu der Situation in Janas ersten Phase der schweren Erreichbarkeit des Typen A, als diese nicht gegen die Entscheidung des Schulamtes vorgehen konnte. Wie Janas Mutter in dieser Typ-A-Phase, fungiert auch die Mutter der jungen Frau hier – dargestellt in der Rolle als Contraagens – ohne Erfolg. Sie begleitet sie schon zum ersten Kontakt mit dem Jobcenter und konfrontiert die Mitarbeiterin schließlich auch im zweiten Kontakt mit ihrem eingegangenen Versprechen, sich um die berufliche Perspektive ihrer Tochter zu bemühen *(„war meine Mutter auch wieder bei und dann hat sie die angesprochen")*. Der Versuch, stellvertretend für die Tochter Agency zu übernehmen, bleibt auch hier erfolglos. Die ausbleibenden Aktivitäten der Organisation werden erneut begrenzend wirkmächtig: Die Mitarbeiterin bestreitet ihre vormalige Zusage der Unterstützung *(„äh ja davon hätte sie nie was gesagt . also hm . das hat sich dann auch erledigt mit diesem . ja sie kümmert sich drum")*.

Bei dieser jungen Frau kommt Identitätsagency in anderer Funktion zum Tragen als bei Jana. Im Gegensatz zu Jana kann sie in dieser Situation nicht auf das Selbstbild einer jungen Frau zurückgreifen, die es ‚so schafft'. Vielmehr zieht sie sich darauf zurück, ‚unterstützungsbedürftige Förderschülerin' zu sein. Diese Rolle ist ihr schon aus der Schulzeit vertraut. Sie übernimmt bereitwillig die Zuschreibung der Mitarbeiterin des Jobcenters. Auch sie wählt in ihrer Ausdrucksweise das Qualitätsprädikat *(„du bist ja Förderschülerin")*, jedoch in Form der Zitation der Mitarbeiterin. Dies ermöglicht ihr einerseits, Verantwortung an die Organisation abzugeben, andererseits führt dies jedoch auch zu ausbleibenden Bemühungen, die Mitarbeiterin des Jobcenters zu weiteren Handlungen zu drängen.

Parallelen finden sich ebenso in der Typ-A-Phase einer weiteren jungen Frau. Mareike zeigt eine sehr hohe Ausprägung der eigenen Handlungsmächtigkeit. Sie möchte wie Jana (s.o.) den Hauptschulabschluss nachholen. Nachdem sie Absagen auf zahlreiche Bewerbungen erhalten hat, entwickelt sie unter Aufbringung pragmatischer Agency das mittelfristige Ziel, mit dem Besuch einer Jugendwerkstatt die befürchtete Lücke im Lebenslauf zu schließen. Sie weiß, dass auch dort die Möglichkeit besteht, den Hauptschulabschluss nachzuholen. Um ihren Plan umzusetzen, nimmt sie Kontakt zu einer Beratungsstelle auf und hofft auf Vermittlung:

> *„das war . Dezember also wo es dann anfing dass ich aus- das war wo ich aus der Schule rausging- da hat mir das ja ein Kumpel erzählt . und da habe ich ja vorher die ganzen Bewerbungen geschrieben und dann ging es dann- rasselte es nur Absagen . und da habe ich mich dann beim N-Vermittlungsstelle gemeldet . ob ich denn zu einer Jugendwerkstatt darf und der hat gesagt da äh das ist für Jugendliche die nicht wollen aber . vom Amt müssen . und da ich ja nicht der Fall bin- äh bin sondern weil ich sage ich möchte das machen um . in meinen- meinem Lebenslauf keine Lücke zu haben und so hat die gesagt ich bin dafür nicht be- äh . nicht geeignet“ (I 43)*

Mareikes Phase schwerer Erreichbarkeit beginnt mit dem Austritt aus der Schule und dem Ausbleiben ihres Bewerbungserfolgs. Lebensverlaufagency liegt bei ihr wie auch bei den anderen beiden Frauen in Form konkreter Zielvorstellungen vor. Sie möchte den Hauptschulabschluss nachholen und entwickelt die Idee, hierzu eine Jugendwerkstatt zu besuchen. Semantisch stellt sich Mareike in der Rolle des Agens dar. Ihre Handlungsmächtigkeit im Geschehen verdeutlicht der Gebrauch von Aktionsprädikaten: Sie geht aus der Schule raus und schreibt Bewerbungen. Ihre Bemühungen bleiben jedoch erfolglos. Wie die Verwendung von Prozessprädikaten in diesem Zusammenhang zeigt, geschieht dies, ohne dass sie Einfluss darauf hätte nehmen können *(„dann ging es dann- rasselte es nur Absagen“)*. Sie behält ihre Handlungsmächtigkeit bei und meldet sich bei der Beratungsstelle. Semantisch nimmt sie die Rolle des Agens ein. Ein *„Kumpel“* erzählt ihr von der Möglichkeit, über die Beratungsstelle Zugang zu einer Jugendwerkstatt zu erhalten. Er wird in der Rolle des Contraagens eingeführt und fungiert als Informant, Formen stellvertretender Agency lassen sich hier nicht finden. Mareike braucht sie vorerst auch nicht.

Die junge Frau betrachtet den Besuch der Jugendwerkstatt als Chance. Sie *„fragt"* bei der Beratungsstelle nach, ob sie die Möglichkeit der Teilnahme erhalten *„darf"*. Auch in ihrer Phase schwerer Erreichbarkeit entfaltet die Organisation begrenzende Wirkmacht über das Unterlassen der Vermittlung. Die Mitarbeiterin dort erkennt Mareikes Anspruch auf Vermittlung in eine berufsvorbereitende Maßnahme nicht an. Sie entscheidet, dass Mareike für die Maßnahme nicht geeignet ist. Die erhoffte Teilnahme bleibt aus. Die Interviewpartnerin nutzt hier Qualitätsprädikate und bringt somit die Unabänderlichkeit der Entscheidung zum Ausdruck, da sie direkt an ihre Person gebunden ist *(„und da ich ja nicht der Fall bin"; „ich bin dafür nicht be- äh . nicht geeignet")*. Diese Phase schwerer Erreichbarkeit des Typen A wird beendet, weil Mareike sich der neuen Situation anpasst:

> *„und bin dann erstmal- ich wollte dann BVJ machen . da bin ich aber mittlerweile zu alt für weil ich ja über 18 bin . dann wollte ich BvB machen aber da muss ich mindestens zehn Monate dabei sein um meinen Hauptschulabschluss nachzuholen . und da das ja . das Jahr schon angefangen hat müsste ich das erst nächstes Jahr machen- also kann ich das erst nächstes Jahr machen . also nach Sommer glaube . und . ja und dann bin ich halt erst mal vorübergehend war gedacht dass ich die Berufsschule- also hier für welche die ihre Berufsschulpflicht erfüllen müssen . bin ich dann zu der Gastronomieschule weil da so ein Berufsschulprojekt ist für Schüler die . keine Schule machen wollen" (I 43)*

Unter Aufwendung pragmatischer Agency wägt sie ihre Möglichkeiten ab, findet keine alternative Möglichkeit, die zu ihren beruflichen Plänen passt, und disponiert vorerst um. Der Gebrauch von Prozessprädikaten im Zusammenhang mit dem Besuch der Berufsschule im Bereich Gastronomie macht deutlich, dass sie hier nicht den eigenen beruflichen Plänen folgt, sondern der Anforderung gerecht wird, die Berufsschulpflicht zu erfüllen. Die Handlungsträger bleiben hierbei anonym. Das Ziel, ihren Hauptschulabschluss in der Jugendwerkstatt zu machen, verwirft Mareike nicht. Der Berufsschulbesuch ist von vornherein als ein vorübergehender geplant.

Auch der folgende junge Mann hat ein berufliches Ziel entwickelt, das er nicht verfolgen kann, weil ihm der Zugang zu einem geeigneten Angebot verwehrt wird. Da er seine Phase des *„Nichtstuns"* beenden möchte, bemüht er sich um Aufnahme im berufsvorbereitenden Angebot eines Maßnahmeträgers. Ursprünglich möchte er etwas *„in Richtung KFZ"* machen, so wie sein Vater. Über das Betreute Wohnen erfährt er von einer Maßnahme, die ihn hierbei unterstützen könnte. Anders als gedacht ist das Angebot nicht auf den Bereich KFZ ausgerichtet. Vielmehr erhält der junge Mann Einblick in diverse andere Arbeitsbereiche. Er entscheidet pragmatisch, sich in Richtung einer beruflichen Perspektive als Maurer zu orientieren. Bei einem kooperierenden Betrieb des Angebotsträgers findet er die Möglichkeit, sich als Maurer ausbilden zu lassen. Nachdem er eine Krankmeldung mit einem Tag Verspätung einreicht, erhält er die Kündigung und verliert den Zugang zu der Organisation. Von den Ereignissen erzählt er wie folgt:

> *H: „Maurer also Maurer ich war beim Maurer drinne ich war bei Fliesenbau drinne ich war bei Trockenbau drinne . und Stahl- und Betonbau war ich drinne .. ja .. das war es . und im Endeffekt dann für Maurer entschieden*
> *I: und dann ? also da habe ich den Faden verloren*
> *H: danach habe ich ähm halt ein dreiviertel Jahr ungefähr da gearbeitet . habe mich dann krankschreiben lassen die Krankschreibung kam zu spät an also habe ich einen Tag zu spät losgeschickt . und haben sie mich dann drauf gleich gefeuert*
> *I: (7 sec) und dann hast du mal gefragt warum nur weil die spät ankam oder was ja*
> *H: na ja die sind ja auch nur die sind ja mit den die haben ja einen Vertrag mit denen dass die da im Jahr soundso viele Lehrlinge annehmen müssen und da hatten sie bestimmt einfach nur keinen Bock gehabt auf mich . mussten sie mich zwar nehmen aber . hatten sie bestimmt keinen Bock“ (I 10)*

Die Typ-A-Phase bezieht sich auf den Zeitpunkt der Kündigung. Die Lebensverlaufagency des jungen Mannes in dieser Zeit äußert sich in Form des Ziels, Maurer zu werden. Dieses Ziel konnte er im Laufe seiner berufsvorbereitenden Maßnahme über den Ausschluss anderer Bereiche für sich entwickeln. Mit Hilfe des Aktionsprädikats *(„und im Endeffekt dann für Maurer entschieden“)* drückt er aus, dass es sich hierbei um eine klare Entscheidung gehandelt hat. Hingegen umgeht er es, sich selbst hier in der semantischen Rolle des Agens zu benennen, indem er den Bezugspunkt der Aussage, das Subjekt ‚ich‘, in seiner Erzählung auslässt. Und entsprechend entgegnet er auf direkte Nachfrage zu dem Berufswunsch Maurer an einer anderen Stelle des Interviews: *„na ja aber auch nicht mein Berufs- ich glaube es gibt gar keinen Beruf für mich“ (I 10)*. Dennoch verfolgt er das bestehende Ziel, Maurer zu werden. In der semantischen Rolle des Agens erklärt er, über den Lehrbauhof eine Ausbildung zu machen und ein dreiviertel Jahr bei einem kooperierenden Betrieb gearbeitet zu haben *(„danach habe ich ähm halt ein dreiviertel Jahr ungefähr da gearbeitet“)*.

Der junge Mann erlebt den Betrieb, in dem er tätig ist, als begrenzend wirkmächtig. Durch die schnelle Kündigung verhindert die Organisation das Verfolgen seines Ziels. Gleichwohl der junge Mann, sich in dieser Passage selbst in der semantischen Rolle des Agens darstellend, die Krankmeldung zu spät einreicht *(„habe ich einen Tag zu spät losgeschickt“)*, macht er den Betrieb für seinen Rauswurf verantwortlich. Er selbst erlebt sich hierbei in der semantischen Rolle des Patiens einer sehr zügig erfolgten Kündigung *(„und haben sie mich dann drauf gleich gefeuert“)*. Ein Eingeständnis der eigenen (Mit-)Verantwortlichkeit für den Rauswurf umgeht er, indem er dem Betrieb unterstellt, von vornherein kein Interesse an ihm als Lehrling gehabt zu haben *(„mussten sie mich zwar nehmen aber . hatten sie bestimmt keinen Bock“)*.

Die Lebensverlaufagency des jungen Mannes ist anders als bei den jungen Frauen weder hinsichtlich seines Ziels, Maurer zu werden, noch beim Verfolgen desselben auf der Handlungsebene ausreichend ausgeprägt, um seine Phase schwerer Erreichbarkeit durch Eigeninitiative zu beenden. Ebenso wenig kann er auf Identitäts- oder pragmatische Agency zurückgreifen, um mit der Situation des Rauswurfs umzugehen und beruflich den Anschluss zu behalten. Er wehrt sich nicht gegen die ausgesprochene Kündigung und sucht nicht nach einer alternativen Perspektive. Auch die Organisationen in seinem Umfeld entfalten für ihn keine ermöglichenden Bedingungen. An späterer Stelle im Interview erklärt er folglich: *„aber nach der Arbeit nach Maurer da . bis jetzt habe ich halt nichts gefunden und nichts gemacht . nicht viel“* (I 10). Der junge Mann tritt in einen nächsten Typus schwerer Erreichbarkeit ein.

Variante 2: Ausbleiben adäquater Unterstützungsleistungen in Organisationen der Jugendsozialarbeit

In einer zweiten Variante des Typen A haben junge Menschen mit mehr oder weniger stark ausgeprägter Lebensverlaufagency Zugang zu Angeboten der Jugendsozialarbeit gefunden, von denen sie sich Unterstützung beim Verfolgen ihrer schulischen oder beruflichen Ziele erhoffen. In den Angeboten werden sie jedoch mit Anforderungen oder Erwartungen konfrontiert, die sie nicht erfüllen können oder nicht erfüllen wollen. Die begrenzende Wirkmächtigkeit der Organisationen zeigt sich hier vorwiegend darin, dass adäquate Hilfestellungen der Organisationen ausbleiben. Ihren Zielen zum Trotz reagieren die jungen Frauen und Männer häufig mit Rückzug. Sie bleiben den Angeboten fern oder brechen die Angebote ab.

Eine solche Konstellation beschreibt zum Beispiel Emil. Weil er unter Epilepsie leidet, macht er seinen Abschluss an einer Körperbehindertenschule. Hier ist er Jahrgangsbester. Nach Abschluss der Schule und einer selbst gewählten Leerlaufzeit beginnt er eine Ausbildung zum Koch. In der Praxis ist er erfolgreich, im schulischen Unterricht stößt er hingegen an seine Grenzen. Auf der Berufsschule wird Wissen vorausgesetzt, das der junge Mann nicht besitzt. Kurz vor den Prüfungen konfrontiert ihn eine Ausbilderin mit seiner schlechten schulischen Leistung. Sie prognostiziert, dass er die Prüfungen nicht schaffen wird. Kritik an seiner Leistungsfähigkeit ist er nicht gewohnt. Auf der Arbeit erleidet er einen psychischen Zusammenbruch. Er bricht die Ausbildung ab und begibt sich in psychiatrische Behandlung:

> *„also bis zur Prüfung eigentlich- durch die [Berufs-] Schule habe ich mich mehr oder weniger gekämpft . praktisch war ich immer gut aber schulisch halt nicht . und als dann die Prüfung war- war es dann so ein Stress und so das . und da haben sie dann festgestellt- ich glaube- was haben sie gesagt am besten Sie hören auf und suchen sich eher was- was Ihnen liegt weil Mathe ist nicht so Ihre Stärke und Ihre Rechtschreibung das lässt auch bisschen zu wünschen übrig und . und da hat sich das dann eben so in meinem Kopf eingeschlossen und dass es nicht weitergehen kann so wie es ist . und da war es dann halt so dass ich halt diesen Zusammenbruch mitten auf der Arbeit hatte . das heißt da kam dann wirklich ein Krankenwagen und hat mich ins Krankenhaus gebracht das- das war nicht dass ich selber mich dorthin geschleppt habe sondern . bin dann wirklich zusammengebrochen und hatte halt schwarz vor den Augen . totaler Heulkrampf habe ausgeweint oder so das war schon richtig hart . und seitdem habe ich die Berufsschule und alles auch nie wieder gesehen oder . da wo wir Praxis hatten“ (I 38)*

Bei diesem Interviewpartner lässt sich Lebensverlaufagency nicht nur anhand der Formulierung eines sehr konkreten Ziels rekonstruieren, sondern ebenso auf der Handlungsebene. Er möchte Koch werden und befindet sich in Ausbildung. Dennoch reicht die Lebensverlaufagency nicht aus, um der als begrenzend erlebten Wirkmächtigkeit der Organisation Berufsschule zu begegnen. Der junge Mann erlebt sich als Agent bis zu dem Zeitpunkt, als ihm seine Ausbilderin prognostiziert, dass er die Prüfungen nicht bestehen wird. Semantisch wechselt er in seinen Erzählungen hier vom Gebrauch von Aktionsprädikaten *(„durch die [Berufs-] Schule habe ich mich mehr oder weniger gekämpft“)* zu Prozessprädikaten *(„und da war es dann halt so“)*. Von da an beschreibt er sich in der semantischen Rolle des Patiens. Das Geschehen um ihn herum nimmt seinen Lauf, ohne dass er Einfluss darauf hat. Seine Schwierigkeiten in der Situation beschreibt er wie folgt:

> *„ich war so gut in der Schule da werde ich die Ausbildung auch ganz locker schaffen . und wenn man dann auch mal in der Schule hängt und theoretischen Unterricht hat und dann merkt . man weiß eigentlich gar nicht so viel weil man eigentlich über einen Kamm mit den anderen ge-*

schurt wurde die nicht so viel Ahnung hatten nicht dass die dumm gewesen wären jeder hat da so das was er eben gut konnte aber . wie schon gesagt wenn man das eben . leichte Aufgaben hatte und das über Jahre hinweg kommt dir das natürlich alles leicht vor . und dann . eine Wurzel ziehen muss und noch gar nicht weiß was das überhaupt ist . das ist einfach . und sich das innerhalb von einem Jahr anzueignen so schnell . das hat einfach nicht geklappt und das war dann der Grund warum es dann zu Ende war mit der Ausbildung" (I 38)

Hier zeigt sich, dass es ihm nicht möglich ist, auf Identitätsagency zurückzugreifen, um die aktuelle Situation zu bewältigen. Die Erfahrungen in der Berufsschule stehen der ihm bekannten Rolle als ‚gutem Schüler' diametral entgegen. Auf der Förderschule hatte er nicht viel Lernaufwand betreiben müssen, um zu bestehen. Um mit der Situation produktiv umgehen zu können, muss er folglich ein hohes Maß an pragmatischer Agency aufwenden. Er muss organisieren, wie er den für die Prüfungen vorausgesetzten Schulstoff in kurzer Zeit nachholen kann. Gleichwohl dies für ihn eine neue und unbekannte Situation ist, wagt er anfangs den Versuch. Er stellt erste Überlegungen an, Nachhilfe zu nehmen und sucht nach Möglichkeiten der Unterstützung bei der Ausbilderin, aber ohne Erfolg: *„hatte dann gefragt wie es aussieht wegen Nachhilfe bis zur Prüfung und da hat sie gesagt . ähm sie hätte es zwar angestrebt . aber jetzt wäre es zu spät gewesen"* (I 38). Allein fühlt er sich erst recht nicht in der Lage, pragmatische Agency zu mobilisieren und den Schulstoff nachzuholen. Als Grund (Causativ) führt er an: *„und sich das innerhalb von einem Jahr anzueignen so schnell . das hat einfach nicht geklappt"*. Hiermit begründet er das vorzeitige Ende seiner Ausbildung *(„das war dann der Grund warum es dann zu Ende war mit der Ausbildung")*. Die Verwendung des Prozessprädikats *„dann zu Ende war"* unterstreicht erneut, dass er nicht der Ansicht ist, er selbst hätte noch Einfluss auf diese Entwicklung nehmen können. Aus seiner Sicht ist es einfach so passiert. Die Folge ist ein psychischer Zusammenbruch, der für ihn erst einen Psychiatrieaufenthalt und dann eine lange biografische Phase ohne Kontakt zu Schule, Arbeitsamt und Organisationen der Jugendsozialarbeit einleitet.

Auch die Förderschülerin, die schon über eine Typ-A-Phase der ersten Variante erzählte (s.o.), berichtet von einer ähnlichen Konstellation in einer weiteren ihrer Phasen der schweren Erreichbarkeit des Typen A, dieses Mal in der zweiten Variante. Wirkmächtiger Handlungsträger ist diesmal nicht wie zuvor das Jobcenter, sondern die Organisation, bei der die junge Frau ihre zweite berufsvorbereitende Maßnahme besucht. Die Mitarbeiterin eines Berufsbildungsträgers hatte ihr ermöglicht, ihr Ziel über die Teilnahme an der Maßnahme in einer Werkstatt verfolgen zu können. Thema sind in dieser Phase ihre Schwierigkeiten mit den Leistungsanforderungen in Mathematik. In der Grundschule wurde bei ihr eine Rechenschwäche diagnostiziert. Diese führt bereits in ihrer ersten berufsvorbereitenden Maßnahme zur vorzeitigen Beendigung seitens der Organisation. In der zweiten, hier angesprochenen Maßnahme, verliert die junge Frau selbst die Motivation sich anzustrengen. Sie bleibt dem Mathematikunterricht wegen der Konflikte um ihre Mathematikschwäche fern und bricht die Maßnahme schließlich ab. Über den Verlauf erzählt sie wie folgt:

> *„na ja wie gesagt also in der zweiten Berufsvorbereitung der Lehrer hat immer gesagt ob ich keinen Bock habe . dann habe ich gesagt doch ich habe Bock da drauf bloß ich verstehe es halt nicht . und dann war es dem irgendwann auch egal sage ich mal dann hat er immer behauptet und mir unterstellt dass ich gar keine Lust habe- also dass ich gar keine Lust dazu habe . aber ich wollte ja sonst wäre ich ja nicht dahin gekommen extra . ich wollte es ja ich wollte es ja verstehen ich wollte es ja auch lernen und so aber . na ja . der meinte dann halt ich will gar nicht . für was ich eigentlich herkomme .. und alle anderen immer so ja eigentlich müsstest du ja Unterstützung kriegen und mhm aber na ja . beim Reden ist es dann geblieben" (I 11)*

In dieser Phase ihrer schweren Erreichbarkeit zeigt sich ihre Lebensverlaufagency erneut bezogen auf ihren Berufswunsch, Tischlerin zu werden. Die junge Frau weiß, dass ihr berufliches Ziel ein Verständnis für Mathematik voraussetzt. Ihre Lebensverlaufagency zeigt sich anfangs in dem Willen und dem Versuch, ihrem beruflichen Ziel gemäß zu handeln und dem Unterricht zu folgen *(„ich wollte es ja ich wollte es ja verstehen ich wollte es ja auch lernen")*. An unterschiedlichen Stellen im Interview weist die Interviewpartnerin sehr explizit darauf hin, Förderschülerin zu sein. Diesbezüglich hat sie in ihrer Schulbiografie ein hohes Maß an Identitätsagency ausgebildet. Sie als Förderschülerin ist nicht faul und auch nicht desinteressiert, aber sie benötigt besondere Unterstützung beim Erlernen schulischer Inhalte und hat ein Anrecht darauf (vgl. I 11). Eigenständig gelingt es ihr auch in der hier betrachteten Typ-A-Phase nicht, ein ausreichendes Verständnis für den Unterrichtsinhalt zu entwickeln. Sie bleibt, ohne selbst Einfluss darauf nehmen zu können, hinter den schulischen Erwartungen zurück.

Die begrenzende Wirkmächtigkeit der Organisation macht die junge Frau unter anderem daran fest, dass sie von Organisationsseiten nicht die Unterstützung erhält, die sie benötigt *(„und alle anderen immer so ja eigentlich müsstest du ja Unterstützung kriegen und mhm aber na ja . beim Reden ist es dann geblieben")*. Maßgeblich tritt die begrenzende Wirkmächtigkeit in Form der nicht zu bewältigenden Anforderungen an ihre mathematischen Fähigkeiten zutage. Darüber hinaus verstärkt sie sich über die anfangs fälschliche Unterstellung des Mathematiklehrers, den sie als Contraagens schildert, der ihr den fehlenden Willen attestiert, sich zu bemühen. Vorwiegend ihm ordnet die junge Frau in ihrer Erzählung Aktionsprädikate zu und verdeutlicht damit seine aktive Rolle im Geschehen (*„dann hat er immer behauptet und mir unterstellt dass ich gar keine Lust habe“*). Um ihre eigene Handlungsmächtigkeit (wieder) herzustellen, greift sie selbst auf pragmatische Agency zurück und passt sich der Situation an:

> *„bei der zweiten habe ich gesagt na ich habe keine Lust mehr weil ich es ja eh nicht verstanden habe da hat er gesagt komm geh raus . also im Prinzip sage ich mal wurde ich mit meinem Einverständnis rausgeschmissen sozusagen aus dem . Unterricht“ (I 11)*

Angesichts der vorherigen Erfahrung, ohne Unterstützung keine Erfolge beim Erlernen mathematischer Zusammenhänge zu erzielen, und der Erkenntnis, dass Unterstützung seitens ihres Lehrers nicht zu erwarten ist, übernimmt sie die zunächst fälschliche Zuschreibung und stellt somit die eigene Handlungsmächtigkeit wieder her. Sie stellt sich als Handelnde dar und erklärt, nun *„keine Lust mehr“* zu haben und entwickelt eine neue Form der Identitätsagency. Nun ist sie nicht mehr nur eine junge Frau, der Unterstützung fehlt, sie wird zu einer jungen Frau, die keine Lust mehr hat, sich weiterhin zu bemühen. In der Folge schließt sie ihr Lehrer, erneut in der semantischen Rolle des Contraagens, mit ihrem *„Einverständnis“* aus dem Unterricht aus. Die eingetragenen Fehlstunden bewirken, dass ihr zweiter Maßnahmebesuch vorzeitig endet.

Ein weiteres Beispiel für die nicht erfüllbaren Anforderungen am Arbeitsort ist folgende Phase schwerer Erreichbarkeit aus der Biografie einer weiteren jungen Frau. Nach einer sechsmonatigen Leerlaufphase wird diese überredet, dass es für sie wichtig sei, wieder etwas zu tun. Sie hatte ihr Kind in der Schwangerschaft verloren und eine Depression entwickelt, die sie von ihren beruflichen Plänen zunächst hatte Abstand nehmen lassen. Nun beginnt sie mit einer AGH-Maßnahme, bei der sie auf eigenen Wunsch im Kindergarten eingesetzt ist. Ihr berufliches Interesse ist getroffen. Sie fühlt sich in der Maßnahme eigentlich gut aufgehoben. Jedoch konfrontiert sie die Arbeit mit den Kindern im Kindergarten täglich mit dem Verlust ihres eigenen Kindes:

> *„weil ich erst hier AGH war . musste ich dann ja aber abbrechen weil ich im Kindergarten war und der Kindergarten hat mich so runtergezogen weil ich da immer die ganzen Kinder rumrennen gesehen habe und so und . da liefen mir gleich frühst am Anfang schon die Tränen wenn ich die*

ganzen Kinder gesehen habe ist ja logisch da musste ich ja erst mal auf Toilette mich zehn Minuten erst mal ab- ja beruhigen und dann konnte ich erst hoch dann konnte erst meine Arbeit da oben machen die Kinder . also dann haben die aber auch dort Verständnis gehabt und irgendwann bin ich dort nicht mehr hingegangen hab gesagt tut-ähm . tut mir leid aber ich kann nicht mehr kommen jetzt ich kann nicht mehr . und dann fanden die das halt ein bisschen traurig und haben gesagt können Sie sich das nicht noch ein bisschen überlegen so ob Sie wieder hochkommen weil die wollten mich eigentlich übernehmen . die waren wirklich zufrieden mit mir haben die auch gesagt . weil ich eigentlich mit allen Kindern dort konnte ich habe die Kinder eigentlich quasi k- äh total unter Kontrolle gehabt . und das als Praktikantin ne . ne und dann musste ich das halt ja abbrechen AGH weil ich nichts mehr gefunden habe ich konnte Kindergarten nicht machen Pflege wollte ich gar nicht also das ist mir gar nicht so mit alten Leuten so arbeiten ist mir nicht kann ich- habe ich keine Nerven für also . kann ich nicht . das Behindertenheim das wollte ich auch nicht weil das ist alles Pflege und ich will keine Pflege und dann wollte ich halt diese Betreuung machen also Kinderbetreuung konnte ich aber nicht mehr habe ich abgebrochen dann war ich vielleicht zwei drei Wochen zu Hause" (I 6)

Die Lebensverlaufagency dieser Interviewpartnerin äußert sich hier in ihrem Wunsch, im Rahmen der Arbeitsgelegenheit (AGH) im Kindergarten tätig zu sein. Im Grunde fühlt sie sich in diesem Arbeitsfeld sehr handlungsmächtig (*„ich habe die Kinder eigentlich quasi k- äh total unter Kontrolle gehabt und das als Praktikantin"*) und erhält positive Rückmeldung (*„die waren wirklich zufrieden mit mir haben die auch gesagt"*).

Gleichwohl sie insgesamt ein positives Bild der Organisationen der Jugendsozialarbeit und auch ihres Einsatzortes zeichnet, erlebt sie beides doch als begrenzend wirkmächtig. Die tiefsitzende Verletzung, die sie bei dem Verlust ihres Kindes erlitt, ist bei der Wahl ihres Einsatzortes zunächst nicht ins Gewicht gefallen. Die Arbeit mit den Kindern belastet sie schließlich derart, dass sie täglich zu weinen beginnt, wenn sie an ihrem Arbeitsort erscheint. Ihre Erzählungen werden in diesem Zusammenhang von Prozessprädikaten dominiert. Sie erklärt, *„der Kindergarten hat mich so runtergezogen"* und schreibt ihrem Arbeitsort in der sprachlichen Darstellung somit die Rolle eines Contraagens zu, gegen den sie anzukämpfen hat. Auch hier vermag es die Organisation nicht, adäquat zu reagieren und ihr geeignete Angebote zu machen. Andere Einsatzorte, die dem beruflichen Interesse und den Fähigkeiten der jungen Frau entsprechen, kann der Bildungsträger im Rahmen der AGH nicht anbieten (CAU: *„weil ich nichts mehr* *gefunden habe ich konnte Kindergarten nicht machen Pflege wollte ich gar nicht“)*. Sie *„muss“* die Maßnahme abbrechen.

Die junge Frau bleibt zwei bis drei Wochen zu Hause, bis sich der Träger ihrer alten Maßnahme mit einem neuen Angebot im eigenen Haus bei ihr meldet. Der Angebotsträger korrigiert sich und entfaltet für sie nun ermöglichende Wirkmächtigkeit. Damit beendet er ihre Phase der schweren Erreichbarkeit.

Wie bei ihr lässt sich auch in anderen Erzählungen über Phasen der schweren Erreichbarkeit des Typen A das Thema der fehlenden Möglichkeit finden, in inhaltlich passenden Angeboten tätig zu sein. In Martins Fall hat die Organisation seine Teilnahme an Angeboten im Wahlbereich willentlich verhindert. Martins Lebensverlaufagency ist nur schwach ausgeprägt. Er besucht eine Holzwerkstatt. Seine Teilnahme steht von Beginn an auf wackeligen Füßen. Er kommt mit seinem Maßnahmebetreuer nicht zurecht. Die hier beschriebene Phase schwerer Erreichbarkeit des Typen A beginnt, als der junge Mann das Interesse am Bereich Holz verliert und den Bereich wechseln möchte. Ihn interessiert einer der drei Arbeitsbereiche, die neben dem Bereich Holz vom Träger der Maßnahme angeboten werden. Er möchte in die Gastronomie wechseln. Erfolglos thematisiert er dies im Gespräch mit seinem Maßnahmebetreuer. Weil ihm der Wechsel nicht ermöglicht wird, bricht er die Maßnahme ab:

> *„ähm jeder der Teilnehmer hatte . einen gewissen Betreuer . ein Betreuer hat ja auch verschiedene Teilnehmer gehabt und ähm .. ((zieht Luft ein)) mit dem wurde halt alles- alles durchgekaut alles gemacht so wie geht es jetzt weiter . und ähm . ich kam damals mit meinem Betreuer nicht ganz zurecht .. wir . hatten uns darüber unterhalten dass äh eventuell ähm die Holzwerkstatt das Beste für mich ist . aber ich hatte . leicht das Interesse an dem Bereich Holz verloren und hätte gerne den Bereich gewechselt . und da gab es halt auch massiven Widerstand . ähm . die Fronten haben sich sozusagen verhärtet . ich wollte wechseln . ich durfte nicht ich konnte nicht . und irgendwann war es dann soweit dass ich dann halt gesagt habe . nee ist nicht ((zieht Luft ein))“ (I 5)*

Ein konkretes berufliches Ziel benennt dieser Interviewpartner nicht. Seine Lebensverlaufagency zeigt sich jedoch in dem Willen, entgegen der Vorstellung seines Maßnahmebetreuers, aber seinen eigenen Interessen entsprechend, den Bereich innerhalb einer Maßnahme zu wechseln *(„und hätte gerne den Bereich gewechselt“; „ich wollte wechseln“)*. Der Erzähler sieht sich lediglich im Zusammenhang mit dem Verlust seines Interesses an dem Bereich Holz und seinem Willen zu wechseln in der semantischen Rolle des Agens *(„ich hatte . leicht das Interesse an dem Bereich Holz verloren“)* sowie später, als er entscheidet, die Maßnahme abzubrechen *(„dass ich dann halt gesagt habe . nee ist nicht“)*. In der Erzählung über alle weiteren Ereignisse dominieren demgegenüber Prozessprädikate. An späterer Stelle im Interview äußert er zwar nach Abwägung der Möglichkeiten sein Interesse an einer Teilnahme im Gastronomiebereich (vgl. I 5). Weitere auf Lebensverlaufagency bezogene Handlungsmächtigkeit in Form aktiver Bemühungen, in diesen Bereich zu wechseln, bringt er aber nicht explizit zum Ausdruck. Sie erschließt sich lediglich aus dem Zusammenhang seiner Erzählungen. Ohne dass nachvollziehbar ist, ob er selbst die Initiative ergreift, um mit der Organisation in Aushandlung zu treten, erklärt er, in einem Gespräch mit dem Maßnahmebetreuer für seinen Wunsch zu wechseln eingetreten zu sein *(„hatten uns darüber unterhalten dass äh eventuell ähm die Holzwerkstatt das Beste für mich ist . aber ich hatte . leicht das Interesse an dem Bereich Holz verloren und hätte gerne den Bereich gewechselt“)*. Bei der Formulierung des Wunsches zu wechseln, benutzt er zunächst den Konjunktiv, um die Erfolglosigkeit seiner Bemühungen, den Wechsel herbeizuführen, zu unterstreichen. Erst später ändert er diese sprachliche Form hin zu der Formulierung *„ich wollte wechseln“*, setzt diesem jedoch gleich entgegen: *„ich durfte nicht ich konnte nicht“*, um erneut zum Ausdruck zu bringen, dass sich sein Wunsch nicht erfüllt hat.

Ursächlich für die nicht vorhandene Möglichkeit, einen Bereich gemäß seinen Interessen zu besuchen, ist für Martin die begrenzende Wirkmächtigkeit der Organisation. Diese tritt in seinen Erzählungen in Person eines Maßnahmebetreuers auf, der sprachlich als Contraagens dargestellt wird. Dieser wird von Martin als ausführendes Organ der Organisation eingeführt *(„ähm jeder der Teilnehmer hatte . einen gewissen Betreuer .* [...] *mit dem wurde halt alles- alles durchgekaut alles gemacht so wie geht es jetzt weiter“)*. Mit dem Betreuer kommt der junge Mann nicht zurecht. Anfangs hat es dennoch den Anschein, als würde dieser Betreuer als Partner fungieren, indem er sich mit ihm darüber unterhält, dass der Bereich der Holzwerkstatt für ihn am geeignetsten sei. Der junge Mann gerät mit dem Betreuer jedoch aneinander, als dieser eine andere Vorstellung davon zeigt, welchen Bereich er für geeignet hält. Er insistiert darauf, dass Martin im Bereich Holz richtig aufgehoben ist. Die Wortwahl des Interviewpartners bei der Beschreibung seiner Konflikte mit der Organisation lässt darauf schließen, dass diese Konflikte – ausgetragen mit der Person des Betreuers – für ihn einem Kampf gleichkamen. Er spricht von Widerstand und verhärteten Fronten. Letztlich wird dem jungen Mann das Verfolgen seines beruflichen Interesses und der Wechsel des Bereichs von Organisationsseiten „verboten“ *(„ich wollte wechseln . ich durfte nicht ich konnte nicht“)*. Die Begründung hierzu liefert er erst auf direkte Nachfrage im weiteren Verlauf des Interviews nach. Der Betreuer widerspricht dem Bereichswechsel, weil er Martin für nicht ausreichend belastbar – und damit handlungsmächtig genug – hält, um in seinem Wahlbereich tätig sein zu können: *„ich weiß noch ganz genau dass es ziemlich darum ging um Stress ging . und alles . dass es eventuell viel zu stressig für mich sei“* (I 5).

Mit der Wahl des einführenden Prozessprädikats *„und irgendwann war es dann soweit“* am Ende der Passage macht der Interviewpartner deutlich, dass er dazu getrieben wird, eine Entscheidung zu treffen. Er bricht die Maßnahme ab. Der Gebrauch des Aktionsprädikats in der Darstellung der Abbruchentscheidung zeigt, dass sie im Kontext eigener Handlungsmächtigkeit geschehen ist. Inwiefern dies in Verbindung mit pragmatischer Agency steht, kann aus Martins Erzählungen aber nur schwerlich herausgearbeitet werden. Fakt ist, dass für ihn eine Zeit des Leerlaufs beginnt, in der er sich nicht weiter um seine berufliche Perspektive bemüht. Er tritt in den Phasen-Typ E ein.

Empfehlungen für Organisationshandeln

Erste Hinweise auf Anknüpfungspunkte für Organisationen, die junge Menschen in Phasen des Typen A (wieder) erreichen wollen, finden sich zahlreich:

In vielerlei Hinsicht liegen die Konsequenzen auf der Hand, die vermeintlich oder tatsächlich begrenzend wirkmächtige Organisationen aus den Schilderungen der jungen Frauen und Männer mit vorhandener Lebensverlaufagency ziehen sollten: Übereilte Kündigungen bei kleineren Fehltritten oder Versäumnissen, unrealistische Anforderungen an die Leistungsfähigkeit, die ungebremste Konfrontation mit verletzenden biografischen Ereignissen am Arbeitsort, voreilige Defizit- und Schuldzuweisungen bei ausbleibenden Erfolgen sowie der Ausschluss von Wunschangeboten sind nicht geeignet, um (temporär) nicht erreichte oder nur schwer erreichbare junge Menschen darin zu unterstützen, ihre beruflichen Ziele verfolgen zu können. Und besteht ein Anspruch des jungen Menschen auf Vermittlung durch das Jobcenter oder andere Organisationen, ist diesem selbstverständlich nachzukommen.

Mitunter fehlt es den jungen Frauen und Männern in Phasen, in denen sie selbst Ziele oder berufliche Vorstellungen entwickelt haben, und gewillt sind, diese zu verfolgen, lediglich an dem hierzu notwendigen Wissen um vorhandene Möglichkeiten bei den Bildungsträgern und um Ausbildungschancen oder der Kenntnis über andere Unterstützungsangebote. Die Akteur/innen der Jugendsozialarbeit sollten ihnen diese Informationen zugänglich machen. Das meint zum einen, dass sie selbst über ausreichend Informationen im Feld verfügen sollten, wenn sie den jungen Menschen in der Beratung begegnen. Von Vorteil sind hier Anlaufstellen, in denen die jungen Menschen auf Fachkräfte treffen, die sowohl umfassend über die regionalen Angebote aus dem Bereich des SGB II und III informieren können als auch über diejenigen aus dem Bereich des SGB VIII. Eine Möglichkeit hierzu bestünde beispielsweise über entsprechend aufgestellte Jugendberufsagenturen. Zum anderen erscheinen aber ebenso niedrigschwellige Informationsangebote geeignet, beispielsweise bildungs- und berufsbezogene Informationen über den jungen Menschen bekannte Onlineplattformen und soziale Netzwerke (bspw. Facebook).

Bei all dem ist zu bedenken, dass insbesondere junge Menschen mit erhöhtem Unterstützungsbedarf nicht sofort aus eigenem Antrieb an Organisationen herantreten. Teils warten sie einige Zeit erfolglos auf Ansprache. Dies ist nicht immer Ausdruck mangelnder Motivation, sondern kann ebenso aus der Annahme heraus geschehen, bald kontaktiert zu werden. Möchte man diese jungen Frauen und Männer wieder erreichbar machen, kann es hilfreich sein, auf sie zuzugehen und den Kontakt herzustellen. Ist der Kontakt erst einmal hergestellt und passiert er wohlwollend sowie anerkennend, werden junge Menschen in Typ-A-Phasen schwerer Erreichbarkeit mit sehr hoher Wahrscheinlichkeit bereit sein, sich auf die Zusammenarbeit einzulassen.

Bei der gemeinsamen Arbeit an der schulischen oder beruflichen Perspektive der jungen Frauen und Männer ist die Fokussierung auf vorhandene Ziele und Interessen hilfreich. Denn in Phasen schwerer Erreichbarkeit des Typen A bringen junge Menschen bereits eine wichtige Ressource für die gelingende berufliche Integration mit: Sie haben ein schulisches oder berufliches Ziel vor Augen und häufig sogar eine Idee davon, wie sie dieses Ziel erreichen könnten. Organisationen können an diesem Ziel anknüpfen, um die Jugendlichen und jungen Erwachsenen zu erreichen. Sie sollten sie bei der Verfolgung ihrer Ziele ermutigen, unterstützen und motivieren, sich für ihr Ziel einzusetzen. Teils ist es auch nötig, ihnen Ideen und Fähigkeiten an die Hand zu geben, mit Hilfe derer sie der eigenen Zielsetzung gemäß handeln können.

Anknüpfungen für organisationales Handeln lassen sich auch auf Ebene der Verfügbarkeit anderer Agencyformen finden:

Vielen jungen Menschen fällt es leichter, konstruktiv innerhalb ihnen bekannter Rollenerwartungen zu agieren. Sind ihnen die Grundstrukturen der Situationen, in denen sie sich befinden, sowie die daran geknüpften Anforderungen vertraut, versetzt sie dies in die Lage, Identitätsagency aufzubringen. Besteht bereits der Kontakt zwischen Organisation und jungem Menschen, könnte auch in unbekannten Situationen gemeinsam nach vertrauten Aspekten gesucht werden, in denen die jungen Menschen bereits konstruktive Umgangsweisen entwickelt haben. Sicherlich ist dies nicht immer der Fall und neue Strategien und alternative Vorgehensweisen werden notwendig.

Gleichwohl nicht in jeder Typ-A-Phase ausreichend pragmatische Agency vorgelegen haben mag, um der als begrenzend wahrgenommen Wirkmächtigkeit der Organisationen konstruktiv zu begegnen, zeigt kaum ein junger Mensch keine Anknüpfungspunkte für die Aktivierung von pragmatischer Agency. Organisationen können dies für sich nutzen, indem sie die jungen Frauen und Männer darin unterstützen, alternative Ideen des Vorgehens und Handlungsweisen zu entwickeln oder ihre Fähigkeiten stärken, ihre Ziele mit Hilfe der neuen, ihnen noch unbekannten Handlungsweisen und Ideen zu verfolgen. In seltenen Fällen kann es auch notwendig sein, frühzeitig eine Offenheit für alternative schulische und berufliche Pläne schaffen.

6.2.2 Typ B: Überbrückungs- und Orientierungsphasen, in denen (noch) kein Kontakt zu Organisationen besteht

Zuordnungskriterium der Interviewstellen zu diesem Typus ist, dass die jungen Menschen in dieser Phase keinen Kontakt zu Organisationen haben oder diese keine Relevanz für sie besitzen und ihnen anhand der Erzählpassagen zu dieser Zeit Lebensverlaufagency zugeschrieben werden kann.

Gemeinsam ist allen jungen Menschen, dass sie sich in einem Nichtbeschäftigungsstatus befinden, sie sich eine Veränderung wünschen und eine Eingliederung in Ausbildung oder Arbeit anstreben. In dem Phasen-Typus B lassen sich zwei Varianten unterscheiden. Einige junge Menschen berichten von konkreten Ausbildungsplänen und -zielen und benennen die dafür notwendigen Schritte *(hohe Ausprägung von Lebensverlaufagency)*. Andere äußern den Wunsch, nach einer Zeit ohne berufliche Beschäftigung/Arbeitslosigkeit wieder eine Arbeit zu suchen oder aufzunehmen, ohne schon genau zu wissen, welche berufliche Richtung sie einschlagen wollen *(niedrige Ausprägung von Lebensverlaufagency)*.

Diese Phasen können insgesamt weniger als Phasen der schweren Erreichbarkeit, sondern vielmehr als Warte- und Überbrückungsphasen (Variante 1) oder als Orientierungsphasen (Variante 2) zwischen zwei Bildungsstationen (Schule, Maßnahme, Ausbildung) gekennzeichnet werden. Die Phasen werden durch ein konkretes Ereignis (Schul- oder Maßnahmeabbruch, reguläres Ende einer Maßnahme, Schwangerschaft) eingeleitet und enden mit dem Eintritt in ein qualifizierendes Bildungsangebot (Maßnahme oder Ausbildung) bzw. dieser Eintritt wird fest angestrebt.

Variante 1: Ein „Plan im Kopf" und der Traum von Selbstständigkeit

Die jungen Menschen der ersten Variante des Typus B haben einen konkreten Ausbildungswunsch bzw. schon ein konkretes Ausbildungsziel vor Augen und befinden sich (aus ihrer Sicht) in einer zeitlich begrenzten Warte- und Überbrückungsphase. Sie unternehmen in der Phase eigene Schritte zur Realisierung ihrer Pläne in Form von zielgerichteten eigenen Such- und Bewerbungsaktivitäten und haben darüber hinaus zum Teil schon eine konkrete Ausbildungsoption gefunden. Ein Antritt der Ausbildung ist strukturell bedingt jedoch noch nicht möglich, da die Maßnahme oder Ausbildung erst zu einem späteren Zeitpunkt beginnt.

Beispielhaft für diese erste typische Phasenkonstellation ist die Erzählpassage von Tim. Tim hat eine Aktivierungsmaßnahme bis zum regulären Ende besucht und im Anschluss daran keinen Kontakt zu einer Organisation. Er möchte eine Ausbildung zum Koch absolvieren und formuliert als ersten Schritt in Richtung Ausbildung für die nahe Zukunft folgenden Plan:

> *„ja ins EQJ in das Einstiegsqualifikationsjahr . dazu müsste ich mich aber bewerben . bis ausschließlich äh zum 14. Februar . in dem Zeitraum muss das irgendwo sein weil ab dann äh . ja beginnt halt . dieses EQJ und da sollte ich mir auf jeden Fall vorher schon einen Betrieb gesucht haben wo ich mein Praktikum machen möchte dann . der mich auch übernehmen könnte in die Ausbildung . ich möchte halt Koch werden wie gesagt . und da es gibt genug Ausbildungsstätten denke ich mal wo ich mich bewerben könnte als Koch" (I 18)*

Sein Plan ist es, eine Einstiegsqualifizierung (EQ) zu durchlaufen, in der Hoffnung, dann von dem Betrieb, in dem er diese Maßnahme absolviert hat, in ein reguläres Ausbildungsverhältnis übernommen zu werden. Die Voraussetzung für eine EQ ist ein Praktikumsplatz, um den er sich bewerben muss.

Diese Passage zeigt, dass dem jungen Menschen Lebensverlaufagency zugeschrieben werden kann. Er hat einen festen Ausbildungswunsch, ist über mögliche Zugänge zur Ausbildung (EQ) und entsprechende Bewerbungsfristen informiert und kennt die notwendigen Schritte (Bewerbung um einen Praktikumsplatz), die er gehen muss, um diese Qualifizierungsmaßnahme beginnen zu können. Angesichts einer ausreichenden Anzahl an Betrieben ist er zuversichtlich, dass er eine Ausbildungsstätte finden wird, die ihn einstellt. Nicht nur auf der inhaltlichen Ebene, sondern auch auf der Ebene der sprachlichen Darstellung lässt sich seine Handlungsmächtigkeit rekonstruieren. Er präsentiert sich durchgängig in der Rolle des Akteurs, der einen eigenen Plan hat und weiß, welche Schritte er verfolgen muss.

Ganz ähnlich berichtet ein weiterer junger Mann:

> *F: „also ich habe jetzt ein Probearbeiten bei O-Firma .. in Elektro-Abteil da könnte ich jetzt Probe arbeiten extra eine Woche oder bei halt auch Lebens- Lebensmittelmarkt gleich hier bei ähm J-Stadtteil vorne ..*
> *I: das heißt du bist noch nicht entschieden was du genau machen möchtest*
> *F: ja ich bin noch nicht entschieden weil die ähm . Ausbildung sind ja schon längst begonnen und deswegen war ich ein bisschen zu spät und da wurde mir aber trotzdem gesagt also ich könnte mich noch mal im Februar melden weil im Februar sind dann-- die Schule fängt wieder normal angefangen und könnte ich da mitmachen ich weiß ja teilweise schon zu Verkäufer die ganzen dieses-- das ist kein Thema ich hab ja schon eine Ausbildung deswegen nehmen sich mich dann am Februar schon .. glaub ich schon damit ich wenigstens zwei Jahre oder drei dass ich das durchziehe dann . werde ich sehen was ich mache (4 sec) ach ich habe schon einen Plan im Kopf" (I 8)*

Farol ist nach dem Abschluss seiner Ausbildung von dem Ausbildungsbetrieb nicht übernommen worden und ist zurzeit ohne Beschäftigung und ohne Kontakt zu Organisationen. Sein Ziel ist es, eine zweite Ausbildung zum Verkäufer zu beginnen. Da er sich nicht rechtzeitig beworben hat, muss er bis zum nächsten möglichen Einstiegszeitpunkt in eine neue Ausbildung warten. Sein Plan ist, in der Zwischenzeit in einem Betrieb zur Probe zu arbeiten. Auch in dieser Passage wird deutlich, dass der junge Mensch informiert ist und die notwendigen Schritte auf dem Weg zum Ausbildungsbeginn kennt. Er hat sich zwar noch nicht entschieden, in welchem der beiden möglichen Betriebe er bis zum Einstieg in die Ausbildung probearbeiten möchte, ist aber insgesamt zuversichtlich, dass er seinen *„Plan im Kopf"* verwirklichen wird.

Von der Ausgangssituation etwas anders gelagert, aber vom Muster identisch ist die Erzählung einer weiteren Interviewpartnerin. Sie befindet sich in der Phase noch im Mutterschutz, hat aber auch schon einen konkreten Ausbildungsplan entwickelt. Auch sie hat sich über ihre Möglichkeiten informiert und strebt in naher Zukunft eine betriebsnahe Teilzeitausbildung für Mütter an, der Vorbereitungskurse vorgeschaltet sind:

> *„noch im Mutterschutz . ich werde aber früher schon anfangen wieder mit Schule und mit meiner Ausbildung . also . ich werde eine Teilzeitausbildung machen für Mütter . ähm . die ist halt extra ange- also . es gibt so einen Verband der bietet das extra an . und da werde ich halt äh dran teilnehmen ab Februar und . das sind so Vorbereitungskurse . dass ich halt wieder reinkomme in die Schule und so dadurch dass ich jetzt längere Zeit*

nicht mehr in der Schule war . und äh das fängt dann an im August die Ausbildung" (I 15)

Dass diesen jungen Menschen eine hohe Lebensverlaufagency zugeschrieben werden kann, zeigen auch weitere Erzählpassagen, in denen sich rekonstruieren lässt, dass die angestrebte Ausbildung einen Teilschritt auf dem Weg zur Verwirklichung eines in der Zukunft liegenden beruflichen Status darstellt, den die jungen Frauen und Männer langfristig anstreben. Sie benennen über den Ausbildungswunsch hinaus noch ein berufliches Fernziel: Sie wollen sich langfristig selbstständig machen und brauchen dafür eine entsprechende Ausbildung.

Tim formuliert diese Idee wie folgt:

„ja jetzt möchte ich eigentlich vernünftig Fuß fassen erst mal meine Lehre machen . mir ist sogar schon so durch den Kopf geschwirrt so ähm dass ich mich auslernen lasse zum Koch . und danach mich auf thailändische Spezialitäten spezialisieren lasse . und von dort aus dann ein eigenes Lokal oder ein eigenes Geschäft führen möchte" (I 18)

Während der Wunsch nach beruflicher Selbstständigkeit von Tim noch als vage Idee formuliert wird, stellt ein anderer Interviewpartner sie als schon lange existierenden Plan vor. Auch ihm dient die Ausbildung als Mittel zur Verwirklichung dieses Ziels:

„ja ich habe halt ich habe halt schon früher den Plan gehabt dass ich mich selbstständig mache [...] ich will es schon schaffen wenn ich dann die Ausbildung zum Verkäufer habe könnte ich dann wirklich ein Gewerbe aufmachen und . wirklich mir einen Laden aufmachen einfach . zum Verkauf (3 sec) Warenverkauf ich weiß nicht (4 sec) es kommt noch alles es kommt noch alles hab ich ja noch zwei drei Jahre Zeit" (I 8)

Auch die junge Mutter möchte ihre Teilzeitausbildung absolvieren, um in dieser Zeit Geld zu sparen, damit sie sich dann ihren Traum erfüllen kann, eine Kosmetikerinnenausbildung zu machen und dann einen eigenen Salon eröffnen zu können:

„ich mache dann halt diese Ausbildung und werde halt von dem Geld etwas sparen damit ich vielleicht nach dieser Ausbildung dann diese eine Ausbildung machen kann was ja nur ein Jahr lang geht was auch nicht jetzt vierundzwanzig Stunden langer Tag da hat sondern man geht da in diese Kosmetikschule lernt das da und dann hat man halt Ende des Jahres seine Abschlussprüfung kriegt seine Zertifikate und ist dann halt staatlich

anerkannte Kosmetikerin oder Makeup Artist also für was man sich dann halt da gerade interessiert . ja . und damit durch die Zertifikate und so kann man sich halt auch dann selbstständig machen kann das privat machen kann sich irgendwann mal dann auch einen eigenen Laden aufmachen . ja" (I 15)

Andere Agentivierungen in dieser Phase

Aus den bisherigen Ausführungen ist schon deutlich geworden, dass die jungen Menschen in der Zeit bis zum Eintritt in die Ausbildung(smaßnahme) konkrete Suchaktivitäten unternehmen und Schritte zur Realisierung des Ausbildungswunsches benennen. Beispielhaft soll an zwei weiteren Erzählpassagen die Art und Weise der Suchstrategie analysiert werden, in der sich neben der hohen Ausprägung von Lebensverlaufagency auch Identitäts- und pragmatische Agency zeigen.

Paula unternimmt ihre Suchaktivitäten vor dem Hintergrund ihrer Situation als alleinerziehende Mutter und stimmt ihre Auswahlentscheidung daraufhin ab (zur besonderen Situation der jungen Mütter s. auch unten):

> *„habe mich dann halt auch informiert was denn geht weil . jetzt den ganzen Tag zwölf Stunden dann arbeiten möchte ich nicht das kann ich auch nicht wegen ihr . und weil ich halt schon älter bin habe ich mir gedacht okay diese drei Jahre lang Mutterschutz will ich jetzt auch nicht jetzt genießen in dem Sinne weil sonst bin ich zu alt dafür ich bin jetzt einundzwanzig in drei Jahren wäre ich vierundzwanzig und es ist schwer dann noch eine Ausbildung zu bekommen in dem Alter . und dann habe ich halt von dem Projekt erfahren äh . dass es sowas gibt wie Teilzeitausbildungen für Mütter . habe mich- mich halt darüber informiert und ja ich finde- also es ist interessant . ich werde mir das mal anhören in diesen Vorbereitungskursen weil sie dann auch viel darüber erzählen werden- ich meine wenn es mir nicht gefällt kann ich immer noch sagen stop ja aber . es hört sich gut an" (I 15)*

Der Erzählerin ist es wichtig, eine berufliche Option zu finden, die es ihr ermöglicht, beide Rollen, die als Mutter und die als Auszubildende, miteinander zu vereinbaren. Aufgrund ihres Status als alleinerziehende Mutter weiß sie, dass sie aus Zeitgründen keine Vollzeitausbildung absolvieren kann, ihr ist aber auch bewusst, dass sich ihre Chancen auf dem Ausbildungsmarkt mit steigendem Alter verschlechtern, so dass sie möglichst bald eine Ausbildung beginnen möchte. Hier wird eine hohe Ausprägung von Identitätsagency sichtbar. Die junge Frau möchte beiden Rollenerwartungen entsprechen und beide Rollen miteinander verbinden. Durch gezielte

Suchaktivitäten ist sie auf ein Projekt für alleinerziehende Mütter gestoßen, das sie allerdings erst zum Zeitpunkt des nächsten Ausbildungsjahres beginnen kann. Ihr Plan ist, in der Zwischenzeit an vorbereitenden Kursen teilzunehmen, um noch einmal für sich auszuloten, ob die betriebsnahe Ausbildung ihrem Interesse entspricht. Und auch dies zeugt von hoher Handlungsmächtigkeit: Sie präsentiert sich als Akteurin, die erst nach eingehender Information eine bewusste Entscheidung treffen möchte.

Tim hat bei seiner Suche nach einer Ausbildungsstelle von der Möglichkeit der Einstiegsqualifizierung erfahren, für die er einen entsprechenden Praktikumsplatz braucht. Nach bislang erfolglosen schriftlichen Bewerbungen hat er nun den Plan, sich persönlich auf den Weg zu machen, um einen Praktikumsplatz zu finden:

> *[auf die Bewerbungen] „kam bis heute noch nichts zurück so . ich denke mir dann okay wenn ihr nicht wollt dann will ich aber und dann komme ich zu euch . das ist das . ja . ich gehe halt- klapper mal morgen O-Stadt ab so ein bisschen so und dann gehe ich mal in ein paar Betriebe rein und frage mal persönlich nach dem Chef . verlange den Chef erst mal und dann frage ich ob ich Praktikum machen könnte . nehme meine Bewerbungsunterlagen mit . ja .. und dann mal schauen" (I 18)*

Er präsentiert sich als handlungsmächtiger Akteur, der sich von dem bisher ausbleibenden Erfolg nicht demotivieren lässt (*„wenn ihr nicht wollt, dann will ich aber"*). In seinen Ausführungen wird eine Kombination aus Identitäts- und pragmatischer Agency deutlich. Er weiß, wie er sich als Ausbildungssuchender verhalten muss, und geht offensiv mit der Situation um, bisher auf die schriftlichen Bewerbungen keine Rückmeldung bekommen zu haben.

Eine weitere Erzählpassage macht sichtbar, dass es neben seiner eigenen Handlungsmächtigkeit noch eine weitere treibende Kraft gibt, die seine Bewerbungsaktivitäten befördert:

> *„weil meine Freundin macht echt auch Druck sage ich mal ne die sagt jetzt mach doch endlich mal was du sitzt die ganze Zeit mit dem Arsch zu Hause . guck dir an ich gehe auch jeden Tag in die Uni . sechs Stunden fast . dann sage ich so ja ich mache ja schon . ich muss aber echt auch langsam machen weil wenn ich ähm zu viel Stress wieder bekomme . in kurzem Zeitraum so dann kann die Psychose wiederkommen . dann wird die durch Stress ausgelö-- ah ein Burnout kann ich auch bekommen . so das ist das so deswegen muss ich ein bisschen aufpassen . ich habe von der Psychologin von meiner habe ich ein . ähm Schreiben bekommen dass ich nicht länger als sechs Stunden machen darf im Moment aber ich taste*

> *mich auf jeden Fall ran . bis auf zehn zwölf Stunden wieder . belastbar muss ich auf jeden Fall werden . ich meine in der letzten Zeit habe ich sehr viel Belastbarkeit geübt so . und ich bin auf jeden Fall wieder belastbar geworden . belastbar" (I 18)*

Der Erzähler führt seine Freundin in der Rolle als Contraagens ein, die ihm *„auch Druck"* macht und von ihm als bedeutsame Triebfeder beschrieben wird, seine Bewerbungsaktivitäten zu verstärken. Dass er diese bislang noch nicht mit vollem Einsatz betrieben hat, führt er auf seine sich erst langsam wieder einstellende Belastbarkeit zurück. In der Passage wird deutlich, dass er bis vor Kurzem noch mit den Folgen seiner Sucht bzw. der dadurch ausgelösten Psychose zu kämpfen hatte, die seine Belastbarkeit begrenzt hat. Auch bei diesem Interviewpartner zeigt sich eine hohe Identitätsagency in dem Versuch, ein Gleichgewicht zwischen unterschiedlichen Rollenanforderungen herzustellen. Er unternimmt Bewerbungsaktivitäten, ist sich aber bewusst, dass er aufgrund seiner Krankheitsvorgeschichte ggf. noch nicht wieder voll einsatzfähig ist.

Den jungen Menschen dieser ersten Variante des Typus B kann eine hohe Lebensverlaufagency zugeschrieben werden. Allerdings thematisieren sie ihre auf die Zukunft gerichteten Pläne zum Zeitpunkt des Interviews, so dass anhand des Datenmaterials keine Aussage über den Ausgang ihrer Bestrebungen getroffen werden kann. Sie haben noch einige Monate vor sich, bis sie die jeweilige Maßnahme oder Ausbildung aufnehmen können. Der berufliche Weg wird zwar angestrebt, ist aber noch nicht festgelegt und noch nicht eingeschlagen. Bei einem der jungen Menschen fehlt noch die notwendige Praktikumsstelle, bei dem anderen ist noch offen, für welchen Betrieb er sich entscheidet und auch die junge Mutter hat erst noch die Vorbereitungskurse zu absolvieren, bevor die Ausbildung beginnt. Vor diesem Hintergrund ist die Frage der Realisierung der benannten Pläne noch offen und die aktuelle Situation (nicht zuletzt aufgrund psychischer oder anderer Belastungen) noch als labil zu kennzeichnen.

In den Erzählpassagen zeigt sich, dass die jungen Menschen alle einen möglichen Endzeitpunkt der Phase benennen und sie als zeitlich befristet erleben. Gemeinsam ist den jungen Menschen auch, dass sie konkrete Organisationen (Bildungsträger, Ausbildungsbetriebe) thematisieren, mit denen sie zukünftig in Kontakt stehen werden. Der in der Phase noch fehlende Kontakt zu Organisationen liegt in den strukturellen Rahmenbedingungen (Maßnahme-/Ausbildungsbeginn) begründet. Insofern kann diese Phase als Warte- oder Überbrückungsphase bezeichnet werden.

Variante 2: „Hauptsache Arbeit“ – der Wunsch nach Gelderwerb und gesellschaftlicher Integration

Die jungen Menschen dieser zweiten Variante befinden sich in einer (Neu-) Orientierungsphase bezüglich der Frage nach Arbeit oder Ausbildung. Sie äußern den Wunsch, wieder in Beschäftigung zu sein, und verbinden damit in erster Linie das Ziel, Geld zu verdienen. Bei einigen ist mit dem Wunsch nach finanzieller Unabhängigkeit auch das Ziel verbunden, die aktuelle Wohnsituation zu verändern und auch diesbezüglich unabhängig zu sein bzw. den elterlichen Haushalt verlassen und alleine wohnen zu können. Aus Sicht der jungen Menschen ist die Phase zeitlich begrenzt, weil sie das Bedürfnis haben, ihre Nichtbeschäftigungssituation zu beenden. Ihnen gemeinsam ist, dass sie in dieser Phase noch keine konkreten Ziele verfolgen. Sie haben zwar bestimmte Vorstellungen, wie für sie attraktive berufliche Bedingungen aussehen könnten, ihre berufliche Perspektive ist jedoch noch recht diffus. Ihre Suchaktivitäten stehen noch am Anfang. Organisationen werden von ihnen nicht thematisiert und sind für sie in diesen Phasen irrelevant. In den Erzählungen zu diesen Phasen wird deutlich, dass sich Leerlaufzeiten und Zeiten des Jobbens abwechseln.

Eine typische Aussage für diesen Typus ist die folgende Formulierung, die beispielhaft deutlich macht, dass der Wunsch besteht, die Nichtbeschäftigungszeit zu beenden: *„ich will jetzt wieder anfangen ich will ja selber einen Job brauch ja eine Wohnung und alles“ (I 10).* Der gewünschte Erwerbsstatus ist vor allem Mittel zum Zweck – bei diesem jungen Mann, um eine Wohnung finanzieren zu können.

Ähnlich stellt es sich bei einem weiteren Interviewpartner dar. Özcan hat in einem berufsvorbereitenden Bildungsjahr seinen Hauptschulabschluss erworben und ist dann längere Zeit wechselnden Gelegenheitsarbeiten nachgegangen. Da sich die Auftragslage bei der Sicherheitsfirma, seinem letzten Arbeitgeber, verschlechtert hat, hat er dort gekündigt und ist nun arbeitslos. Gefragt nach seinem Ziel formuliert er:

> *„und mein Ziel ist halt gerade . so schnell wie nur möglich eine Vollzeitarbeit zu suchen . um eben eine Wohnung zu kriegen . und wenn das sogar klappt dann für nächstes Jahr eine Ausbildung“ (I 13)*

Auch er sucht eine Arbeit, um sich eine Wohnung finanzieren zu können. Erst an zweiter Stelle und für die weitere Zukunft formuliert er einen Ausbildungswunsch. Sowohl der Arbeitsbereich als auch die Ausbildungsrichtung sind für ihn unwichtig, wie die folgende Passage veranschaulicht. Sein Ziel ist es, durch den eigenen Verdienst den elterlichen Haushalt verlassen und eine eigene Wohnung beziehen zu können:

„also bewerben . von Arbeit und Ausbildung her ist es mir wurscht . weil ich halt einfach nur Vollzeit haben will . wo ich mein . regelmäßiges Geld kriege . und raus von zu Hause komme . und Ausbildung ist mir halt einfach so wurscht . ist mir egal ich mache alles“ (I 13)

Zwar lässt sich aus seinen Schilderungen zu dieser Phase kein konkreter Arbeits- oder Berufswunsch rekonstruieren, dennoch nennt er bestimmte Bedingungen, die die Arbeitsstelle erfüllen sollte:

„ich mag auch keine Spätschichten ich mag keine Nachtschichten . weil ich habe genug davon ich möchte einfach nur meine Frühschicht meine Arbeit und meine Ruhe“ (I 13)

Durch seine Gelegenheitsjobs hat Özcan Erfahrungen mit Schichtdiensten gesammelt. Vor dem Hintergrund dieser beruflichen Erfahrungen schließt er diese Arbeitsbedingungen aus. Ganz ähnlich beschreibt es ein anderer Interviewpartner. Auch er verfolgt den Plan, einen Job zu suchen und benennt ebenfalls für ihn notwendige Rahmenbedingungen:

„ja . einen Job suchen . aber einen Job weiß ich nicht- ich weiß nicht . ich bin nicht so der . Typ der sich jetzt irgendwo . hinter eine Burgerplatte stellen kann oder in eine Eisdiele oder im Café irgendwo kann ich so- das kann ich nicht ich bin nicht so . nee . ich könnte keine . Leute bedienen so . weiß ich nicht die ich nicht mag . dann- dann- dann kann ich denen keinen Gefallen tun . deswegen . bin ich eigentlich auf der Suche nach irgendeinem- wieder irgendeinem Lagerjob wo ich halt . meine Arbeit machen kann und dann . ja dafür meine Kohle kriege und fertig . ja . oder halt am besten eine Ausbildung ich will am liebsten eine Ausbildung haben“ (I 30)

Auch dieser junge Mann sucht in erster Linie einen Job, um Geld zu verdienen und auch bei ihm wird der Ausbildungswunsch erst an zweiter Stelle benannt. In seinen Ausführungen wird deutlich, dass er sich eine Arbeit im Dienstleistungsbereich nicht vorstellen kann, da er sich die notwendigen Kompetenzen für den Kundenkontakt abspricht.

Alle jungen Menschen dieser Typus-Variante formulieren in dieser oder ähnlicher Art Vorstellungen darüber, wie die beruflichen Rahmenbedingungen aussehen sollten. Bei einigen resultieren diese Vorstellungen aus bisherigen Arbeitserfahrungen (z.T. Gelegenheitsjobs, z.T. Praktika), andere schließen aufgrund ihres Selbstbildes darauf, dass bestimmte Bereiche für sie nicht passend sind. Wieder andere haben bewusst verschiedene Bereiche ausprobiert und versucht, darüber herauszufinden, was zu ihnen passt, haben bisher aber noch nicht das Richtige für sich gefunden:

„weißt du habe ich mir so gesagt mach was anderes und da habe ich mich halt immer weitergemacht halt und da habe ich immer irgendwas gesucht halt . um zu gucken was mir halt liegt halt ne . es war ja klar was- klar haben sich gesagt das das . mach dort ein Praktikum mal arbeiten und . dann geh mal zu anderen dann geht es- es gibt nie irgendwo- es gibt immer irgendwelche Dinge die dir nicht gefallen" (I 39)

Die fehlenden Passungserfahrungen haben bei dem folgenden jungen Mann dazu geführt, dass er sich bewusst dazu entschieden hat, zeitweise *„nichts"* mehr zu machen:

„hatte ich dann aber abgelehnt ich hatte das mal zwei drei Wochen mal mitgemacht habe dann aber festgestellt dass das nichts für mich ist und . ja . habe einfach nichts gemacht . war meine eigene Entscheidung" (I 38)

Zum Teil werden in den Erzählpassagen zu dieser Phase auch vor dem Hintergrund der bislang nicht ausreichend erworbenen oder noch nicht erworbenen Qualifizierungen überhöhte, nicht zu realisierende Berufswünsche deutlich. So berichtet eine Interviewpartnerin von dem Wunsch nach einem hohen beruflichen Status, in dem ein starkes Distinktions-, aber auch ein Anerkennungsbedürfnis deutlich wird:

„ich wollte immer viel mehr schaffen als ähm meine ganze Umgebung geschafft hat und ich wol- ich will auch jetzt immer noch viel mehr machen als . als ich jetzt mache zum Beispiel ähm wenn ich sehe ähm meine- meine beste Freundin die ist äh Fachverkäuferin das würde mir gar nicht reichen ich käme mir vor als hätte ich nichts in meinem Leben erreicht ich brauche irgendwas was ziemlich weit oben ist . sehr angesehen muss es sein . weil ich weiß dass ich das kann und ich weiß dass ich dann angesehen bin . äh und sowas wie Busfahrer oder so ich würde mich mein ganzes Leben lang total unvollständig fühlen als hätte ich wirklich nichts in meinem Leben erreicht weil das ist für mich kein Beruf wo du- wo du wirklich weiß ich nicht das ist für mich was ganz Normales was irgendwie jeder 08/15-Mensch machen kann . und ich weiß dass ich das nicht will" (I 24)

Auch sie kann klar äußern, was sie sich vorstellen kann und was nicht. Sie wünscht sich eine gesellschaftlich hoch angesehene Position, benennt aber an anderer Stelle im Interview nur eine vage Idee (*„Studieren"*), wie dieser Wunsch zu erfüllen ist und welche Schritte sie aktuell gehen müsste, um diesen Status zumindest in weiter Zukunft erreichen zu können. Deutlich wird aus ihren Ausführungen aber, dass sie sich nach gesellschaftlicher Platzierung und nach Anerkennung sehnt.

Ein solches Bedürfnis lässt sich auch an Erzählpassagen anderer Interviewpartner/innen nachzeichnen. Özcan verbindet mit dem Ausbildungswunsch in erster Linie das Ziel, ein Zertifikat zu erwerben, mit dem er sich bessere Chancen beim Arbeits- oder Arbeitgeberwechsel erhofft:

> *„damit ich halt einfach dann was in der Hand habe . auf dem Zettel . das ist mir wichtig . falls ich meine Arbeit wechsele damit die sehen aha okay er hat eine Ausbildung gemacht“ (I 13)*

Für einen weiteren Interviewpartner steht – mit Blick auf den ersten Teil der folgenden Erzählpassage – die Selbstanerkennung im Mittelpunkt seiner Bemühungen, Arbeit zu finden:

> *„eigentlich brauche ich einfach nur eine Arbeit . eine Beschäftigung . Tagesrhythmus Plan . ich habe ja . gar keinen Tagesrhythmus ich habe nichts was mich- weiß ich nicht wonach ich mich richten kann worauf ich am Ende des Tages äh stolz sein kann […] deswegen wäre eigentlich eine Ausbildung das einzige was mich jetzt glücklich machen könnte . weil ich dann wüsste so ich könnte den Führerschein machen ich kriege Geld so . ich habe Arbeit und ich kann den Leuten sagen . so die der Meinung sind ich gehöre nicht zur Gesellschaft weil ich nichts dafür tue so . ich habe eine Ausbildung ja und kann zeigen dass ich auch was erreichen kann . eigentlich das einzigste was jetzt im Moment . so . korrekt wäre“ (I 30)*

Im zweiten Teil der Ausführungen wird darüber hinaus deutlich, dass aus seiner Sicht nur über den gewünschten Ausbildungsplatz auch der Zugang zu gesellschaftlicher Teilhabe und Anerkennung möglich wird, die er aktuell schmerzlich vermisst.

Diese letzten Passagen zeigen eindrücklich, dass den jungen Menschen bewusst ist, welchen Stellenwert Erwerbs- und Berufstätigkeit in der Gesellschaft bzw. für den Bezug von sozialer und gesellschaftlicher Anerkennung haben.

Andere Agentivierungen in dieser Phase

Zu den beiden anderen Agency-Dimensionen gibt es in den Erzählpassagen nur wenige Hinweise, da die jungen Erwachsenen in dieser Phase häufig lediglich von ‚Nichtstun‘ berichten. Denjenigen, die zeitweise jobben, kann pragmatische Agency zugeschrieben werden. Sie versuchen, sich zumindest über diesen Weg ein bisschen Geld zu verdienen, wie folgende Interviewpartnerin berichtet: *„dann ähm . habe ich mich so ein bisschen durchgeschlagen mit irgendwelchen Nebentätigkeiten“ (I 23)*. Allerdings ist diese

Strategie wenig geeignet, ein dauerhaft selbstständiges und unabhängiges Leben führen zu können; die finanzielle Situation bleibt prekär. Auch der (bewusste) Versuch, über das Ausprobieren unterschiedlicher Tätigkeiten eine berufliche Orientierung zu entwickeln, bleibt bei diesen jungen Menschen erfolglos.

Den jungen Menschen kann in dieser Phase zwar Lebensverlaufagency zugeschrieben werden, da sie den Wunsch nach Arbeit oder Ausbildung thematisieren. Im Unterschied zu den Erzählpassagen der jungen Erwachsenen der ersten Variante richten sie ihr Augenmerk aber eher auf ungelernte Erwerbsarbeit mit dem Ziel, Geld zu verdienen. Einige wünschen sich zwar langfristig auch eine Ausbildung, benennen jedoch noch keine konkreten Ausbildungs- oder Berufswünsche. Zudem werden nur in Ansätzen Suchaktivitäten deutlich. Die jungen Menschen stehen in dieser Phase nach z.T. mehreren Gelegenheitsjobs oder Praktika noch am Beginn der Suche nach einer beruflichen Orientierung und Platzierung, so dass diese Phase als (Neu)Orientierungsphase bezeichnet werden kann.

Konkrete Organisationen werden in den Erzählpassagen nicht thematisiert und sind für die jungen Menschen in dieser Phase irrelevant.

Thema: Mutterschaft

Auffällig bei dem Phasen-Typ B ist der hohe Anteil von Erzählpassagen junger Mütter. Insofern soll das Thema Mutterschaft im Folgenden noch etwas ausführlicher betrachtet werden.

Ähnlich den beiden oben beschriebenen Varianten lassen sich auch bei den jungen Frauen in diesen Phasen unterschiedliche Ausprägungen von Lebensverlaufagency rekonstruieren. Die schon oben zitierte Paula benennt einen konkreten beruflichen Ausbildungswunsch und verfolgt einen klaren Qualifizierungsplan (Variante 1). Bei den anderen ist das Motiv für die Aufnahme einer beruflichen Beschäftigung vor allem der Wunsch nach gesellschaftlicher Teilhabe und finanzieller Unabhängigkeit (Variante 2). Neben der Lebensverlaufagency kann den jungen Frauen aber auch Handlungsmächtigkeit in Form von Identitäts- und pragmatischer Agency zugeschrieben werden.

Für den Eintritt in die Phase ohne Kontakt zu Organisationen, mit dem in allen Fällen ein Abbruch der vorhergehenden Beschäftigung (Schul- oder Maßnahmebesuch) verbunden ist, ist die Schwangerschaft und Mutterschaft ursächlich. Die jungen Frauen erzählen, dass die Schwangerschaft nicht geplant war und sie quasi überrascht hat. Dennoch wird aus ihren Schilderungen deutlich, dass sie ihre Rolle als Mutter schnell angenommen haben (Identitätsagency) und sie die Schwangerschaft sowie die erste Zeit mit dem Kind als angenehme Zeit erlebt haben. Allerdings verspüren alle nach einer Zeit den Wunsch, auch (wieder) etwas Berufliches zu tun, da sie die Mutterschaft nicht als alleinigen dauerhaft zufriedenstellenden Lebens- oder Zukunftsentwurf empfinden, wie beispielsweise folgende Interviewpartnerin berichtet:

> *„also die erste Zeit du genießt es ja . gerade wenn du schwanger bist du genießt das einfach die Zeit mit dem Bauch ((lacht)) ist einfach so dann kann man auch die Sachen regeln mit der Wohnung und alles drum und dran . das erste Jahr habe ich auch gegammelt wie . kann man sich gar nicht vorstellen einfach die Zeit richtig genossen mit dem Kind aber dann . wird es langweilig [...] dieses zu Hause und du kannst einfach nichts machen dadurch wirst du nur noch depressiv man wird einfach nur noch depressiv weil . du machst den ganzen Tag nichts außer . schlafen . dann geht man mal einkaufen und dann macht mal dies man kann halt alles in Ruhe machen und ich bin ja eigentlich der typische hektische Mensch das kann- konnte ich dann irgendwann nicht mehr sehen das hing mir zum Hals raus also . ein bis anderthalb Jahre sollte man schon Mutter sein aber dann ist es zu viel . ja“ (I 28)*

Die jungen Frauen erfüllen die Rollenerwartungen als Mutter, wünschen sich aber auch eine Rolle als Erwerbstätige, da die Mutterrolle sie dauerhaft nicht ausfüllt. Sie beschreiben sich als Personen, die auch berufliche Ambitionen haben bzw. auch wieder arbeiten wollen, weil das ihrem Selbstbild eher entspricht:

> *„bei mir ja schon nach zwei Wochen . wo der kleine Mann gerade mal zwei Wochen alt war die Decke auf den Kopf gefallen . weil ich da von Natur aus- von zu Hause es gewohnt bin immer irgendwas zu machen“ (I 7)*

Einigen ist es in erster Linie wichtig, wieder arbeiten zu gehen, um beschäftigt und nicht nur ans Haus gebunden zu sein:

> *„aber die Zeit dieses zu Hause . wenn du dann mit deinem Freund schreibst oder Freunden irgendwie schreibst machst du denn gerade dann kommt nur arbeiten und denn kriegst du eigentlich schon übelst einen Hals das ist- dieses zu Hause und du kannst einfach nichts machen“ (I 28)*

Dabei ist es für sie zweitrangig, welcher Beschäftigung sie genau nachgehen könnten. So argumentiert zum Beispiel Linda:

„ja . mir wäre es jetzt auch egal auch wenn ich jetzt erst mal nur eine Putzstelle hätte . mir wäre es egal was für eine Arbeit Hauptsache ich habe erst mal was . dass ich nicht zu Hause rumsitze“ (I 7)

Ein weiteres Motiv für die Erwerbstätigkeit dieser jungen Frau ist die finanzielle Unabhängigkeit – vor allem von staatlichen Unterstützungs- und Transfergeldern, deren Inanspruchnahme sie bewusst ablehnt:

L: „naa wenn ich- bin ich von Natur aus- ich wollte da in dem Punkt vom Amt gar keine Unterstützung haben . da habe ich beim Jugendamt nicht gefragt . und beim Arbeitsamt beziehungsweise beim Amt für Grundsicherung nicht nachgefragt ob ich da von denen Hilfe kriege oder so
I: haben die denn mal nachgefragt ob sie dir helfen können ?
L: ja haben sie gemacht ((lacht)) ich habe aber in dem Moment bin ich ganz ehrlich die Hilfe abgelehnt weil ich es alleine schaffen wollte“ (I 7)

In den Ausführungen zeigt sich eine hohe Identitätsagency. Die junge Frau beschreibt sich als hoch selbstverantwortlicher Mensch, der keine staatliche Hilfe in Anspruch nehmen und nicht vom *„Amt“* abhängig sein möchte. Sie versucht auch in der neuen Situation als junge Mutter, diesem Anspruch und ihrem Selbstbild gerecht zu werden. Die Strategie, ohne Hilfe zurechtzukommen, weist auch auf eine Form pragmatischer Agency hin, die der Interviewpartnerin zugesprochen werden kann.

Der Wunsch der jungen Frauen, wieder erwerbstätig zu sein, erfordert die Organisation der Kinderbetreuung, der sie sich handlungsmächtig stellen:

„weil äh das war halt ein Muss dadurch- also sie musste einen Platz haben in der Einrichtung- dass ich dann halt auch in die Schule gehen kann und ähm . äh . die Ausbildung machen kann das war halt Voraussetzung dass ich sowas habe“ (I 15)

Auch an den folgenden Erzählpassagen zum Thema Kinderbetreuung lässt sich eine Kombination aus Identitäts- und pragmatischer Agency rekonstruieren:

„gibt es ja eine kleine Kita und denn gibt es ja in U-Stadt noch eine große Kita da ist gleich der Hort mit drin weil ja da halt auch gleich eine Schule um die Ecke ist . er hatte ja da nachgefragt gehabt und denn auch einen Antrag zu Hause aber denn irgendwie durch die [4 sec] Hartz-IV-Amt . sind sie doch da beim . Kita-Platz da denn irgendwie ein bisschen in Vergessenheit geraten eine Zeit lang . und jetzt den einen Tag als ich mit mei-

ner Freundin mal drüber gesprochen habe- also mit einer anderen Freundin hat sie dann gesagt Mensch hier frag doch mal in O-Stadt nach im Internet nachgeguckt [2 sec] hingegangen und nachgefragt [3 sec] ja und auch die Kita-Leiterin eigentlich . komplett offen gewesen" (I 7)

Diese Schilderung macht deutlich, dass sich die junge Frau informiert hat und auch ohne Unterstützung des Amtes in der Lage ist, einen Betreuungsplatz für ihr Kind zu finden. Auf den Tipp einer Freundin hin recherchiert sie im Internet nach der vorgeschlagenen Tagesstätte und erkundigt sich dann persönlich nach den Bedingungen der Betreuung, die sie schließlich in Anspruch nimmt. Auch eine andere Interviewpartnerin hat sich längst um einen Kitaplatz bemüht, bevor sie vom Amt darauf hingewiesen wird, dass ein Betreuungsplatz Voraussetzung für den Einstieg in eine Qualifizierungsmaßnahme ist:

„das war so . Arbeitsamt Jobcenter- ich glaube Jobcenter ((lacht)) ähm . ich habe ja gesagt ich möchte was machen . die haben gesagt okay äh wegen Kindergartenplatz sollte ich mich halt kümmern hatte ich ja schon ähm angemeldet" (I 28)

Die Suche nach Erwerbstätigkeit ist aber nicht nur mit dem Wunsch nach Beschäftigung und finanzieller Unabhängigkeit verknüpft. Eine Interviewpartnerin thematisiert ihre Vorbildfunktion gegenüber dem Kind als Antrieb und Motiv, sich um eine Ausbildung zu kümmern:

„ja dadurch dass ich sie bekommen habe . ist mir dann klar geworden ich muss jetzt ein Vorbild sein und ich will halt auch noch was in meinem Leben äh erreichen ich will ihr zeigen dass . dass man eine Ausbildung machen muss also schulisch gut sein muss um später auch mal was Gutes zu werden . und dadurch dass ich dann sie bekommen habe wie gesagt- habe ich schon gesagt ich muss jetzt was machen" (I 15)

Die vorgestellten Passagen zeigen, dass den jungen Frauen in dieser Phase neben Lebensverlaufagency Identitäts- und pragmatische Agency zugeschrieben werden kann.

Organisationen sind für die jungen Frauen irrelevant – außer im Hinblick auf die Kinderbetreuung. Eine Interviewpartnerin berichtet explizit davon, bewusst die Unterstützung durch das Jugendamt und das Arbeitsamt ablehnt zu haben.

Diese Typ-B-Phasen können insgesamt weniger als Phasen der schweren Erreichbarkeit, sondern vielmehr als Warte- und Überbrückungsphasen

(Variante 1) oder als Orientierungsphasen (Variante 2) zwischen zwei Bildungsstationen (Schule, Maßnahme, Ausbildung) gekennzeichnet werden.

Die Phasen werden durch ein konkretes Ereignis (Schul- oder Maßnahmeabbruch, reguläres Ende einer Maßnahme, Schwangerschaft) eingeleitet. Im Unterschied zu Typus E, der ebenfalls dadurch gekennzeichnet ist, dass die jungen Menschen keinen Kontakt zu Organisationen haben oder diese für sie irrelevant sind, sind bei Typus B nicht familiäre Konflikte ursächlich für den Eintritt in die Phase.

Bei einigen jungen Menschen kann anhand des vorliegenden Materials nichts über den Austritt aus der Phase gesagt werden, da sie sich zum Zeitpunkt des Interviews noch in dieser Phase befinden. Bei allen anderen folgt auf die Phase eine weitere qualifizierende Bildungsmaßnahme (Maßnahme oder Ausbildung). Der Austritt aus der Phase wird durch die jungen Erwachsenen selbst initiiert. Sie nehmen eigenaktiv Kontakt zum Jobcenter oder zum Arbeitsamt auf und informieren sich über ihre Möglichkeiten.

Empfehlungen für Organisationshandeln

Die Empfehlungen werden im Folgenden für drei Gruppen von jungen Menschen differenziert.

Bei den jungen Menschen mit einem konkreten Ausbildungsplan, die sich in Warteposition oder einer Überbrückungsphase befinden, scheint es auf den ersten Blick keinen Handlungsbedarf für Organisationen zu geben. Allerdings ist zu bedenken, dass die jungen Menschen ihre Ausbildung erst in geraumer Zeit beginnen können. Zudem ist bei ihnen noch nicht abschließend entschieden, ob sie die Ausbildungsoptionen realisieren können oder werden. Insofern wäre für diese Gruppe das Vorhandensein einer Organisation im Hintergrund wichtig, die zur Aufrechterhaltung der vorhandenen Motivation beiträgt, den jungen Menschen bei der Aufnahme von Praktika oder Probearbeiten zur Überbrückung der Übergangszeit behilflich ist oder sie in ggf. vorhandene Freizeitangebote einbindet und darüber Kontakt zu ihnen hält. Die Organisation sollte in jedem Fall als verlässlicher Ansprechpartner zur Verfügung stehen, an den die jungen Menschen sich wenden können, falls ihr Plan wider Erwarten doch nicht aufgeht oder sie in der Zwischenzeit in Krisensituationen geraten (drohende Obdachlosigkeit, fehlende psychische Belastbarkeit etc.), die Unterstützung notwendig machen.

Für die jungen Erwachsenen, die sich noch in einer Orientierungsphase befinden und bei denen konkrete Suchaktivitäten noch am Anfang stehen, wäre das Angebot einer individuellen, gezielten und vertieften Berufsorientierung hilfreich. Zum Teil formulieren sie sehr hohe Erwartungen, die ggf.

mit den realen Möglichkeiten abgeglichen werden müssten. In jedem Fall ist ihr Wunsch nach finanzieller Unabhängigkeit und eigenständigem Wohnen ernst zu nehmen. Hier wäre eine Kombination aus Erwerbstätigkeit und begleitender Orientierungshilfe sinnvoll, um den dringenden Wunsch nach Gelderwerb und eigenem Wohnen zu erfüllen, die Suche nach einer dauerhaften qualifizierten Beschäftigung jedoch nicht aus den Augen zu verlieren und die Entwicklung einer individuell passenden und anschlussfähigen beruflichen Perspektive zu unterstützen. Es ist zu vermuten, dass sie dazu bereit sind, eine solche Hilfe anzunehmen, da alle jungen Menschen in der beschriebenen Phase (Variante 2) nach einer Zeit wieder Kontakt zu berufsberatenden Organisationen aufgenommen haben. Insgesamt deuten die Erzählungen darauf hin, dass den jungen Menschen eine gezielte und vertiefte berufliche Orientierung bisher gefehlt hat. Wünschenswert wäre es, viel früher in der Biografie (schon in der Schulzeit) mit einer (individuellen) beruflichen Orientierung einzusetzen, um den Jugendlichen mühevolle, wechselnde und misserfolgs- oder von fehlender Passung geprägte berufliche Erfahrungen zu ersparen.

Bei den jungen Müttern ist ernst zu nehmen, dass sie die Mutterschaft nicht als alleinige Lebensperspektive sehen. Sie benötigen ggf. weiterführende Informationen und eine individuelle Beratung, damit sie eine berufliche Qualifizierungs- oder Beschäftigungsoption finden, die es ihnen ermöglicht, beide Rollen, die als Mutter und die als Auszubildende/Erwerbstätige, miteinander zu vereinbaren. Ein gutes Beispiel scheint die betriebsnahe Teilzeitausbildung für alleinerziehende Mütter zu sein, von der eine Interviewpartnerin berichtet. Zudem sollten die Organisationen die jungen Mütter im Bedarfsfall bei Behördengängen begleiten, ihnen auch bei Erziehungsfragen und anderen lebenspraktischen Fragen (Ernährung, Haushaltsführung etc.) Unterstützung anbieten und ihnen im Sinne einer ‚emotionalen Rückendeckung' auch bei auftretenden Belastungssituationen zur Verfügung stehen. Auch wenn der Wunsch nach Unabhängigkeit von staatlicher Unterstützung ernst zu nehmen ist, sollte bei denjenigen, die den Anspruch formulieren, ohne Hilfe zurechtzukommen, daraufhin gewirkt werden, dass sie die Inanspruchnahme von staatlicher Unterstützung nicht als Stigma erleben, sondern als hilfreiche Unterstützung, auf die sie ein Recht haben. Zwar haben die Erzählpassagen gezeigt, dass alle Frauen dieses Typus selbstständig in der Lage waren, die notwendige Kinderbetreuung zu organisieren. Davon ist aber nicht in allen Fällen auszugehen. Zudem ist die gelingende Organisation einer Betreuung stark von strukturellen Faktoren abhängig, wie z.B. einem ausreichenden Platzangebot in der jeweiligen Wohnregion. Insofern ist auch diesbezüglich Handlungsbedarf zu vermuten.

6.2.3 Typ C: Temporäre Leerlaufphase, in der Organisationen als wichtige Unterstützung erlebt werden

Die Phasen der schweren Erreichbarkeit des Typen C sind dadurch gekennzeichnet, dass die jungen Menschen dort Lebensverlaufagency besitzen und den Organisationen in ihrem Umfeld ermöglichende Wirkmächtigkeit zusprechen. Die Interviewten sind jedoch nur selten schwer erreichbar, wenn diese beiden Bedingungen erfüllt sind. Entsprechend konnten im Vergleich mit anderen Phasen-Konstellationen deutlich weniger Phasen der schweren Erreichbarkeit des Typen C identifiziert werden.

Dabei ist einzuschränken, dass ein größerer Teil der jungen Frauen und Männer auch in den identifizierten Typ-C-Phasen kaum ein Kriterium der schweren Erreichbarkeit erfüllt außer dem, dass er sich in einer (temporären) Leerlaufphase befindet. Die jungen Menschen suchen in dieser ersten Variante des Typen nach passenden Angeboten, um ihre schulischen oder beruflichen Ziele verfolgen zu können. Diese Typ-C-Phasen sind Phasen von Angebotssuchenden. Sie enden in der Regel mit dem (Wieder-)Eintritt in Schule, Berufsbildungsmaßnahme oder Arbeit.

In einer zweiten Variante der Phasen des Typen C befinden sich junge Schwangere oder Mütter, die das Verfolgen ihrer schulischen und beruflichen Pläne vorerst hinter der familiären Aufgabenbewältigung zurückstellen (müssen). Dabei sind es häufig ihre Lebenspartner beziehungsweise die Väter der Kinder, die durch ausbleibende Unterstützung oder ihre Erwartungen an die Partnerin als Mutter den entscheidenden Impuls dazu liefern, dass die jungen Frauen ihre beruflichen Pläne zunächst beiseitelegen. Die Typ-C-Phasen der jungen Frauen enden entweder mit dem Wiedereintritt in Berufsbildungsmaßnahmen oder mit einem kurzzeitigen Verlust des Organisationskontakts.

Sowohl die Angebotssuchenden als auch die jungen Mütter verfügen in der Regel über einen recht hohen Grad an Lebensverlaufagency. Die Gründe für ihre jeweilige Phase der schweren Erreichbarkeit sehen sie entsprechend weder in den eigenen Fähigkeiten, ihre Ziele zu verfolgen, noch in dem Verhalten der Organisationen. Verantwortlich machen sie die äußeren Umstände, das Nichtvorhandensein passender Angebote sowie die Mutter- oder Schwangerschaft in Verbindung mit den erlebten Begrenzungen durch ihre Lebenspartner.

Einer dritten Variante des Typen C sind Phasen zugeordnet, in denen junge Menschen die Organisationen in ihrem Umfeld zwar als prinzipiell ermöglichend wirkmächtig wahrnehmen. Allerdings verfügen die jungen Menschen hier über eine weniger stark ausgeprägte Lebensverlaufagency. Obwohl sie Zielvorstellungen besitzen, fällt es ihnen schwer, das nötige Durchhaltevermögen aufzubringen, um sie dauerhaft zu verfolgen. Im Hintergrund wirken häufig belastende biografische Erfahrungen. Es handelt sich dabei um Phasen von jungen Menschen, die Angebote abbrechen oder die zumindest annehmen, von Abbruch gefährdet zu sein.

Im Folgenden werden die drei unterschiedlichen Varianten im Phasen-Typen C anhand der Analyse entsprechender Erzählpassagen vorgestellt.

Variante 1: Angebotssuchende

Der erste Teil der Interviewten, die von Phasen der schweren Erreichbarkeit des Typen C berichten, ist im strengen Sinne nicht als schwer erreichbar zu definieren. Dieser Teil der jungen Menschen befindet sich in Phasen ohne Schul- und Maßnahmebesuch, Ausbildung oder Arbeit, die jedoch nur wenige Monate andauern. Die jungen Frauen und Männer verfügen in diesen Phasen über eine sehr stark ausgeprägte Form der Lebensverlaufagency. Sie haben ein klares Ziel vor Augen und verfolgen ihre Pläne, um dieses Ziel zu erreichen. Sie haben lediglich noch keine geeigneten Angebote gefunden, die ihnen dabei helfen können. Die Organisationen, mit denen sie in Kontakt stehen (Bildungsträger oder Jobcenter), nehmen sie bei der Suche nach solchen Angeboten als wichtige Unterstützung wahr und schreiben ihnen diesbezüglich ermöglichende Wirkmächtigkeit zu.

Die im Folgenden zitierte Linda hat das Ziel, eine Ausbildung zu machen. Sie berichtet von ihrem Kontakt zum Jobcenter, das ihr bei der Suche nach einer geeigneten Stelle hilft:

> *„L: ja Angebote haben sie [das Jobcenter] gemacht da kann man absolut nicht meckern*
> *I: und dann hast du aber zu denen gesagt ich versuche das gerade mal zu verstehen hast du aber zu denen gesagt das ist aber nicht das Richtige für mich oder*
> *L: zu dem Zeitpunkt waren da Jobs mit bei gewesen wo ich gar keinen Kontakt mit Menschen habe . und das ist halt [2 sec] bin kontaktfreudig ich rede gern mit Menschen rede viel mit Menschen . weil halt auch aufgrund dessen weil ich nun mal in einer Großfamilie groß geworden bin“ (I 7)*

Lindas Lebensverlaufagency äußert sich in dem Vorhaben, eine Ausbildung zu absolvieren. Dabei hat sie recht klare Vorstellungen davon, welche Bedingungen ihre zukünftige Arbeitsstelle erfüllen sollte. Sie soll vor allem zu ihr passen. In Lindas Begründung für das Ablehnen einiger Angebote wird Identitätsagency deutlich. So erklärt sie, kontaktfreudig zu sein und gerne und viel mit Menschen zu reden, weil sie in einer Großfamilie aufgewachsen ist. Dies sollte bei der Wahl der zukünftigen Arbeitsstelle unbedingt berücksichtigt werden.

Das Jobcenter nimmt sie insofern als ermöglichend wirkmächtig wahr, als die Organisation – in der semantischen Rolle des Agens dargestellt – ihr bei der Suche hilft. Der jungen Frau werden Angebote gemacht. Schwer erreichbar ist sie zu dieser Zeit streng genommen nicht. Sie befindet sich jedoch in einer Leerlaufphase, die sie zu beenden wünscht. Dass ihr dies zunächst nicht möglich ist, führt sie – wie die Verwendung des Prozessprädikats „*waren da Jobs mit bei gewesen*" an dieser Stelle zeigt – weder auf ihre eigenen Bemühungen noch auf die des Jobcenters zurück. Es habe damals lediglich keine geeigneten Angebote gegeben. Beendet wird ihre Phase der schweren Erreichbarkeit schließlich nicht mit dem Erhalt einer Ausbildungsstelle, sondern mit dem Besuch einer augenscheinlich passenden Berufsbildungsmaßnahme.

Ein anderer junger Mann möchte gerne seinen Schulabschluss verbessern. Er erzählt:

> „*bin ich zum Arbeitsamt gegangen und dann öfters mal so habe da nachgefragt wie das läuft so weil ich unbedingt Schulabschluss machen wollte weil . Förder- ähm Förderschule macht ja nicht wirklich Hauptschulabschluss so und habe ich gefragt weil bringt ja nichts weil ich muss ja irgendwo einen Hauptschulabschluss haben so und dann habe ich äh da nachgefragt und die haben mich dann hierher weitergeleitet und dann war ich äh hier so . drei Monate oder so und dann haben sie mir gesagt dass da sowas offen ist dass man eine [schulische] Maßnahme . ähm*" *(I 32)*

Seine Lebensverlaufagency zeigt sich wie bei Linda in dem Ziel, eine Ausbildung zu machen und dafür den Hauptschulabschluss nachzuholen. Der Förderschulabschluss erscheint ihm nicht ausreichend, um eine Ausbildungsstelle zu finden. Er sucht das Arbeitsamt auf und fragt wiederholt nach Möglichkeiten, sein Ziel „*Hauptschulabschluss*" zu erreichen. Das Arbeitsamt reagiert ermöglichend und vermittelt ihn an einen Berufsbildungsträger. Dabei beschreibt er sowohl sich selbst als auch das Arbeitsamt in der semantischen Rolle des Agens. Der Berufsbildungsträger, an den er vermittelt wird, entfaltet ebenso positive Wirkmächtigkeit für den jungen Mann. In der semantischen Rolle eines Contraagens dargestellt, klärt er ihn über ein weiteres Angebot auf, mit Hilfe dessen er seinen Hauptschulabschluss schließlich erlangen kann. Der junge Mann beendet seine Phase der schweren Erreichbarkeit des Typen C mit seiner Anmeldung zu diesem Angebot.

Variante 2: Schwangerschaft und junge Mutterschaft

Die Themen Schwangerschaft und junge Mutterschaft nehmen im Phasen-Typus C ähnlich wie schon im Phasen-Typus B eine herauszuhebende Position ein. Hier findet sich der zweite Teil von jungen Menschen, die über Phasen des Typen C berichten. Die jungen Mütter in Phasen des Typen C verfügen über Lebensverlaufagency. Sie planen perspektivisch, Schul- oder Berufsabschlüsse zu erlangen. Der Unterschied zu den Typ-B-Phasen der jungen Mütter besteht darin, dass sie Kontakt zu Organisationen haben, denen sie ermöglichende Wirkmächtigkeit zuschreiben. Zur schweren Erreichbarkeit kommt es, weil das Ausfüllen der Mutterrolle den Großteil ihrer zeitlichen Ressourcen in Anspruch nimmt. Von Seiten des Partners ist keine Unterstützung hinsichtlich der gleichzeitigen Konzentration auf Familie und Beruf zu erwarten. Im Gegenteil sind es häufig das begrenzende Verhalten oder die Erwartungen des Partners, die zur schweren Erreichbarkeit bei den jungen Frauen führen.

Diese junge Mutter erzählt davon, dass sie der beruflichen Entwicklung wegen der Versorgung ihres Kindes keine Energie mehr widmen konnte. In der Erzählpassage berichtet sie von zwei Phasen der schweren Erreichbarkeit des Typen C, in denen sie erst ein BVJ und dann eine BvB abgebrochen hat. Auch sie findet keine Unterstützung seitens ihres Partners:

> *„ähm ja also nach meiner Elternzeit . beziehungsweise zwischendurch . habe ich versucht äh BVJ zu machen und BvB als Koch . allerdings hat das überhaupt nicht funktioniert weil ich dann wieder die Elternzeit antreten musste . äh weil mein Ex-Freund mit dem Kind absolut nicht klar kam . und dann äh . ist es halt nur bei dem Versuch geblieben . und äh jeder Lehrer den ich ge- ge- gehabt habe der hat gesagt hätte ich das durchgezogen hätte ich das mit einem Einser-Abschluss gemacht . und das ist auch hier in dieser Maßnahme so . ich hab nur Einsen maximal eine Zwei habe ich in Deutsch und das war es ich habe ansonsten wirklich nur Einsen . weil ich weiß dass ich nicht dumm bin ich weiß dass ich das könnte aber . die äußerlichen Einflüsse haben mich nicht dazu . äh . gelassen ja das alles zu schaffen“ (I 24)*

Die Lebensverlaufagency der jungen Mutter äußert sich in ihrem Versuch, zunächst das BVJ und dann die BvB zu besuchen. Beides ist Teil ihres ambitionierten Plans, später zu studieren. Sie beschreibt sich als Agent, der mit Hilfe der Berufsbildungsmaßnahmen in einem ersten Schritt den qualifizierten Hauptschulabschluss erlangen möchte (vgl. I 24). Die junge Frau ist davon überzeugt, dass die Organisationen der Jugendsozialarbeit ihr dies ermöglichen wollen und können. In der hier angeführten Erzählpassage verweist sie auf den Zuspruch, den sie von den Lehrkräften der Bildungsmaßnahmen erhält. Diese hätten ihr versichert, dass sie in der Lage sei, einen guten Abschluss zu erlangen. Später erklärt sie im Zusammenhang mit ihren Typ-C-Phasen deutlicher: *„die- die Maßnahme die wollte mir ja im Prinzip helfen" (I 24)*. Auch die Interviewte selbst sieht sich in der Lage, den schulischen Anforderungen in besonderer Weise gerecht zu werden. Durch die Verwendung von Status- *(„ich hab nur Einsen maximal eine Zwei habe ich in Deutsch und das war es ich habe ansonsten wirklich nur Einsen")* sowie Qualitätsprädikaten *(„dass ich nicht dumm bin")* verdeutlicht sie ein diesbezüglich hohes Maß an Identitätsagency. Sie schreibt sich die Rolle der klugen Schülerin zu. Als Causativ dafür, dass sie dennoch weder das BVJ noch die BvB erfolgreich beenden konnte, wählt sie das Prozessprädikat *„weil ich dann wieder die Elternzeit antreten musste"*. Hiermit sowie mit dem späteren Ausspruch *„die äußerlichen Einflüsse haben mich nicht dazu . äh . gelassen ja das alles zu schaffen"*, verweist sie darauf, dass sie selbst das Geschehen nicht hat beeinflussen können. Verantwortlich für ihr Scheitern und den Abbruch macht sie vielmehr die mangelnde Unterstützung ihres Partners bei der Betreuung des gemeinsamen Kindes. Der *„Exfreund"* kam *„mit dem Kind absolut nicht klar"*. Seine Überforderung ist es, die sie dazu ‚zwingt', ihre schulischen und beruflichen Pläne pausieren zu lassen.

Eine andere junge Frau erzählt ebenfalls darüber, wie ihr Partner in der Zeit ihrer Schwangerschaft den ausschlaggebenden Impuls zum Abbruch einer BvB gab. Sie setzt dabei andere Schwerpunkte:

> *„ähm . ich hatte es damals- also das BvB damals das habe ich wegen der Schwangerschaft abgebrochen weil ich- weil mein Freund der ist überhaupt nicht so dass eine schwangere Frau arbeiten geht das will der gar nicht . da ist er ein ganz großer Feind von . er sagt wenn man schwanger ist muss man zu Hause bleiben so . ist halt ein sehr penibler . Ähm [...] bin ich ehrlich . das war mir zu langweilig ich war so ein Dreiviertel Jahre glaube ich war ich dort in der C-Einrichtung das ist ja auch . auf dem C-Gelände hier C-Einrichtung genau das ist dort und da habe ich halt lange gearbeitet und die wollten mich auch übernehmen . gesagt wir würden Ihnen sehr gerne hier eine Ausbildung anbieten aber kam halt die Schwangerschaft und dann habe ich gesagt nee gut bevor ich mich mit meinen Freund dann noch in die Haare kriege weil der- der rastet bei sowas aus . höre ich halt auf und so und war ich halt zu Hause" (I 6)*

Auch diese junge Frau setzt ihren beruflichen Plänen, eine Ausbildung zu machen, den Anspruch entgegen, gemäß den Erwartungen zu handeln, die ihr Partner an sie als Schwangere stellt. Als Causativ für ihren beruflichen Rückzug führt sie an, dass sie sich mit ihrem Freund nicht streiten möchte und erklärt zudem, dass ihre aktuelle Tätigkeit nicht ausreichend mit ihren beruflichen Vorstellungen übereinstimmt. Sie entscheidet, sich der Rolle der Schwangeren gemäß zu verhalten, welche ihr Partner gutheißt und stellt die Ausbildungspläne hierfür zunächst zurück. Als Handelnde bricht sie die Berufsbildungsmaßnahme trotz des dort erlebten Erfolgs vorzeitig ab. Für die junge Frau folgt eine kurze Phase ohne Organisationskontakt, die ihre Phase der schweren Erreichbarkeit des Typen C ablöst.

Variante 3: Junge Menschen, die befürchten, Angebote abzubrechen

Bei einem dritten Teil von jungen Menschen, die über Phasen der schweren Erreichbarkeit des Typen C berichten, ist die Lebensverlaufagency weniger stark ausgeprägt. Diese jungen Menschen haben zwar ebenfalls ein Ziel vor Augen, jedoch befürchten sie aufgrund vorausgegangener biografischer Ereignisse (lange Leerlaufzeiten, Drogensucht o.A.), nicht das notwendige Durchhaltevermögen zeigen zu können, um es konstant zu verfolgen. Die jungen Frauen und Männer befürchten häufig, ihren Schulbesuch oder ihre Teilnahme an Berufsbildungsmaßnahmen abzubrechen. Den Organisationen schreiben sie in unterschiedlichem Ausmaß ermöglichende Wirkmächtigkeit zu. Sie sind wenigstens freundlich zu ihnen oder bieten ihnen eine Grundlage, um ihre Ziele verfolgen zu können. Mitunter ist es ihnen sogar zu verdanken, dass junge Menschen bis zuletzt das notwendige Durchhaltevermögen aufbringen können, um Angebote erfolgreich abzuschließen.

In den folgenden Erzählpassagen berichtet Emil von zwei Phasen der schweren Erreichbarkeit des Typen C, in denen er sich zunächst als abbruchgefährdet in einer Berufsbildungsmaßnahme beschreibt und schließlich den Abbruch direkt thematisiert.

Nach dem frühzeitigen Ende seiner Ausbildung und einer zweijährigen Leerlaufphase, die von Depressionen geprägt war, möchte Emil beruflich wieder Anschluss finden. Das Arbeitsamt vermittelt ihn nacheinander in verschiedene Berufsbildungsmaßnahmen, von denen er seinem Vorhaben zum Trotz keine erfolgreich beendet. Auf zwei der Maßnahmen, die ihm gut gefallen haben, bezieht er sich in den folgenden Erzählpassagen:

> *„ja . wie schon gesagt lange Zeit nichts gemacht dann habe ich angefangen beim Arbeitsamt verschiedene Maßnahmen anzufangen . habe aber nichts davon wirklich beendet aus dem einfachen Grund dass ich mich entweder nicht angekommen gefühlt habe obwohl die alle ganz nett waren aber ich habe mich halt selber nicht so wohl gefühlt ähm“ (I 38)*

> *„dann habe ich angefangen weitere Maßnahmen zu machen habe die auch teilweise durchgehalten . habe dann aber trotzdem wieder abgebro-*

chen obwohl es wieder toll war oder gut war wo es eigentlich gar keinen Grund gab eigentlich abzubrechen aber ich habe mich einfach nicht so wohlgefühlt . habe viele Berg- und Talfahrten von den Phasen her das ist . unbeschreiblich nicht schön" (I 38)

Emils Lebensverlaufagency ist in beiden Phasen des Typen C weniger deutlich ausgeprägt. Sein Ziel ist es, beruflich wieder Anschluss zu finden. Er strebt zwar eine Ausbildung an, in welche Richtung es dabei gehen soll, weiß er hingegen noch nicht (vgl. I 38). In der semantischen Rolle des Agens schildert er, wie er verschiedene Berufsbildungsmaßnahmen beginnt, die ihm das Arbeitsamt vermittelt, um sich zu orientieren. Gleichwohl Emil zwei der Berufsbildungsmaßnahmen positiv bewertet und keinen konkreten Grund für einen Abbruch erkennt (s.o.), kann er sich auch dort nicht zum Durchhalten motivieren. Als Causativ für die Abbrüche, die seine Typ-C-Phasen markieren, benennt er, sich *„einfach nicht wohl gefühlt zu haben"*. Unter Verwendung des Statusprädikats *„habe viele Berg- und Talfahrten von den Phasen her"* rekurriert er zur Erklärung auf Identitätsagency, die geprägt ist von der Rolle des psychisch Erkrankten, auf die er im gesamten Verlauf des Interviews immer wieder Bezug nimmt (vgl. ebd). Seine Phasen der schweren Erreichbarkeit des Typen C wechseln sich stetig ab mit Phasen des Typen D.

Der Abbruch droht auch folgendem Interviewpartner. Der junge Mann möchte die Berufsschule erfolgreich durchlaufen und einen Schulabschluss erlangen. Dieses Ziel hat er sich nach einem Jahr Leerlaufzeit gesetzt. Weil er sich häufig nur schwer zum Durchhalten motivieren kann, entgeht er dem erfolglosen Abgang von der Schule nur knapp:

„oder ich wollte halt Schule weitermachen mit 16 irgendwann so nach einem Jahr kam ich dann so auf die Idee .. ey so wie es ist kann es nicht sein so . ja mein Vater hat mich dann auf dem Berufskolleg mit mir angemeldet so . und dann war das so ein Berufsgrundschuljahr das heißt so drei Tage Werkstatt zwei Tage Schule .. ((gähnt)) das habe ich dann irgendwie habe ich mich dann da so durchgemogelt wirklich oft da war ich auch nicht . ich hab es aber geschafft . zwar nicht gut aber ich hab ihn geschafft . am Ende war- wurde dann auch noch richtig knapp so dass ich dann wirklich hingehen musste und da voll reißen musste . und liefern musste . habe ich auch gemacht habe ich geschafft war ich im Endeffekt auch stolz drauf" (I 17)

Die Lebensverlaufagency des jungen Mannes äußert sich in seinem Ziel, den Schulabschluss zu erhalten. Mit Hilfe des Vaters – dargestellt in der semantischen Rolle eines Contraagens – meldet er sich an einer Berufsschule an, um dort sein Ziel zu verfolgen. Wie Emil berichtet auch er von seinen Schwierigkeiten, das Ziel Schulabschluss dauerhaft zu verfolgen. Er fehlt häufig in der Berufsschule, mogelt sich aber durch, wie er sagt. Als es *„dann auch noch richtig knapp"* wird, liefert ihm der Druck die Motivation, das notwendige Maß an Lebensverlaufagency aufzubringen. Die Umstände zwingen ihn zur Leistung, die er als Handelnder schließlich auch erbringt: *„habe ich auch gemacht habe ich geschafft"*. Er schafft es folglich unter Aufbringung von Handlungsmächtigkeit, seine Phase der schweren Erreichbarkeit des Typen C aus eigener Kraft zu überwinden.

Eine ähnliche Situation zeigt sich auch in der folgenden Erzählpassage von Olaf, der erklärt, es seinem Lehrer zu verdanken zu haben, dass er ausreichend Durchhaltevermögen zeigen konnte, um seine Schule mit Abschluss zu beenden:

> *„ja und als es wieder mit dem Drogenrückfall war war ich dann glaube ich ja . ich glaube- kann sogar sein die ganze Zwölfte ich glaube das war fast ein ganzes Schuljahr auf der Straße halt . und das so . ich habe halt . abends bis weiß ich nicht . drei vier Uhr auf der Couch gesessen bin dann da irgendwann eingeschlafen und musste dann um halb acht den Zug nehmen und habe es trotzdem gemacht mit der Straßenbahn ich hatte kein Auto gar nichts ich musste immer Zug und dann Straßenbahn und ich stand trotzdem immer da und das- ich hatte auch einen Klassenlehrer der- der das auch wusste und so . der hat auch auf jeden Fall äh da zu mir gestanden und äh ja ich habe halt auch Unterstützung von ja davon- ich hatte da eigentlich nur zwei dicke Freunde so mit die- die das auch wussten was bei mir wirklich abgeht . ja und die haben halt hinter mir gestanden halt und mein Lehrer und ich glaube wenn ich die da nicht gehabt hätte dann hätte ich auf jeden Fall gesagt . ja . ich gehe da nicht mehr hin" (I 30)*

Das Ziel Schulabschluss und der Besuch der Schule kennzeichnen Olafs Lebensverlaufagency in dieser Phase. Er erzählt, wie er sein Ziel mit Unterstützung durch die stellvertretende Agency zweier Freunde und eines Lehrers, der in der semantischen Rolle des Contraagens dargestellt ist, letztlich erreicht und damit seine Typ-C Phase beendet. Dass er sich selbst rückblickend als abbruchgefährdet in dieser Phase betrachtet, formuliert er zu Ende der Erzählpassage: *„ich glaube wenn ich die da nicht gehabt hätte dann hätte ich auf jeden Fall gesagt . ja . ich gehe da nicht mehr hin"*. Die Unterstützung der Freunde und der Zuspruch des Lehrers, der an ihn glaubt, lassen ihn sich jedoch, trotz des Drogenrückfalls, des Lebens auf der Straße und widrigster Umstände, als ausreichend handlungsmächtig erleben, um seine Typ-C-Phase erfolgreich zu beenden.

Empfehlungen für Organisationshandeln

In Phasen der schweren Erreichbarkeit des Typen C verfügen die jungen Menschen über Lebensverlaufagency, an die Organisationen der Jugendsozialarbeit, aber auch andere Organisationen wie Schulen oder Jobcenter anknüpfen können. In der Regel tun Organisationen gut daran, gemeinsam mit den jungen Frauen und Männern an deren Zielsetzung zu arbeiten, gleichwohl im Einzelfall beobachtende Zurückhaltung geboten sein kann, um dem jungen Menschen nicht die Chance zu nehmen, den gesetzten Zielen aus eigener Kraft näher zu kommen.

Zudem finden sich hier junge Frauen und Männer, die bereits positive Erfahrungen im Kontakt mit mindestens einer Organisation gesammelt haben. Auch an diese Erfahrungen können andere Organisationen anknüpfen. So ist die Wahrscheinlichkeit recht hoch, dass es den jungen Menschen leichtfällt, sich ebenso auf die Zusammenarbeit mit weiteren Organisationen einzulassen. Die Vermittlung oder Empfehlung durch die Organisation, der ermöglichende Wirkmächtigkeit zugeschrieben wird, könnte hierbei hilfreich sein.

Weitere Empfehlungen für den Umgang mit jungen Menschen in diesem Phasen-Typus auszusprechen, gestaltet sich vor allem in den Varianten 1 (Angebotssuchende) und 2 (Schwangere und junge Mütter) schwierig.

Die Organisationen sollten die Angebotssuchenden – wie hier in unterschiedlichem Ausmaß geschehen – bei ihren individuellen Bemühungen unterstützen, geeignete Möglichkeiten zu finden, um ihre schulischen und beruflichen Pläne verfolgen zu können. Sind die Angebote schließlich gefunden, ist im Einzelfall zu prüfen, welche Unterstützung der junge Mensch auf dem weiteren Weg noch benötigen wird.

Die Unterstützung für junge Mütter und/oder Schwangere sollte ebenso individuell ausgerichtet sein. Die berufliche Entwicklung der jungen Frauen profitiert davon, wenn Organisationen der Jugendsozialarbeit den Kontakt zu den jungen Frauen während ihrer Elternzeit halten, um im Anschluss oder im Falle neuer Entwicklungen einen nahtlosen Übergang zurück in die Ausbildungs- und Berufswelt sicherstellen zu können. Möglichkeiten, den Kontakt zu halten, ergeben sich beispielsweise aus der Installation offener Angebote, der Einbindung „Ehemaliger" in Aktivitäten der Einrichtung oder über soziale Netzwerke wie Facebook oder Whats-App-Gruppen. Besonders hilfreich ist es hier auch, wenn Organisationen der Jugendsozialarbeit stadtteilbezogen und mit einer hohen Kontinuität des Personals arbeiten.

Jungen Frauen, die während ihrer frühen Mutterschaft wünschen, ihre schulischen und beruflichen Pläne weiterzuverfolgen, sollten die Organisationen im Rahmen ihrer Möglichkeiten unterstützend zur Seite stehen. Zum

Beispiel können sie gemeinsam mit den jungen Frauen nach alternativen Möglichkeiten der Kinderbetreuung suchen, wenn der Partner nicht zur Verfügung steht. In Anbetracht der Rolle, die die jeweiligen Lebenspartner der jungen Frauen bei ihren Entscheidungen rund um die Vereinbarung von Familie und Beruf spielen, sollten sich die Organisationen begleitend darum bemühen, auch mit ihnen ins Gespräch zu kommen.

Im Kontakt mit jungen Menschen, bei denen die Gefahr droht, dass sie schulische Angebote oder Berufsbildungsangebote abbrechen, sollten Organisationen sehr deutlich Präsenz zeigen: Sie müssen sich konstant darum bemühen, stabilisierend zu wirken. Hier ist es wichtig, die jungen Frauen und Männer in ihrem Vorhaben, die schulischen oder beruflichen Ziele zu verfolgen, fortwährend zu bestärken. Das heißt für Organisationen, die Befürchtungen der jungen Menschen, nicht durchzuhalten, ernst zu nehmen, sie aber stets in ihrer Handlungsmächtigkeit zu bestärken, ihnen Mut zuzusprechen und sie immer wieder zur Teilnahme zu motivieren. Organisationen sollten hier besonders sensibel sein für die begleitenden Lebensthemen der Jugendlichen und jungen Erwachsenen sowie frühzeitig mit ihnen gemeinsam Unterstützungspläne ausarbeiten und Netzwerke aufbauen, auf die im Falle auftauchender Schwierigkeiten schnell und verlässlich zurückgegriffen werden kann.

6.2.4 Typ D: Phase eigener Ziellosigkeit, in der Organisationen als Begrenzung erlebt werden

Für die Zuordnung von Erzählungen zu den Phasen des Typen D war zum einen entscheidend, dass die jungen Menschen keine Lebensverlaufagency zum Ausdruck bringen, und zum anderen, dass sie die Organisationen und ihre Vertreter/innen als begrenzend wirkmächtig erleben.

Die jungen Menschen benennen weder schulische noch berufliche Ziele oder Pläne. Da Lebensverlaufagency in den Typ-D-Phasen nicht vorliegt, kann hier nicht von einer starken oder weniger starken Ausprägung gesprochen werden. Dennoch zeigen sich auch innerhalb dieses Typus Unterschiede hinsichtlich der Relevanz von Lebensverlaufagency für die jungen Frauen und Männer. Diese finden sich in ihren Bewertungen der Geschehnisse.

In einer ersten Variante des Phasen-Typen D finden sich junge Menschen, die die Konstellation fehlende Lebensverlaufagency und begrenzende Wirkmächtigkeit von Organisationen in Wechselwirkung zueinander betrachten. Sie machen sowohl die eigene Ziellosigkeit als auch die Begrenzungen durch die Organisationen für ihre berufliche Stagnation verantwortlich. Vermehrt geraten sie mit Mitarbeitenden (Anleiter/innen,

Lehrer/innen, o.Ä.) oder anderen Teilnehmenden der Organisationsangebote aneinander. Die fehlende Lebensverlaufagency erschwert es den jungen Menschen häufig zusätzlich, mit den erlebten Begrenzungen seitens der Organisationen konstruktiv umzugehen. Das Resultat sind eskalierende Konflikte und häufig auch die Teilnahmeverweigerung.

In einer zweiten Variante des Phasen-Typen D sind sich die jungen Menschen der fehlenden Lebensverlaufagency zwar bewusst, bringen sie jedoch kaum bis gar nicht in Zusammenhang mit ihrer schweren Erreichbarkeit. Im Vordergrund der Erzählungen stehen hier die als begrenzend betrachtete Wirkmächtigkeit der Organisationen sowie die private Problembelastung des Einzelnen. Berufsbezogene Vorstellungen und Ideen treten hinter drängendere, private Themen zurück: Vermehrt berichten die Jugendlichen und jungen Erwachsenen von Alkohol- und Drogenmissbrauch, Kontakten mit Polizei und Justiz, familiären Konflikten und Krisen, (drohender) Obdachlosigkeit und/oder einer desolaten finanziellen Situation als Konfliktherde, die außerhalb der Kontakte zu den Organisationen Schule, Maßnahmeträger oder Jobcenter liegen. Organisationale Träger der begrenzenden Wirkmächtigkeit sind hier insbesondere die Jobcenter. Die jungen Menschen erzählen vor allem darüber, dass die administrativen Anforderungen der Organisation zu Begrenzungen führen, etwa wenn das Nichteinhalten von Antragsfristen des Jobcenters mit einer finanziellen Sperre beantwortet wird.

Auffällig ist, dass im Gegensatz zu den zuvor beschriebenen Phasen-Typen die schwere Erreichbarkeit im Typen D häufiger von Organisationsseiten und nicht auf Initiative der jungen Menschen beendet wird. Den jungen Frauen und Männern mangelt es nicht nur an Lebensverlaufagency. Daneben sind sie oft auch nicht in der Lage, auf konstruktive Formen von pragmatischer Agency oder Identitätsagency zur Beendigung ihrer schweren Erreichbarkeit zurückzugreifen. Mitunter führen erst ihre Bemühungen, die eigene Handlungsmächtigkeit unter Rückgriff auf andere Formen der Agency zu bewahren, zur schweren Erreichbarkeit oder deren Verschärfung.

Das Verhältnis von Lebensverlaufagency zu begrenzender Wirkmächtigkeit von Organisationen sowie die Funktion von anderen Agencyformen in diesem Phasen-Typus sollen im Rahmen der nun folgenden beispielhaften Analyse einzelner Textpassagen veranschaulicht werden.

Variante 1: Wechselwirkung von fehlender Lebensverlaufagency und begrenzender Wirkmächtigkeit der Organisation

In dieser ersten Typenvariante beschreiben die jungen Menschen Wechselwirkungen zwischen der fehlenden Lebensverlaufagency und den Begrenzungen seitens der Organisationen. Als konkreter Auslöser der schweren Erreichbarkeit wird hier häufig die fehlende Lebensverlaufagency in Form von (Schul-)Unlust thematisiert. Typisch sind vor allem Erzählungen über Schul- und Maßnahmeschwänzen, Leistungsabfall oder Klassenwiederholungen in Zeiten erhöhter privater Problembelastung. Gleichzeitig thematisieren die jungen Menschen das – zum Teil vorausgegangene und zum Teil darauf folgende – Wirken der Organisationen als Ursache für die schwere Erreichbarkeit. Insbesondere im Kontext der Organisationen Schule und Berufsbildungsträger äußert es sich über Erzählungen zu Konflikten mit Lehrkräften und Mitarbeitenden, denen die jungen Menschen mangelndes Wohlwollen unterstellen.

Gustav thematisiert in seinen Erzählungen zu einer frühen Phase der schweren Erreichbarkeit des Phasen-Typus D, die sich ungefähr von der vierten bis zur siebten Klasse erstreckt, familiäre Belastungen und die erlebte Vernachlässigung. Er erklärt, dass *„keiner Zeit"* für ihn gehabt habe und er die *„meiste Zeit alleine"* gewesen sei. In der Grundschule sei er von den Mitschüler/innen wegen seines Hauttons gemobbt worden. Bezogen auf das weitere schulische Geschehen erzählt er wie folgt:

> *„G: das war hier in F-Stadt . ((räuspert sich)) .. ja (9 sec) ja . dann an der Förderschule da war ich eher mehr so der . Tyrann ..*
> *I: der Tyrann ?*
> *G: jaha ((lacht)) na ich habe es mir da ein bisschen mit den Lehrern verscherzt und- . aber das war halt bloß in der . vierten fünften Klasse . also bis- nee bis zur sechsten . siebenten Klasse . da habe ich mich ein bisschen quergestellt . keinen Bock . nicht gegangen und geschwänzt und (6 sec)*
> *I: was hattest du da für Lehrer ?*
> *G: . na ja . also eine Lehrerin das war meine Klassenlehrerin . ich weiß nicht . mit der hatte ich halt immer Stress (3 sec) keinen Plan warum und .. da war noch eine Lehrerin die war auch so ein bisschen . ich weiß nicht ob die rassistisch war oder so aber . auf jeden Fall hatte die irgendwie einen Tick auf mich . keinen Plan . und das habe ich mir halt nicht gefallen lassen . habe ich die halt zurück . angeschrien und blöde gemacht und . ja"*
> *(I 42)*

Über die Wahl des Qualitätsprädikats *„da war ich eher mehr so der . Tyrann", ordnet er sich* die eigene Rolle im Geschehen zu. Er handelt als Agent unter Aufbringung von Identitätsagency aktiv. Er folgt dabei nicht dem Ziel Schulabschluss, sondern erfüllt die Erwartungen, die aus seiner Sicht an die Rolle des Tyrannen geknüpft sind. Er habe sich nichts gefallen lassen, stattdessen habe er sich *„quergestellt"* und es sich *„da ein bisschen mit den Lehrern verscherzt"*. Weil er keine Lust hatte, die Schule zu besuchen, ist er zu

Hause geblieben. Semantisch betrachtet bleibt seine Rolle in der weiteren Erzählung um das Fernbleiben von der Schule jedoch ungeklärt. Indem Gustav die Nutzung vollständiger Sätze vermeidet und Subjekte auslässt, schwächt er seine eigenen aktiven Anteile im Geschehen ab *(„keinen Bock . nicht gegangen und geschwänzt")*. Handelnde sind die Organisationsvertreter/innen, seine Lehrer/innen *(„auf jeden Fall hatte die irgendwie einen Tick auf mich")*. Ihr Handeln fordert ihn letztlich dazu auf, der Rolle des Tyrannen wiederholt gerecht zu werden, zurückzuschreien und „blöde" zu machen.

In ähnlicher Weise berichten auch andere junge Menschen von ihren Typ-D-Phasen. Dieser junge Mann führt zum Beispiel die Gründe seines Rauswurfs aus der Berufsschule näher aus. Nachdem es bereits mehrfach zu Konflikten mit Lehrenden und hohen Fehlzeiten gekommen ist, eskaliert die Situation:

> *„na weil die- die- die Bio-Lehrerin halt die hat halt angefangen mich zu beleidigen und sowas . ich weiß jetzt nicht mehr was die gesagt hat ist halt schon lange her . und auf jeden Fall habe ich dann einen Zirkel auf die geschossen so [...] und der ist dann halt in das Haar drin stecken geblieben und deswegen bin ich rausgeflogen . ja" (I 16)*

Im Anschluss folgt für ihn der Besuch einer Berufsbildungsmaßnahme. Derselbe junge Mann lebt inzwischen in desolaten Wohnverhältnissen und konsumiert Drogen. Die Berufsbildungsmaßnahme endet in ähnlicher Weise wie schon sein Berufsschulbesuch:

> *„B: so . und . ja . wo ich das [erste Berufsschule] denn nicht geschafft hatte habe in M-Stadt was angefangen . vier Wochen . da hatte ich dann aber auch keine Lust mehr drauf weil das nur Schule war . ja . dann . war wieder in M-Stadt in dem K-Angebot . da bin ich rausgeflogen . weil ich also vorher schon ganz schön viel Scheiße gebaut habe und sowas weil ich mit die Leute alle nicht klar kam*
> *I: was heißt Scheiße gebaut*
> *B: na im Unterricht halt . also . wenn mich da einer irgendwie blöde vollgequatscht hat von der Seite oder so dann habe ich was zurückgesagt oder habe irgendwas geschossen . ja . und dann bin ich ins Praktikum habe da zwei Tage gefehlt" (I 16)*

Auch dieser junge Mann beschreibt seine Proteste zwar in eigener Agentenschaft, führt die schwere Erreichbarkeit jedoch auf seine Konflikte mit den Lehrkräften zurück, die er hier als Contraagens anführt. Wie die Verwendung von Prozessprädikaten (*„da bin ich rausgeflogen"*) in diesem Zusammenhang zeigt, trifft nicht der junge Mann, sondern die Organisationsvertreterin die Entscheidung, dass der junge Mann das Angebot beenden muss.

Die eigene Unlust, die Schule weiterhin zu besuchen, nachdem es dort immer wieder zu Konflikten und Misserfolgen kommt, beschreibt auch dieser junge Mensch:

> *„hm ich habe es nämlich das erste Mal nicht geschafft das zweite Mal auch nicht davon abgesehen . ähm aber ich habe einfach nur alles schleifen lassen . ich bin nicht mehr in die Schule gegangen . weil ich auf Deutsch gesagt einfach keinen Bock mehr hatte . ähm . ja . und dachte mir . so bringen tut es sowieso nichts mehr . sowieso nur Scheißnoten schreibe . was bringt es mir zu lernen . so in der Form ich habe es denn trotzdem noch mal versucht . aber dann war es auch schon zu spät . naja . also habe ich das nicht bestanden . türlich mein Vater stinksauer gewesen . meine Mutter auch nicht gerade begeistert" (I 29)*

Ein anderer junger Mann weist im Interview mehrfach darauf hin, dass er bedauert, lange Zeit keine beruflichen Ziele vor Augen gehabt zu haben. Zum Abbruch der Maßnahme kommt es jedoch nicht deshalb, sondern wegen eines Konflikts mit der Maßnahmemitarbeiterin, welcher sich vor den Augen der Mutter des jungen Mannes abspielt:

> *„nja das ist einfach gewesen das war halt so von- nach der Schule halt . das war halt dieses berufliche . Ding halt ähm die BvB-Maßnahme . war eigentlich ein Jahr . nach der BvB-Maßnahme ((räuspert sich)) müsste ich irgendwelche Praktikas absolvieren . und dann . äh und danach hatte ich in die Ausbildung gehen können- also rein . gesagt ich hatte eine Ausbildung schon fast in der Hand halt so . habe es aber nicht genutzt weil ich ausgerastet bin weil die mir unterstellt hat dass ich Drogen nehme . und dass meine Mutter mich angeguckt hat und ich mir von meiner Mutter sagen muss dass ich Drogen nehme weißt du . und das hat mich so angepisst aber da habe ich . da habe ich das- das- da- das- da konnte ich- da kann ich einfach nichts mehr weil . das war so . Familie . wenn die Familie da ist und auf einmal kommt sowas ans Licht was nicht stimmt ne . da wurde ich richtig blöde naja das- [2 sec] das waren früher solche Dinge da bin ich ja auf die Palme gegangen so halt ne" (I 39)*

Gleichwohl der junge Mann seine Typ-D-Phase schwerer Erreichbarkeit wie Gustav und der junge Mann zuvor in der semantischen Rolle des Agens beschreibt („*weil ich ausgerastet bin*") und somit seinen aktiven Part im Geschehen verdeutlicht, erklärt auch er das Verhalten seines Contraagens als ursächlich („*weil die mir unterstellt hat dass ich Drogen nehme*") für den

Protest und somit den Abbruch. Seine Mutter bringt keine stellvertretende Agency auf. Sie reagiert nicht unterstützend, sondern stellt sich auf die Seite der Mitarbeiterin *(„und ich mir von meiner Mutter sagen muss dass ich Drogen nehme weißt du“).* Gleichwohl oder gerade weil das Familienklima bereits zuvor konfliktgeladen ist, kollidiert die Abwertung der Mitarbeiterin vor den Augen der Mutter, mit seiner Rollenvorstellung als gutem Sohn (Identitätsagency). Dass er rückblickend glaubt, hier selbst einen entscheidenden Fehler gemacht zu haben, wird an der Formulierung *„ich hatte eine Ausbildung schon fast in der Hand halt so . habe es aber nicht genutzt“* ersichtlich. Er bricht die BvB ab.

Variante 2: Begrenzende Wirkmächtigkeit von Organisationen ohne Problematisierung der fehlenden Lebensverlaufagency

Andere junge Menschen führen ihre Typ-D-Phasen der schweren Erreichbarkeit weniger auf die fehlende Lebensverlaufagency zurück. In einer zweiten Variante des Typen D liegt die Problemtiefe der jungen Menschen jenseits des Organisationskontakts meist derart stark ausgeprägt vor, dass sie den jungen Frauen und Männern adäquates Handeln hinsichtlich ihrer beruflichen Entwicklung deutlich erschwert. Die jungen Menschen befinden sich hierbei häufig bereits in Leerlaufphasen. Sie berichten von ganz konkreten Versäumnissen bei der Erfüllung der Anforderungen von Organisationen, vor allem bezogen auf Antragsfristen. Dennoch sehen sie die Ursachen für ihre schwere Erreichbarkeit hauptsächlich auf Seiten der Organisation.

Ein erstes Beispiel für diese Variante der Typ-D-Phasen findet sich bei Martina. Martina beschreibt ihre private Situation als konfliktreich. Nachdem sie sich wegen ihrer Schwangerschaft zunächst nicht auf Ausbildungsstellen beworben hat und schließlich wegen der Fehlgeburt viel Alkohol trinkt und die schulischen Abschlussprüfungen *„versaut“*, sieht sie erst einmal keine Anschlussperspektive für sich. Dies kümmert sie vor dem Hintergrund ihrer aktuellen Lebenssituation nur wenig. Der Druck des Arbeitsamtes und in der Folge der der Mutter bewirken jedoch, dass sie das Jobcenter aufsucht. Von dort aus wird ihr eine Maßnahme vermittelt. Martina ist viel krank und fehlt häufig. Obwohl sie ärztliche Atteste vorlegen kann, wird ihr für Fehltage kein Fahrkartengeld ausgezahlt, was sie als ungerecht empfindet. Sie erzählt:

> *„na weil ich zu viel ähm krank war . und das war noch so das Thema so ein Mädchen arbeitet dort auch noch immer obwohl sie jeden Monat vielleicht einmal nur da ist . und sie bekommt trotzdem die Fahrkarte bezahlt . ich fand das einfach nur unfair wo ich das erfahren habe weil ich habe*

immer meine Fahrkarten vorgezeigt- also hier Entschuldigungen meine ich vorgezeigt also vom Arzt unterschrieben nicht meine Mama oder so gemacht sondern wirklich vom Arzt . dass ich wirklich krank bin zu dem und dem Zeitpunkt . ich habe das immer vorgelegt und . so und die haben mir trotzdem die Fahrkarten nicht bezahlt . und das fand ich unfair weil das andere Mädchen kom- bekommt das bezahlt obwohl sie genau auch fast nicht da ist . da habe ich gesagt . da brauche ich ja gar nicht mehr zum Arzt . auch wenn mir schlecht ist dann kann ich mir einen Tee machen . paar Tage zu Hause bleiben im Bett . geht es mir auch wieder gut . da habe ich gesagt nee da fahre ich nicht mehr einfach zum Arzt . weil wenn mir wirklich schlecht ist dann muss ich ja zum Arzt fahren mit der Bahn . und das kann ich einfach nicht . und da habe ich eben ähm vier Tage unentschuldigt gehabt . die haben gemeint ja wieso da habe ich auch einfach auch gesagt na ja wieso brauchen Sie sowas wenn Sie das gar nicht zählen .. also . bringt doch hier nichts . da bin ich eben lieber unentschuldigt als wenn ich krank bin und mit der Bahn hier eine halbe Stunde fahre bis zu meinem Hausarzt .. und . das habe ich einfach nicht nachvollziehen können was die dort machen und abziehen" (I 41)

Gleichwohl Martina zum Zeitpunkt ihres Maßnahmebesuchs nicht über Lebensverlaufagency verfügt, beweist sie Handlungsmächtigkeit und greift auf Identitätsagency zurück. Sie handelt zunächst entsprechend ihrer Rolle als Maßnahmeteilnehmerin, die von ihr verlangt, Fehlzeiten über ärztliche Atteste zu legitimieren *(„ich habe das immer vorgelegt")*. Ihre Contraagens benennt sie nicht direkt. Obwohl sie hinter einem anonymen „die" verborgen bleiben, ist aus dem Kontext zu schließen, dass es sich um die Mitarbeitenden des Maßnahmeträgers handelt, welche ihr die Bezahlung von Fahrkarten für die Arztbesuche verweigern *(„und die haben mir trotzdem die Fahrkarten nicht bezahlt")*. Wie die jungen Menschen aus der ersten Variante reagiert auch Martina mit Protest auf die als ungerecht empfundenen Handlungsweisen der Organisationsvertreter/innen. Im Vordergrund ihrer Erzählung steht aber nicht der offen ausgetragene Konflikt mit konkreten Vertreter/innen der Organisation. Vielmehr entscheidet sich Martina unter Aufbringung pragmatischer Agency, Geld zu sparen und nicht mehr zum Arzt zu fahren. Entsprechend fehlt sie unentschuldigt und wird aus der Maßnahme geworfen. Auch sie beendet die Maßnahme nicht aus eigener Initiative. Im späteren Verlauf des Interviews erklärt sie das aktive Handeln ihrer Contraagens als ursächlich für das Maßnahmeende: *„und da haben die mich doch rausgeschmissen"* (I 41).

In den meisten Erzählungen zu dieser Variante des Typen D, in der mehr die Begrenzungen durch Organisationen als die fehlende Lebensverlaufagency Thema ist, thematisieren die jungen Menschen anders als Martina Leerlaufphasen, bei denen das Jobcenter als Träger der begrenzenden Wirkmächtigkeit auftritt. Kontakt zu anderen Organisationen besteht kaum. Vielmehr sind die jungen Menschen mit der Bewältigung von zum Teil komplexen Problemlagen jenseits der beruflichen Entwicklung befasst. Problematisiert wird der Jobcenterkontakt dementsprechend hauptsächlich wegen angedrohter oder durchgesetzter Sanktionen bis hin zur finanziellen Sperre. Die erlebten Begrenzungen sorgen für ein Gefühl der existenziellen Bedrohung. Die Reaktionen der jungen Frauen und Männer auf das als begrenzend erlebte Organisationshandeln gestalten sich weniger aktiv. Sie gleichen eher einer Resignation als Formen von aktiver Verweigerung.

Die Relevanz privater Problembelastungen in Verbindung mit erlebten Begrenzungen seitens des Jobcenters verdeutlicht sich vor allem an folgender Erzählpassage eines jungen Mannes. Nico berichtet von Kriminalität (Diebstahl) in der Phase schwerer Erreichbarkeit, die für ihn jedoch folgenlos bleibt. Stattdessen rückt er seine belastenden Kindheitserfahrungen, das schlechte Verhältnis zu seiner Mutter, den Tod eines Kumpels und Beziehungsprobleme als Auslöser für seinen Griff zum Alkohol in den Mittelpunkt seiner Erzählungen:

> *„mit dem Alkohol warum ich das getrunken habe einfach . die ganze Kindheit zu vergessen . und die ganzen Probleme die ich dann da hatte . weil . kam ja alles mit einmal . ein Kumpel ist dann noch gestorben . damals . und dann ging es dann halt richtig los und da hatte ich denn auch die Sperre gehabt . drei Monate lang . oder noch länger sogar . und . da war denn auch so gewesen dass die Sperre sofort aufgehoben wurde weil . ich habe mich ja eigentlich selber in mein- in meine Trauer in meinen Frust . in alles . selber ertrunken . und das war wirklich heftig ich meine zum Schluss war es auch so gewesen . weil ich ja da eine Freundin hatte und die mich auch ständig verarscht hatte . dass ich mir einfach nur noch . was schnell knallt . genommen habe und die ganze Flasche denn hier ausgetrunken habe" (I 37)*

Die Sperre seitens des Jobcenters wird von dem Interviewpartner als eines unter vielen Problemen aufgezählt, die er in der Summe kaum zu bewältigen vermag. An späterer Stelle im Interview führt er die Folgen der begrenzenden Wirkmächtigkeit des Jobcenters vor dem Hintergrund seines zudem hoch konfliktbelasteten familiären Hintergrunds weiter aus:

> *„finanziell war ich . wirklich unten gewesen . hatte nichts . Familie hatte ich ja auch nicht gehabt . sprich zu meiner Mutter habe ich überhaupt keinen Kontakt . wünsche ich auch nicht weil . ich finde . sie hat mir die Kindheit zu doll versaut und wo ich sie wirklich gebraucht habe war sie*

gar nicht da . also da wo meine schwierigere Zeit war . da wo ich wirklich . ziemlich weit nach unten gerutscht bin . hatte ja . keinen Strom . drei Monate lang . das war auch schon heftig . ((trinkt)) gewesen . da waren dann eher Kumpels für mich da gewesen als meine eigene Familie . und da hatte ich denn gesagt . nee Familie brauche ich nicht . ja und ab da stand ich dann wirklich alleine auf den Beinen . habe denn noch meine Wohnung noch verloren . meine erste . das war . nicht so prickelnd . weil durch Mietschulden . wenn man ja kein Geld hat kann man die ja auch nicht bezahlen .. ja und dann fing es auch an mit . äh Drogen konsumieren" (I 37)

Die Herstellung von Handlungsmächtigkeit mit Hilfe der Aufbringung anderer Agencyformen gelingt dem jungen Mann jenseits seines Drogenkonsums nicht. Diesen bewertet er später als eher kontraproduktive Variante pragmatischer Agency. Aktionsprädikate lassen sich in seinen Erzählungen kaum finden. Vielmehr dominieren Prozessprädikate *(„da wo ich wirklich . ziemlich weit nach unten gerutscht bin"; „habe denn noch meine Wohnung noch verloren")*, mit denen er die verspürte Handlungsohnmacht verdeutlicht. Mögliches Eigenverschulden bei der problembelasteten Lebenssituation negiert er, indem er in der Erzählung auf Statusprädikate und das entindividualisierte Pronomen ‚man' zurückgreift *(„wenn man ja kein Geld hat kann man die ja auch nicht bezahlen")*. Damit bringt er zum Ausdruck, dass sich alternative Handlungsweisen außerhalb seiner Möglichkeiten befinden, und entbindet sich von der Verantwortung. Daneben ist für ihn auch von Seiten potenzieller Partner/innen keine stellvertretende Agency zu erwarten. Weder seine Mutter noch die Kumpels können die verspürte Handlungsohnmacht ausgleichen. Vielmehr wird seine Mutter von ihm in der semantischen Rolle eines Contraagens dargestellt, der seine komplexe Problembelastung verdichtet. Für den jungen Mann ändert sich die Phase der schweren Erreichbarkeit erst mit dem Wechsel der begrenzenden zur rudimentär ermöglichenden Wirkmächtigkeit der Organisation Jobcenter. Seine Sperre wird aufgehoben, um ihm Raum für die Bewältigung der belasteten Lebenssituation zu geben. Aus der schweren Erreichbarkeit für andere Organisationen wie Schulen oder Bildungsträger gelangt er allein hierüber jedoch nicht.

Auch ein anderer junger Mann thematisiert seine Leerlaufzeit nach der Schule und den damaligen Kontakt zum Jobcenter. Er erzählt wie folgt:

„hmm . naja denn äh .. habe ich eigentlich nur noch in den Tag reingelebt . ich habe erst versucht ähm .. Hartz IV zu bekommen . zwar zu spät angemeldet aber ich habe es angemeldet . so habe . ähm .. versucht mit ihnen zusammenzuarbeiten wollen wir es so sagen . aber die Frau im- die von mir . das Schriftliche macht . ich kann diese Person überhaupt nicht ab

weil . die kommt mir einfach nur extrem hochnäsig vor . und . ich mag solche Personen einfach . überhaupt nicht . höflich ausgedrückt .. und . naja .. Endeffekt hat sich mich dann auch so behandelt wo ich mir dachte . näh .. aber auf jeden Fall ich habe es versucht mit der zusammenzuarbeiten . das . ging dann so . auf Deutsch gesagt alles in die Hose . jaafff . dadurch habe ich jetzt . Mietschulden . das nicht zu knapp . und ich habe auch Stromschulden . das heißt ich habe zu Hause keinen Strom . aber ich habe noch die Wohnung die konnte ich halten . glücklicherweise . weil dieweil ich ähm mich mit .. der Frau die . vom Arbeitsamt . eigentlich die Jobs verteilt . ach . weiß wie sie heißt ich kann mir den Namen nicht merken ich habe es nicht mit Namen . ähm . die hat mich dann zur F-Beratungsstelle geschickt" (I 29)

Im Anschluss an die Schule beschreibt der junge Mann sich zwar in der semantischen Rolle des Agens, jedoch lebt er *„nur noch"* in den Tag hinein. Weitere schulische oder berufliche Ziele und Pläne hat er nicht. Zur Sicherung des Lebensunterhalts möchte er Hartz IV beantragen. Er – weiterhin Handelnder – versäumt es jedoch, den Antrag fristgerecht einzureichen. In seiner Erzählung zeigt sich die begrenzende Wirkmächtigkeit der Organisation Jobcenter, personalisiert über die Beschreibung einer konkreten Mitarbeiterin. Der junge Mann weiß um die Anforderung der Zusammenarbeit und bemüht sich, dieser gerecht zu werden. Die Mitarbeiterin ist ihm jedoch nicht sympathisch, er *„kann diese Person überhaupt nicht ab"*. Zum offenen Konflikt kommt es zwar nicht, der Kontakt zum Jobcenter gestaltet sich dennoch als schwierig. Durch den Gebrauch des Prozessprädikats *„ging dann so . auf Deutsch gesagt alles in die Hose"* erklärt der junge Mann die Erfolglosigkeit seiner Bemühungen der Zusammenarbeit und verdeutlicht die hierbei empfundene Handlungsohnmacht. Die Folge sind ausbleibende Zahlungen und letztlich Miet- und Stromschulden. Ihm droht der Verlust der eigenen Wohnung. Die Phase schwerer Erreichbarkeit wird für den jungen Mann erst beendet, als eine andere Mitarbeiterin des Jobcenters ihn an eine Beratungsstelle vermittelt, in der er Unterstützung zur Regelung seiner privaten Situation erhält. Der junge Mann reagiert pragmatisch und stellt sich dem Kontakt. Fortan entfalten die Organisationen (Jobcenter und Beratungsstelle) auch ermöglichende Bedingungen für ihn. Sie schaffen eine Grundlage, die der junge Mann nutzt, um eigene Handlungsmächtigkeit aufzubringen. Gemeinsam mit der Beratungsstelle entwickelt und verfolgt er erfolgreich den Plan, eine/n gesetzliche/n Betreuer/in zu erhalten (vgl. I 29).

Eine verspürte Abhängigkeit von konkreten Mitarbeiter/innen des Jobcenters in Phasen schwerer Erreichbarkeit ohne eigene Lebensverlaufagency thematisieren auch andere junge Menschen. Ein junger Mann, dessen hauptsächliche Beschäftigung im Ableisten von Sozialstunden besteht, erklärt etwa:

> *„nja ich bin jetzt 25 geworden habe dadurch auch eine neue Bearbeiterin bekommen . ähm da hätte ich eine Mal einen Termin gehabt . da war ich aber zehn Minuten zu spät da wollte sie mich nicht mehr rannehmen und sollte den nächsten Tag wiederkommen dann hat aber nur eine Vertretung da gesessen . das war im Oktober oder November . und seitdem habe ich keinen neuen Termin mehr gehabt und . war mir so ehrlich gesagt erst mal egal ich mache jetzt erst mal meine Stunden hier“ (I 31)*

Dieser junge Mann befindet sich noch zum Interviewzeitpunkt in seiner Phase des Typen D, in der er vorwiegend mit der Ableistung seiner Sozialstunden befasst ist. Er arrangiert sich wie viele junge Menschen in dieser Variante der Typ-D-Phase damit, dass zunächst andere Themen seiner Aufmerksamkeit bedürfen und er vorerst keine berufliche Anschlussperspektive entwickelt. Dabei stört es ihn wenig, dass er vom Jobcenter nicht mehr beachtet wird, seit er zu dem besagten Termin nicht pünktlich erschienen ist.

Empfehlungen für Organisationshandeln

Für Organisationen der Jugendsozialarbeit und ebenso für Schulen und Jobcenter bietet dieser Phasen-Typ zahlreiche Anknüpfungspunkte für Handlungsweisen zur Vermeidung und Beendigung von Phasen der schweren Erreichbarkeit von jungen Menschen. Bei einigen jungen Frauen und Männern, die sich in diesem Phasen-Typen befinden, ist ein klarer Auftrag für die Jugendhilfe gegeben. Gleichwohl der Umgang mit jungen Menschen, die sich im Phasen-Typ D befinden, für die Organisationen der Jugendsozialarbeit oftmals sehr herausfordernd ist, sollten aber auch sie und ihre Vertreter/innen an ihnen dran bleiben und sich immer wieder bewusst machen, mit welchen Handlungsweisen auch sie selbst drohen, begrenzend wirkmächtig zu werden.

Die allgemeine Zielsetzung der Organisationen muss es dabei sein, die jungen Menschen nicht aufzugeben. Trotz im Einzelfall zu erwartender Rückschläge sollten sie stets darum bemüht sein, eine konstruktive Zusammenarbeit zu ermöglichen. Dies setzt ein vertrauensvolles Verhältnis und möglichst wohlwollende Interaktionsformen voraus, was dadurch erschwert wird, dass die oftmals in desolaten Verhältnissen lebenden jungen Menschen im Phasen-Typus D häufig nicht die Voraussetzungen eines wünschenswert reflektierten und einfachen Interaktionspartners erfüllen. Mitunter ist es eine sehr herausfordernde Aufgabe, die häufig ablehnende Haltung der jungen Frauen und Männer auszuhalten. Dennoch sollten die Organisationsvertreter/innen ihre professionelle Haltung bewahren und – wenn nötig – immer wieder den Versuch unternehmen, ein konstruktives Arbeitsklima herzustellen. Seitens der Organisationen der Jugendsozialarbeit sollten hierzu geeignete Angebote für die Mitarbeiter/innen vorgehalten werden (kollegiale Beratung, Einzel- und Teamsupervisionen etc.), die sie in ihrer Arbeit mit den zum Teil herausfordernden jungen Frauen und Männern im Phasen-Typus D (unter)stützen.

Daneben hat sich gezeigt, dass den jungen Menschen nicht mit finanziellen Sanktionen bei einer erfolgreichen schulischen oder beruflichen Entwicklung und Integration geholfen werden kann. Entgegen des gängigen Vorurteils geht es ihnen nicht zu gut, um sich ernsthaft um Arbeit zu bemühen. Vielmehr sind sie in Phasen der schweren Erreichbarkeit des Typen D häufig derart mit Problemen belastet, dass es ihnen an den notwendigen Kapazitäten und Ressourcen mangelt, um sich auf den Lebensbereich Beruf konzentrieren zu können. Auf das Mittel der Sperre sollte im Umgang mit jungen Frauen und Männern im Phasen-Typus D entsprechend verzichtet werden. Statt mit Sanktionen zu drohen, ist es für diese jungen Menschen von fundamentaler Wichtigkeit, dass ihnen Hilfe- und Unterstützungsmöglichkeiten zur Bewältigung ihrer Probleme in anderen Lebensbereichen angeboten werden. Hierzu braucht es verlässliche Kooperationsnetzwerke der Schulen, der Jobcenter und der Bildungsträger mit Beratungsstellen und sozialen Diensten.

Erst wenn ein konstruktives Arbeitsklima geschaffen ist und den jungen Menschen genügend Raum und Unterstützung zur Verfügung steht, um Problemlagen in anderen Lebensbereichen bearbeiten zu können, wird es möglich, gemeinsam mit ihnen an möglichen schulischen oder beruflichen Perspektiven zu arbeiten. Hierbei ist zu berücksichtigen, dass vermutlich nur wenige Impulse seitens der jungen Frauen und Männer selbst zu erwarten sind. Ihnen fehlt es noch an Ideen, was und wie sie in beruflicher Hinsicht planen wollen, und sie benötigen besondere Unterstützung.

Die Initiative sollte in Phasen der schweren Erreichbarkeit des Typen D von den Organisationen ausgehen. Wichtig ist es, hier anzuerkennen, dass die jungen Menschen trotz ihrer mangelnden Möglichkeiten auf konstruktive Formen der Agency zurückzugreifen und Wert darauf legen, ihre eigene Handlungsmächtigkeit zu bewahren. Entsprechend sind zwar initiative Handlungen von Organisationen gefragt, dennoch gilt es, gemeinsam mit den jungen Erwachsenen, statt für sie oder gar bevormundend tätig zu werden.

6.2.5 Typ E: Phase der ‚Nichterreichbarkeit', in der Organisationen keine Relevanz haben

Im Typus E befinden sich die Interviewpassagen, in denen die jungen Menschen von Zeiten berichten, in denen sie keinen Kontakt zu Organisationen haben oder diese keine Relevanz für sie haben. Insofern handelt es sich genau genommen nicht um Phasen der schweren Erreichbarkeit, sondern um Phasen der ‚Nichterreichbarkeit', wie diese im Folgenden auch bezeichnet werden sollen. Ein zweites Kriterium der Zuordnung der Interviewstellen ist, dass sich in den Sequenzen zu diesen Phasen bei den jungen Frauen und Männern keine Lebensverlaufagency rekonstruieren lässt. Sie benennen weder (berufliche) Zukunftswünsche, Pläne und Ziele, noch entwickeln oder verfolgen sie diese.

Kennzeichnend für diesen Typ ist, dass in den Erzählpassagen zu den Phasen der Nichterreichbarkeit zwar keine Lebensverlaufagency rekonstruiert werden kann, den jungen Menschen dennoch (zumindest über einen gewissen Zeitraum) Handlungsmächtigkeit zugesprochen werden kann. Ihre Lebenssituation ist hoch problembelastet und erfordert in höchstem Maße Kapazitäten zur Bewältigung des Alltags und zum Teil des existenziellen Überlebens. Die jungen Menschen verfolgen unterschiedliche Strategien, um in dieser Lebensphase handlungsmächtig zu bleiben. Diese können als Formen pragmatischer Agency oder Identitätsagency rekonstruiert und klassifiziert werden. Allerdings sind die verfolgten Strategien nicht geeignet, Handlungsmächtigkeit dauerhaft aufrechtzuerhalten. Die jungen Menschen verlieren mit der Zeit den Einfluss auf das Geschehen und die Kontrolle über den weiteren Verlauf. Alle jungen Erwachsenen haben in dieser Zeit keinen Kontakt zu Organisationen. In den meisten Erzählpassagen werden Organisationen überhaupt nicht thematisiert, andere Sequenzen zeigen, dass die jungen Menschen den Kontakt zu Organisationen bewusst vermieden haben.

Um eine erste typische Beispielpassage zum Typus E vorzustellen, soll diese kurz in den Lebensverlauf des Interviewpartners eingeordnet werden. Olaf führt bis zum 16. Lebensjahr mit seiner leiblichen Schwester und einer Pflegeschwester bei seinen Eltern *„ein recht normales Leben" (I 30)*. Dann wird er Zeuge davon, dass sein Vater fremdgeht. Zunächst verheimlicht er sein Wissen vor der Mutter, teilt es ihr dann jedoch mit. Die Eltern trennen sich nach dem Vorfall und der Vater verlässt die Familie. Olaf gibt sich die Schuld für die Trennung, fühlt sich als *„Zerstörer der Familie"* und verfällt in Depressionen. Nach einem Selbstmordversuch kommt er kurzzeitig in die Psychiatrie. Nach der Entlassung beginnt er, Drogen zu konsumieren, um die für ihn belastende Trennungssituation der Eltern besser aushalten zu können. Als das Jugendamt von Olafs Drogenkonsum erfährt, droht es damit, die Pflegeschwester aus der Familie zu nehmen, wenn Olaf den Konsum nicht einstellt. Olaf entscheidet sich zu gehen[5], damit seine Pflegeschwester im Haushalt der Mutter bleiben darf. Er fühlt sich vom Jugendamt auf die *„Straße gesetzt"*. Hier beginnt seine Phase der Nichterreichbarkeit, von deren Anfangszeit er wie folgt berichtet:

> *„ja und dann ging es halt von . ja . von Freund zu Freund . über Umwegen immer mal wieder auf der Straße dann da und da . ja und . pff dann habe ich immer mal wieder . halt keine Drogen genommen und dann wieder mehr . und dann wurde die Liste auch irgendwie immer länger ja und dann äh . ja hatte ich . gut ein Jahr lang anderthalb überhaupt keinen Kontakt zu äh ja Leuten die mir helfen eine Ausbildung klarzumachen [...] ich . habe manchmal das Gefühl dass es alles anders gelaufen wäre wenn ich . eine Ausbildung gemacht hätte wenn ich . irgendwo die Unterstützung bekommen hätte aber ich hatte halt . nichts zur Verfügung ich hatte keinen PC so ich wusste auch gar nicht wo ich jetzt- in welche Richtung . ich gehen sollte weil ich halt selber so mit meinem Leben . damals überfordert war so . und auf der Straße hat man nicht- so ich hatte die Woche hatte ich zum Essen zehn Euro" (I 30)*

Die Analyse der Prädikatsausdrücke in Olafs Schilderungen zeigt, dass er fast durchgängig keine Aktionsprädikate, sondern Prozess- und Statusprädikate nutzt, um den Verlauf der Ereignisse und die Phase der Nichterreichbarkeit zu beschreiben. Getrieben von Ort zu Ort vollziehen sich die Ereignisse nach Verlassen des Elternhauses ohne Olafs willentliche Einwirkung *(„dann ging es von Freund zu Freund")*. Allein mit Blick auf seinen Drogenkonsum scheint er kurz als Agent auf und stellt sich bezüglich dessen noch als handlungsmächtig dar. Allerdings hat er die weiteren Geschehnisse – und hiermit spielt er auf seine kriminelle Karriere an – nicht mehr unter Kontrolle *(„dann wurde die Liste auch irgendwie länger"* [6]*)*. Im zweiten Teil der Passage dominieren dann Statusprädikate, die seinen sozialen, materiellen und psychischen Zustand in dieser Zeit beschreiben: Er hatte keinen Kontakt zu Hilfeangeboten, war in materieller Not *(„ich hatte nichts zur Verfügung", „ich hatte zehn Euro")* und mit dem Leben überfor-

---

5 „dann irgendwann halt hat das Jugendamt gesagt so ja entweder jetzt du weg oder ich oder Emily ja und da habe ich halt gesagt ich gehe . ja und bin damals auch äh einfach nur mit einem Rucksack . ja da waren nicht mal Klamotten drin ja . bin ich da einfach so die Kleider die ich am Leib hatte bin ich losgerannt . ja . und die ersten paar Tage halt nur geheult weil man nicht wusste so wie es jetzt weitergeht so was man machen soll" (I 30)

6 Hier verweist er schon auf die ‚Liste' der Straftaten, die er in dieser Zeit begeht.

dert. Die sprachliche Gestaltung der Erzählung macht deutlich, dass der Erzähler sich selbst in dieser Phase nicht als handlungsmächtige Person erlebt und darstellt. Zudem werden in dieser Beispielsequenz schon verschiedene Themen angesprochen, die für den Phasen-Typ E Relevanz haben und später vertiefend betrachtet werden: Obdachlosigkeit, Drogenkonsum, Kriminalität, materielle Not und psychische Belastung.

Olaf hat in dieser Phase ca. ein bis eineinhalb Jahre keinen Kontakt zu Personen oder Organisation, von denen er im Hinblick auf eine berufliche Integration Unterstützung hätte erhalten können. Rückblickend vermutet er, dass die Dinge mit institutioneller Unterstützung und entsprechender materieller bzw. sachlicher Ausstattung *(„PC")* anders verlaufen wären. Stattdessen erfährt er sich in dieser Phase in einem ‚Mangelzustand', mit dem er die ausbleibenden Schritte in Richtung Ausbildung und Beruf plausibilisiert. Nicht nur die expliziten inhaltlichen Ausführungen, sondern auch die analysierten Agentivierungen dokumentieren, dass er sich bezüglich des Verlaufs der Ereignisse keine Handlungsträgerschaft zuordnet. Olaf selbst benennt in Bezug auf diese Phase seine fehlende Lebensverlaufagency *(„ich wusste auch gar nicht in welche Richtung")*, er ist in dieser Zeit orientierungslos und überfordert mit der Lebenssituation.

Während Olaf – wie die erste Beispielpassage gezeigt hat – den fehlenden Kontakt zu Organisationen bedauert, ist er für die meisten anderen Interviewpartner/innen in der Phase irrelevant oder sie meiden oder verzichten bewusst auf ihn, so z.B. ein junger Mann, der in der Phase der Nichterreichbarkeit die Relevanz von Schule und Ausbildung für sein Leben abstreitet:

> *„bin mal eine ganze Zeit lang nur gewandert . so .. und habe versucht ... meinem Leben irgendwo einen Sinn zu geben obwohl es auch sinnlos ist einfach irgendwo rumzulaufen ((lacht)) so . habe damals ziemlich arrogant gedacht so Leben wird ja schon ohne Ausbildung kannst du auch überleben und deine Schule scheiß doch drauf . ja" (I 17)*

Dieser Interviewpartner ist der einzige, der die Zeit der Nichterreichbarkeit und des Umherziehens als ‚Sinnsuche' positiv rahmt und damit einen, wenn auch diffusen Zukunftsplan benennt. Alle anderen jungen Menschen haben in dieser Phase keine Ressourcen und keine Kraft, um über die Zukunft und schon gar nicht über berufliche Pläne nachzudenken oder Schritte in diese Richtung zu unternehmen.

Eine junge Frau z.B. ist in dieser Zeit täglich der Gewalt ihres Partners ausgesetzt. Nachdem sie mit dessen Hilfe im Alter von ca. 15 Jahren aus dem Heim ausreißt, ist sie ungefähr vier Jahre lang ohne festen Wohnsitz und wird von ihrem Freund *„von A nach B gezerrt auf der Straße"* und *„tag-*

täglich nur geprügelt von morgens bis abends" und das sogar auch dann noch, als sie schwanger ist (I 2). Für sie ist diese Phase eine rastlose Zeit, in der sie „*überall irgendwie in Deutschland*" war. In ihren Schilderungen lässt sich ein Verursacher und handlungsmächtiger Akteur ausmachen, ihr Freund, dem sie in dieser Zeit hilflos ausgesetzt ist. Sich selbst ordnet sie in der Darstellung dieser Lebensphase die semantische Rolle der Erleidenden zu *(„er hat mich täglich nur geprügelt").* Aufgrund der hochbelasteten Lebenssituation hat sie keine Ressourcen, um über ihre berufliche Zukunft nachzudenken. So bilanziert sie diese Phase:

> *„hab kein Interesse gehabt irgendwie auch was beruflich zu machen . weil ich genug Stress hatte . rundherum . konnte ich ja nicht nachdenken ja was werde ich denn jetzt später" (I 2)*

Die Problembelastung bzw. die alltägliche existenzielle Sorge dieser jungen Menschen ist so dominant, dass Gedanken an Ausbildung und Beruf in dieser Lebenssituation keinen Platz haben. In etwa dieselbe Begründung wie die junge Frau liefert auch Olaf, der sich allerdings auch deshalb außerstande sieht, sich um eine Ausbildung zu kümmern, weil er niemanden gehabt hat, der ihm bezüglich seiner beruflichen Orientierung und Qualifizierung Unterstützung hätte geben können:

> *„das Problem ist . ja wenn man nicht weiß wo man anfangen soll mit seinen Problemen so dann ist Ausbildung halt äh . ja . ganz hinten so aber wenn man- so es gab oft den Moment wo ich gesagt habe ich will aber dann konnte ich einfach nicht weil ich nirgendwo die Möglichkeit hatte so keiner hat mir gesagt so ja das kannst du machen das kannst du machen" (I 30)*

An den bis hierher analysierten Erzählpassagen ist die diesen Typus kennzeichnende Konstellation von fehlender Lebensverlaufagency und fehlendem Kontakt zu Organisationen verdeutlicht worden. Aufgrund der Umstände in dieser Lebensphase (existenzielle Sorgen/Problembelastung) haben die jungen Menschen in dieser Phase keine Kapazitäten, um berufliche Pläne zu entwickeln oder entsprechende Ziele zu verfolgen. Hinsichtlich des fehlenden Kontakts zu Organisationen lassen sich in den Erzählsequenzen dieses Typus unterschiedliche Thematisierungen finden: Bei den meisten jungen Menschen werden Organisationen in den Erzählpassagen zu dieser Zeit überhaupt nicht thematisiert (z.B. I 2), andere berichten, dass sie Kontakte zu Organisationen bewusst gemieden haben (z.B. I 17), und wieder andere erzählen, dass sie den fehlenden Kontakt bzw. die fehlende institutionelle Unterstützung bedauert haben, aber für sich keine Möglichkeit gesehen haben, Zugang zu Organisationen zu finden (z.B. I 30).

Die Analyse dieser ersten Erzählsequenzen hat zudem schon ein Thema verdeutlicht, das für die meisten jungen Menschen in dieser Phase kennzeichnend ist. Fast alle haben eine Zeit lang ohne festen Wohnsitz gelebt, manche ein paar Monate, andere bis zu mehreren Jahren. Die jungen Menschen berichten, dass sie auf der Straße gelebt haben, immer mal wieder bei Freunden und Bekannten untergekommen sind oder auch mal bei verschiedenen Familienmitgliedern kurzzeitig und häufig wechselnd Unterkunft gefunden haben.

Obdachlosigkeit

Auch Michael war in dieser Phase ohne festen Wohnsitz. Er reißt im Alter von 14 Jahren von zu Hause aus, nachdem es mit seinem Stiefvater zu handgreiflichen Auseinandersetzungen gekommen ist. Er ist – mit Unterbrechungen – mehrere Jahre obdachlos. Bilanzierend berichtet er von dieser Zeit:

> *„also insgesamt so dreieinhalb Jahr knapp vier Jahre .. so . wenn man alles zusammenrechnet . ich meine ich war nicht jeden Tag auf der Straße so ich habe auch viel bei Kollegen geschlafen oder bei Bekannten so hast du mal eine Nacht ein Bett für mich oder drei oder vier . hier mal eine Woche gewesen da mal ein paar Tage gewesen so war das immer .. also man hat halt immer von der Hand in den Mund gelebt . und genahm- genommen was kam .. ja" (I 17)*

Auch für diesen jungen Menschen ist diese Phase eine rastlose Zeit, in der er mal hier, mal dort übernachtet, weitgehend aber auf der Straße lebt, und in der die tägliche Sorge um Unterkunft und Verpflegung im Mittelpunkt steht. In der Darstellung dominieren wieder Statusprädikate und nur wenige Aktionsprädikate. Durch den Gebrauch des neutralen Pronomens ‚man' gelingt es dem Interviewten zudem, die Überlebens- und Bewältigungsstrategie (*„von der Hand in den Mund leben"*) zu entindividualisieren und die eigene Mangelsituation zu verallgemeinern.

Ähnlich wie Olaf ist Michael in dieser Phase mit existenziellem Überleben beschäftigt. Beide Interviewpartner führen in der Darstellung zu dieser Phase soziale Andere ein, bei denen sie zeitweise Unterkunft finden konnten. Diese bleiben in den Schilderungen jedoch namenlos und anonym (Freunde, Kollegen, Bekannte), was darauf hindeutet, dass diese Personen über das Hilfeangebot der Unterkunft hinaus keine emotionale Relevanz für diese jungen Menschen gehabt haben oder bedingt durch die fehlende Reziprozität an Relevanz verloren haben. Denn die Inanspruchnahme der Hilfe ist mit Scham verbunden und wird (für die Beziehung) als Belastung erlebt:

> *„natürlich haben dann Freunde gesagt ja komm zu mir komm zu mir komm zu mir dann war ich da aber nach einer Woche . oder zwei kommst du dir da auch scheiße vor weil du denkst ja . ich kann dir nichts zahlen ich kann nichts geben" (I 30)*

Ganz ähnlich beschreibt es ein dritter junger Mann:

> *„ich wusste nicht mehr wohin dann bin ich kurzzeitig immer mal bei Kumpels untergekommen das ist auch keine Dauerlösung weil man immer nur Ballast ist . das Gefühl immer- man muss sich immer irgendwie für- für eine Mahlzeit rechtfertigen für eine Zigarette schnorren . man kann nicht regelmäßig duschen das ist ein sehr sehr widerliches Gefühl und das habe ich ein Jahr lang mitgemacht" (I 21)*

Zwar gibt es für die jungen Menschen in der Phase andere Personen, deren materielle Unterstützung sie kurzzeitig annehmen. Die notwendige Inanspruchnahme oder Einforderung der Unterstützung belastet jedoch die Beziehung zu diesen, da die jungen Menschen keine Gegenleistung erbringen können.

Auffällig ist an den Passagen, in denen die jungen Menschen von der kurzzeitigen Unterstützung von Freunden und Bekannten in ihrer Notlage berichten und ihre Obdachlosigkeit plausibilisieren, jeweils die Wahl der Erzählerperspektive. Die Interviewpartner/innen setzen nicht sich selbst in eine agentive Rolle. Sie nutzen Darstellungsstrategien (Gebrauch der Pronomen ‚du' bzw. ‚man'), die den Zuhörer zur Perspektivübernahme auffordern bzw. das Geschehen verallgemeinern (vgl. hierzu auch Kap. 6.1). Die Wahl einer solchen Erzählperspektive erfüllt die Funktion einer entlastenden Entindividualisierung, sie ermöglicht es den Interviewpartner/innen, Distanz zu ihrem Handeln einzunehmen und dieses zu legitimieren.

In den Kontakten zu diesen Personen hätte es die Möglichkeit einer ‚stellvertretenden Agency' gegeben, etwa wenn Freunde oder Bekannte stellvertretend für die jungen Menschen Zugänge zu Unterstützungsangeboten hergestellt hätten. Dieses Unterstützungspotenzial ist jedoch nicht zum Tragen gekommen.

Anhand der Analyse weiterer Erzählpassagen zum Phasen-Typus E werden weitere Themen sichtbar, die für diesen Typus Relevanz haben und Einfluss auf die Erreichbarkeit dieser jungen Menschen nehmen. In der Rekonstruktion dieser Sequenzen wird der Frage nachgegangen, inwiefern sich im Typus E Formen von pragmatischer Agency und Identitätsagency finden lassen.

Drogenkonsum als folgenschwere Bewältigungsstrategie

Schon die grobe Durchsicht der Textpassagen, die diesem Typus zugeordnet sind, verweist auf ein weiteres relevantes Thema. Bei dem überwiegenden Teil der jungen Erwachsenen spielt in dieser Phase regelmäßiger Drogenmissbrauch bis hin zu starker Suchtmittelabhängigkeit eine bestimmende Rolle.

In einigen Fällen ist Drogenmissbrauch ursächlich für den Eintritt in die Phase der Nichterreichbarkeit. In anderen Fällen haben die jungen Menschen zwar schon vor Beginn der Phase Drogen konsumiert, Drogenmissbrauch bis hin zur Abhängigkeit entwickelt sich bei ihnen aber erst in dieser Phase, zudem kommen häufig weitere und härtere Drogen hinzu.

Typisch ist, dass der Beginn des regelmäßigen Suchtmittelkonsums von den Interviewpartner/innen als Geschehen beschrieben wird, auf das sie keinen Einfluss hatten. Sie schreiben sich in der Darstellung keine Handlungsträgerschaft zu, mit der (selbst)entlastenden Funktion, die Verantwortung für den Einstieg nicht übernehmen zu müssen:

> *„ja also ich hatte . sehr viele Freunde die Alkohol getrunken haben . macht man natürlich mit . wenn man dann einmal so in so einem Freundeskreis ist dann rutscht man da auch ganz schnell rein und . denkt nicht über sein Leben nach“ (I 28)*

Die Interviewpartnerin wählt zur Plausibilisierung ihres Alkoholkonsums ein Prozessprädikat *(„dann rutscht man da rein“)* und gebraucht fast durchgängig das entindividualisierte Pronomen ‚man‘, womit der Beginn des Konsums als kausale Folge der Gruppenzugehörigkeit dargestellt wird. Mit dieser sprachlichen Darstellung kann sie die Eigenverantwortung für den Einstieg zurückweisen. Auch ein weiterer junger Mensch wählt in der erzählerischen Präsentation seines Drogenkonsums Prozessprädikate:

> *„dann fing mein Konsum an mit vierzehn habe ich angefangen zu kiffen . habe ich sechs Jahre lang gekifft zwar nicht jeden Tag sondern auch so in Abständen . ab sechzehn siebzehn kamen noch andere Drogen hinzu Amphetamin Ecstasy sage ich mal . so und dann durch ähm-- habe ich halt alles gedeckelt die ganze Probleme“ (I 18)*

In seiner Darstellung vollzieht sich der Einstieg in den Konsum und dann in die härteren Drogen ohne erkennbare Handlungsträgerschaft *(„dann fing mein Konsum an", „kamen noch andere Drogen hinzu").* Ein Blick auf die inhaltliche Ebene der beiden Sequenzen gibt zudem schon einen Hinweis auf die Folgen bzw. den Zweck des Konsums: nicht über das Leben nachzudenken, die ganzen Probleme zu deckeln.

Wie sehr der Tagesablauf bei einigen jungen Menschen in dieser Phase vom Konsum bestimmt ist, zeigen die folgenden Sequenzen:

> *„und denn ging es halt los mit . Probleme . entspricht Alkohol . tagtäglich sogar schon . also wenn ich jetzt so . überlege waren das bestimmt . mal vielleicht . ein paar Flaschen Schnaps . und noch Bier dazu . also so war das . ganz schön heftig . gewesen [...] ich habe meine Augen aufgemacht und habe denn gleich schon getrunken . war schon so also wenn da noch eine Flasche vom Vortag stand habe ich ausgetrunken . so war das schon gewesen bis . nächsten Morgen . kurz geschlafen weitergetrunken" (I 37)*

Während sich dieser Befragte als Handelnder beschreibt *(„ich habe getrunken")*, kommt der folgende Erzähler als Agent in der Darstellung seines Tagesablaufs gar nicht vor. Es fehlt durchgängig das Subjekt und die Aneinanderreihung der Prädikate vermittelt den Eindruck von Getriebensein und Automatismus:

> *„aufstehen saufen rauchen . kiffen pinkeln gehen . Köpfchen rauchen lustig sein . trinken . Drogen nehmen (4 sec) ja Party jeden Tag Party jeden Tag betäuben jeden Tag flüchten . Hauptsache nicht denken" (I 17)*

Auch dieser junge Mann thematisiert den Zweck des massiven Drogenkonsums: nicht denken, sondern flüchten und betäuben. Dieses Begründungsmuster findet sich bei allen Drogen missbrauchenden jungen Menschen dieser Phase. Die Drogen werden als Instrument genutzt, um die belastenden Vergangenheitserfahrungen und/oder die widrigen Umstände der aktuellen Lebenssituation zu vergessen oder über diese nicht nachdenken zu müssen und der Realität zu entfliehen. So begründet auch folgender junger Mann seinen Konsum:

> *„es ist halt . ja für mich ist das so halt ein Weg . irgendwo die Sachen zu vergessen nicht mal glücklich werden sondern einfach nur vergessen" (I 30)*

Allerdings wird der Drogenkonsum zum Teufelskreis:

> *„das ist halt ein Rattenschwanz und dann . ja und dann den Kopf frei zu kriegen dann kifft man noch und dann . ist halt natürlich wieder alles nur Dunst“ (I 30)*

Der Gebrauch von Suchtstoffen wird von den Interviewpartner/innen als Bewältigungsstrategie beschrieben, die wenig erfolgreich ist. Während die Drogen zunächst als Mittel/Instrument gewählt werden, um handlungsmächtig zu bleiben *(„den Kopf frei zu kriegen“)* und mit der Lebenssituation umzugehen (pragmatische Agency), wird bei genauerer Betrachtung sowohl auf der inhaltlichen Ebene *(„alles nur Dunst“)* als auch an der sprachlichen Darstellung deutlich, dass der Erzähler seine Handlungsmächtigkeit verliert. Michael z.B. beschreibt rückblickend auf die Phase nicht nur den Verlust der eigenen Handlungsmächtigkeit, sondern sogar den Verlust der eigenen Identität unter Drogenkonsum:

> *„wenn man verstrahlt ist dann kann man ja gar nicht richtig für sich verantwortlich sein und dann kann man ja gar nicht vernünftig handeln wie man möchte . weil man ist ja gar nicht der der man sein möchte . oder man ist ja gar nicht ich also ich bin ja gar nicht ich wenn ich Drogen genommen habe . weil mir ist dann ja die Droge die mich übernimmt und ich brauche ja nicht die Droge sondern die Droge braucht mich- ja mich weil die konsumiert werden will“ (I 17)*

In seiner Beschreibung wird die Droge selbst sogar als wirkmächtiges Subjekt mit Absichten dargestellt.

Durch den Drogenkonsum/Drogenrausch wird mit der Zeit eine Mauer aufgebaut, die die Erreichbarkeit der jungen Menschen verunmöglicht und dazu führt, dass die jungen Menschen keine Hilfe mehr annehmen wollen:

> *„irgendwann habe ich mir auch halt nicht mehr helfen lassen weil ich halt diesen Schutzwall um mich gebaut habe so weil ich die- den Depressionen und diesen . ganzen Gedanken . dass . dass ich eigentlich traurig bin dass mein Vater gegangen ist und wie das alles so passiert ist gar nicht ins Auge gucken wollte sondern nur . gedacht habe ich . ja ich muss das irgendwie verdrängen mit Drogen“ (I 30)*

Auch ein anderer junger Mann beschreibt, dass er unter Drogenkonsum nicht mehr *„zugänglich“* war. Er leitet seine Bilanzierung dieser Lebensphase mit einer Statusbeschreibung seiner Abhängigkeit ein, konkretisiert dann sein Konsumverhalten und schildert die fatalen Folgen seiner Sucht:

„da war ich also so was von dem Crystal verfallen . so was von- ich habe habe zwei drei Gramm täglich gezogen [...] ich war überhaupt nicht mehr zugänglich ich habe komplett nur noch wirres Zeug geredet keine Zusammenhänge gar nichts mehr [...] ich habe Filmriss von drei Jahren . drei vier Jahre habe ich komplett Filmriss ich kann mich an ganz wenige Ereignisse noch erinnern" (I 21)

Auch hier wird deutlich, wie sehr der Drogenmissbrauch oder die Sucht schlussendlich den jungen Menschen die – durch die Droge erhoffte – Handlungsmächtigkeit entzieht. In der Beschreibung dominieren Statusprädikate, die den Abhängigkeitszustand deutlich machen und die Folgen (*„Filmriss"*) des Crystalkonsums bildlich veranschaulichen.

Als Konsummittel werden in erster Linie Alkohol, Cannabis, aber auch Kokain, Pilze und Amphetamine (u.a. Crystal Meth) genannt. Häufig werden verschiedene Mittel nacheinander oder in Kombination konsumiert:

„morgens eine dicke Line gezogen damit man wach wurde . dann erst mal eine halbe Stunde später boah fuck ich habe zu viel gezogen erst mal einen rauchen . so dabei die ganze Zeit gesoffen gesoffen gesoffen abends dann dick Musik an und dann auf Teile gewesen . so dann nachts drei Uhr höey die Teile hören auf . ey wir haben noch Pilze boah gib mir Pilze und so . alles rein . den ganzen Tag nur voll verstrahlt gewesen" (I 17)

Die Gesamtbetrachtung der Erzählsequenzen zeigt, dass die Drogen zu Beginn der Phase zunächst als Mittel genutzt werden, um handlungsfähig zu bleiben. Der Drogenkonsum dient als Bewältigungsstrategie, um mit der belastenden Lebenssituation umzugehen. Insofern kann den jungen Erwachsenen in dieser Phase eine Form der pragmatischen Agency zugeschrieben werden. Sie setzen die Drogen quasi als ‚Selbstmedikation' ein, um depressive oder andere Belastungszustände zu mildern und aushalten zu können oder in einem Fall auch, um leistungsfähig zu bleiben. Die Analyse zeigt jedoch, dass es ihnen mit dieser Strategie nicht gelingt, die eigene Handlungsmächtigkeit zu erhalten – im Gegenteil, sie verlieren die Kontrolle über den Konsum und ihre Handlungsmächtigkeit. Zudem werden sie im Verlauf der Phase bzw. mit zunehmender Suchtmittelabhängigkeit immer weniger ‚zugänglich' für andere und sind für Organisationen nicht mehr erreichbar.

Der Drogenkonsum dient aber nicht nur der Realitätsflucht, er hat auch eine soziale Komponente und ermöglicht die Vergemeinschaftung mit anderen sozialen Akteur/innen (zumeist einer Peergroup) in dieser Lebensphase. Die Drogen sind Zugangs- oder Zugehörigkeitsmittel für gegenkulturelle Peers und Teil der Szenekultur wie z.B. in der Punkrockszene oder

der Partyszene. Indem die jungen Menschen mit dem Drogenkonsum auch die jeweiligen Rollenerwartungen der Peergroup erfüllen, kann ihnen in der Phase vorübergehend auch eine Form der Identitätsagency zugeschrieben werden.

In einem Fall des Samples ist die Phase der Nichterreichbarkeit von Onlinespielsucht dominiert (vgl. Fallbeispiel in Kap. 6.1). In der Darstellung des Interviewpartners Thorsten wird sichtbar, dass sich sein ‚Tagesablauf' nur ums Spielen dreht[7] und – ebenso wie bei den Drogenkonsumenten – das Spielen erstens mit dem Zweck verbunden ist, *„der Realität und den Problemen zu entkommen" (I 31)*, damit zweitens aber auch sozialer Kontakt hergestellt und gepflegt werden sowie eine andere Identität aufgebaut werden kann[8].

Psychische Belastungen und Gewalt

Viele junge Männer und Frauen berichten in den Phasen ihrer Nichterreichbarkeit von zum Teil massiven psychischen Belastungen, von depressiven Phasen bis hin zu akuten psychiatrischen Störungen wie Paranoia und Psychose. Diese psychischen Belastungszustände werden einerseits als Grund dafür genannt, Drogen zu konsumieren (Drogen als Selbstmedikation), andererseits werden sie als Folge des Drogenkonsums beschrieben:

> *„hatte ich irgendwann keine Kohle mehr . für was zu kiffen dann bin ich in Shops gegangen habe mir die . sage ich mal restlichen- den Restbestand aus dem Aschenbecher genommen halt so und da mir halt neue Joints raus- und da habe ich mir vielleicht irgendwas war da mit zwischen ich weiß nicht was es war . weil dann- mir hat die Psychose so derbst den Schädel geboxt hat ey war echt heftig .. also eine Psychose hat sich so ge-*

---

7 *„Tag und Nacht hat sich mein Leben dann nach dem Spiel gerichtet ich habe dann nach dem Spiel geschlafen so wie ich Lust hatte habe ich mich an den PC gesetzt . wie ich Lust hatte bin ich dann schlafen gegangen dann war ich nachts aktiv habe dann tagsüber gepennt . oft und . da habe ich nicht mehr gemacht als zwischen Couch PC . Kühlschrank und Toilette andere Plätze habe ich da nicht wirklich eingenommen . selten mal dann einkaufen gewesen oder sowas für Mutti das . gerne mal gemacht dann aber . mehr habe ich zu der Zeit nicht gemacht" (I 31)*

8 *„nun ja das . einfach das . der Realität und den Problemen zu entkommen wie es- wie das Vorurteil ist so ist es dann auch wirklich dann . hat man da seine Freunde hat da- ist dann wie ein zweites Leben da wenn man dann so ein Spiel spielt mit so einem Charakter hochleveln und so weiter . ist dann wie ein zweites Leben . und ja . hat man dann- lernt man dann da seine Freunde kennen . die sitzen dann auch den ganzen Tag nur am PC . egal wenn du den PC anmachst die sind dann da quatschst du mit denen spielst du mit denen . ja das hat einen irgendwie mitgezogen gehabt" (I 31)*

äußert dass ich ähm Stimmen gehört habe . totalen Realitäts- und Zeitverlust hatte" (I 18)

Eine große Rolle spielen in diesen Phasen auch Gewalterfahrungen. Die jungen Menschen sind Opfer der Gewalt anderer, verletzen sich selbst oder üben Gewalt gegen andere aus. Gewalt wird als Form des Umgangs mit und der Bewältigung der ausweglosen Situation in dieser Lebensphase (pragmatische Agency) beschrieben, wie es dieser Interviewpartner auf den Punkt bringt:

> *„entweder verletzt man sich selber oder man verletzt andere aber man verletzt auf jeden Fall . wenn man selber so verletzt ist und keinen Ausweg mehr sieht" (I 30)*

Andere berichten von Aggressionen, die sie gegen sich selbst, andere oder Sachgegenstände ausagiert haben:

> *„ich habe immer irgendwo gegengeboxt . also ich habe mich selber verletzt . einfach . ich habe halt mein Mobiliar denn auch auseinandergenommen . habe denn gegen die Wände gehauen . also alles . joh" (I 37)*

Oder:

> *„wenn ich Stress hatte und mir jemand noch einen dummen Spruch um die Ohren haut dann . dann haue ich direkt zu (3 sec) das ist bei mir so dass ich . dann schon . voll . voll so gewaltbereit bin [...] meistens ist es so dass ich dann entweder den Schrank kurz und klein gehauen habe . oder . mit- oder einfach eine Bierflasche durchs Zimmer irgendwo an die Wand geklatscht habe oder so . oder gerade gegen die Betonwände boxe wie so ein Irrer .. das letzte Mal habe ich die Tür rausgetreten . komplett . mit Rahmen . ja (3 sec) also ist schon ein bisschen schlimm" (I 35)*

Einige junge Menschen dieses Phasen-Typus berichten sogar von Suizidversuchen. Eine junge Frau z.B. hat mehrere Selbstmordversuche hinter sich, weil sie sich von ihrer Mutter nicht geliebt fühlt:

> *„zum Beispiel wie früher wenn du einfach zu Hause nicht weiter weißt . machst du alles alleine und keine Ahnung . dann darfst du dir aber noch anhören warst kein Wunschkind und ich hasse dich und nenene .. ja dann denkst du so einfach so manchmal nach warum sich das jetzt hier alles noch antun für wen machst du das eigentlich . ja dann habe ich es halt oft probiert" (I 36)*

Und auch ein junger Mann berichtet von mehreren Selbstmordversuchen:

> *„ich glaube ohne den hätte ich das auch nicht geschafft . ((räuspert sich)) dann wäre ich nicht mehr also . wollte mir auch schon das Leben nehmen . öfters . mit Tabletten . äh . mich selber aufritzen . so . aufgeritzt also“ (I 37)*

An der Erzählpassage wird sichtbar, dass es in dieser Phase auch Personen gegeben hat, die den jungen Menschen aus den Suizidgedanken herausgeholfen haben. So beschreibt es auch dieser junge Mann:

> *„ich hatte auch Phasen wo ich mich halt auch umbringen wollte eben weil dann alles zusammen kam meine Eltern hatten sich geschieden mit mir ging es beruflich nicht weiter . da stand ich noch mal vor einem Abgrund konnte mich dann eben an die [Mädchenname] klammern die hat mich dann wieder hochgezogen“ (I 38)*

Während in diesen Fällen einzelne Andere, ein guter Freund bzw. die Partnerin für die jungen Menschen wichtig waren, zeigen andere Passagen, dass eine Peergroup in der Phase hohe Relevanz gewonnen hat, in der das Thema Gewalt, insbesondere gegen andere, eine dominante Rolle spielt.

Anschluss an eine gewaltbereite Peergroup

Olaf z.B. berichtet von einer späteren Zeit in der Phase der Nichterreichbarkeit, in der er sich einer Gruppe angeschlossen hat, mit der er die Zeit mit Drogenkonsum und Gewaltverhalten zugebracht hat:

> *„ja der Fokus lag halt auf dem Scheiße bauen und halt auf irgendwelche sinnlosen Sachen machen so weil wir haben das- wir haben den ganzen Tag eigentlich . nur gekifft . ja . dann haben wir- sind wir hinten hingegangen haben ein bisschen geschossen ja und dann . sind wir irgendwo hingefahren . und wenn da irgendwo Leute waren ja dann haben wir . ja . entweder die Weiber da angemacht oder haben die Typen verprügelt eins von beidem so wir waren eigentlich immer nur . ja . immer nur auf Krawall gebürstet“ (I 30)*

Auch Tyler trifft sich täglich mit einer Gruppe von Gleichaltrigen, die gemeinsam Drogen konsumieren, sich mit anderen schlagen und Raubüberfälle begehen. Er berichtet aber auch, dass er selbst Opfer von Gewalt innerhalb der Peergroup wird, was er jedoch bagatellisiert:

„und wenn es manchen zu langweilig war dann haben wir uns auch manchmal unter der Gruppe so ein bisschen gekeilt . so aus Spaß halt . nur manche haben halt . aus Spaß . haben manche Ernst gemacht .. kann ich mich noch erinnern das eine Mal kam ich mit einer Kopfplatzwunde nach Hause und ein Tritt in den Rippen .. ja . am nächsten Tag haben wir uns getroffen haben- haben drüber gelacht" (I 35)

Die Identifikation mit diesen Peergroups zeigt sich an den beiden letzten Erzählpassagen vor allem auf der sprachlichen Ebene. Beide Interviewpartner nutzen in der Darstellung des Verlaufs der Ereignisse fast durchgängig das Pronomen ‚wir'. Die Handlungsträgerschaft der Ereignisse wird der Gruppe zugeordnet, deren Teil der jeweilige Erzähler ist.

Wie bedeutsam die Peergroup für das eigene Sinn-, Identitäts- und Zugehörigkeitsgefühl in der Phase der Nichterreichbarkeit ist, zeigen weitere Sequenzen. Gewaltverhalten lässt sich in diesen Passagen auch als eine Form der Identitätsagency interpretieren. Olaf beschreibt die Gruppe, die er durch Drogeneinkauf in der Zeit seiner Obdachlosigkeit kennenlernt, als *„Schwerkriminelle"*. Bei einem dieser jungen Männer findet er zeitweise Unterkunft. Olaf ist fasziniert von dessen Schusswaffenbesitz und seiner ‚radikalen Vorgehensweise'. Um zu dieser Gruppe dazuzugehören und sich handlungsmächtig zu fühlen (*„wir wollten die Coolsten sein"*), ist er bereit, alles zu tun:

„und . ja . irgendwie war es genau das was in- was ich in dem Moment so . ja . machen wollte ich wollte so . der Coolste sein um . allen . allen willens wegen so .. mir war das auch egal was- was ich dafür tun musste ja und dann . so habe ich mir halt auch einen ziemlich . krassen Ruf aufgebaut" (I 30)

In und mit dieser Peergroup fühlt Olaf sich handlungsmächtig. An dieser Passage lässt sich deutlich eine Form der Identitätsagency herausarbeiten: Um zu der Gruppe (der Schwerkriminellen) zu gehören, erfüllt der Interviewpartner die Rollenerwartungen dieser Gruppe (*„egal was ich dafür tun musste"*) und kann sich handlungsmächtig fühlen (*„krassen Ruf aufgebaut"*). Dass sich das weitere Geschehen (in der Zeit mit dieser Peergroup) aber mehr und mehr ohne seine Handlungsträgerschaft vollzieht, wird in der folgenden Sequenz sichtbar:

„ja und dann fing das halt an mit Sprühen und Schreiben und da auch wieder eine Anzeige bekommen wegen Sachbeschädigung . ja . so eine Kacke halt wir haben halt nur Scheiße gebaut . ja . Polizei die Reifen zerstochen halt so Sachen dann fing das halt an dass . dass es gegen die Polizei

geht so weil ich halt oft auch . sinnlos verhaftet wurde sinnlos kontrolliert wurde . ja . und dann irgendwann . hat es aber aufgehört . ja eigentlich als ich dann im Gerichtssaal saß und der mir gesagt hat dass ich verknackt wurde" (I 30)

Es dominieren Prozessprädikate *(„dann fing es an")*, mit denen der Erzähler den Verlauf seiner kriminellen Karriere beschreibt, auf den er – so seine Darstellung – keinen Einfluss mehr hat. Auch die (Re)Aktionen der Polizei, mit denen er in der Phase häufig zu tun hat, bleiben ihm unverständlich. Der Verlauf findet erst mit dem Urteil Jugendarrest sein Ende *(„dann hat es aufgehört")*.

Auch Tyler verbringt seine Zeit in der Phase der Nichterreichbarkeit mit einer gewaltbereiten Peergroup und berichtet von häufigen Auseinandersetzungen mit der Polizei. Die Gleichaltrigengruppe hat für ihn eine hohe emotionale Bedeutung. Er beschreibt sie explizit als Familienersatz und auch er erfüllt die entsprechenden Rollenerwartungen:

„man muss das halt so sehen wenn man- wenn man . von der eigenen Familie nicht gerade sehr geschätzt wird und so . sucht man sich auf der Straße seine Leute . und sieht halt dann die Freunde mehr so also nicht mehr als Freunde sondern mehr als Familie [...] wir haben nie gesagt wir sind Freunde sondern wir haben immer gesagt wir sind keine Jugendclique keine Freunde wir sind sowas wie eine Kleinfamilie (4 sec) wir haben uns immer gegenseitig wenn Stress war oder so aus der Scheiße geholfen" (5 sec) (I 35)

In dieser Darstellung dominiert in der Definition der Peergroup wieder das Pronomen ‚wir', womit die Identifikation mit der Gruppe auch sprachlich verstärkt wird. Der Interviewpartner begründet die Bedeutungszuschreibung der Peergroup als *„Kleinfamilie"* mit der gegenseitigen Hilfestellung und Verlässlichkeit in Stress- und Notsituationen. Ganz ähnlich wird die Bedeutung der Peergroup auch von einem anderen jungen Erwachsenen beschrieben. Auch er thematisiert seine Kumpel als bedeutsame Andere, die die fehlende Familie ersetzt haben, und auch er macht die Bedeutung der Freunde an der empfundenen Solidarität und Reziprozität fest:

„wir haben uns dann immer gegenseitig geholfen . also wenn er was brauchte habe ich das gemacht wenn ich was brauchte dann er . also . deswegen und die waren dann halt ziemlich oft auch für mich dagewesen wo ich sie wirklich gebraucht habe . war halt meine Familie nicht . weil . da wo ich keinen Strom hatte . da ist sogar ein Kumpel mit mir klauen gegangen damit ich was zu essen habe und die Hunde was zu essen" (I 37)

Die Erzählsequenzen zeigen, dass für die jungen Menschen in dieser Zeit eine Peergroup eine unterstützende und auch emotional bedeutsame Rolle spielt, um den Alltag zu bewältigen bzw. sich handlungsmächtig zu fühlen. So sind die jungen Menschen, die sich in dieser Phase einer Peergroup anschließen, zwar nicht sozial isoliert, aber zurückgeworfen auf eine homogene Bezugsgruppe, die selbst sozial ausgegrenzt ist. Insofern sind sie gesellschaftlich isoliert und exkludiert, was sie zum Teil selbst explizit thematisieren (*„man verliert den Kontakt eigentlich zur Gesellschaft", I 30*). In einigen Passagen werden darüber hinaus auch konkrete Ausgrenzungs- und Stigmatisierungserfahrungen deutlich, die die jungen Menschen durch die Zugehörigkeit zu einer Peergroup erlebt haben:

> *„und dann irgendwann hat sich halt der Kontakt immer mehr aufgebaut und dann wurden wir . als Jugendgruppe abgestempelt . kam fast jeden Tag die Polizei rumgefahren hat Taschenkontrollen gemacht . ob wir jetzt irgendwie Gras oder so dabei haben .. joah" (I 35)*

Illegale Geldbeschaffung

Vor allem bei den jungen Menschen, die in dieser Phase obdachlos sind, spielt materielle Not eine große Rolle. Sie müssen ihren Lebensunterhalt mit sehr wenig Geld bestreiten. Einige von ihnen beschaffen sich ein bisschen Geld durch ‚Schnorren' oder Musik machen auf der Straße. Andere sichern ihr Überleben auch durch illegale Geldbeschaffung. Vor allem bei den Drogenkonsumenten spielt Dealen – auch zur Finanzierung des eigenen Drogenkonsums – eine Rolle (*„ich habe auch eine Zeit lang gedealt mit Ecstasy", I 18*). Diese situativ erfolgreiche Strategie der Geldbeschaffung (pragmatische Agency) wird rückblickend als fataler Prozess gesehen, den sie nicht mehr unter Kontrolle hatten:

> *„dann bin ich in die komplett falsche Schiene abgerutscht . das war echt heavy . also . Drogengeschäfte hier da Dingsbums da . darf ich eigentlich gar nicht sagen aber . ja" (I 18)*

Oder:

> *„wenn ich das [Koks] anpacke . so dann komm ich wieder in Teufelskreis rein weil Kokain ist teuer . so und ich mein okay zu der Zeit hatte ich das Geld aber auch nur weil ich mir das Geld dadurch erwirtschaftet habe ne (3 sec) was soll man machen . man muss irgendwie mit dem Leben klarkommen" (I 17)*

Neben Dealen spielt auch Diebstahl eine Rolle, wenn es die Situation erfordert, auch in Verbindung mit Körperverletzung, wie folgender junger Mann berichtet:

> *„wenn ich mal kein Geld gekriegt habe . durch Scheiße bauen . also . abziehen . Fahrräder klauen verkaufen umsprayen . oah und was es da alles gibt und wenn- und wenn wir wirklich mal gar kein Geld hatten oder gar keine Lust jetzt hatten irgendjemanden abzuziehen sind wir einfach in die Läden reingegangen mit Sporttasche umgewickelt haben voll ins Alkoholregal gegriffen haben einfach die ganzen Flaschen da reingeschmissen . wenn dann- dann der Ladendetektiv kam oder so hat der noch ein paar gezimmert gekriegt und sind dann rausgegangen . also den haben wir dann einfach ausgeknockt und sind dann gegangen . das war uns eigentlich egal“ (I 35)*

Kriminelles und deviantes Verhalten wird in dieser Phase nicht in Frage gestellt. Es dient der Versorgung mit Suchtmitteln und der existenziellen Sicherung und geht bei einigen jungen Menschen auch mit einer Protest- und Trotzhaltung einher, wie z.B. Olaf rückblickend reflektiert:

> *„ich habe auch irgendwann dann halt äh . diese Einstellung bekommen . wo ich noch nicht erwachsen war so ja dir will auch keiner helfen so und dann . triffst du die . Einstellung so dir ist alles scheißegal und du machst halt . die Scheiße und wenn du dadurch Geld kriegst dann machst du das halt“ (I 30)*

Illegale Geldbeschaffung ist aber nicht nur ein Mittel zur Existenzsicherung und zur Finanzierung von Drogen. Olaf bezeichnet Dealen und Einbrechen als *„illegale Arbeit“*, die es ihm ermöglicht hat, Statussymbole zu erwerben oder zu besitzen. Ein derart kriminelles Verhalten war aus seiner Sicht in der Phase notwendig, um im Vergleich mit beruflich integrierten Gleichaltrigen nicht schlechter dazustehen und sich gleichwertig fühlen zu können:

> *„durch . illegale Arbeit aber . das ist halt . ((räuspert sich)) . jetzt . jetzt würde ich das nie mehr machen ich würde nie mehr . irgendwelche Drogen verkaufen oder irgendwo einbrechen so aber das ist halt . wenn man wirklich nichts hat . gar nichts so . dann . und vor allen Dingen nach dieser Zeit so alle kriegen eine Ausbildung so das erste Jahr ist rum alle du siehst alle haben ein dickes Auto . alle machen das das fahren in Urlaub so und du . ja . warst die letzten vier Jahre nicht im Urlaub dann denkst du auch irgendwann so ich muss jetzt irgendwie . weiß ich nicht . irgendwie denen zeigen dass ich auch was habe und dann kaufst du dir halt eine Uhr*

und dann kaufst du dir teure Schuhe Mützen das . damit die das- damit wenn sie dich sehen halt wenigstens denken so dass du- dass du auch was hast" (I 30)

Zudem versuchen zwei Interviewpartner noch eine weitere Strategie, um ihr Selbstwertgefühl aufrechterhalten zu können. Sie verleugnen ihre Beschäftigungs- und Arbeitslosigkeit:

„ich habe . denen auch immer erzählt ich habe eine Ausbildung ich habe so vielen Leuten erzählt dass ich gar nicht mehr wusste wem ich was erzählt habe . beim einen war ich Physiotherapeut dann das dann das dann das [...] aber . ja . im Endeffekt hat es einen dann ja nicht weitergebracht so wenn man dann zu Hause angekommen ist hat man auch wieder gedacht ja . die denken- die glauben dir eh nicht" (I 30)

Auch Emil baut ein ‚Lügenhaus', um sein Selbstwertgefühl nicht zu verlieren:

„ist auch nicht gut fürs Ego wenn man dann halt sagt ich mache gerade nichts und so . das war auch noch mal nicht so schön eben . ist einfach kein schönes Bild wenn man sich dann unterhält und dann sagt man ich habe keine Arbeit oder . ich bin jetzt noch aufs Arbeitslosengeld II angewiesen oder so [...] habe dann angefangen . ganz wild rumzulügen also ich habe mir dann selber ein . ein Haus gebaut aus Lügen jeden Stein einzeln aufgesetzt . einfach . damit ich eben nicht dieses Bild von diesem Arbeitslosen habe . habe wirklich ganz viel ganz schlimm gelogen und wirklich auch richtig schlimme Dinge gesagt . ähm . bis das Kartenhaus dann irgendwann eingestürzt ist und ich dann wieder in ein tiefes Loch gefallen bin" (I 38)

Die materielle Not und der Status der Ausbildungs- und Arbeitslosigkeit bringt diese beiden jungen Männer dazu, in dieser Phase ein Lügengerüst aufzubauen. Auch diese Strategie lässt sich als eine Form pragmatischer Agency begreifen, die allerdings ähnlich wie die anderen schon benannten Strategien letztlich nicht aufgeht.

Betreuung von Familienmitgliedern

Im Datenmaterial dieses Phasen-Typus gibt es zwei Fälle, bei denen sich die Phase der Nichterreichbarkeit völlig anders darstellt als bei den anderen Interviewpartner/innen. Der Alltag dieser jungen Menschen wird von der Betreuung und der Pflege von Familienangehörigen dominiert. Zwar ist auch ihre Wohnsituation aufgrund familiärer Konflikte immer wieder gefährdet, eine längere Zeit der Obdachlosigkeit gibt es in dieser Phase aber nicht. Drogenkonsum, Peergroup und Kriminalität oder Kontakte zur Polizei spielen in der Phase ebenso wenig eine Rolle wie materielle Not, auch wenn die finanzielle Situation aufgrund der Nichtbeschäftigung der beiden (und ihrer Familienangehörigen) angespannt ist. Beide Interviewpartner/innen sind – wie die anderen auch – in dieser Phase voll und ganz mit der Alltagsbewältigung beschäftigt, so dass keine Kraft und Energie für die Entwicklung oder das Verfolgen von beruflichen Plänen und Zielen übrig bleibt.

Benny wächst ab dem fünften Lebensjahr bei einer Pflegefamilie auf. Mit sechzehn Jahren begegnet er seiner leiblichen Mutter wieder und entscheidet sich, zu ihr zu ziehen. Nach jahrelangen schulischen Mobbingerlebnissen aufgrund seiner Homosexualität bricht er in dieser Zeit die Schule ab und kümmert sich im Haushalt seiner leiblichen Mutter fortan zwei Jahre lang um seinen jüngeren Halbbruder und den Haushalt. Der Kontakt zu Freunden wird ihm von der Mutter untersagt:

> *„na ich war bei meiner Mutter . meine Mutter war halt auch öfters mal dann abends trinken und so und ich habe mich dann halt um den Kleinen gekümmert also meinen kleinen Bruder . weil irgendeiner musste ja aufpassen ((lacht)) oder ich habe den Haushalt gemacht . war Einkaufen .. halt immer" (I 33)*

Benny fühlt sich in der Phase für den kleinen Bruder verantwortlich („*irgendeiner musste ja aufpassen*") und da die Mutter in ihrer Elternrolle im Laufe der Zeit auch wegen Krankheit immer wieder ausfällt, wird Bennys Alltag zunehmend von der Sorge und der Aufsicht des kleinen Bruders bestimmt:

> *„na anfangsweise war es noch dass ich halt ausgeschlafen habe und dann halt irgendwann mal um zwölfe- zwischen zwölf und eins aus dem Bett gekrochen bin mich fertig gemacht habe und dann halt mich mit dem Kleinen beschäftigt habe oder mit ihm raus auf den Hof gegangen sind und wir halt dann da mit den Müttern von den anderen Kindern gequatscht haben . irgendwann war es dann dass ich halt fast nur noch wach war weil der Kleine halt auch so eine Schlafphase hatte wo er nicht so gut schlafen konnte und öfter wach geworden ist blablabla . ja . und sonst . halt ganz normal Haushalt machen . meine Mutter war- ging es dann irgendwann los dass sie einen Bandscheibenvorfall hatte . jetzt hat sie noch zusätzlich Morbus Crohn Laktoseintoleranz und äh Gluten . also sie darf nur noch glutenfreie Produkte essen . durch die ganzen Krank-*

heitsfälle musste sie halt öfters ins Krankenhaus das heißt da hatte ich dann die ganze Zeit den Kleinen" (I 33)

In Bezug auf diese Lebensphase kann Benny zunächst Identitätsagency zugeschrieben werden: Er kompensiert den Ausfall der Mutter und übernimmt für seinen Bruder die Elternrolle. Er beschreibt sich als Handelnder, der sich um den Bruder kümmert und sich mit ihm beschäftigt. Die sprachliche Darstellung im zweiten Teil der Passage, in der Benny vom weiteren Verlauf der Ereignisse berichtet, verändert sich allerdings. Benny stellt sich zunehmend nicht mehr als Akteur dar, sondern beschreibt seinen Zustand. Es dominieren Statusprädikate *(„ich war nur noch wach", „ich hatte die ganze Zeit den Kleinen")*, die anzeigen, wie belastet er in dieser Zeit gewesen ist, als seine Mutter zunehmend und schließlich ganz durch Krankheit ausgefallen ist.

Etwas anders gelagert, aber vom Muster vergleichbar gestaltet sich die Phase der Nichterreichbarkeit bei Melanie. Sie übernimmt mit ca. 16 Jahren die Pflege ihrer kranken Mutter. Melanies Alltag ist voll und ganz von der Sorge um die Mutter und die Erledigung von Arbeiten im Haushalt ausgefüllt, wie die Beschreibung ihres Tagesablaufs veranschaulicht:

„meistens bin ich nicht zur Schule gegangen . ähm . steht man da schon um sechs auf also wenn meine Mama aufsteht . stehst du auf machst ihr einen Kaffee machst ihr Frühstück . dann wartest du und guckst dass sie ihre Tabletten eingenommen hat dann um acht . ja . dann guckst du mit ihr Fernsehen oder so dann gehst du einkaufen dann gehst du nach Hause gehst- äh machst Essen . dann . kochst du für Mama dann geht sie schlafen . wartest wieder bis sie aufwacht aber zwischendurch machst du halt noch Wohnung sauber dann machst du ihr halt Nachmittag wieder einen Kaffee so um drei . ja . dann hast du vielleicht mal eine zwei Stunden für dich dann machst du schon wieder Abendbrot dann legst du Mama ins Bett . äh mit Waschen und blabla . und dann . gehst du halt auch wieder schlafen . und das eigentlich Tag für Tag . wenn du nicht zur Schule gegangen bist . und wenn du zur Schule gegangen bist dann musstest du dies was du frühst alles nicht gemacht hast halt nachmittags noch machen . und dann wieder schlafen gehen und dann Hausaufgaben machen und ja . war schon nicht leicht" (I 36)

Melanies Tag dreht sich von morgens bis abends um die Pflege der Mutter. Auffällig ist der durchgängige Gebrauch des Pronomens ‚du' in der Erzählung des Tagesablaufs, mit der sie die Interviewerin zur Perspektivenübernahme auffordert. In der akribischen Auflistung des Tagesablaufs zeigt sich die Abhängigkeit ihres eigenen Handelns von den (Pflege)Bedürfnissen der

Mutter und die vom Rhythmus der Mutter bestimmte Gleichförmigkeit der einzelnen Tage in dieser Zeit, die Melanie selbst als *„nicht leicht"* bewertet. Nicht nur inhaltlich, sondern auch auf der Darstellungsebene wird deutlich, wie belastend diese Zeit für Melanie gewesen ist.

Zwar versucht Melanie zunächst, die Versorgung der Mutter, den Haushalt und den Schulbesuch miteinander zu vereinbaren, bricht dann aber die Schule ab und widmet sich für ca. zwei Jahre gänzlich der häuslichen Pflege ihrer Mutter:

> *„aber ich habe dann auch [Schule] abgebrochen . weil meine Mutter ja krank geworden ist und sie ja Pflege brauchte und so und ich es und meine andere Schwester gemacht haben . weil sie keine Pflegerin wollte . ja und dann habe ich halt nur- habe ich abgebrochen das zehnte Jahr und habe dann ein Abgangszeugnis bekommen [...] damals hatte ich einfach keine Lust mehr auf Schule . weil es mir zu Hause auch viel war dann ja weil ich musste ja sauber machen . einkaufen . Mama pflegen und . alles" (I 36)*

Wie Benny fühlt sich auch Melanie verpflichtet, für die Familienangehörige da zu sein, und übernimmt die Pflegerolle. Sie erfüllt damit den Wunsch der Mutter, kann aus diesem Grund ihrer Schülerrolle jedoch nicht mehr gerecht werden. Auch für Melanie lässt sich in dieser Zeit im Hinblick auf die Übernahme der Pflege und des Haushalts eine Form von Identitätsagency nachzeichnen. Zwar gibt es Hinweise darauf, dass sie in dieser Phase auch mal Bewerbungen geschrieben hat, aufgrund ihres Abgangszeugnisses waren diese jedoch – so ihre Begründung – nicht erfolgreich. Zeit für die Beschäftigung mit beruflichen Plänen und Zielen hatte sie – so zeigt es die Passage zu ihrem Tagesablauf – nicht.

Auch diese beiden jungen Menschen, die sich um Familienangehörige kümmern, sind weitgehend gesellschaftlich exkludiert. Sie nehmen am sozialen Leben außerhalb des Haushalts so gut wie nicht teil und haben keinen Kontakt zu Organisationen.

Auffällig an den Erzählpassagen, die dem Phasen-Typus E zugeordnet sind, ist insgesamt, dass kein/e Interviewpartner/in davon berichtet, dass Organisationen (wie die Schule, das Jugendamt, Träger von Jugendhilfeangeboten, Arbeitsagentur und Jobcenter) versucht haben, Kontakt zu ihm/ihr aufzunehmen. Irritierend ist vor allem, dass sich die Schulen scheinbar nicht verstärkt bemüht haben, diese (schulmüden, schulabbruchgefährdeten) Jugendlichen zu erreichen. Dass Kontaktversuche gar nicht unternommen werden können, wenn junge Menschen ohne Wohnsitz sind, ist nachvollziehbar, anders ist dies bei denen, die in der Phase im elterlichen Haushalt gelebt haben. Ob die Schulen oder andere Organisationen nichts unternommen haben, um diese Jugendlichen zu erreichen, kann anhand des Datenmaterials aber nicht beantwortet werden. Und auch die Eltern der meisten Jugendlichen, die in der Zeit der Nichterreichbarkeit zu Hause gelebt haben, unternehmen – so schildern es die Interviewpartner/innen – wenig bis gar nichts, oder geben nach erfolglosen Versuchen auf, die jungen Menschen zum Kontakt zu motivieren.

Verallgemeinernde Aussagen zum Thema Ein- und Austritt in diese und aus dieser Phase zu treffen oder typische Muster zu beschreiben, fällt aufgrund der unterschiedlichen individuellen Situation der jungen Menschen schwer. In vielen Fällen berichten die Interviewpartner/innen von einem konkreten Ereignis, das einen Wendepunkt darstellt und zum Eintritt in die Phase geführt hat. Bei anderen hat sich die schwere Erreichbarkeit oder Nichterreichbarkeit erst über die Zeit entwickelt.

Bei einem Großteil der jungen Menschen fällt der Beginn der Phase in das noch schulpflichtige Alter. Bei einigen geht der Phase eine Zeit voraus, die von Schulunlust bis zum ausgeprägten Schulschwänzen und zum Teil von Mobbingerfahrungen in der Schule geprägt ist, bevor der Schulbesuch dann abgebrochen oder die Schule bis zum Ende der Schulpflicht unregelmäßig weiterbesucht und mit einem Abgangszeugnis und zumeist ohne Abschluss verlassen wird. Nur wenige sind zu Beginn der Phase schon in einer beruflichen Ausbildung, die dann abgebrochen wird oder werden muss, weil die jungen Menschen den Anforderungen nicht (mehr) gerecht werden können.

Der Phase der Nichterreichbarkeit gehen in den meisten Fällen familiäre Konflikte voraus. Dreiviertel der Interviewpartner/innen haben (zum Teil schon in der Kindheit) eine Trennung der Eltern erlebt und wachsen bei der alleinerziehenden Mutter auf, leben in Patchworkfamilien oder sind mit wechselnden Partnerschaften ihrer leiblichen Eltern konfrontiert. In zwei Fällen geht die elterliche Trennung der Phase zeitlich unmittelbar voraus. Die jungen Erwachsenen berichten von dauernden Streitigkeiten bis hin zu massiven Konflikten und handgreiflichen Auseinandersetzungen mit der alleinerziehenden Mutter oder sogar Misshandlungserfahrungen vom Stiefvater. Sie ‚fliehen' aus den für sie unerträglichen familiären Verhältnissen. Andere fühlen sich von den Eltern vernachlässigt, weil diese ihre Aufmerksamkeit auf die (Probleme der) (Halb)Geschwister richten oder mit eigenen psychischen Belastungen kämpfen. In zwei Fällen ist es ein konfliktreicher Heimaufenthalt, in einem eine drohende Heimunterbringung, die die Jugendlichen dazu bringt, zu fliehen, woraufhin sie schwer erreichbar werden. Zwei junge Menschen werden nicht erreichbar, weil die Krankheit der Mutter Pflegetätigkeiten erfordert bzw. die Abwesenheit der Mutter die Betreuung des Geschwisterkinds notwendig macht.

Nicht bei allen Interviewpassagen dieses Phasen-Typs lässt sich nachzeichnen, wie die Phase der Nichterreichbarkeit endet bzw. wie und wann die jungen Erwachsenen wieder Kontakt zu Organisationen aufnehmen oder Zugang zu Organisationen bekommen. Zwei Interviewpartner berichten explizit von einer neuen Partnerin, durch deren Aufforderung oder mit deren Hilfe sie wieder in Kontakt mit Organisationen kommen. Einige junge Menschen beenden die Phase aus Eigenantrieb, indem sie sich aktiv und eigeninitiativ an eine Organisation (JSA, Schulamt) wenden. Die erneute Kontaktaufnahme steht bei manchen auch in Zusammenhang mit der Rückkehr ins Elternhaus. Bei zwei jungen Erwachsenen löst der massive Drogenmissbrauch eine akute psychiatrische Störung aus und führt zur Klinikeinweisung. Bei anderen sind es wiederum massive Konflikte mit Mutter oder Stiefvater, die zu einem Rauswurf aus dem elterlichen Haushalt führen, aufgrund dessen sie Kontakt zu einer Organisation aufnehmen, um eine drohende Obdachlosigkeit abzuwenden.

Empfehlungen für Organisationshandeln

Es ist zu vermuten, dass die Organisationen nur wenig tun können, um diese jungen Menschen zu erreichen. Die jungen Männer und Frauen sind zum Teil ohne festen Wohnsitz und ziehen zumindest zeitweise umher, sind insofern nicht registriert und daher schwer erreichbar. Für die meisten jungen Menschen sind Organisationen in dieser Phase irrelevant, weil andere Themen ihren Alltag dominieren.

Am schwierigsten scheint der Zugang zu den jungen Menschen zu sein, die den Kontakt zu den Organisationen bewusst meiden. Sie haben im Verlauf ihres Lebens negative Vorerfahrungen mit Organisationen gemacht, berichten von Enttäuschungen bis hin zu Erfahrungen von unterlassener Hilfeleistung (vor allem mit Schule und Jugendamt), die dazu geführt haben, dass sie jegliches Vertrauen in Institutionen verloren haben. Ob Anlaufstellen wie Offene Türen und spezielle niedrigschwellige Notunterkünfte für junge Menschen in diesen Phasen zur Erreichbarkeit beitragen können, kann anhand des Materials nicht beantwortet werden. Diese Institutionen werden von keinem/r Interviewpartner/in erwähnt. Allerdings wissen die jungen Menschen gerade zu Beginn der Phase (ihrer Obdachlosigkeit) nicht, wohin sie gehen oder an wen sie sich wenden sollen. Insofern ist zu vermuten, dass ihnen spezielle niedrigschwellige Notunterkünfte und Anlaufstellen entweder nicht bekannt sind oder sie auch diesen Organisationskontakt für sich ausschließen. Um diese jungen Menschen zu erreichen, bieten allein aufsuchende Angebote Chancen, den Kontakt zu dieser Zielgruppe herzustellen, zu denken ist hier z.B. an Streetworkangebote. Diese jungen Menschen brauchen vor allem die vorbehaltlose Zusage von Organisationsvertreter/innen: „Wir sind für dich da, wenn du es willst und brauchst!“

Im Hinblick auf die Mehrfachproblembelastung der jungen Menschen erscheinen zudem sogenannte One-Stop-Shop Lösungen notwendig, also Anlaufstellen, die Beratung und Hilfe für eine Vielzahl von Problembereichen anbieten (Obdachlosigkeit, Schulden, Suchtprobleme) und sich dadurch auszeichnen, dass sie zur Unterstützung der Lebens- und Alltagsbewältigung die individuelle Situation des jungen Menschen zum Ausgangspunkt der Hilfe machen und nicht die jeweiligen institutionellen Zuständigkeiten. In jedem Fall sollten die Mitarbeiter/innen in Jugendsozialarbeits-Organisationen Kenntnisse zu den unterschiedlichen Problemlagen der jungen Menschen und zu psychischen Krankheitsbildern, Drogen- und Alkoholabhängigkeit, zur Schuldenproblematik etc. haben.

Diese jungen Menschen hätten vor allem vor der Zeit der Nichterreichbarkeit bzw. unmittelbar zu Beginn der Phase eine aus ihrer Sicht und für ihre Situation anschlussfähige Hilfe und individuelle Unterstützung gebraucht. In dieser Zeit hatten sie noch Kontakt zur Schule, zum Jugendamt oder zu Einrichtungen der Hilfen zur Erziehung. Diese Organisationskontakte haben sie aber als wenig hilfreich und z.T. als ausgrenzend erlebt und dort Missachtungs- und Stigmatisierungserfahrungen gemacht. Wichtig wäre es hier gewesen, sie in ihrer ‚Not‘ (Mobbingerfahrungen, Konflikt- und Gewalterfahrungen in der Familie) wahr und ernst zu nehmen und ihnen rechtzeitige individuelle Hilfen anzubieten.

Für die jungen Menschen in den Phasen des Typen E ist es dann, wenn sie aus Eigenantrieb oder aufgrund einer Hochbelastungssituation Kontakt zu Unterstützungsangeboten aufnehmen wollen, wichtig, dass die Hilfe so schnell wie möglich in Anspruch genommen werden kann, um zu verhindern, dass ihre Motivation wieder nachlässt oder sie erneut auf ihr deviantes Umfeld zurückgeworfen sind. Hier sind z.B. eine direkte Vermittlung und Begleitung zu Behörden, Ärzten oder in die Therapie, die Sicherstellung einer direkten Weiterversorgung und Stabilisierung nach dem Entzug sowie die Unterstützung bei der Wohnungssuche und der Aufnahme einer Beschäftigung zum Gelderwerb angezeigt.

In den an diese Phasen anschließenden Beschäftigungsmaßnahmen ist davon auszugehen, dass die jungen Menschen zunächst wenig belastbar sind und eine Tagesstrukturierung brauchen, da sie in der Zeit der Nichterreichbarkeit einen völlig anderen Rhythmus gelebt haben. Hier kommt es darauf an, keine zu hohen und ‚unrealistischen‘ Erwartungen an sie zu richten und Angebote zu gestalten, die sich flexibel auf ihren Rhythmus einstellen können. Bei diesen jungen Menschen ist zudem mit erneuten Rückzugsphasen zu rechnen. Die Organisationen sind hier aufgefordert, eine ‚Willkommenskultur‘ zu entwickeln, die den jungen Menschen signalisiert, dass sie auch nach Kontaktunterbrechungen wieder willkommen sind und eine neue Chance bekommen.

6.2.6 Typ F: Phase fehlender Koproduktion, in der loser Kontakt zu Organisationen besteht

Zuordnungskriterium der Interviewpassagen zu diesem Typus ist, dass den jungen Menschen in dieser Phase keine Lebensverlaufagency zugeschrieben werden kann, sie die Organisationen, mit denen sie Kontakt haben, jedoch als ermöglichend wirkmächtig erleben. Für diesen Phasen-Typus gibt es nur wenige Interviewstellen. Da alle jungen Erwachsenen jedoch in ihren Schilderungen zu diesen Phasen ihre fehlende Lebensverlaufagency begründen, lassen sich im Hinblick auf die Relevanz von beruflichen Plänen und Zielen in dieser Phase aber mögliche Varianten beschreiben: Einige junge Menschen berichten von fehlender Bereitschaft und fehlenden Bestrebungen, über ihre berufliche Perspektive nachzudenken, weil ihnen entweder schlichtweg der Antrieb bzw. die Motivation fehlt oder sie keinen Sinn darin sehen, sich mit Qualifizierungsfragen zu beschäftigen. Aufgrund bisheriger Misserfolgserlebnisse haben sie das Gefühl, auf dem Ausbildungsmarkt keine Chance zu haben. Hinter der fehlenden Lebensverlaufagency kann sich auch eine berufliche Orientierungslosigkeit verbergen. Einige der jungen Menschen haben keine Idee, wie sie eine (neue) Orientierung entwickeln können (Variante 1). Andere junge Menschen sind aufgrund von konkreten belastenden Ereignissen nicht in der Lage, eine berufliche Perspektive zu entwickeln oder zu verfolgen. Bei ihnen bindet die vorliegende Problembelastung alle Kräfte (Variante 2).

Alle jungen Erwachsenen in dieser Phase stehen mehr oder weniger regelmäßig – persönlich oder schriftlich – mit Organisationen in Kontakt, denen sie hinsichtlich der Entwicklung von beruflichen Perspektiven ermöglichende Wirkmächtigkeit zuschreiben. Diese machen sie jeweils an unterschiedlichen Punkten fest.

Variante 1: keine Lebensverlaufagency aufgrund fehlender Perspektive und Motivation

Ein erstes Beispiel für diese Phasenkonstellation stellt folgende Erzählpassage eines jungen Mannes dar. Thorsten hat in der Phase Kontakt zu einer Jugendsozialarbeits-Organisation, da er dort seine Sozialstunden ableistet (vgl. zu diesem Fall auch Kap. 6.1). Auf die Frage, ob es in der Einrichtung jemanden geben könnte, der ihm bei der Entwicklung einer beruflichen Perspektive helfen könnte, antwortet er:

„ja gibt es bestimmt klar . [Name des Mitarbeiters] wahrscheinlich der . kennt sich vor allem was mit dem Amt Sachen angeht . scheint der sich sehr gut auszukennen wie ich gehört habe und . wenn ich mich mal mit ihm wieder zusammensetze dann . bestimmt . oder vielleicht auch ein paar andere Leute . ja die Anleiter hier sind sowieso alle cool ich . komme eigentlich mit jedem klar den ich soweit kenne . die helfen auch wo sie können wenn sie sehen dass man selber will und . ja die Möglichkeit gibt es schon .. ich ergreife sie halt nur . nicht . leider nicht" (I 31)

Aus dieser Passage wird ersichtlich, dass er der Organisation bzw. den Organisationsvertretern ermöglichende Wirkmächtigkeit zuschreibt. Insbesondere bei einem Mitarbeiter vermutet er eine spezielle Beratungskompetenz, die er nutzen könnte. Auch den Anleitern in der Einrichtung, die er insgesamt sehr positiv bewertet, schreibt er mögliches Unterstützungsengagement zu, das seiner Ansicht nach jedoch an seine eigene Koproduktionsbereitschaft geknüpft ist, die er in der Phase nicht aufbringen kann. Er sieht sich zu diesem Zeitpunkt nicht in der Lage, die in der Organisation zur Verfügung stehenden Unterstützungsmöglichkeiten in Anspruch zu nehmen, und schreibt sich selbst fehlendes Engagement und fehlende Handlungsmächtigkeit zu.

Ein Blick auf die Zeit, die dieser Phase vorausgegangen ist, zeigt, dass seine Suche nach einem Ausbildungsplatz in seinem Wunschberuf trotz Unterstützung eines anderen Bildungsträgers erfolglos geblieben ist. Der Bildungsträger hatte letztlich seine Vermittlungsversuche eingestellt und den jungen Menschen mit der Aufforderung konfrontiert, eine alternative Berufswahl zu treffen. Zu vermuten ist, dass Thorsten aufgrund dieser Vorerfahrungen in der Phase resigniert und hoffnungslos ist und aus diesem Grund keine Initiative oder Aktivitäten zur Entwicklung einer alternativen beruflichen Perspektive entfalten kann. Er ist orientierungslos und bilanziert im Hinblick auf seine Situation: *„jetzt weiß ich dann auch nicht, wie es weitergeht" (I 31)*.

Auch in der Erzählpassage eines weiteren Interviewpartners dokumentiert sich eine fehlende Berufsorientierung. Nach einer Zeit, in der Marco *„in den Tag reingelebt"* und nur *„gegammelt"* hat *(I 29)*, besucht er in der Phase, die diesem Typus zugeordnet ist, eine berufsvorbereitende Bildungsmaßnahme und berichtet:

„eine richtige Richtung was ich machen will . als Beruf . habe ich auch nicht . das sind alles solche Fragen die einfach noch offen sind . und . dass ich hier bin hoffe ich jetzt an . da vielleicht irgendwie irgendwo was zu finden . das ist eigentlich der Grund warum ich auch hier bin" (I 29)

In seinen Ausführungen zu dieser Zeit thematisiert er explizit das Fehlen von beruflichen Plänen und seine Hoffnung, durch die Teilnahme an der Maßnahme eine berufliche Orientierung entwickeln zu können. Auch er schreibt der Organisation – wenn auch eher indirekt – Wirkmächtigkeit bei der Entwicklung einer beruflichen Perspektive zu.

Ganz anders rahmt ein dritter junger Mann diese Phase. Jakob tritt in diese Phase ein, nachdem er eine Ausbildung als Fachverkäufer abgebrochen hat, weil er in dem Betrieb mit den Anforderungen des Kundenkontakts nicht zurechtgekommen ist. In der Phase der schweren Erreichbarkeit hat er Kontakt zum Jobcenter, das er als unterstützend erlebt. Allerdings nimmt er die ihm vorgeschlagenen Angebote nicht in Anspruch, da er nicht motiviert ist, arbeiten zu gehen:

> *J: „ja ich hatte Hartz IV gekriegt und . die haben mir auch immer weitergeholfen und haben immer gesagt mach mal hier mach mal das . aber das war alles nichts für mich habe ich mich eigentlich nie wirklich drum gekümmert*
> *I: . hast du denen denn auch gesagt dass das nichts für dich ist ? den Leuten da ?*
> *J: nee äh weniger eigentlich habe ich das alles immer unter den Tisch fallen lassen . ja ja mach ich mach und dann haben sie mir drei Monate später wieder einen Brief geschickt dass ich mich melde hab ich auch wieder fallen lassen .*
> *I: . ja okay ja*
> *J: . war eine faule Zeit ((lacht))*
> *I: . und da hast auch keine Lust darauf gehabt irgendwie was zu machen oder*
> *J: ((lacht)) nee da hatte ich wirklich keinen Bock auf arbeiten . das war einfach nur . meine faule Zeit" (I 10)*

Im Unterschied zu den ersten beiden Interviewpartnern rahmt dieser junge Mann seine Leerlaufphase biografisch als selbstgewählte Auszeit vom Arbeiten und als *„faule Zeit"*. Zwar thematisiert er in seiner Argumentation auch die fehlende Passung der Angebote vom Jobcenter. Hauptgrund für die ausbleibende Koproduktion ist aber seine mangelnde Motivation. Er schreibt seine Arbeitslosigkeit, die ca. drei bis vier Monate gedauert hat, seiner eigenen ‚Faulheit' und Unlust bzw. der fehlenden Initiative zu, sich um eine Beschäftigung zu bemühen. Wie gezeigt steht er in dieser Zeit in Kontakt zur Organisation Jobcenter, die er als unterstützend erlebt, ist jedoch als schwer erreichbar zu bezeichnen, weil ihm die Bereitschaft zur Koproduktion fehlt.

Variante 2: fehlende Lebensverlaufagency aufgrund einer (psychischen) Problembelastung

Ein Ausbildungsabbruch leitet auch die Phase der schweren Erreichbarkeit einer weiteren Interviewpartnerin ein. Nach massiven Mobbingerfahrungen im Betrieb bricht Rose ihre Ausbildung ab und steht im Anschluss daran in Kontakt mit dem Jobcenter. Auch sie sieht sich nicht dazu imstande, die Angebote der Mitarbeiterin, die sie als unterstützend erlebt und positiv bewertet, in Anspruch zu nehmen:

> *„ich hatte auch so viele nette Bearbeit- also eine nette Bearbeiterin . dort im Jobcenter die habe ich aber immer behalten ich wollte die auch nicht wechseln . sie meinte das kann sein dass wir Sie weg- dass Sie eine andere kriegen ich war froh dass ich keine bekommen habe . aber weil da immer Pflicht ist eigentlich normalerweise eine- ähm pro Monat eine oder zwei Lebens- äh ähm Bewerbungen zu schreiben das habe ich nie gemacht . nie nie nie ((lacht)) als ich da war und sie meinte jaah das ist ähm- da hatte sie auch kein Problem das war auch- war ihr wahrscheinlich auch egal in dem Moment . ähm deswegen und . sie hat da auch dann immer wieder was ausgedruckt ich wollte es ursprünglich machen aber dann . ging es wieder unter weil- weil ich wieder weg- . ge- . driftet . ja . war ja immer wieder zwischendurch . ich weggedriftet bin“ (I 34)*

Aus den Ausführungen wird ersichtlich, dass der jungen Frau in der Zeit nach dem Ausbildungsabbruch keine Lebensverlaufagency zugeschrieben werden kann. Allerdings stellt sich der Grund hierfür anders dar als bei den skizzierten Fällen in Variante 1. Sie erlebt eine depressive Phase und kann aufgrund ihres psychischen Zustands keine Bewerbungsaktivitäten entfalten. Den Kontakt zum Jobcenter erlebt sie als unterstützend. In ihrer Darstellung wird er über die Beziehung und Kommunikation mit einer konkreten Organisationsvertreterin dargestellt und aus mehreren Gründen als ermöglichend wirkmächtig beschrieben. Wichtig ist der Interviewpartnerin, dass sie die ihr zugeteilte Beraterin als sympathisch erlebt und es in dem Kontaktzeitraum keinen Bearbeiterwechsel gegeben und sie damit in der für sie belastenden Phase eine konstante Ansprechpartnerin gehabt hat. Ein weiterer und für die Zuschreibung von ermöglichender Wirkmächtigkeit zentraler Grund der positiven Bewertung des Beratungskontakts ist die Reaktion der Mitarbeiterin auf ausbleibende Bewerbungsaktivitäten und – wie die nächste Passage zeigt – auf ein Meldeversäumnis:

> *„die war sehr freundlich . war auf jeden Fall sehr nett vom Anfang an . und denn habe ich auch einmal vergessen den Termin wahrzunehmen ei-*

gentlich . kommt- fällt da eine Sanktion . aber bei mir hat sie denn gesagt ach das macht jetzt nichts äh weil ich es versäumt habe nur einmal hab- ist es vorgekommen und . und dann haben- ähm- . hat sie mir keine Sanktion sie sagte ach vergessen wir bleibt unter uns ((lacht))" (I 34)

Anhand der Redewiedergabe der Mitarbeiterin, der sprachlich die Rolle der Contraagens zugeschrieben wird, verdeutlicht die Interviewpartnerin das ihr entgegengebrachte Verständnis und die erlebte Solidarität bzw. die persönliche Qualität, die die Beziehung zu der Mitarbeiterin für sie gehabt hat. Es ist zu vermuten, dass sie aus den genannten Gründen trotz ihres psychischen Zustands für das Jobcenter erreichbar geblieben ist und die Handlungsweise der Mitarbeiterin für die Wiederaufnahme von beruflichen Aktivitäten ermöglichende Wirkmächtigkeit entfaltet hat. So zeigt der weitere Verlauf des Interviews, dass die junge Frau nach ca. einem Jahr vom Jobcenter in eine berufsqualifizierende Maßnahme vermittelt werden konnte:

I: „wie lange hat die Phase gedauert wo du immer wieder so weggedriftet bist ?
R: ich glaube ein Jahr . und dann ging es wieder . und dann sp- äh nach dem Jahr ka- kam ich dann auch hier rein und dann ging es nur noch bergauf" (I 34)

Während es bei Rose die ausbleibenden Sanktionen sind, die ihre Erreichbarkeit in der Phase sicherstellen, berichtet eine weitere Interviewpartnerin davon, dass sie erst durch drohende Sanktionen wieder erreicht worden und aktiv geworden ist.

Ihr Eintritt in die Phase der schweren Erreichbarkeit hat im Unterschied zu den anderen jungen Erwachsenen jedoch keine von beruflichen Misserfolgen geprägte Vorgeschichte. Ihre fehlende Lebensverlaufagency liegt in einem persönlichen kritischen Lebensereignis begründet. Martina wird zum Ende der Pflichtschulzeit schwanger, erleidet nach kurzer Zeit eine Fehlgeburt, nimmt in dieser Belastungssituation nicht an den schulischen Abschlussprüfungen teil und versucht dieses Ereignis zunächst mit Drogenkonsum zu bewältigen:

„also Ende April so Anfang Mai habe ich das verloren das Baby und Mai Juni so habe ich dann durchgetrunken und das war genau auch die Prüfungszeit . und da habe ich einfach so gesagt nee ich habe keine Lust mehr auf Prüfung und ich brauche das eh nie . habe eben alles hingeschmissen . ja" (I 41)

Sie beginnt erst dann wieder, sich über ihre berufliche Perspektive Gedanken zu machen, als die Organisationen sie schriftlich kontaktieren und ihr mit Sanktionen drohen:

> *„ich habe mich gar nicht so interessiert so Ausbildung zu suchen oder noch irgendwas habe ich gedacht nee brauche ich doch nicht und . ist doch eh alles egal und . und dann ha- hatte ja schon der Jobcenter und von der Schule kam ein Brief von meiner alten . Schule . weil ich musste ja den Zettel ausfüllen sonst hätte ich übelst eine krasse Strafe gekriegt . da habe ich gesagt hm schön bin ich zu meiner Beraterin hin die hat eben gesagt es gibt Jugendwerkstatt ein Jahr" (I 41)*

Ihre fehlende Lebensverlaufagency zeigt sich daran, dass sie in dieser Phase kein Interesse an einer beruflichen Qualifizierung hat und keinen Sinn darin sieht, eine Ausbildung zu suchen. Erst die schriftlichen Aufforderungen, der Meldepflicht nachzukommen und einen Beratungstermin wahrzunehmen, erwirken die aktive Kontaktaufnahme zu Organisationen, über die sie dann in eine berufliche Qualifizierungsmaßnahme einmündet.

Wirkmacht Anderer und Identitätsagency

Die Rekonstruktion einer weiteren Interviewpassage von Martina macht sichtbar, dass in der Phase noch eine weitere Akteurin dazu beigetragen hat, dass sie wieder aktiv Kontakt zu Organisationen aufnimmt. Martina führt ihre Mutter als bedeutsame Andere ein, deren Aufforderungen, aktiv zu werden, Wirkmacht entfalten – wenn auch zunächst in erster Linie mit dem Ziel, Schulden durch Geldbußen oder ausbleibende Transfergelder zu vermeiden:

> *„meine Mama hat mich auch immer unter Druck gesetzt [Name der Interviewpartnerin] und mach jetzt oder schreib jetzt such dir was . und dann wurde es wirklich schon knapp weil ich dachte hm okay jetzt muss ich wirklich was suchen sonst . haben wir übelst viele Schulden . und da habe ich eben angefangen" (I 41)*

Auch bei einem weiteren jungen Mann lässt sich eine solche wirkmächtige Person identifizieren, die – im Hintergrund und eher indirekt – Einfluss darauf hat, dass er bestrebt ist, sich beruflich zu orientieren: seine Partnerin, die eine klare berufliche Perspektive verfolgt. Anlass, hinsichtlich der eigenen Qualifizierung aktiv zu werden und sich beruflich zu orientieren, ist sein Wunsch, mit der Freundin mithalten zu können:

„ich glaube dass das Berufsschule ist weiß es nicht . auf jeden Fall sie hat einen festen Plan . wie es bei ihr vorangeht . ich nicht .. so langsam fühle ich mich so wie das fünfte Rad am Wagen . in der Hinsicht . ist ein . blödes Gefühl . na da ist ja auch . das Ding ich muss endlich nach vorne sehen . statt . auf der Stelle zu stehen" (I 29)

Ein weiteres Motiv seiner Teilnahme an der berufsvorbereitenden Maßnahme ist die Auflage des Arbeitsamtes, der er Wirkmächtigkeit zuschreibt:

„das ist eigentlich der Grund warum ich auch hier bin .. naja gut und weil es jetzt das Arbeitsamt so will ((lacht))" (I 29)

Bei diesen beiden jungen Menschen entfalten die Anforderungen der Organisationen und die (indirekten) Erwartungen anderer bedeutsamer Akteur/innen einen Handlungsdruck, der ihre Bereitschaft auslöst, eine berufliche Perspektive zu entwickeln. Indem sie Anstrengungen unternehmen, die an sie gerichteten Rollenerwartungen von Organisationen und bestimmten Personen zu erfüllen, lässt sich diesen jungen Menschen hinsichtlich des Austritts aus der Phase der schweren Erreichbarkeit eine Form von Identitätsagency zuschreiben.

Empfehlungen für Organisationshandeln

Alle jungen Erwachsenen haben in der Phase der schweren Erreichbarkeit zwar Kontakt zu Organisationen, dieser ist aber als lose zu bezeichnen. Die jungen Menschen erleben die Organisationen, mit denen sie mehr oder weniger intensiv und regelmäßig in Kontakt stehen, zwar als ermöglichend wirkmächtig, können jedoch von den Unterstützungsangeboten nicht profitieren, da sie selbst nicht koproduktiv werden, entweder weil ihnen in der Phase die Motivation fehlt oder weil sie aufgrund einer Problembelastung keine Kräfte für berufliche Aktivitäten mobilisieren können.

Wie eine Koproduktion wieder zu erreichen ist, lässt sich anhand des begrenzten Datenmaterials zu diesem Phasen-Typus nur exemplarisch zeigen. Insbesondere die Beispiele für die Phasenkonstellation der ersten Variante verdeutlichen die Herausforderung, mit der die Organisationen konfrontiert sind, wenn sie vor der Aufgabe stehen, mit jungen Frauen und Männern Arbeitsbündnisse zu schließen, die resigniert und nicht motiviert sind und keine Idee haben, welche berufliche Richtung sie einschlagen sollen. Um der Gefahr von Ohnmachts- und Hilflosigkeitserfahrungen im Umgang mit diesen jungen Menschen vorzubeugen bzw. diese zu vermeiden, sollten den Mitarbeitenden in den Organisationen Reflexionsmöglichkeiten bereitgestellt werden, so dass z.B. in regelmäßigen Fallbesprechungen und/oder einer begleitenden Supervision Handlungsweisen für die Arbeit mit diesen schwer motivierbaren jungen Menschen entwickelt werden können. Zudem erscheinen Fortbildungen notwendig, welche die Mitarbeiter/innen befähigen einzuschätzen, wann bei einer ausbleibenden Motivationsbereitschaft die Grenze zu Krankheitsbildern wie etwa Depressionen überschritten ist und externe Hilfe hinzugezogen werden muss.

Ob und inwiefern Sanktionen ein Mittel der Wahl sein können, um bei den jungen Menschen Koproduktionsbereitschaft zu erzeugen, ist für jeden Einzelfall sorgsam zu prüfen. Bei einer Interviewpartnerin war es vor allem das verständnisvolle Reagieren der Mitarbeiterin im Jobcenter, die angesichts des psychischen Belastungszustands bewusst auf Sanktionen verzichtet hat und damit den Kontakt zu der jungen Frau halten konnte, bis diese so stabil war, dass die Wiederaufnahme beruflicher Aktivitäten möglich wurde. Bei einer anderen jungen Frau war demgegenüber gerade die Umsetzung der gesetzlichen Vorgaben, d.h. die konsequente Einforderung von Melde- und Teilnahmepflichten (mittels Sanktionsdrohungen) geeignet, die Koproduktionsbereitschaft wiederherzustellen. Ob eher eine restriktive Handhabung erfolgreich erscheint oder das (zeitweise) Aussetzen oder Zurückstellen von Pflichterfüllungen und Sanktionen, ist im Einzelfall mit Blick auf die Persönlichkeit und die individuellen Situation des jungen Menschen zu entscheiden. Sanktionen sollten in jedem Fall ‚begleitet' werden, um den Kontakt zu den jungen Frauen und Männern zu halten und der Gefahr entgegenzuwirken, dass sie nicht erreichbar werden.

Die untersuchten Phasen verweisen bis auf eine darauf, dass der Phase der schweren Erreichbarkeit berufliche Scheiterns- oder Misserfolgserlebnisse wie Ausbildungsabbrüche, erfolglos gebliebene Bewerbungsaktivitäten und damit verbundene Neu- oder Umorientierungsanforderungen vorausgegangen sind. Für alle jungen Menschen in der Phase scheint eine individuelle und vertiefte Berufs(neu)orientierung angezeigt. In manchen Fällen können klare Ansagen und Aufforderungen erforderlich und hilfreich sein, als Anstoß die Resignation zu überwinden und um eine erneute Beschäftigung mit beruflichen Fragen zu provozieren. Bei anderen ist ggf. eher ein sensibles und ‚behutsames' Vorgehen gefragt. In jedem Fall sollten die jungen Menschen bei einer notwendigen Anpassung ihrer beruflichen Ziele oder der Entwicklung alternativer beruflicher Optionen intensiv begleitet werden. Ziel sollte es sein, mit ihnen gemeinsam realisierbare Anschlussperspektiven zu erarbeiten, die ihnen Erfolgs- und Selbstwirksamkeitserfahrungen ermöglichen.

Nicht zu unterschätzen ist, dass bei einigen jungen Erwachsenen auch der Erwartungsdruck anderer Akteur/innen zur Aufrechterhaltung oder Wiederaufnahme des Kontakts zu beruflichen Unterstützungsinstanzen

Wirksamkeit entfaltet hat. Hierauf können die Organisationen der Jugendsozialarbeit Einfluss nehmen, indem sie beispielsweise die Eltern oder den/die Partner/in der jungen Menschen kontaktieren und ‚mit ins Boot' holen oder Vernetzungen zu beruflich orientierten und aktiven Jugendlichen oder jungen Erwachsenen herstellen, die als Mentor/innen fungieren können.

6.3 Zusammenfassung der Typenbeschreibungen und der Handlungsempfehlungen

Im vorangegangen Abschnitt sind die sechs Phasen-Typen ausführlich beschrieben worden und zu jedem Typus Empfehlungen für mögliches Organisationshandeln formuliert worden. Ziel dieses Unterkapitels ist es, die zentralen Charakteristika der sechs Phasen-Typen zugespitzt vorzustellen und zusammenfassend Empfehlungen für mögliches Organisationshandeln zu den Typen zu formulieren.

6.3.1 Kurzbeschreibungen der Phasen-Typen

Bei dem Versuch, die Phasen-Typisierung für die Gestaltung von Praxis nutzbar zu machen, ist zu beachten – und darauf soll an dieser Stelle noch einmal ausdrücklich hingewiesen werden – dass es sich bei den rekonstruierten Typen schwerer Erreichbarkeit nicht um personen- bzw. fallbezogene Typen handelt, sondern um eine *Typisierung von Phasen schwerer Erreichbarkeit in den Biografien*, zu denen – entsprechend der jeweiligen Agency-Konstellation – Empfehlungen für den Umgang der Organisationen mit jungen Menschen in den Phasen formuliert worden sind.

Die Umsetzung der Handlungsempfehlungen setzt voraus, dass die Fachkräfte in der Problemanalyse des Einzelfalls sensibel wahrnehmen und herausarbeiten, um welche Konstellation von Handlungsmächtigkeit es sich bei den Adressat/innen jeweils handelt bzw. in welcher Phase sich der junge Mensch befindet. Ein solcher Ansatz hat den entscheidenden Vorteil, dass die Organisationen ohne umfassende Kenntnis zum biografischen Verlauf der jungen Menschen Ansatzpunkte für eine anschlussfähige Unterstützung identifizieren können. Ein solches Reflexionsinstrument, das den Blick und die Aufmerksamkeit auf die Agencykonstellation des jungen Menschen in der Phase richtet, in der er/sie sich gegenwärtig befindet, ist vor allem im Rahmen von Jugendsozialarbeits-Projekten mit kurzen Laufzeiten (z.T. nur drei bis sechs Monate) als Orientierungshilfe geeignet und nutzbar zu machen und kann insbesondere im Fall einer ausbleibenden Mitteilungsbereitschaft der jungen Erwachsenen zu ihrer Biografie Perspektiven zum Handeln eröffnen.

Die sechs Phasen-Typen lassen sich wie folgt charakterisieren:

	Begrenzende Wirkmächtigkeit der Organisation	**Kein Kontakt zu Organisationen/ Irrelevanz von Organisationen**	**Ermöglichende Wirkmächtigkeit der Organisation**
Lebensverlauf-agency vorhanden	**Phasen-Typ A:** Phase, in der Organisationen die Tür zur Realisierung beruflicher Wunschvorstellungen verschließen	**Phasen-Typ B:** Überbrückungs- oder (Neu-) Orientierungsphase, in der (noch) kein Kontakt zu Organisationen besteht	**Phasen-Typ C:** temporäre Leerlaufphase, in der Organisationen als wichtige Unterstützung erlebt werden
Lebensverlauf-agency nicht vorhanden	**Phasen-Typ D:** Phase eigener Ziellosigkeit, in der Organisationen als Begrenzung erlebt werden	**Phasen-Typ E:** Phase der ‚Nichterreichbarkeit', in der Organisationen keine Relevanz haben	**Phasen-Typ F:** Phase fehlender Koproduktion, in der ein loser Kontakt zu Organisationen besteht

Typ A: Phase, in der Organisationen die Tür zur Realisierung beruflicher Wunschvorstellungen verschließen

In Phasen schwerer Erreichbarkeit, die dem Typen A zugeordnet sind, zeigen die jungen Menschen Lebensverlaufagency und erleben Organisationen als begrenzend wirkmächtig. Die jungen Erwachsenen haben ein schulisches oder berufliches Ziel vor Augen. Das organisationale Handeln oder Nichthandeln bewerten sie negativ für ihre schulische und berufliche Entwicklung. In den Erzählungen zu Typ-A-Phasen lassen sich unterschiedliche Ausprägungen der Lebensverlaufagency sowie der begrenzenden Wirkmächtigkeit von Organisationen finden.

Auf der Ebene des beruflichen Plans äußert sich die Lebensverlaufagency in Form von mehr oder weniger konkreten mittel- und langfristigen Zielen oder beruflichen Wunschvorstellungen. Die jungen Menschen zeigen den Willen und die Absicht, gemäß ihren schulischen und beruflichen Zielen und Wünschen zu handeln, und verdeutlichen ihre Bereitschaft, vorhandene Angebote anzunehmen sowie die gebotene Unterstützung zu nutzen. Die jungen Erwachsenen mit hoch ausgeprägter Lebensverlaufagency entwickeln daneben eigene Ideen und Vorstellungen, wie sie ihr berufliches oder schulisches Ziel erreichen könnten. Auf der Ebene der Handlung liegt Lebensverlaufagency nur bei einem Teil der jungen Menschen vor. Bei diesem Teil findet sie sich erstens als aktives Verfolgen der beruflichen Pläne im hierzu passenden Wahlbereich. Zweitens kommt sie zum Tragen, wenn sich die jungen Menschen darum bemühen, den mit ihrem Ziel verknüpften organisationalen Anforderungen gerecht zu werden. Lebensverlaufagency auf der Ebene von Handlung zeigt sich drittens in Form von Bemühungen um Angebotsteilnahme oder im Herstellen von Kontakten zu Organisationen.

Auf Seiten der Organisationen finden die jungen Menschen hingegen keine oder keine angemessene Hilfestellung beim Verfolgen der eigenen Ziele. Sie nehmen die Organisationen als begrenzend wirkmächtig wahr, weil sie nicht, nicht ausreichend oder unpassend handeln. Mitunter wird das Handeln der Organisationen sogar als aktive Verhinderung der beruflichen Perspektive bewertet. So erhalten die jungen Menschen durch mangelnde Bemühungen der vermittelnden Stellen entweder keinen Zugang zu Angeboten, die sie bei ihren beruflichen Plänen unterstützen (Variante 1) oder sie haben den Zugang, erfahren in den Hilfeangeboten jedoch keine adäquate Unterstützung (Variante 2). Sie reagieren darauf mit Resignation oder Protest. Es kommt zu hohen Fehlzeiten oder sogar zum Abbruch von Angeboten der Organisationen (Maßnahme/Schule). Überforderung bei mangelnder Unterstützung und die Nichtanerkennung von Krankheit als Grund für hohe Fehlzeiten, die dann als Auslöser für Kündigungen oder die Nichtzulassung zu Prüfungen wirken, nehmen hierbei eine besondere Position ein.

Biografische Themen jenseits des Organisationskontakts (Krankheiten, Schwangerschaft, familiäre Konflikte) spielen in den Typ-A-Phasen lediglich im Hintergrund der Erzählungen eine Rolle, etwa als zurückliegende Ereignisse oder Entwicklungen, die mitverantwortlich für die aktuelle schulische oder berufliche Situation sind. Tatsächlich benannt werden sie in den Erzählpassagen zu Phasen der schweren Erreichbarkeit des Typen A nur sehr selten.

Hinsichtlich des Ausstiegs aus den Typus-A-Phasen kann ein Wechsel in der Wahrnehmung der organisationalen Wirkmächtigkeit entscheidend sein. Ändert die Organisation ihr Verhalten, ermöglicht sie den jungen Menschen den Ausstieg aus der Phase schwerer Erreichbarkeit.

Gelingt es den jungen Erwachsenen in den Phasen, Anknüpfungspunkte für routiniertes Handeln innerhalb bekannter Rollenmuster zu finden oder fühlen sie sich in der Lage, auch in unbekannten Situationen ihre Handlungsmächtigkeit zu bewahren und mit alternativen Verhaltensweisen bzw. der Entwicklung neuer Ideen zu reagieren, schaffen sie es häufig, ihre schwere Erreichbarkeit eigenständig zu beenden. Gelingt ihnen beides hingegen nicht, verbleiben sie entweder in der Typ-A-Phase oder es ändert sich lediglich der Phasen-Typ, nicht aber der Zustand schwerer Erreichbarkeit.

Typ B: Überbrückungs- und Orientierungsphasen, in denen (noch) kein Kontakt zu Organisationen besteht

Junge Menschen, die sich im Phasen-Typus B befinden, haben Lebensverlaufagency, jedoch (noch) keinen Kontakt zu Organisationen. Ihnen ist gemeinsam, dass sie sich in einem Nichtbeschäftigungsstatus befinden, sich jedoch eine Veränderung wünschen und eine Eingliederung in Ausbildung oder Arbeit anstreben. In diesem Typus lassen sich zwei Varianten unterscheiden.

Einigen jungen Menschen kann eine hohe Ausprägung von Lebensverlaufagency zugeschrieben werden. Sie berichten von konkreten Ausbildungsplänen und -zielen und erzählen von eigenen Such- und Bewerbungsaktivitäten. Die jungen Menschen benennen alle einen möglichen Endzeitpunkt der Phase und erleben sie als zeitlich befristet. Gemeinsam ist ihnen auch, dass sie konkrete Organisationen (Bildungsträger, Ausbildungsbetriebe) thematisieren, mit denen sie zukünftig in Kontakt stehen werden. Der in dieser Phase noch fehlende Kontakt zu Organisationen liegt in den strukturellen Rahmenbedingungen begründet. Ein Antritt zum Qualifizierungsangebot ist noch nicht möglich, da die Maßnahme oder die Ausbildung erst zu einem späteren Zeitpunkt beginnt.

Ein anderer Teil der jungen Menschen im Phasen-Typus B äußert nach einer Zeit ohne berufliche Beschäftigung und Arbeitslosigkeit den Wunsch, wieder eine Arbeit zu suchen oder aufzunehmen, ohne schon genau zu wissen, in welche berufliche Richtung es gehen kann. Auch ihnen kann Lebensverlaufagency zugeschrieben werden, diese ist jedoch niedrig ausgeprägt. Auch sie erleben diese Phase als zeitlich begrenzt, weil sie das (dringende) Bedürfnis haben, ihre Nichtbeschäftigungssituation zu beenden. Organisationen haben für sie in der Phase allerdings noch keine Relevanz.

Diese Phasen des Typus B sind insgesamt weniger als Phasen der schweren Erreichbarkeit zu bezeichnen. Vielmehr handelt es sich in Variante 1 um Warte- und Überbrückungsphasen und in Variante 2 um Orientierungsphasen zwischen zwei Bildungsstationen (Schule, Maßnahme, Ausbildung). Die Phasen werden durch ein konkretes Ereignis (Schul- oder Maßnahmeabbruch, reguläres Ende einer Maßnahme, Schwangerschaft) eingeleitet und enden mit dem Eintritt in ein qualifizierendes Bildungsangebot (Maßnahme oder Ausbildung) bzw. dieser Eintritt wird fest angestrebt.

Typ C: Temporäre Leerlaufphase, in der Organisationen als wichtige Unterstützung erlebt werden

Die Phasen der schweren Erreichbarkeit des Typen C sind dadurch gekennzeichnet, dass junge Menschen in ihnen Lebensverlaufagency besitzen und den Organisationen im Umfeld ermöglichende Wirkmächtigkeit zusprechen. Die Interviewten sind jedoch nur selten schwer erreichbar, wenn beide Bedingungen erfüllt sind. Entsprechend konnten relativ wenige Phasen schwerer Erreichbarkeit des Typen C identifiziert werden.

Ein erster Teil der jungen Menschen erfüllt zudem auch in den identifizierten Phasen kaum ein Kriterium der schweren Erreichbarkeit außer dem, dass er sich in einer (temporären) Leerlaufphase befindet (Variante 1). Sie suchen in diesen Leerlaufphasen nach passenden Angeboten, um ihre schulischen oder beruflichen Ziele verfolgen zu können, und verfügen über eine sehr stark ausgeprägte Lebensverlaufagency, haben ein klares Ziel vor Augen und verfolgen ihre Pläne, um dieses Ziel zu erreichen. Die jungen Menschen nehmen die Organisationen, mit denen sie in Kontakt stehen, bei der Suche nach solchen Angeboten als wichtige Unterstützung wahr und schreiben ihnen diesbezüglich ermöglichende Wirkmächtigkeit zu. Die Phasen dieser Angebotssuche enden jeweils mit dem (Wieder-)Eintritt in Schule, Berufsbildungsmaßnahme oder Arbeit.

Ein zweiter Teil der jungen Erwachsenen in Phasen des Typus C besteht aus jungen Schwangeren oder Müttern, die das Verfolgen ihrer schulischen und beruflichen Pläne temporär hinter ihre familiären Verpflichtungen zurückstellen (Variante 2). Sie planen perspektivisch, Schul- oder Berufsabschlüsse zu erlangen, und verfügen über Kontakte zu Organisationen, denen sie diesbezüglich ermöglichende Wirkmächtigkeit zuschreiben. Zur schweren Erreichbarkeit kommt es, weil das Ausfüllen der Mutterrolle den Großteil ihrer zeitlichen Ressourcen in Anspruch nimmt. Von Seiten des Partners ist keine Unterstützung zu erwarten. Im Gegenteil: Das begrenzende Verhalten der Partner oder deren Erwartungen an die Mutterrolle sind häufig der Grund für die schwere Erreichbarkeit der jungen Frauen. Die Typ-C-Phasen der Variante 2 enden entweder mit dem Wiedereintritt in Berufsbildungsmaßnahmen oder mit einem kurzzeitigen Verlust des Organisationskontakts.

Sowohl die Angebotssuchenden als auch die jungen Mütter sehen die Gründe für ihre jeweilige Phase der schweren Erreichbarkeit weder in den eigenen Fähigkeiten, ihre Ziele zu verfolgen, noch in dem Verhalten der Organisationen. Sie machen die äußeren Umstände, das Nichtvorhandensein passender Angebote sowie die Mutter- oder Schwangerschaft dafür verantwortlich.

Ein dritter Teil der jungen Menschen, die sich in Typ-C-Phasen befinden, nimmt die Organisationen in ihrem Umfeld zwar als prinzipiell ermöglichend wirkmächtig hinsichtlich der eigenen Zielvorstellungen wahr (Variante 3). Allerdings verfügen sie über eine weniger stark ausgeprägte Lebensverlaufagency. Sie befürchten aufgrund vorausgegangener biografischer Ereignisse (lange Leerlaufzeiten und/oder Drogensucht), nicht das notwendige Durchhaltevermögen zeigen zu können, um ihre Ziele konstant zu verfolgen. Die jungen Menschen beschreiben ihren Schulbesuch oder ihre Teilnahme an Berufsbildungsmaßnahmen als abbruchgefährdet. Den Organisationen schreiben sie in unterschiedlichem Ausmaß ermöglichende Wirkmächtigkeit zu. Sie ermöglichen es ihnen, ihre Ziele zu verfolgen, oder werden sogar als Grund dafür angeführt, dass Einzelne das notwendige Durchhaltevermögen aufbringen.

Typ D: Phase eigener Ziellosigkeit, in der Organisationen als Begrenzung erlebt werden

In Phasen schwerer Erreichbarkeit des Typen D befinden sich junge Menschen, wenn sie keine Lebensverlaufagency zum Ausdruck bringen und den Organisationen gleichzeitig begrenzende Wirkmächtigkeit zuschreiben. Sie benennen weder schulische noch berufliche Ziele oder Pläne. Da Lebensverlaufagency im Phasen-Typen D nicht vorliegt, kann hier nicht von einer starken oder weniger starken Ausprägung gesprochen werden. Dennoch zeigen sich auch innerhalb dieses Typus Unterschiede hinsichtlich der Relevanz von Lebensverlaufagency. Diese finden sich in der Bewertung der Geschehnisse seitens der jungen Menschen selbst. Das Organisationshandeln erleben die jungen Erwachsenen zusätzlich zur fehlenden eigenen Perspektive als eine Belastung, die negativen Einfluss auf die schulische und berufliche Entwicklung ausübt.

Ein Teil der jungen Menschen thematisiert die fehlende Motivation gemeinsam mit der begrenzenden Wirkmächtigkeit der Organisationen als ursächlich für die Phase schwerer Erreichbarkeit, in der sie sich befinden (Variante 1). Sie machen sowohl die eigene Ziellosigkeit als auch die Begrenzungen durch die Organisationen für ihre berufliche Stagnation verantwortlich. Häufig geraten sie mit Mitarbeitenden (Anleiter/innen, Lehrer/innen, o.Ä.) und/oder anderen Teilnehmenden der Organisationsangebote aneinander. Es kommt zu offen ausgetragenen Konflikten und/oder zur Teilnahmeverweigerung.

Ein anderer Teil der jungen Menschen unterlässt es, nicht vorhandene Ziele oder Pläne zu problematisieren (Variante 2). Im Vordergrund der Erzählungen stehen die als begrenzend betrachtete Wirkmächtigkeit der Organisationen und die private Problembelastung. Berufsbezogene Vorstellungen und Ideen treten hinter drängendere, private Themen zurück: Vermehrt berichten die jungen Erwachsenen von Alkohol- und Drogenmissbrauch, Kontakten mit Polizei und Justiz, familiären Konflikten und Krisen, (drohender) Obdachlosigkeit und/oder einer desolaten finanziellen Situation als Konfliktherde, die außerhalb der Kontakte zu den Organisationen Schule, Maßnahmeträger oder Jobcenter liegen. Die jungen Menschen erzählen vor allem darüber, dass die administrativen Anforderungen der Organisationen zu Begrenzungen führen, z.B. wenn die Nichteinhaltung von Antragsfristen seitens des Jobcenters mit einer Sperre beantwortet wird. Auffällig ist, dass die Phasen schwerer Erreichbarkeit in der Regel von Seiten der Organisationen und nicht auf Eigeninitiative der jungen Menschen beendet werden. Die meisten jungen Erwachsenen sind in den Typ-D-Phasen nicht in der Lage, auf Handlungsmächtigkeit zur Beendigung ihrer schweren Erreichbarkeit zurückzugreifen. Mitunter führen ihre Bemühungen, die eigene Handlungsmächtigkeit zu bewahren, sogar erst zur schweren Erreichbarkeit oder deren Verschärfung.

Typ E: Phase der ‚Nichterreichbarkeit', in der Organisationen keine Relevanz haben

Dem Typus E sind alle Erzählpassagen zugeordnet, in denen die jungen Menschen von Zeiten berichten, in denen sie keinen Kontakt zu Organisationen haben oder diese keine Relevanz für sie haben. Insofern handelt es sich genau genommen nicht um Phasen der schweren Erreichbarkeit, sondern um Phasen der Nichterreichbarkeit. Kennzeichnend für diesen Typus ist zudem, dass die jungen Menschen in den Phasen der Nichterreichbarkeit keine Lebensverlaufagency besitzen. Dennoch kann ihnen (zumindest über einen gewissen Zeitraum) Handlungsmächtigkeit zugeschrieben werden. Die Lebenssituation, in der sich die jungen Menschen befinden, ist hoch problembelastet und erfordert in höchstem Maße Kapazitäten zur Bewältigung des Alltags und zum Teil des existenziellen Überlebens, vor allem bei denen, die in dieser Phase ohne festen Wohnsitz sind. Die jungen Erwachsenen verfolgen unterschiedliche Strategien, um in dieser Lebensphase handlungsmächtig zu bleiben. Die Analyse zeigt, dass die gewählten, zunächst wirkungsvollen und erfolgreichen Bewältigungsstrategien, die sie anwenden, wie der Drogenkonsum, der Anschluss an eine Peergroup, die illegale Geldbeschaffung oder die Übernahme der Sorge für einen Familienangehörigen, nicht geeignet sind, Handlungsmächtigkeit dauerhaft aufrechtzuerhalten und ein selbstbestimmtes Leben zu führen. Im Laufe der Phase, die je nach Fall von einem Jahr bis zu vier Jahren andauert, verlieren die jungen Menschen den Einfluss auf das Geschehen und die Kontrolle über den weiteren Verlauf. Einige büßen ihre Selbstbestimmung und Unabhängigkeit vollends ein, etwa wenn der Drogenmissbrauch zum körperlichen oder psychischen Zusammenbruch und zur Klinikeinweisung führt oder sie aufgrund der begangenen Straftaten (zu denen Sachschaden, Körperverletzung, Diebstahl, Einbruch, Dealen zählen) zu Haftstrafen verurteilt werden. Auch die, die in der Zeit einen festen Wohnsitz haben, geraten in den Familien, in denen sie zum Teil Betreuungspflichten übernehmen, in so massive Konflikte, dass sie von Obdachlosigkeit bedroht sind. Alle jungen Erwachsenen haben in dieser Phase keinen Kontakt zu Organisationen. Diese sind für sie irrelevant, weil andere Themen ihren Alltag dominieren. Zwar sind sie in dieser Phase nicht sozial isoliert, aber weitgehend gesellschaftlich exkludiert.

Typ F: Phase fehlender Koproduktion, in der loser Kontakt zu Organisationen besteht

In den Phasen des Typus F befinden sich junge Menschen, wenn ihnen keine Lebensverlaufagency zugeschrieben werden kann, sie jedoch die Organisationen, mit denen sie Kontakt haben, als ermöglichend wirkmächtig erleben. Diesem Typus lassen sich nur wenige Interviewstellen zuordnen, dennoch deuten sich zwei Varianten an.

Einige junge Erwachsene berichten von fehlender Bereitschaft und fehlenden Bestrebungen, über ihre berufliche Perspektive nachzudenken, weil ihnen in der Phase entweder der Antrieb bzw. die Motivation fehlt oder sie keinen Sinn darin sehen, sich mit Qualifizierungsfragen zu beschäftigen. Sie haben schon berufliche Misserfolge erlebt und die Hoffnung verloren, einen Ausbildungsplatz zu finden. Hinter der fehlenden Lebensverlaufagency der ersten Variante des Phasen-Typus F kann sich auch eine berufliche Orientierungslosigkeit verbergen. Einige der jungen Menschen haben keine Idee, wie sie eine (neue) Orientierung entwickeln können.

Andere junge Erwachsene sind aufgrund von konkreten belastenden Ereignissen nicht in der Lage, eine berufliche Perspektive zu entwickeln oder zu verfolgen. Bei den jungen Menschen in der zweiten Phasenvariante bindet die vorliegende Problembelastung alle Kräfte, so dass sie keine Koproduktionsbereitschaft aktivieren können.

Alle jungen Menschen in dieser Phase stehen mehr oder weniger regelmäßig – persönlich oder schriftlich – mit Organisationen in Kontakt, denen sie hinsichtlich der Entwicklung von beruflichen Perspektiven ermöglichende Wirkmächtigkeit zuschreiben.

Die untersuchten Phasen verweisen bis auf eine darauf, dass berufliche Scheiterns- oder Misserfolgserlebnisse wie Ausbildungsabbrüche, erfolglos gebliebene Bewerbungsaktivitäten und damit verbundene Neu- oder Umorientierungsanforderungen zum Eintritt in diese Phase geführt haben. Bei einigen war eine restriktive, bei anderen eine sparsame Handhabung von Sanktionen geeignet, um den Austritt der jungen Menschen aus der Phase zu befördern.

6.3.2 Zusammenfassung der Empfehlungen für Organisationshandeln

Am Schluss einer jeden Typenbeschreibung wurden erste Empfehlungen für mögliches Organisationshandeln im Umgang mit den schwer erreichbaren jungen Menschen formuliert. Diese sollen im Folgenden zusammenfassend dargestellt werden.

Empfehlungen im Überblick	**Begrenzende Wirkmächtigkeit der Organisation**	**Kein Kontakt zu Organisationen/ Irrelevanz von Organisationen**	**Ermöglichende Wirkmächtigkeit der Organisation**
Lebensverlauf-agency vorhanden	**Phasen-Typ A:** Anknüpfen an vorhandene Ziele und Pläne (nur in begründeten Fällen: Suche nach alternativen beruflichen Optionen) *Junge Menschen ohne Zugang zu Angeboten*: niedrigschwellige Zugänge zu Informationen und rechtskreisübergreifender Beratung über geeignete Angebote; Initiative bei der Kontaktaufnahme, Zugänge ermöglichen, Vermittlungspflichten ernst nehmen *Junge Menschen mit Zugang zu Angeboten*: Stärkung und Förderung von Kompetenzen; Verzicht auf unrealistische Anforderungen, Konfrontation mit verletzenden biografischen Ereignissen, voreiligen Schuldzuweisungen; Vermeidung übereilter Kündigungen und Ausschlüssen aus Wunschangeboten	**Phasen-Typ B:** *Junge Menschen mit konkreten Plänen*: Präsenz der Organisationen im Hintergrund wichtig zur Aufrechterhaltung der Motivation und zur Unterstützung bei der Aufnahme von Probearbeiten, Praktika etc.; ggf. Hilfe in Krisensituationen *Junge Menschen mit Arbeitswunsch*: Gezielte, individuelle und vertiefte Berufsorientierung; Hilfe bei der Aufnahme von Erwerbsarbeit *Junge Mütter*: Individuelle Berufsberatung (Vereinbarung Mutterschaft und Ausbildung); bei Bedarf Begleitung bei Behördengängen; Beratung bei Erziehungs- und lebenspraktischen Fragen; Unterstützung bei der Suche nach Kinderbetreuung; ‚emotionale Rückendeckung' in Belastungssituationen	**Phasen-Typ C:** Anknüpfen an vorhandene berufliche Ziele und Pläne Balance zwischen Hilfeangebot und dem Respekt vor der Handlungsautonomie Nutzung positiver Erfahrungen mit Organisationen (bspw. Empfehlungen einholen) *Angebotssuchende*: Qualifizierte Beratung und Unterstützung bei der Angebotssuche und -auswahl *Junge Mütter*: Aufrechterhaltung von Kontakten; Hilfe- und Unterstützungsangebote (Vereinbarung von Mutterschaft und beruflicher Qualifizierung); ggf. Gespräche mit Lebenspartner/innen *Abbruchgefährdete*: Präsenz, Stabilisierung, Motivation, Bestärkung; Sensibilität für die begleitenden Lebensthemen; präventive Ausarbeitung von Unterstützungsplänen

Empfehlungen im Überblick	Begrenzende Wirkmächtigkeit der Organisation	Kein Kontakt zu Organisationen/ Irrelevanz von Organisationen	Ermöglichende Wirkmächtigkeit der Organisation
Lebenverlauf-agency nicht vorhanden	Phasen-Typ D: die jungen Menschen nicht aufgeben und an ihnen ‚dran bleiben' Balance zwischen professioneller Initiative und der Anerkennung von Handlungsautonomie Akzeptierende Haltung und Beziehungsarbeit sparsamer Umgang mit Sanktionen; zusätzliche Unterstützungsangebote zur Lebens- und Alltagsbewältigung Kooperationen mit Beratungsstellen und sozialen Diensten engmaschige Unterstützung und Impulsgebung bei der Entwicklung von beruflichen Perspektiven	Phasen-Typ E: Aufsuchende Angebote und mobile Beratung; niedrigschwellige Anlaufstellen und Notunterkünfte bei Kontaktaufnahme sofortige Hilfe und ggf. Weitervermittlung und Sicherstellung einer Weiterversorgung; Begleitung zu Behörden, Ärzten und in die Therapie One-Stop-Shop Lösungen, d.h. Anlaufstellen, die Beratung und Hilfe für eine Vielzahl von Problembereichen und Unterstützung bei der Lebens- und Alltagsbewältigung anbieten Akzeptierender Umgang mit Kontaktunterbrechungen und Rückzug	Phasen-Typ F: Hilfe bei der Verarbeitung von Erfahrungen beruflichen Misserfolgs und Scheiterns Individuelle und vertiefte Berufsorientierung; intensive Unterstützung bei der Entwicklung alternativer beruflicher Optionen Ermöglichen von Erfolgs- und Selbstwirksamkeits-erfahrungen Reflektierter Umgang mit Sanktionen; Begleitung während der Sanktionen Installieren von Mentorenprojekten; Nutzen des Motivationspotenzials von für junge Menschen bedeutsame Andere (z.B. Partner/in)

Die Empfehlungen werden anhand der beiden Dimensionen, die der Typenbildung zugrunde liegen (Ausprägung von Lebensverlaufagency/zugeschriebene Wirkmächtigkeit der Organisationen), differenziert.

Anknüpfungspunkt Lebensverlaufagency

Es liegt auf der Hand, dass es hinsichtlich der Unterstützungsaktivitäten einen Unterschied macht, ob bei den jungen Erwachsenen in den Phasen der schweren Erreichbarkeit Lebensverlaufagency vorliegt oder nicht. Bei den jungen Menschen, denen Lebensverlaufagency fehlt, die also weder berufliche Perspektiven oder Pläne haben oder solche formulieren können noch diese verfolgen, muss es Ziel der Organisationen sein, Lebensverlaufagency herzustellen, d.h. die jungen Menschen bei der Entwicklung von beruflichen Perspektiven zu unterstützen. Die fehlende Lebensverlaufagency liegt bei Phasen-Typus D und E im Vorhandensein bzw. in der Relevanz von (existenziellen) Problembelastungen (Obdachlosigkeit, psychische

Belastung, Suchtmittelabhängigkeit etc.) begründet. Diese dominieren den Alltag der jungen Menschen derart, dass sie für eine Beschäftigung mit Fragen der Berufsorientierung oder -qualifizierung keine Ressourcen zur Verfügung haben – erst recht nicht für die Mobilisierung von beruflichen Aktivitäten. Auch beim Typus F liegt der fehlenden Lebensverlaufagency eine Problembelastung zugrunde, die sich allerdings anders darstellt. Bei diesen jungen Menschen sind Erfahrungen beruflichen Misserfolgs oder Scheiterns, zurückliegende Ausbildungsabbrüche oder erfolglos gebliebene Bewerbungsaktivitäten ursächlich dafür, dass keine Lebensverlaufagency vorliegt. Die jungen Menschen sind resigniert, da sie ihre Vorstellungen über ihre berufliche Zukunft nicht realisieren konnten und aufgefordert sind, diese zu reduzieren und anzupassen. Sie haben jegliche Motivation verloren, sich (wieder oder weiter) mit Fragen ihrer beruflichen Qualifizierung zu befassen, sind hoffnungslos und haben eventuell sogar für sich den Schluss gezogen, dass sich weitere Anstrengungen nicht lohnen. Damit Unterstützungsaktivitäten für die jungen Menschen in diesen drei Phasen-Typen ihre Wirkung entfalten können, ist es fundamental, dass Organisationen die jeweils vorliegenden Problemkonstellationen und -belastungen wahr und ernst nehmen und zu deren Bewältigung und Lösung beitragen. Es ist davon auszugehen, dass es den Organisationen nicht gelingen wird, die jungen Menschen bei der Aktivierung und Entwicklung von Lebensverlaufagency zu fördern, solange diese Belastungsfaktoren die Lebenssituation der jungen Erwachsenen dominieren.

In den Phasen-Typen A, B und C kann den jungen Menschen in unterschiedlichen Ausprägungen Lebensverlaufagency zugeschrieben werden. Sie formulieren berufliche Wunschvorstellungen, haben zum Teil konkrete Pläne, entfalten zielgerichtete Suchaktivitäten oder haben sogar schon eine berufliche Qualifizierungsoption für sich gefunden, die sie eigenaktiv verfolgen. Alle formulieren den Wunsch nach Ausbildung oder Erwerbsarbeit und sind bereit, Hilfe in Anspruch zu nehmen. Hier liegt es bei den Organisationen, an die beruflichen Pläne und Ziele, die Motivation und die Koproduktionsbereitschaft der jungen Menschen anzuknüpfen. Oberstes Ziel für eine individuell angemessene und weiterführende Unterstützung dieser jungen Menschen in diesen Phasen ist es, sehr sensibel wahr und ernst zu nehmen, welche Wünsche, Pläne und Ziele die jungen Erwachsenen entwickelt haben und verfolgen sowie diese Bestrebungen zu fördern und zu deren Realisierung beizutragen.

Anknüpfungspunkt Wirkmächtigkeit der Organisationen

Hinsichtlich der zweiten Dimension, der zugeschriebenen Wirkmächtigkeit der Organisationen, wurden drei Konstellationen herausgearbeitet. Die

Organisationen werden von den jungen Menschen entweder als ermöglichend oder als begrenzend erlebt, oder diese haben für sie in den Phasen der schweren Erreichbarkeit keine Relevanz bzw. es besteht gar kein Kontakt zu Organisationen. Die Empfehlungen lassen sich bezüglich dieser Konstellationen unterscheiden.

Offensichtlich ist, dass die Organisationen im Fall der ihnen zugeschriebenen *begrenzenden Wirkmächtigkeit* ihr Handeln verändern müssen, um die jungen Menschen zu erreichen und deren Qualifizierungsbestrebungen nicht im Weg zu stehen. Aus den begrenzenden Bedingungen lassen sich im Umkehrschluss Empfehlungen für Unterstützungsaktivitäten ableiten. Im Datenmaterial zu den Typen A und D dokumentieren sich in den Darstellungen der Interviewpartner/innen zum Teil sehr konkrete und differenziert beschriebene begrenzende Bedingungen. Die jungen Erwachsenen im Phasen-Typus A erleben die Organisationen als Türschließer und zwar aufgrund folgender Handlungsweisen: Aus den Berichten einiger junger Menschen geht erstens hervor, dass die Organisationen zu hohe (Leistungs- bzw. administrative) Anforderungen an sie stellen, denen sie nicht gerecht werden können. Andere berichten zweitens davon, dass ihre entwickelten beruflichen Wünsche und Perspektiven nicht anerkannt und ernst genommen werden oder dass drittens sogar (ihnen zugesicherte oder zustehende) Unterstützungsleistungen von Seiten der Organisationen ganz ausgeblieben sind. Diese Begrenzungen hatten in nicht seltenen Fällen hohe Fehlzeiten bis hin zu Abbrüchen von Maßnahmen zur Folge. Hier liegen folgende Empfehlungen auf der Hand:

Zunächst einmal sind die Organisationen aufgefordert, den jungen Menschen die institutionell und/oder rechtlich vorgesehenen und ihnen zustehenden Unterstützungsleistungen explizit anzubieten und ihnen die zugesicherten Angebote dann auch zur Verfügung zu stellen. Um das zu gewährleisten, müssen sie aktiv den Kontakt zu den Adressat/innen aufnehmen und in Übergangs- oder Leerlaufzeiten halten. Voraussetzung dafür ist eine gewissenhaft geführte Registratur, die verhindert, dass junge Menschen vergessen werden oder (gerade in Übergangssituationen von einer Organisation zur anderen) aus dem Blick geraten. Grundvoraussetzung für ein gelingendes und konstruktives Arbeitsbündnis mit den jungen Menschen ist ein akzeptierender und respektvoller Umgang, der jedoch – so zeigt es das Datenmaterial – nicht nur aus Sicht der jungen Menschen, sondern auch aus Sicht einiger Gatekeeper nicht immer praktiziert wird, was unter professionsethischen Gesichtspunkten kritisch aufzuarbeiten ist. Zu rekonstruieren war zudem, dass einige Organisationen nicht an die entwickelten beruflichen Interessen und gefassten Pläne der jungen Menschen und ihre vorhandene Bereitschaft zur Mitarbeit in und Aufnahme von Qualifizierungsmaßnahmen anknüpfen. Die Organisationen folgen in der Beratungspraxis und in den Arbeitskontexten oftmals einer institutionellen Logik, verschließen den jungen Menschen den Zugang zu gewünschten Bereichen und Maßnahmen und legen ihnen aus ihrer Sicht ‚passendere' Angebote und ‚erfolgversprechendere' Perspektiven nahe, die jedoch für die jungen Erwachsenen nicht anschlussfähig sind und ihr Recht auf Selbst- und Mitbestimmung ignorieren. Wünsche und Ziele der jungen Menschen von vornherein als unrealistisch und unerreichbar zu klassifizieren und ihnen pauschal bestimmte Fähigkeiten und Kompetenzen abzusprechen, steht einer ressourcenorientierten und professionellen Herangehensweise entgegen. Eine solche Handlungsweise verkennt die Gefahr, dass die schon schwer erreichbaren oder abbruchgefährdeten jungen Menschen aus Enttäuschung und Resignation den Kontakt oder die Maßnahme abbrechen und nicht erreichbar werden. Sicher ist nicht in allen Fällen davon auszugehen, dass die entwickelten Wünsche und verfolgten Ziele der jungen Menschen mit den realen (Ausbildungs- oder Arbeitsmarkt-) Bedingungen übereinstimmen, und auch nicht, dass die jeweiligen Kompetenzen den erforderlichen Voraussetzungen entsprechen. Wann immer jedoch die Notwendigkeit besteht und die Adressat/innen dazu aufgefordert sind, ihre beruflichen Ziele anzupassen, zu verwerfen und Alternativen zu entwickeln, ist für die Organisationen ein sensibles und ‚behutsames' Vorgehen angezeigt, um die Koproduktionsbereitschaft und Motivation der jungen Menschen nicht zu gefährden. Für jeden Einzelnen müssen individuelle und passgenaue Förderangebote sowie insbesondere für die Leistungsschwächeren bei Bedarf zusätzliche Stütz- und Nachhilfeangebote zur Verfügung gestellt werden, die an den jeweiligen Lernstand anknüpfen und eine bestmögliche Förderung gewährleisten.

Auch für den Typen D zeigt sich, dass es aufgrund fehlender Anerkennung der Lebenssituation und Problembelastung der jungen Menschen zu Abbrüchen und schwerer Erreichbarkeit gekommen ist. Diese jungen Menschen haben in der Lebensphase keine beruflichen Zielvorstellungen und brauchen dringend professionelle Unterstützung, um eine Perspektive zu entwickeln. Die Handlungsweisen der Organisationen führen dazu, dass die schon vorliegenden Schwierigkeiten und zum Teil existenziellen Problemlagen der Adressat/innen verstärkt werden. Vor allem die Konfrontation mit hohen administrativen Auflagen sowie die Umsetzung von Sanktionen und Sperren von Seiten der Jobcenter führen dazu, dass die jungen Menschen den Kontakt zu Organisationen verlieren. Der als ungerecht empfundene Umgang mit ihnen in den Projekten und Angeboten führt zu Konflikten und nicht selten zur Teilnahmeverweigerung. Hier sind ein reflektierter Umgang mit Anforderungen und eine sparsame Umsetzung von Sanktionen angezeigt.

Da die Phasen B und E dadurch gekennzeichnet sind, dass die jungen Erwachsenen *keinen Kontakt zu Organisationen* haben oder diese für sie keine Relevanz haben, ist in erster Linie die Frage zu beantworten, wie der Zugang zu den Adressat/innen bzw. der Zugang zu den Organisationen hergestellt werden kann. Die jungen Menschen im Phasen-Typus E sind häufig obdachlos und nicht registriert. Insofern bieten allein aufsuchende Angebote und niedrigschwellige Anlaufstellen Chancen, den Kontakt zu dieser Zielgruppe herzustellen. Zu denken ist hier an offene Beratungsbüros und Kontaktläden, Notschlafstellen oder Streetworkangebote. Ob die jungen Menschen in der Phase der Nichterreichbarkeit bereit sind, diese Angebote jedoch tatsächlich in Anspruch zu nehmen, ist ungewiss, da einige von ihnen aufgrund ihrer Erfahrungen im biografischen Verlauf ein tiefes Misstrauen gegenüber Institutionen entwickelt haben und bewusst den Kontakt zu Organisationen meiden. Hier kommt es darauf an, dass die Angebote oder Räumlichkeiten eine lebensweltnahe, ungezwungene und ‚unbürokratische' Atmosphäre vermitteln und der Zugang so niedrigschwellig wie möglich angelegt ist. Im Hinblick auf die Mehrfachproblembelastung der jungen Menschen erscheint zudem ein One-Stop-Government (vgl. z.B. Bennewitz 2011, 4 ff.) sinnvoll. Für diese Zielgruppe sind sogenannte One-Stop-Shop Lösungen (vgl. Bacher u.a. 2014) notwendig, also Anlaufstellen, die Beratung und Hilfe für eine Vielzahl von Problembereichen anbieten und sich dadurch auszeichnen, dass sie zur Unterstützung der Lebens- und Alltagsbewältigung die individuelle Situation des jungen Menschen zum Ausgangspunkt der Hilfe machen und nicht die jeweiligen institutionellen Zuständigkeiten. Solche Anlaufstellen bieten quasi alle Dienstleistungen ‚unter einem Dach': Die jungen Menschen erhalten nicht nur Beratung und Unterstützung beim Übergang in Ausbildung oder Arbeit, sondern auch Unterstützung bspw. bei Schulden, Suchtproblemen und Obdachlosigkeit. Ein solchermaßen umfassendes Hilfeangebot setzt voraus, dass sich die Berater/innen und Fachkräfte, auch wenn sie eine spezifische Unterstützung nicht anbieten können, dafür zuständig fühlen, dass der junge Erwachsene entsprechend seinem Bedarf Zugang zu einer passenden Unterstützung erhält. Den Ansatz einer institutionellen Zusammenarbeit unter einem Dach verfolgen z.B. sogenannte Jugendberufsagenturen, in denen Jugendamt, Jobcenter und Arbeitsagentur eine gemeinsame Anlaufstelle bilden. Diese Agenturen richten ihren Fokus jedoch vorrangig auf den Bereich der beruflichen Förderung und Integration und sind nicht alle gleichermaßen in der Lage, die multiplen Problemlagen der jungen Menschen zu verarbeiten. Hierzu bedarf es dringend einer Vernetzung mit weiteren Kooperationspartnern. Als offene Anlaufstellen kommen auch Jugendzentren in Betracht. Allerdings weisen aktuelle Erhebungen darauf hin, dass Jugendzentren keine ausschließlich jugendbezogenen Angebote mehr sind und zu den Stammbesucher/innen Offener Türen verstärkt Kinder und jüngere Jugendliche gehören. Diese Entwicklungen sind auch mit dem Ausbau der Offenen Ganztagsschule verbunden (vgl. Schmidt 2011, 50 f.; Gadow u.a. 2013, 381 f.)[9]. Inwieweit die Entwicklungen in eine Richtung gehen, dass die für ältere Jugendliche konzipierten Räume deutlich reduziert werden, bleibt abzuwarten. Hier besteht jedoch die Gefahr, dass die im Forschungsprojekt fokussierte Zielgruppe der jungen Erwachsenen in der Arbeit der offenen Treffs aus dem Blick gerät.

Offene Anlaufstellen können auch im Phasen-Typus B von Bedeutung sein. Bei den jungen Menschen kann es trotz vorliegender Lebensverlaufagency und trotz vorhandener Motivation in der Phase, in der sie (noch) keinen Kontakt zu Organisationen haben, zu Krisen kommen, so dass es für sie hilfreich sein kann, eine Organisation im Hintergrund zu wissen, die im Bedarfsfall Hilfe anbieten kann – nicht nur im Bereich beruflicher oder Ausbildungsfragen, sondern auch z.B. bei der Suche nach einer eigenen Wohnung oder bei Fragen zu den Themen Schulden, Kinderbetreuung oder Anspruch auf staatliche Unterstützung etc. Das Thema individuelle und vertiefte Berufsorientierung spielt insbesondere für die jungen Erwachsenen eine große Rolle, die zwar den Wunsch nach Beschäftigung formulieren, aber noch nicht wissen, in welche berufliche Richtung es gehen kann.

Die jungen Menschen in den Phasen, die dem Typus C und F zugeordnet sind, schreiben den Organisationen *ermöglichende Wirkmächtigkeit* zu. Vor allem die jungen Erwachsenen im Phasen-Typus C empfinden und beschreiben die Organisationen als wichtige Unterstützung bei der Entwicklung und dem Verfolgen ihrer beruflichen Ziele und Pläne. Hier gilt es für die Organisationen, in der temporären Leerlaufphase der jungen Menschen weiterhin Präsenz zu zeigen, den Kontakt zu halten und die jungen Menschen weiterhin zu stabilisieren bzw. diejenigen, die sich in dieser Phase in Maßnahmen befinden, aber als abbruchgefährdet eingeschätzt werden, zum ‚Durchhalten' von Qualifizierungsmaßnahmen zu motivieren. Insgesamt sind die Organisationen im Hinblick auf die jungen Menschen in diesen Phasen aufgefordert, daran mitzuwirken, dass die entwickelte Lebensverlaufagency erhalten bleibt.

Empfehlungen für den Phasen-Typ F zu formulieren, ist nicht einfach, zum einen, da nur begrenzt Datenmaterial zu diesem Typus vorliegt, zum

9 Inwiefern sich das Aufgabenspektrum und das Selbstverständnis der offenen Jugendarbeit durch die steigende Beteiligung an der Nachmittagsbetreuung in Kooperation mit der Schule ändert, wird sich in den nächsten Jahren zeigen (vgl. Peucker u.a. 2014, 24). Möglicherweise geht der Trend aber auch in die Richtung, dass sich die offenen Jugendtreffs wieder stärker den älteren Jugendlichen und jungen Erwachsenen zuwenden.

anderen, weil die jungen Menschen trotz fehlender Lebensverlaufagency bereits institutionelles Vertrauen und Zutrauen aufweisen und den Organisationen ermöglichende Bedingungen zuschreiben. Jedoch können die Organisationen ihre Wirkung nicht entfalten, da die jungen Menschen durch Erfahrungen des Misserfolgs und Scheiterns in Bezug auf ihre berufliche Zukunft resigniert sind. Was Organisationen tun können, um die Lebensverlaufagency zu aktivieren, ist schwer zu sagen. In jedem Fall sollten sie auch bei diesen jungen Menschen Präsenz zeigen und den Kontakt zu ihnen halten. Zu vermuten ist, dass die Adressat/innen zunächst Zeit brauchen, um die erlebten Enttäuschungen und Misserfolge zu verarbeiten und um wieder neue Kraft dafür zu entwickeln, sich mit beruflichen Fragen zu beschäftigen. Wichtig scheint es vor allem, sie bei der Entwicklung von beruflichen Alternativen intensiv zu begleiten und zu unterstützen und gemeinsam mit ihnen realisierbare Anschlussperspektiven zu erarbeiten, die ihnen Erfolgs- und Selbstwirksamkeitserfahrungen ermöglichen. Unterstützend könnten für diese jungen Menschen Mentorenprojekte wirken, in denen beruflich integrierte Gleichaltrige sie bestärken und ihnen von ihren Durststrecken, Lösungsstrategien und Erfolgserlebnissen berichten. Auch scheint es erfolgversprechend, für die jungen Menschen bedeutsame Andere in die Beratungs- und Unterstützungskontexte zu integrieren, um auch deren Motivationspotenzial nutzen zu können und zu verhindern, dass die jungen Erwachsenen sich gänzlich zurückziehen.

7. Der Blick auf die Organisation: förderliche und hinderliche organisationale Faktoren bei den Bemühungen, ‚schwer erreichbare junge Menschen' anzusprechen

Wie bereits die Hinweise auf das mögliche Handeln der Organisationen der Jugendsozialarbeit (im Folgenden: ‚JSA-Organisationen') in den verschiedenen Phasen-Typen (Kap. 6) verdeutlichen, ist das Forschungsprojekt auf ein praktisches Interesse ausgerichtet: Im Mittelpunkt steht die Bearbeitung der Frage, was es der Jugendsozialarbeit schwierig macht, eine bestimmte Gruppe junger Menschen mit ihren Angeboten zu erreichen, und mit welchen Arbeitsweisen und strukturellen Bedingungen JSA-Organisationen ihre Zugangsmöglichkeiten zu den als ‚schwer erreichbar' erlebten jungen Menschen verbessern können, um sie im Hinblick auf den Übergang in Ausbildung und Beruf gezielt zu fördern. Neben den biografischen Interviews, die die subjektive Seite der Interpretation der Jugendlichen zu ihrer ‚schweren Erreichbarkeit' in den Fokus nehmen, bedarf es des Blicks auf die JSA-Organisationen, deren Organisationsziel darin besteht, junge Menschen bei ihrem Übergang in Ausbildung und Beruf zu fördern und zu begleiten sowie dabei auch solche junge Menschen anzusprechen und in die Förderungsangebote zu integrieren, die aus unterschiedlichen Gründen besondere Schwierigkeiten bei der Bewältigung dieses Übergangs erkennen lassen.

Der Blick auf die Organisation – im Folgenden kurz ‚Organisationsanalyse' genannt[1] – erfolgt unter dem Ziel, Bedingungsfaktoren zu erkunden,

---

1 Wie bereits in Kapitel 3.6 benannt, sei hier noch einmal darauf hingewiesen, dass der Begriff ‚Organisationsanalyse' in diesem Forschungskontext als ein Arbeitsbegriff zu fassen ist, der die Facetten einer Organisation nicht umfassend in den Blick nimmt (so z.B. Titscher u.a. 2008; Mayrhofer u.a. 2010), sondern die Organisationen lediglich unter dem spezifischen Themenbezug des Forschungsprojekts betrachtet. Die Themen und Facetten einer Organisation, die zu analysieren sind, werden begrenzt durch ein spezifisches Interesse und einen spezifischen thematischen Blick auf die

- die den Jugendlichen den Zugang zu den JSA-Organisationen erschweren oder erleichtern;
- die den JSA-Organisationen und den Organisationsakteur/innen den Zugang zu und den Umgang mit den Jugendlichen der Zielgruppe (‚schwer erreichbare junge Menschen') erschweren oder erleichtern.

Als Bedingungsfaktoren, die die spezifische Bedeutung des Themas ‚schwer erreichbare junge Menschen' und damit die Wahrnehmung zu den Anforderungen an die Organisationen beeinflussen, werden insbesondere folgende Aspekte in die Analyse einbezogen, die in organisationssoziologischer Betrachtung (vgl. u.a. Preisendörfer 2011, 58 ff.; Kühl 2011; Abraham/Büschges 2004; Pohlmann/Markova 2011) als relevante Dimensionen anzusehen sind:

a) die in der Organisation herausgebildeten und von den Organisationsmitgliedern angenommenen und verstärkten Wahrnehmungen und Interpretationen zu den Merkmalen/Eigenschaften der Jugendlichen. Durch die Interpretationen zu den Merkmalen und Problemen der Zielgruppe wird in einer Organisation eine Grundlage geschaffen zu Entscheidungen darüber, ob und in welcher Weise die Organisation sich gegenüber der Zielgruppe öffnen will, wie die zielgruppenbezogenen Handlungsanforderungen an die Organisation charakterisiert werden und in welche Richtungen dementsprechend Kompetenzen und Handlungsoptionen zur Bearbeitung dieser Anforderungen herausgebildet werden sollen.
b) *die Einstellungen und/oder Kompetenzen der Organisationsmitglieder.* Die auf Seiten der Organisationsmitglieder für notwendig erachteten Handlungskompetenzen (Wissen, Können, Haltungen) werden definiert, die zum einen als mögliche Kriterien für die Personalauswahl sowie zum anderen für die Personalbewertung und daraus abzuleitende Maßnahmen der Personalentwicklung zugrunde gelegt werden. Ferner spiegeln die erfragten Vorstellungen zu erforderlichen Kompetenzen

---

acht im Forschungsprojekt kooperierenden Organisationen: Der Fokus liegt auf der Wahrnehmung der Zielgruppe ‚schwer erreichbare junge Menschen' und auf dem Umgang der Organisation mit dieser Zielgruppe. Es geht also nicht um eine umfassende Analyse der Organisationsstrukturen und der Organisationsdynamiken bei den acht Trägern, sondern um den methodisch angeleiteten Versuch, eine ausschnitthafte Betrachtung/Analyse zu realisieren im Hinblick auf einige zentrale, für die Forschungsfragestellung relevante Aspekte (‚zielgruppenfokussierte Organisationsanalyse').

Annahmen zu den Spezifika der Zielgruppe und zu den im Alltag zu bewältigenden Anforderungen wider.

c) *die Strukturen und (explizite und implizite) Handlungsprogramme der Organisation.* Mit der Herausbildung von Strukturen und Handlungsprogrammen stellt eine Organisation sich darauf ein, dass die von ihr wahrgenommenen und interpretierten Anforderungen und damit einhergehende Organisationsziele einigermaßen verlässlich und kalkulierbar aufgegriffen und erfolgreich bewältigt werden können. Die Organisation definiert Modalitäten der Zusammenarbeit (u.a. Arbeitsteilung und Kooperationsmodalitäten), entwickelt Handlungskonzepte und erzeugt methodische Vorgehensweisen, durch die Organisationsmitglieder eine Orientierung für ihr individuelles Handeln erhalten und auf deren Grundlage die Organisation ein Profil ausbilden kann, mit dem sie eine verlässliche Zielerreichung anstrebt und auf diese Weise die Grundlage für eine weitere Ressourcenzufuhr (und somit für ihre weitere Existenz) schafft.

d) *die organisationskulturellen Gegebenheiten und die sozialen Dynamiken in der Organisation.* Organisationen können nicht allein als rationale, Ziele verfolgende Gebilde verstanden werden, sondern sie lassen sich mit ihren Strukturen und Handlungsprogrammen nur verstehen, wenn sie gleichermaßen als Gebilde mit sozialer Dynamik und mit impliziten Wertorientierungen wahrgenommen werden (Simon 2007, 96 ff.; Baitsch/Nagel 2009). In Organisationen entstehen normativ geprägte Bilder zu den Adressat/innen, mit denen man arbeitet, und zu Verhaltensanforderungen, mit denen den Adressat/innen „am besten" zu begegnen sei. Die in einer Organisation herausgebildeten organisationskulturellen Faktoren bilden einen normativen Hintergrund, vor dem Äußerungen, Merkmale und Anforderungen von Adressat/innen, Impulse aus der Umwelt der Organisation sowie Aufgaben und Handlungsweisen innerhalb der Organisation interpretiert und mit einem spezifischen Sinn versehen werden.

e) *die Erwartungen und Anforderungen aus der Umwelt der Organisation.* Eine JSA-Organisation sucht sich ihre Ziele und ihre Handlungsprogramme nicht autonom, in einer lediglich internen Prozessdynamik. Sie muss sich vielmehr an Erwartungen ihrer Umwelt ausrichten, um sich dieser gegenüber angemessen legitimieren und dadurch die Grundlage für eine entsprechende Ressourcenzufuhr legen zu können. Für die Zieldefinition und für die Handlungsprogramme einer JSA-Organisation ist entscheidend, ob und in welcher Weise die relevante Umwelt die Ausrichtung an der Zielgruppe ‚schwer erreichbare junge Menschen' für bedeutsam hält, welche Maßnahmen und Angebote sie dafür als wichtig hervorhebt und wie dementsprechend die Legitimationsfolie konstruiert wird, vor deren Hintergrund sich eine JSA-Organisation profilieren und legitimieren muss. JSA-Organisationen müssen sowohl in ihrer Aufgabeninterpretation als auch in den von ihnen praktizierten methodischen Vorgehensweisen solche, in für sie maßgeblichen Umweltsegmenten institutionalisierten Sinngebungen beachten und sich darauf beziehen, wenn sie nicht ihre Existenz gefährden wollen (Drepper 2010; Walgenbach 2002).

Um zu tragfähigen und nachvollziehbaren Aussagen im Hinblick auf die genannten Faktoren zu gelangen, sind drei unterschiedliche Perspektiven einzubeziehen, in denen sich handlungsrelevante Wahrnehmungen abbilden:

1. *Perspektive der Jugendlichen*: Wie nehmen die Jugendlichen die Organisationen im Hinblick auf ihre eigene Situation und ihre eigenen Anforderungen wahr? Wie erleben sie die inneren Abläufe und Handlungsprogramme der Organisation, das Klima in der Organisation und die Verhaltensweisen der Organisationsmitglieder – auch im Vergleich zu ihren Erfahrungen mit anderen Organisationen?
2. *Perspektive der Organisation bzw. der Organisationsmitglieder*: Wie werden in der Organisation die Anforderungen und die Verhaltensweisen der Zielgruppe wahrgenommen/interpretiert und wie werden die Interpretationen verarbeitet? Was halten die Organisationsmitglieder für entscheidend, um die Zielgruppe erreichen zu können? Welche Möglichkeiten und Begrenzungen sehen sie in der Organisation, um das für entscheidend Gehaltene realisieren zu können? Wie werden in der Organisation die Anforderungen aus der interorganisationalen Umwelt wahrgenommen/interpretiert/verarbeitet? In welcher Weise und mit welchen Profilelementen stellt die Organisation ihr Angebot den Zielgruppen dar und wie versucht die Organisation, sich Legitimation gegenüber den von ihnen als relevant erachteten Umweltsegmenten zu verschaffen?
3. *Perspektive relevanter Organisationen aus der Umwelt der JSA-Organisation*: Was erwarten diese von der JSA-Organisation im Hinblick auf die Zielgruppe? Wie nehmen diese die Aufnahme und Umsetzung der Erwartungen durch die jeweilige JSA-Organisation wahr? Was schätzen die Umweltakteure an der JSA-Organisation und was vermissen sie? Kommt bei der Bewertung der jeweiligen JSA-Organisation die Zielgruppe als bedeutsame Bewertungskategorie vor – wenn ja, mit welchem Gewicht und in welcher Weise?

Die *Perspektive der Jugendlichen* (Kap. 7.1) ist im Datenmaterial der Interviews enthalten. Die Jugendlichen haben sich im Rahmen der Interviews zu ihren Erfahrungen in und mit Organisationen (aus ihrer Sicht: behindernde und förderliche Merkmale/Strukturen/Handlungsweisen) geäußert, und sie haben einige Elemente der Organisation, mit der sie zum Zeitpunkt des Interviews und auch vorher in Kontakt standen, bewertet. Die *Perspektive der Organisationsakteur/innen* (Kap. 7.2) wurde in leitfadengestützten Interviews mit Leitungspersonen und Mitarbeiter/innen aus den acht Einrichtungen erhoben, die als Kooperationspartner im Forschungsprozess mitgewirkt haben. Die *Perspektive relevanter Organisationen aus der Umwelt* (Kap. 7.3) wurde ebenfalls mit leitfadengestützten Interviews erhoben: Es wurden Personen der oberen oder mittleren Leitungsebene aus Jugendämtern und aus Jobcentern befragt zu ihren Einschätzungen und Wahrnehmungen im Hinblick auf die Anforderungen bei der Arbeit mit der Zielgruppe, den Stellenwert der Arbeit mit der Zielgruppe sowie wünschbare organisationale Merkmale bei den JSA-Organisationen. Die Begrenzung auf Jugendämter und Jobcenter sowie die Einschränkung auf die acht Orte, in denen die im Forschungsprojekt kooperierenden JSA-Organisationen tätig waren, erfolgte aus pragmatischen Gesichtspunkten. Zum einen war dadurch der Bezugspunkt deutlicher, auf den sich die interviewten Personen bei ihren Äußerungen und Bewertungen bezogen. Zum anderen wäre es zwar aufschlussreich gewesen, neben Jugendämtern und Jobcentern weitere Organisationen aus dem Umfeld der JSA-Organisationen einzubeziehen (z.B. Schulen oder Betriebe), jedoch war dies wegen des damit verbundenen Aufwands nicht realisierbar.

Die Interviews erfolgten anhand eines Interviewleitfadens, wobei diese Interviews – anders als die mit den jungen Menschen geführten Interviewgespräche – themenfokussiert angelegt sind. Bei den Interviews mit Akteur/innen der JSA-Organisationen richten sich die Leitfragen vor allem auf drei Faktorenbündel, die für die Wahrnehmung und den Umgang mit der Zielgruppe ‚schwer erreichbare junge Menschen' bedeutsam sind: (a) Wahrnehmung/Blick der Einrichtung auf die Zielgruppe; (b) Faktoren innerhalb der Einrichtung (Umgang der Einrichtung mit der Zielgruppe; förderliche und hinderliche Aspekte für das Erreichen der Zielgruppe); (c) Faktoren im Umfeld der Einrichtung (Wahrnehmung der Organisationsakteure zu Erwartungen von relevanten Organisationen im Umfeld im Hinblick auf die Zielgruppe und den Umgang mit der Zielgruppe). Schwerpunkte des Interviewleitfadens für die Gespräche mit Personen aus Jugendämtern und Jobcentern (relevante Umwelt der JSA-Organisationen) sind (a) deren Interpretation zur Zielgruppe ‚schwer erreichbare junge Menschen' und zur Zuständigkeit der eigenen Organisation für diese Zielgruppe, (b) die Anforderungen und Erwartungen an JSA-Organisationen im Hinblick auf das

Erreichen der benannten Zielgruppe sowie (c) Einschätzungen zu dem jeweiligen Träger, der im Forschungsprojekt kooperierend beteiligt ist. Die Einschätzungen zum jeweiligen Träger werden in verallgemeinerter Form ausgewertet und in die Gesamtdarstellung so integriert, dass der jeweilige Träger nicht konkret sichtbar wird. Denn in den Einschätzungen zum jeweiligen Träger werden konkretisierte Anforderungen zum Ausdruck gebracht, die generalisierte Erwartungen an JSA-Organisationen widerspiegeln, und in den Einschätzungen werden auch Kooperationsanforderungen und mögliche Kooperationsprobleme zwischen Jobcenter, Jugendamt und JSA-Organisation artikuliert.

‚Agency und Organisation' – eine kurze Anmerkung

Bei der Verarbeitung und Interpretation der mit den Jugendlichen geführten Interviews wurde das theoretische Konzept ‚Agency' als Bezugspunkt gewählt (s. Kap. 5) und vor diesem Hintergrund wurden Phasen-Typen entwickelt (Kap. 6). Lässt man sich von dem Gedanken leiten, dass Selbstinterpretationen von Individuen in Bezug auf ihre Handlungsmächtigkeit und in Bezug auf ihre Wahrnehmung zur Wirkmächtigkeit relevanter Anderer eine entscheidende Größe bilden (a) für ein biografisch ausgerichtetes ‚Fallverstehen' und (b) für die Konzipierung angemessener sozialpädagogischer Interventionen, so ist man geneigt, diesen Gedanken probeweise und assoziativ auf Organisationen zu übertragen. In diesem Sinn ist in Kapitel 5.3 dargelegt worden, an welchen Stellen sich solche – eher assoziativen – Verknüpfungen herstellen und wie sich in den Kategorien des Agency-Konzepts plausible Parallelen zwischen dem Individuum als Akteur/in und dem sozialen Gebilde ‚Organisation' als Akteur konstruieren lassen. Aber trotz der ins Auge fallenden Ähnlichkeiten und trotz der scheinbar guten kategorialen Anschlussfähigkeit bleiben es letztlich assoziative und nicht theoretisch stringente Verknüpfungen.

Die Bezugnahme auf ‚Handlungsmächtigkeit von Organisationen' im Kontext des Agency-Konzepts kann also nur in assoziativer Weise erfolgen, da das Agency-Konzept auf die biografischen Konzipierungen und Handlungsentwürfe von Individuen ausgerichtet ist und selbstverständlich nicht 1:1 und ohne Brüche auf Organisationen als soziale Gebilde transferiert werden kann. Dennoch kann man sich anregen lassen von der Frage, ob und in welcher Weise Organisationsakteur/innen ‚ihre' Organisation eher als eine aktiv gestaltende konzipieren und wahrnehmen, in der Handlungsspielräume genutzt und bewusst gefüllt und ausgeweitet werden sowie aktiv Einfluss auf die Umweltbedingungen genommen wird, oder als eine eher von den äußeren Bedingungen getriebene, in der die Akteur/innen sich vorwiegend als tendenziell passiv abhängig von Bedingungen sehen, die sie kaum beeinflussen können und die auf sie im günstigen Fall als förderlich, im ungünstigen Fall als behindernd wahrgenommen werden. Welche der beiden – hier idealtypisch gegenübergestellten Sichtweisen – vorherrscht, hat Einfluss auf die Konzipierung und Gestaltung von Handlungsprogrammen und auf die Gestaltung des Umgangs mit dem organisationalen Umfeld der Organisation. Die Herausbildung eines angemessenen Verständnisses und einer angemessenen Haltung zu den ‚Aktivierungspotenzialen' einer Organisation zeigt sich in verschiedenen Facetten der Organisationskultur und ist Teil des Managementverständnisses der Leitungspersonen.

Die nachfolgend interpretierten Sichtweisen unterschiedlicher Akteur/innen – insbesondere der Akteur/innen aus den JSA-Organisationen – bieten Interpretationsmöglichkeiten auch hinsichtlich einer solchen assoziativen – theoretisch höchst angreifbaren, aber pragmatisch anregenden – Betrachtung von ‚Organisationsagency'. Es ist nicht unwichtig, ob eine Organisation sich vorwiegend als ‚Opfer der Verhältnisse' die leider so sind wie sie sind, versteht („wir würden ja gern, aber die Verhältnisse erlauben es nicht …") oder als ‚die Verhältnisse aktiv mitgestaltende' Organisation, die – bei realistischer Einschätzung der eigenen Einflusspotenziale – die organisationalen Handlungsoptionen erkundet und nutzt sowie an deren Weiterentwicklung arbeitet. Insofern kann man sich von der Agency-Perspektive anregen lassen bei der Interpretation von Äußerungen der Organisationsakteur/innen – im deutlichen Bewusstsein, dass es sich lediglich um eine Anregung zum produktiven Assoziieren handelt. Diese Perspektive kann man bei der Lektüre der nachfolgenden Darlegungen insbesondere in Kapitel 7.2 mitdenken, ohne dass dies aufgrund der ‚theoretischen Unzulässigkeit' in die Darstellung systematisch einbezogen wird.

7.1 Die Sicht der jungen Menschen auf die Organisationen

In diesem Kapitel geht es um eine Beschreibung der Einschätzungen der bestehenden Angebote der Jugendsozialarbeit aus Sicht der Jugendlichen. Die Darstellung der Ergebnisse erfolgt über verschiedene Aspekte, die sich im Wesentlichen (induktiv) aus den unterschiedlichen Interviewpassagen ergeben. Die Fragen im Interviewleitfaden sind offen gehalten, da es sich bei den am Projekt beteiligten Trägern um unterschiedliche Organisationen mit einem jeweils spezifischen Fokus, einem breit gefächerten Angebotsspektrum und einem heterogenen Repertoire an Hilfeansätzen und Methoden der Fachkräfte handelt. Eine stärker am jeweiligen Maßnahmeangebot orientierte Auswertung war nicht zweckmäßig, da die Hilfeleistungen stark variieren. Sie reichen von Unterstützung bei der beruflichen und schulischen Entwicklung, Eröffnung von Wegen zu weiteren Hilfeangeboten, Qualifizierung und Vermittlung von Beschäftigungs- und Ausbildungsmöglichkeiten bis zu Praktika. Überdies fehlt es vielfach am notwendigen Verständnis der Teilnehmer/innen über die Ausgestaltung und die Zielrichtung des jeweiligen Handlungs- und Maßnahmebereichs. So ist vielen der interviewten Jugendlichen bei ihren Bewertungen und Einschätzungen die jeweilige Form der Angebote (Produktives Lernen, Einstiegsqualifizierungen, Berufsvorbereitendes Jahr, Praktikum etc.) nicht klar.

Für die Hilfs- und Dienstleistungsbeziehungen dieser Art dürfte das eingeschränkte Zuordnungswissen auf Seiten der Adressat/innen charakteristisch sein. Mithin ist eine fachgerechte Beurteilung nach spezifischen Maßnahme- bzw. Angebotsstandards für eine Analyse der Bewertung nicht zu erwarten. Ein zentraler Aspekt im Datenmaterial deutet allerdings auf die Notwendigkeit hin, die entsprechenden Bildungs- und Qualifizierungswege und die Angebotsformen den Jugendlichen gegenüber hinreichend transparent zu machen: Deutliche positive Bewertungssequenzen der Angebote lassen sich vor allem dort finden, wo der Nutzen und das Ziel der Angebotsform für die Jugendlichen unmittelbar erkennbar ist. Im Folgenden werden die Einschätzungen der Jugendlichen zu einigen Aspekten dargestellt, die sich zu bestimmten Kategorien verdichten lassen:

- Arbeitsrhythmus/zeitliche Taktung
- Ausstattung der Angebote
- Binnenklima in den Lern- und Arbeitsgruppen
- Interesse, Erwartungen und Zuweisungspraxis
- Kooperationsbeziehungen zu den Fachkräften

Zentraler Fokus sind Schwierigkeiten bei der Herstellung und Aufrechterhaltung einer für die Hilfe erforderlichen Kooperationsbeziehung zwischen den Jugendlichen und den Fachkräften, wobei vor allem die von den Jugendlichen geäußerten Probleme bezüglich der Angebote im Mittelpunkt stehen. Die ebenfalls vorhandenen positiven Bewertungssequenzen werden, wenngleich auch nicht in dieser Intensität, dort berücksichtigt, wo die Jugendlichen für sie praktikable und positive Angebotsstrukturen erwähnen. Die Darstellungsform ist so gewählt, dass vor allem die Jugendlichen über die Auswahl der Textpassagen zu Wort kommen und diese Aussagen durch einige Deutungen, Zusammenfassungen und Verbindungen gerahmt werden.

7.1.1 Arbeitsrhythmus/zeitliche Taktung

Ein für die Jugendlichen zentraler Aspekt ist der Rhythmus und die Taktung der Anforderungen innerhalb der Angebote. Die Jugendlichen verknüpfen ihre Einschätzungen zu den Arbeitszeiten und den Tagesabläufen sehr häufig mit dem (Des)Interesse an den Arbeitsinhalten. Dabei lassen sich zwei Muster finden. Einige wenige Jugendliche würdigen die geringe Dichte der Arbeitsanforderungen und die flexible Handhabung von Anfangs- und Endzeiten innerhalb der Maßnahmen und sehen dies als Chance, nach längeren Phasen einer Entwöhnung von strukturierten Tagesabläufen und eines Praktizierens von mehr oder weniger zeitlich ungebundenen Lebensführungsmodellen einen für sie tragbaren Rhythmus zu entwickeln. So schätzt einer der Teilnehmer die Flexibilität der zeitlichen Struktur folgendermaßen ein und beschreibt die Phase der Eingewöhnung und die damit verbundenen Herausforderungen wie folgt:

> *„das war auch ein Prozess, wo ich mich dran gewöhnen musste waren am Anfang erst vier Stunden dann sechs Stunden dann acht Stunden ich habe den Pausenraum . jede Pause genutzt um ein Nickerchen zu machen . ich war- ich habe das am Anfang gar nicht hingekriegt das- pünktlich aufzustehen und acht Stunden durchzuhalten ne . davor ein Jahr Straße erst und . kein Rhythmus nichts da stehst du auf wann du willst da gehst du schlafen wann du willst da isst du wann du willst wenn was da ist überhaupt . und ganz ganz schwierig“ (I 3)*

Ähnlich beschreiben andere Interviewpartner/innen die Vorteile einer flexiblen Handhabung der Anfangs- und der Pausenzeiten, um sich eingewöhnen zu können. Eine Verlängerung der Arbeits- und Anwesenheitszeiten ohne weitere Anforderungen wird allerdings negativ beurteilt, hier fordern die Jugendlichen eine Plausibilisierung verlängerter Anwesenheitszeiten:

> *„wir haben ja normalerweise bis vierzehn dreißig gehabt bis diesen . Monat also . diesen Monat hat sich das geändert . denn haben wir jetzt bis fünfzehn dreißig und wir sitzen jetzt zweieinhalb Stunden nur dumm rum“ (I 25)*

An einigen Stellen wird überdies explizit auf die Vorteile einer Bindung der Pausenzeiten an die Erfüllung der Arbeitsaufgaben und auf die blockweise Aufteilung in praktische und theoretische Inhalte hingewiesen. Dabei scheint die Verlegung des schulischen Teils in die Vormittagsstunden und die des berufspraktischen Teils in den Nachmittag das favorisierte Modell zu sein, wobei gelegentlich mit Verweis auf die Lebensumstände und die Entwöhnung von bestimmten Rhythmen Nachsicht und Verständnis für etwaige Verspätungen eingefordert wird. Insgesamt scheint die Taktung der Angebote aber weniger relevant zu sein als die Bindung an den Sinngehalt der Arbeitsinhalte und die stete Rückmeldung der Fachkräfte. So beschreibt ein Teilnehmer die Bedeutung der Beteiligung der Jugendlichen und einer anerkennenden Rückmeldung der Fachkraft wie folgt:

> *„die Leute hier sind sehr sehr zufrieden mit mir die ganzen Anleiter eben weil ich schon viele Überstunden mitgemacht habe also freiwillig schon um sechs hier war und bis 18 Uhr gearbeitet habe oder so fast ohne Pause . also das lässt einen dann schon irgendwie im Himmel schweben wenn man dann die Bestätigung von jemandem hat . das macht einfach schon viel aus . da steht man auch viel lieber auf anstatt wenn man weiß . die Anleiter sind so . 08/15 oder total schlecht gelaunt" (I 38)*

Diese Passage verweist andeutungsweise auch auf die Bedeutung, die realistische Arbeitsanforderungen und -inhalte für die Jugendlichen besitzen, denn der Rhythmus der jeweiligen Angebote wird von den Jugendlichen an die zu erfüllenden Aufgaben und an deren Interesse geknüpft. So bringt eine der Teilnehmerinnen diese Verbindung mit dem Interesse und dem Spaß an der Arbeit wie folgt auf den Punkt und macht dies sogar zur Bedingung des Verbleibs in dem Angebot:

> *„ich finde es gut dass ich um acht anfange weil ich habe- normalerweise arbeite ich bis 15 Uhr 15 dreißig . und normalerweise also wenn es mir jetzt keinen Spaß machen würde wäre ich schon längst weg oder wäre wieder wochenlang krankgeschrieben" (I 33)*

Neben den oben beschriebenen wenigen positiven Aussagen überwiegen deutlich die negativen Einschätzungen der Taktung in den Angeboten. Ein Großteil der interviewten Jugendlichen bemängelt die langen oder zu starren Pausenzeiten, die frühen Anfangszeiten oder die wenig verbindlichen Arbeitsschlusszeiten, vor allem mit Verweis auf die fehlenden Aufgaben und Inhalte für diese Zeiten. So beschreibt eine der Teilnehmerinnen es wie folgt:

> *„wir haben es jetzt viertel elf . wir haben bis jetzt noch nichts gemacht gar nichts . wir sitzen seit dreiviertel acht hier . für nichts . für gar nichts" (I 22)*

Andere Interviewpartner/innen bezweifeln vor dem Hintergrund der überwiegenden Leerlaufphasen gar grundsätzlich die Notwendigkeit der Anwesenheit:

> *„da könnte ich mir auch drei Arbeitsblätter mit nach Hause nehmen und kann die da schnell machen . bevor ich jetzt sechs Stunden hier sitze und vielleicht anderthalb Stunden davon was zu tun habe . weil das ist größtenteils so . dass wir . eigentlich nichts machen . wir machen über den Tag einfach . nicht viel .. also wenn ich mich zu Hause dafür hinsetzen würde was wir hier innerhalb . von um acht bis fünfzehn Uhr machen dann . hätte ich zu Hause vielleicht eine Stunde Aufwand“ (I 23)*

Bei diesem Aspekt ergibt sich die fehlende Passung vor allem aus dem Zusammenspiel von als unzureichend wahrgenommenen Anforderungen, fehlender Arbeitsplatzdichte, mangelnder Beteiligung und unzureichender Transparenz der Angebote. So ist für viele der Jugendlichen das Ziel und der Nutzen der jeweiligen Tätigkeit nicht klar, ganz davon abgesehen, dass sie vielfach den Eindruck haben, dass ihren Interessen nicht entsprochen wird. Hier nur beispielhaft zwei Passagen, die diesen Umstand verdeutlichen. So blickt einer der Teilnehmer resümierend auf eines der von ihm beendeten Angebote:

> *„da- ich habe da wirklich nicht ein Mal gearbeitet in der BvB . ich habe da- also saßen wir den ganzen Tag nur haben irgendwelche Blätter ausgefüllt habe ich gerechnet und mehr haben wir nicht gemacht“ (I 26)*

Ein anderer Teilnehmer beschreibt die Aufgaben und sein fehlendes Verständnis für das Ziel und den Zweck der Aufgabe wie folgt:

> *M: „na das eine Mal mussten wir halt freitags irgendwelches Halloween-Zeug basteln . wie in der ersten Klasse oder so . und diesen Freitag machen wir irgendwelche Seife . ahm*
> *I: wofür macht ihr das dann ?*
> *M. keine Ahnung . aus Langeweile oder so weil die nichts anderes einfällt oder so ich weiß es nicht ((lacht))“ (I 16)*

Insbesondere bezogen auf das Interesse, die Anforderungen in den Maßnahmen und das Binnenklima in den Lern- und Arbeitsgruppen sind zahlreiche Schwierigkeiten und negative Einschätzungen der Jugendlichen zu finden, die zum Teil Auslöser für Abbrüche, wenigstens aber Grundlage tiefsitzender Skepsis gegenüber den Angeboten sind.

7.1.2 Ausstattung der Angebote

Die Ausstattung der Angebote wird vergleichsweise selten negativ bewertet. Dort, wo die Jugendlichen Einschränkungen erwähnen, beziehen sich diese Einschätzungen auf die Größe und die Ausstattung der Werkstattbereiche:

> *„aber das waren einfach viel zu viele in einer viel zu kleinen Küche und . da kannst du auch nicht richtig mitlernen“ (I 38)*

Oder:

> *„verbessern könnte man die Holzwerkstatt . auf jeden Fall denn . ist zu klein für uns“ (I 3)*

An zwei Stellen im Material allerdings wird auch dieser Punkt zu einem zentralen Problem (Verlust von Arbeitskleidung/kein Ersatz durch den Arbeitgeber) beziehungsweise trugen die Ausstattung und die Arbeitsplatzumgebung mit zur Beendigung der Maßnahme bei. In einem Fall waren die Arbeitsbedingungen derart schlecht, dass sie zusammen mit dem als zu lang empfundenen Anfahrtsweg zu einem Abbruch führten. So musste eine Teilnehmerin eines berufsvorbereitenden Angebots den Arbeitsplatz wechseln und die Bedingungen im neuen Arbeitsbereich wurden als derart negativ bewertet, dass es zu einer vorzeitigen Beendigung der Maßnahme kam:

> *„ja dann hieß es dann auf einmal ich soll mit in so eine Außenkantine die ein paar Kilometer weiter weg war . und das da war es dann halt wirklich Scheiße . weil da war es eklig da war es dreckig da oah . ja also war nicht schön da“ (I 11)*

Fallbezogen zeigt sich aber auch hier ein Muster, welches sich zentral auch auf die Bewertung anderer Aspekte auswirkt. Die Einschätzungen sind wesentlich von den Vorerfahrungen der Teilnehmer/innen abhängig, die sie im Falle negativer Bewertungen gewissermaßen als Hypothek in die neue Kooperationsbeziehung einbringen. Diese Erfahrungen sind bei der Zuweisung von Maßnahmen oder innerhalb der Angebote einzelfallbezogen zu berücksichtigen. Beim Punkt Ausstattung wirken sich diese Erfahrungen lediglich in Form höherer Anspruchsniveaus aus, führen aber in keinem der Fälle zum Abbruch. Dennoch stellt es die Beziehungen zu den Fachkräften vor besondere Herausforderungen. So ist der Blick auf die Ausstattung eines Werkstattbereichs ein anderer, wenn bereits berufliche Erfahrungen in einem gut ausgestatteten Ausbildungsbetrieb oder in anderen, besser ausgestatteten Maßnahmen des Übergangsbereichs vorangegangen sind. Exemplarisch dafür steht folgende Interviewpassage:

> *„ich war vorher beim- wo ich als- beim U-Angebot äh beim- beim- beim- L-Angebot das Praktikum bei der Gärtnerei in äh ähm in O-Stadt hatte die hatte ja wirklich alles ne . die war top ausgestattet die haben alles möglich gemacht haben Gartengestaltung gemacht haben äh Terrassen gebaut haben alles gemacht wir haben mit- wir haben- ich habe teilweise mit Materialien arbeiten dürfen . Sandstein aus Ägypten das war . unglaublich ich hab- ich habe bei dem Bau einer 15.000-Euro-Terrasse geholfen das . ((lacht)) und dann später halt bei einem kleineren Betrieb mitzuwirken ist dann nicht mehr so das Tolle ne das Gelbe vom Ei ((seufzt))" (I 5)*

7.1.3 Binnenklima in den Lern- und Arbeitsgruppen

Bei dieser Kategorie geht es um die Wahrnehmung der anderen Gruppenmitglieder und die Bewertung der Fachkräfte hinsichtlich der Zusammensetzung der Gruppe sowie der Regulierung und Steuerung der situationsübergreifenden Interaktionsprozesse innerhalb der Gruppe. Die Fachkräfte stehen hier vor der Herausforderung, die sozialen Beziehungen und damit die gegenseitigen Erwartungsstrukturen und Einstellungen der Teilnehmer/innen innerhalb der Gruppen zu steuern, wenngleich deren Zusammensetzung von außen vorgegeben ist. Die Heterogenität der Gruppe ist – den Aussagen der Jugendlichen nach – ein kaum zu überschätzendes Manko. Nur in Ausnahmefällen ist die Rede von funktionierenden Gruppenprozessen. Diese erfordern insbesondere bei den praktischen, an normalbetrieblichen Abläufen ausgerichteten Angeboten verlässliche Kooperationsbeziehungen. So beschreibt ein Teilnehmer diese Notwendigkeit wie folgt:

> *„man hat ja auch mit denen . in irgendeinem Sinn zu arbeiten also und ähm . es ist immer auch wichtig fürs Klima wenn man auch mit den Teilanderen Teilnehmern halt gut zurechtkommt" (I 5)*

Die wenigen positiven Bewertungen finden sich mehrheitlich in kleinen Arbeitsgruppen mit einer hohen Arbeitsdichte und dort, wo es regelmäßige Konsultationen zwischen Jugendlichen und Fachkräften über Probleme und etwaige Konflikte gibt.

„hier ist eigentlich sehr gutes Klima . wird viel gearbeitet und . man kommt gar nicht zum Sitzen also es ist nicht nur so dass wir arbeiten arbeiten arbeiten . wir machen auch nebenbei was . ist eigentlich schon . richtig geiles kleines Grüppchen hier“ (I 9)

In Einrichtungen, in denen sich die Teilnehmer/innen bereits aus anderen Kontexten (Stadtteil, Hort, Nachmittagsbetreuung) kennen, wo offenbar größerer Wert auf die Frage gelegt wird, welche Personen in die Gruppe integriert werden können, finden sich keine negativen Bewertungen. In diesen Einrichtungen wird die Zusammengehörigkeit über einen längeren Zeitraum verstetigt, etwa durch außeralltägliche Unternehmungen wie Ausflüge, und die Fachkräfte versuchen, klare Regeln und einen Konsens über gemeinsame (Gruppen)ziele zu etablieren. Unterstellte man, dass die positiven Funktionen einer Gruppe, wie die Reduzierung von Komplexität der Umstände und Einflüsse von außen, die Kalkulierbarkeit von Handlungen, die Reduzierung von Abstimmungsproblemen durch klare gruppeninterne Regelungen und die stabile, wechselseitige Ausrichtung an Erwartungen zentrale Bedingungen für eine gut funktionierende Arbeitsbeziehung zwischen Fachkraft und Adressat/in sein sollte, so deuten die meisten der Aussagen der Jugendlichen darauf hin, dass diese Bedingungen innerhalb der beschriebenen Angebote nicht gegeben sind. Zwar werden den Fachkräften Bemühungen bei der Steuerung der Gruppen nicht abgesprochen, aber die Einigung auf gemeinsame Ziele oder ein Konsens über mögliche Arbeitsmodi scheinen angesichts der Zusammensetzung der Gruppe unmöglich:

„was will man mit Leuten machen die nicht arbeiten können . die keine praktische Erfahrung haben, die keinen Bock haben irgendwas zu tun . die dann nur sagen fick dich und chillen und nichts tun . mit so einem Kollegium kannst du nicht vernünftig irgendwie was arbeiten na ja Herr U [Name des Mitarbeiters] versucht das Beste draus zu machen . macht das Beste draus was man machen kann. aber Spaß macht die Werkstatt da nicht .. und recht produktiv ist die auch nicht“ (I 17)

Vielfach verhindern die Umstände auch die Ausbildung sozialer Beziehungen innerhalb der Lerngruppen und eine Einigung auf gemeinsame Ziele. Eine Verständigung auf bestimmte Normen ist bei diesen Konstellationen nur sehr schwer möglich und die Vermittlung gelingt den Fachkräften in diesen Fällen nicht. So beschreibt ein Teilnehmer seinen ersten Tag in einem BVJ-Angebot wie folgt:

„wie sie dann versucht hat die Ein- Anwesenheitsliste durchzuführen . und denn einer im Hintergrund sagt ja nee die schwänzen . och die auch die auch und denken nichts groß ja nee die sitzt im Knast und der sitzt im Knast und der habe ich mir nur so gedacht . naja wenigstens kannst du dann keinen Stress mit denen kriegen . Vorteile hat das auch . na gut . denn . nach dieser . Einschätzung kam ein äh . ein Mädel rein . Zigarette Baby auf dem Arm . guckt uns an . mich braucht ihr nicht lange merken Sie müssen mich bloß eintragen als wenn ich hier gewesen bin . wie gesagt mich braucht ihr nicht lange merken ich bin nur noch morgen und übermorgen da und denn gehe ich auch in den Bau“ (I 16)

Hinzu kommen zum Teil Beschreibungen drastischer Ausdrucksformen, die es den Fachkräften bisweilen ungemein schwierig machen, funktionierende Kooperationsbeziehungen aufzubauen. So berichtet ein Teilnehmer über die Auseinandersetzung mit einem anderen Teilnehmer:

„und der hat dann irgendwie auch bei ihm so auf die Glatze gehauen und hat ihn dann- wollte ihn dann an die Eier gehen und dann ist der . Nazi ausgerastet und hat den durch die Tür geworfen . und hat den dann quer durchs Haus geprügelt . wo ich denn erst mal gedacht habe boah der zweite Tag und hier ist schon alles komplett kaputt“ (I 35)

Andere Teilnehmer/innen beschreiben ihre eigene Rolle in diesen Zusammenhängen auch selbstkritisch und verweisen so gleichsam auf die fragile Ordnung innerhalb der Lerngruppen und die beeinträchtigten Konfliktbearbeitungsmodi:

„aber wenn ich merke dass jemand probiert klugscheißerisch zu werden . dann werde ich richtig . mein Aus- Aus- Ausspruch Nazi . dann werde ich zum Nazi einfach . ist wirklich so . ist . ich kann es gar nicht anders sagen . ich werde jetzt Nazi . ist wirklich so . dann werde ich richtig Hakenkreuz hinter Augen und dann geht das los . ne . also .. solche klugscheißerischen Dinger . da gehe ich auf die Palme ich habe auch gerade so- gerade gesagt . wenn er sich nicht zusammenreißt dann war es zu spät dann knalle ich ihm mal eine . weil . ich mache es Schluss“ (I 39)

Die von den Jugendlichen geschilderten Zustände in den Lerngruppen sind insgesamt zu häufig geprägt von Fluktuation, einem hohen Ausmaß an Anonymität, von wechselseitigem Misstrauen sowie von (gegenseitiger) Abwertung und Geringschätzung, von fehlenden (einheitlichen) Zielen/Aufgaben, auf die sich die Beteiligten einigen müssten, von unterschiedlichen Konfliktbearbeitungsmodi, fehlender Anstrengungsbereitschaft und einer fehlenden Regulierung und Selektion durch die Fachkräfte. So beschreiben mehrere Teilnehmer/innen unterschiedliche Schwierigkeiten in diesem Zusammenhang und verweisen auf ein Klima gegenseitiger Anerkennung und Wertschätzung als Bedingung für den Beginn oder den Verbleib in den Angeboten:

U: „erst mal müsste ich mit den Leuten klarkommen . das ist halt auch wichtig . weil wenn man mit den Leuten nicht klarkommt und so ich sage mal ja sich nicht mögen tut dann hat man einfach keine Lust dahinzugehen weil man weiß ahh jetzt drangsaliert der mich wieder und so also ähm für mich müssten- müsste einfach bloß die ähm ja wie heißt denn das
I: Chemie? die Chemie stimmt
U: ja . einfach so dass man miteinander klarkommt der Rest wäre mir-- und wenn es nur auf dem Boden rumrutschen wäre und da rumschrubben wäre wäre mir sowas von egal solange die Leute mit mir ordentlich umgehen“ (I 11)

Vielfach werden diese negativen Bewertungen auch mit dem Fehlverhalten der Fachkräfte verknüpft, denen es aus Sicht der Jugendlichen nicht gelingt, ein produktives Klima in den Lerngruppen zu erzeugen. Damit sind die schulischen Anteile in den Maßnahmen aus Sicht einiger Jugendlicher auch kaum geeignet, auf folgende berufsschulische Anforderungen vorzubereiten:

„keine Ahnung die Sau rausgelassen oder weiß der Geier da sind die noch mal zum Supermarkt und der noch mal beim Bäcker . ehe die Klasse dann wieder da ist ist die Stunde auch um . also . das ist einfach alles total . scheiße in dem Sinn .. und ähm . wären die Lehrer äh in der Hinsicht ein bisschen strenger dann wäre auch die ganze Klasse ein bisschen anders . dann würden die sich das Recht gar nicht rausnehmen sich mitten in der Stunde mit einem Stopfer hinzusetzen . oder ihr belegtes Brötchen zu essen oder so was . und das hast du dann in der Berufsschule oder so hast du das nicht mehr . da gibt es- kannst du das nicht einfach machen . oder wenn du dann in der Ausbildung bist“ (I 23)

Es fehlt – zugespitzt formuliert – häufig an geordneten Beziehungen und einem normativen Minimalkonsens über richtige oder falsche Verhaltensweisen innerhalb der Angebote. Vielfach dominiert die Unsicherheit in den Gruppen, die in zahlreichen Textstellen deutlich als geringe oder fehlende Kalkulierbarkeit der Verhaltensweisen anderer Teilnehmer/innen und der Fachkräfte zum Ausdruck kommt. Es zeigt sich, dass die Minimalvoraussetzungen für ein funktionierendes Kooperationsgefüge (Vertrauen, Normkonsens, gemeinsame Ziele, wechselseitige Anerkennung etc.) und damit für den Erfolg des Angebots wohl nicht vorliegen. Hinzu kommt bei diesem Klima, dass prosoziale Rollenmodelle innerhalb der Gruppen untergehen und möglicherweise Verhaltensweisen adaptiert werden, die dem Erfolg der Maßnahme entgegenstehen. So berichtet eine Teilnehmerin einer BVJ-Maßnahme über diese Gefahr:

> *„also ich war zwei Jahre auf demselben BVJ da ja es ist schon . man soll schon- also man könnte es mit Leichtigkeit schaffen aber es ist halt immer diese- auch diese Leute C-Stadt hat mich immer ziemlich runtergezogen ach komm wir schwänzen ach komm keine Lust und dann . macht man sich das einfach schwer . selbst .. ja“ (I 28)*

Viele der eher lehrbuchhaften Empfehlungen, wie über verschiedene Differenzierungs- und Individualisierungsformen aus der Heterogenität innerhalb der Angebote und Lerngruppen – Stichwort: Vielfalt/Diversity – eine Chance werden kann (Schaffung gegenseitiger Achtung, Einführung von Diskursregeln, größere Freiräume usw.), wären bei einigen Angeboten sicherlich zum Teil sinnvoll, erscheinen aber bei anderen Angeboten kaum realisierbar, da die Voraussetzungen der Teilnehmer/innen (Alter, sozialer Hintergrund, Leistungsvermögen, Vorerfahrungen, Interessen und Arbeitshaltungen, soziale Fähigkeiten im Umgang mit anderen Teilnehmer/innen und mit Fachkräften etc.) zu heterogen sind. Hier sollte der Weg zu einer optimalen Entwicklung zunächst über stark einzelfallbezogene Angebote oder die Arbeit in Kleinstgruppen führen, denn es sollte bei den Angeboten nicht darum gehen, die einzelnen Gruppen nur ‚im Zaum zu halten‘ oder bei entsprechender didaktischer Expertise der Fachkräfte komplizierte binnendifferenzierende Verfahren einzuführen, sondern vielmehr mit den entsprechenden Jugendlichen streng abhängig vom Hilfe- und Qualifizierungsbedarf sukzessive zunächst die Voraussetzungen für die Teilnahme an größeren Gruppenzusammenhängen zu erarbeiten. Die Gründe für die fehlende Berücksichtigung der unterschiedlichen Voraussetzungen bei der Zuweisung in die Arbeits- und Lerngruppen lassen sich hier leider nur erahnen. In einigen Fällen wird die heterogene Zusammensetzung der Gruppen auch als Grund für den Abbruch angeführt. So beschreibt ein Teilnehmer dies wie folgt:

> *P: „da war es dann weil ich dann keinen Bock mehr hatte auf Schule . also . ständig geschwänzt oder wie auf der ersten Schule da habe ich meinen Abschluss nicht gekriegt . und dann habe ich erst mal ein halbes Jahr gar nichts gemacht war an der nächsten Schule die habe ich nach vier Wochen abgebrochen . jah . dann habe ich . noch mal in M-Stadt letztes Jahr . ein*

BvB gemacht da bin auch rausgeflogen . und dann halt hier jetzt hah . und hier geht es also es liegt wahrscheinlich auch an die Leute
I: an den Leuten heißt
P: nja [1 sec] an den anderen Schulen waren es immer . so dreizehn vierzehn fünfzehn-Jährige mit denen ich da zu tun hatte . und hier die Leute sind halt alle ein bisschen älter deswegen komme ich auch mit denen wahrscheinlich besser klar" (I16)

Fehlen den Fachkräften die Möglichkeiten, den unterschiedlichen Leistungs- und Entwicklungsstand zu berücksichtigen? Oder nehmen sie diesen wahr, interpretieren und deuten sie ihn und kommen sie so zu Schlussfolgerungen und entsprechenden Plänen für Maßnahmen der individuellen Förderung, können diese aber nicht verwirklichen bzw. finden keine passenden Angebote? Ein Jugendlicher stellt sich die Betreuung in den Angeboten wie folgt vor:

„eine kleine Einrichtung muss nicht groß sein mit genügend Mitarbeitern die vielleicht zwei drei Leute . die halt vielleicht zwei drei Jugendliche bei sich haben pro Mann- pro Kopf . wo sie halt einfach Termine ausmachen und dann sagen komm ich helfe dir jetzt in der und der Stunde (3 sec) Entschuldigung äh aber . deshalb auch dann wirklich Montag bis Freitag wo was geht weißt du ?" (I 13)

Ähnliche Probleme ergeben sich aus den Lernstandsunterschieden in den Gruppen. Hier werden die unterschiedlichen Arbeitshaltungen und Interessen sowie das individuelle Leistungsvermögen zu einer fehlenden Passung angeführt, die damit auch zu Verweigerungen oder Abbrüchen führt.

7.1.4 Bildungsvoraussetzungen und Anforderungen in den Lerngruppen

Zahlreiche Bewertungen und Einschätzungen der Jugendlichen beziehen sich auf die schulischen Anteile in den Angeboten, wobei sich drei Muster herauslesen lassen. Der größere Anteil der Teilnehmer/innen fühlt sich von den Inhalten unterfordert. Ein anderer Teil empfindet sich als stark überfordert und nicht oder nur sehr schwer in der Lage, den Anforderungen gerecht zu werden. Nur einige wenige Jugendliche nehmen die Angebote, die dann auch als differenziert und individualisiert dargestellt werden, als passgenau für ihren Leistungsstand wahr. Die Gründe für die Überforderung mit den fachlichen Anforderungen ergeben sich aus einem Zusammenspiel von selbst zugeschriebenen Leistungsstanddefiziten sowie eingeschränktem Leistungsvermögen und der fehlenden Unterstützung durch die Fachkräfte. So berichtet eine Teilnehmerin in mehreren Sequenzen von ihrem Scheitern an den Anforderungen, hier exemplarisch eine Stelle:

> *„auf mich ist er gar nicht eingegangen war auch die einzigste Förderschülerin da . und habe halt länger gebraucht um das zu verstehen . ist ja nicht so dass ich das gar nicht verstehe aber ich brauche halt immer ein bisschen mehr Zeit sage ich mal als die anderen . und dann bekam ich Ergänzungsunterricht und der Ergänzungslehrer der hat auch keine wirkliche Rücksicht auf mich genommen . der ist das alles abgegangen und ich saß da ja toll was soll ich jetzt machen . also . na ja weil sage ich mal das Verständnis für jemanden der ein bisschen länger braucht oder Hilfe braucht nicht wirklich da . und dadurch ist es halt auch sage ich mal negativ geendet“ (I 11)*

In einer der Passagen wird beschrieben, wie die starke Fokussierung auf Probleme, die außerhalb des Angebots liegen, zu einer Überforderung führen:

> *„für alle Dinge habe ich irgendwie eine Geschichte . das wird mich nie . nie in Ruhe lassen (5 sec) mein Leben ist [1 sec / trotzdem / schwer] ((räuspert sich)) komisch kompliziert (8 sec) und damit alles muss ich leben und trotzdem meine Schule machen .. obwohl ich mich gar nicht konzentrieren kann . manchmal sitze ich da und mein Gehirn ist wo ganz ganz anders . ich rede mit mein Lehrer und ich denke trotzdem woanders“ (I 31)*

An anderen Stellen tauchen Aspekte der Überforderung vor allem mit Plausibilisierungen für die eigene Unterforderung im schulischen Teil auf. So berichtet ein Teilnehmer mit Blick auf die Mitschüler/innen:

> *„aber ich glaube nicht dass es so viele schaffen werden .. wir haben unten welche sitzen . die wissen noch nicht mal dass Deutschland 16 Bundesländer hat . und sollen aber eine Sozialkunde-Prüfung ablegen .. somit glaube ich nicht dass es viele schaffen“ (I 40)*

Die meisten Darstellungen dieses Aspektes beziehen sich auf die Unterforderung in den Angeboten und die zu geringen fachlichen Anforderungen in Verbindung mit vielfach als unzureichend beschriebenen Kompetenzen der Lehrkraft. Die Unterrichtsinhalte und -anforderungen fasst einer der Teilnehmer mit einem impliziten Hinweis auf die fehlende Binnendifferenzierung durch die Lehrkraft wie folgt zusammen:

„Unterricht für Sonderschüler ja . die dann in der 6. Klasse stehengeblieben sind .. für die war das dann vielleicht Unterricht für mich war das nur da sitzen zuhören zwei- dreimal was dazu sagen und wieder gehen" (I 17)

Die zugeschriebenen Kompetenzmängel der Lehrkräfte beziehen sich vor allem auf pädagogische und didaktische Fähigkeiten. Beispielhaft zeigt sich der Ablauf vieler Unterrichtsstunden und der damit verbundene Bruch mit den Erwartungen der Teilnehmer/innen an diese Angebote in folgender Passage:

„wir kommen in den Unterricht und da wird uns erst mal gesagt so ja . wir müssen gucken was wir machen spielen wir eine Runde Hangman, spielen wir eine Runde Stadt Land Fluss ich denke mir so ah okay ich habe jetzt echt gedacht die wollen uns auf das Arbeitsleben vorbereiten da wäre ich jetzt mal eher so" (I 18)

Andere Passagen verweisen überdies auf das oben skizzierte Binnenklima in der Lerngruppe oder ein falschverstandenes Prinzip von Schülerorientierung der Lehrkraft, die – zumindest in den Wahrnehmungen der Jugendlichen – unzureichend auf die Bedürfnisse der Schüler/innen eingeht. Im folgenden Fall scheinen die bei der Unterrichtsplanung zu berücksichtigenden Merkmale für die Lehrkraft weniger das Interesse, sondern eher das Desinteresse an den Unterrichtseinheiten und die eingeschränkten Fähigkeiten der Teilnehmer/innen zu sein:

„hier kommen sie rein und dann kriegst du mal ein Rätsel oder so oder ach . was wollen wir denn heute machen ? naja ich würde sagen äh relaxen wir erst mal die erste Stunde und in der zweiten Stunde gucken sie mal was sie für Arbeitsblätter haben . ja und was mache ich in der Stunde ich langweile mich jetzt . da sitzen sie meistens vorne an ihren Lehrertischen . dann wird zwischendurch mal gequatscht oder aus dem Fenster geguckt so" (I 23)

Einige der Teilnehmer/innen entwickeln auch Strategien, um dieser Unterrichtspraxis zu begegnen, so etwa diese Teilnehmerin eines Angebots:

„aber zwischendurch muss ich mir halt auch was zu Lesen mitnehmen weil an Tagen wo ich weiß wir haben wirklich nur Mathe und Deutsch dann ist das überhaupt nicht anstrengend für mich und dann muss ich zwischendurch halt lesen damit ich nicht einschlafe im Unterricht oder sonst irgendwas" (I 24)

In anderen Fällen schaffen es die Lehrkräfte, der Heterogenität durch die Einbindung der Teilnehmer/innen mit einem höheren Leistungsstand in Form von „peer-teaching" zu begegnen, so dass deren fehlende innerliche Beteiligung am Unterricht verhindert werden kann. So fungiert eine Teilnehmerin als Übersetzerin für die Lehrkraft:

> *„äh weil die alle- die verstehen das auch alle immer nicht die wissen immer nicht was die einfachsten Wörter bedeuten und ich muss wirklich meistens den Dolmetscher für den Lehrer spielen weil er sagt das in- in einem richtigem Hochdeutsch und ich muss es auf Asisch dann dolmetschen damit die anderen das auch verstehen und muss dann immer mit übelsten Beispielen kommen" (I 24)*

Diese Formen von Differenzierung finden überwiegend auch in den Passagen statt, in denen die Teilnehmer/innen von positiven Erfahrungen berichten. Hier wird von mehreren Teilnehmer/innen auf die Passgenauigkeit der schulischen Angebote verwiesen, die zum Teil über differenzierende Arbeitsmittel oder die Arbeit mit Nachhilfelehrer/innen die Lernziele anpassen oder entsprechend erforderliche Lernwege ermöglichen. So berichtet eine Teilnehmerin von der Notwendigkeit zusätzlicher Stützangebote in kleineren Lerngruppen:

> *„man wird da gefördert durch diesen Stützunterricht so da gehen auf die einzelnen Personen einfach ein . und dann waren wir halt immer nur so vier fünf und das ist einwandfrei . kann man genau auf die Personen eingehen . weil manche sind ja dann mal schneller da kriegen die halt ein Extrablatt und die anderen sind dann halt einfach ein bisschen langsamer und können dadurch das noch mal durchkauen wie es genau ist und warum und weshalb halt . ja" (I 28)*

Vielfach scheint dies jedoch – nach den Darstellungen der interviewten Jugendlichen – eher eine Ausnahme zu sein und insgesamt sind in den schulischen Teilen der Angebote die unterschiedlichen Lernvoraussetzungen über differenzierende Verfahren oder kleinere Lerngruppen aus Sicht der Jugendlichen nicht hinreichend berücksichtigt. Mehrfach hätten durch derartige Angebote Abbrüche verhindert werden können, allein bei der in diesem Abschnitt erwähnten Teilnehmerin (I 11) hätte man mit Angeboten, die auf ihren gegenwärtigen Lernprozess und Lernstand zugeschnitten sind, dreimaliges Scheitern an den Anforderungen und Abbrüche verhindern können. Es finden sich überdies auch Passagen, in denen falsche Zuweisungen in die schulischen Bereiche geschildert werden. Dies geht sogar so weit, dass die in Aussicht gestellten Schulabschlüsse durch unzureichende Kombinationen von Fächern oder die Abschaffung von Nichtschülerprüfungen[2] im laufenden Angebotsjahr nicht mehr möglich waren. So beschreibt eine Teilnehmerin diesen Vorgang wie folgt:

> *„ja und dann bin ich das erste Mal hierhergekommen . danach nach dem BVJ . dann haben sie hier aber auch Scheiße gemacht . also man muss immer zwei Berufsfelder belegen . zwei verschiedene . um die Prüfung . machen zu können dann . und ich hatte damals hier Wirtschaft Verwaltung gemacht . und Lager Handel . und kurz vor der Prüfung erzählen die mir dass die zwei Berufsfelder zusammen nicht gehen und dass ich deswegen nicht zur Prüfung zugelassen bin“ (I 22)*

Ein anderer Teilnehmer beschreibt die falschen Erwartungen, die in Bezug auf die Möglichkeit einer Prüfung geweckt wurden. Zwar hat dies keinen Abbruch zur Folge, sondern eine Vermittlung in ein anderes Angebot; ein Grund für die Annahme dieses Angebots könnten in diesem Fall aber auch die Sanktionsandrohungen des Jobcenters sein, von denen der Teilnehmer später spricht.

> *K: „und von da an war alles scheiße*
> *I: von da an war alles scheiße ?*
> *K: ja fand ich schon ja weil . also sie haben ja gesa- verspr- versprochen haben sie uns ja damals wo wir da reingekommen sind dass wir . wenn wir fertig sind mit der Maßnahme einen Hauptschulabschluss kriegen . und so ja so . wir hatten eigentlich keinen Hauptschulabschluss bekommen . dann haben- hieß es auf einmal dass wir die schulischen Leistungen nicht [erfahren] konnten . und denn bin ich irgendwann hierhin gekommen“ (I 26)*

Wie in diesem Kapitel eingangs erwähnt, sind die Beurteilungen und Beschreibungen der Jugendlichen aufgrund unzureichender Informationen und fehlender pädagogischer Expertise nicht fachgerecht und sie folgen keinen spezifischen Standards. Die Äußerungen in dieser Kategorie verweisen jedoch zumindest auf Handlungsbedarf, denn es bleibt unklar, warum die unterschiedlichen Lernvoraussetzungen nicht angemessen berücksichtigt werden und warum in Einzelfällen falsche Erwartungen auf Schulab-

---

2 Auch unter dem Begriff Externenprüfung in den Landesgesetzen zu finden. Hier haben Schüler/innen unter verschiedenen Bedingungen die Möglichkeit, Bildungsabschlüsse nachzuholen. Voraussetzung ist, dass die zu Prüfenden keine staatliche oder staatlich anerkannte Bildungseinrichtung besuchen.

schlüsse geweckt werden. Lässt sich bei den Fachkräften ein Mangel an Zeit oder an Kenntnis über die überaus heterogene Teilnehmendengruppe erkennen? Empfinden die Fachkräfte die Anforderung zur Differenzierung vor dem Hintergrund der äußeren Bedingungen (unsichere Finanzierung, zu große und zu häufig wechselnde Gruppen, schlechte Bezahlung, projektförmige Organisation, schlechte Ausstattung, fehlende Lehrmittel usw., vgl. Kap. 7.2) als eine Überforderung? Fehlen ihnen Kenntnisse und Fertigkeiten im Umgang mit Differenzierungsverfahren? Werden diese Verfahren als nicht durchführbar erachtet? Woran liegt es, dass es in den Angeboten offenbar vielfach nicht gelingt, Bildungsprozesse anzuregen?

7.1.5 Interesse, Erwartungen und Zuweisungspraxis

Häufig eng verbunden mit oben beschriebenen Äußerungen und generell im Zusammenhang mit den anderen Themen als Querschnittsthema sind die Ausführungen zur Passung von Interesse und Angeboten in den Maßnahmen. Hier lassen sich auch zwei – etwa gleich verteilte – Muster von Bewertungen finden, die maßgeblich von den Erwartungen und Vorerfahrungen (Ausbildung, andere Maßnahmen) geprägt sind. Auf der einen Seite zeigen viele Fälle eine gelungene Passung, für die sich zwei wesentliche Voraussetzungen in den Darstellungen identifizieren lassen: Zum einen ist eine positive Bewertung oft mit einer hohen Informationsdichte über die Tätigkeiten in den jeweiligen Arbeitsbereichen, über die Möglichkeit von Praktika und über die konkreten berufsbiografischen Perspektiven verbunden. Diese Teilnehmer/innen wurden bereits vorher über die vermittelnde Institution mit den Arbeitsbereichen und die damit verbundenen verschiedenen beruflichen Perspektiven aufgeklärt. Die Zugangswege zu den jeweiligen Angebotsformen sind – den Aussagen der Jugendlichen nach – sehr unterschiedlich. Mehrheitlich erfolgt die Vermittlung der Jugendlichen über die Fachkräfte der Jobcenter und der Arbeitsagenturen, weniger oft über die Mitarbeiter/innen von Jugendamt und Jugendgerichtshilfe. In Einzelfällen vermitteln Mitarbeiter/innen des Schulamts, Lehrer/innen der allgemeinbildenden Schulen oder Freunde der Jugendlichen oder die Jugendlichen selbst finden den Weg zum Angebot. Zentral für die Bewertung der Angebotsformen sind hier allerdings die unterschiedlichen Informationen über die Angebote, denn sie strukturieren die Erwartungen und die Ansprüche der Jugendlichen an die Maßnahmen und sind somit häufig schon ein Grund für Passung oder fehlende Passung. Dabei ist eine Kooperation zwischen den vermittelnden Institutionen und den Fachkräften der Angebote häufig unerlässlich, damit auch Informationsdefizite bei den Vermittlern kompensiert werden können (zu Kooperationen und Informationsaustausch s. auch Kap. 7.2.3 und Kap. 7.3). Vor allem ist es erforderlich, mit den Jugendlichen die verschiedenen Angebote, deren Ertrag, aber auch deren Grenzen kritisch und intensiv zu besprechen. Leider zeigt sich den Jugendlichen zufolge, dass dies häufig weder innerhalb der Angebote noch im Vorfeld gegeben ist. Ein Teilnehmer beschreibt die für ihn passende Zuweisungspraxis, die sich ähnlich auch bei anderen positiven Bewertungen zeigt:

> *„ähm das Amt hat mich an die ähm . was war es- an die Frau B [Name der Mitarbeiterin] überwiesen die sitzt in der Stadt das ist . was war denn das ähm L-Angebot nennt sich das . und die hat dann- wir hatten dann halt . so ein Gespräch für was kann ich mich begeistern worin bin ich gut wo sind meine Schwächen was liegt mir besonders gut und da haben sie mich hierher über- also hatte ich hier . Vorstellung da hat mich ähm die M [Name der Mitarbeiterin] die arbeitet hier ähm in jeden Bereich rumgeführt . und dann konnte ich mich halt entscheiden in welchen Bereich ich möchte . und da hatte ich lange Zeit überlegt Küche will ich nicht . also nicht wieder . Holz damit ja . kann ich mich zwar für begeistern würde aber nie darin arbeiten . und meine Mutti hat in der Pflege gearbeitet ich habe keine Berührungsängste ich kenne es schon seit sehr vielen Jahren auch durch meine Schulzeit halt . und da dachte ich mir probiere ich einfach mal Pflege“ (I 38)*

Ein weiterer wichtiger Aspekt für die Passung ist für die Jugendlichen, insbesondere für jene, deren Informationen und Erwartungen vorher nicht konkret genug waren, die Möglichkeit zu haben, zwischen verschiedenen Angeboten problemlos wechseln zu können, etwa wenn sie merken, dass andere Arbeitsbereiche ihren Interessen eher entsprechen. So beschreibt ein Teilnehmer den Suchprozess wie folgt:

> *„äh da bin ich halt in verschiedenen Bereichen gewechselt wie zum Beispiel Gartenlandschaftsbau . Maler oder halt so die Kleinigkeiten Bau halt . um einfach mich wieder zu orientieren was mir vielleicht gefallen könnte oder was nicht und . ja“ (I 39)*

Auf der anderen Seite, und dies schließt an die Ausführungen zu den unterschiedlichen Lernstandsvoraussetzungen und dem Binnenklima an, finden sich zahlreiche Bewertungssequenzen, in denen von enttäuschten Erwartungen die Rede ist. Viele Angebote sind aus Sicht der Jugendlichen nicht geeignet, ihren Interessen, Arbeitshaltungen und Qualifikationen zu entsprechen. Im Umgang mit diesen Einschränkungen finden sich unterschiedliche Handlungsstrategien, die maßgeblich von verschiedenen Bedingungen (Zuweisungspraxis, Sanktionsandrohungen, Beziehungen zu den Fachkräften) abhängig sind. So gibt es Jugendliche, die sich auf einen Teilbereich des Angebots konzentrieren, der für sie interessant und erfolgversprechend ist. So schildert dieser Teilnehmer:

> *„hier würde ich ja auch am liebsten nur sein wegen der Schule aber . das Ding ist wenn ich denn jetzt hier immer die Arbeitstage fehle oder so denn . schmeißt O [Name des Mitarbeiters] mich raus und . da habe ich keinen Bock drauf weil ich hier ja einfach nur bin wegen dem scheiß Hauptschulabschluss und der Rest interessiert mich nicht mehr . wirklich" (I 27)*

Andere hingegen geben an, ihre Zeit irgendwie abgesessen zu haben. Einigen war schon bei der Vermittlung in das Angebot bewusst, dass dieses ihren Interessen nicht entsprechen würde, sie wurden aber im Rahmen von Eingliederungsvereinbarungen oder unter Androhung von Sanktionen zur Teilnahme gedrängt. Exemplarisch zeigt sich dies bei folgendem Teilnehmer:

> *„wollte eigentlich gar keine BvB machen weil ich das- ich fand das nicht schön und dann haben sie mich irgendwie überredet und denn habe ich mir mal angeguckt dann bin ich dageblieben dieses eine Jahr ja .. ich habe da wirklich nicht ein Mal gearbeitet in der BvB . ich habe da- also saßen wir den ganzen Tag nur haben irgendwelche Blätter ausgefüllt habe ich gerechnet und mehr haben wir nicht gemacht" (I 26)*

Dieser Teilnehmer schildert dann später auch den Vermittlungsprozess:

> *„dann haben die von der Agentur gesagt wenn ich dann keine BvB mache oder nichts mache dann . mein- meine Mutti arbeitet ja nur in- in der Saison denn haben wir ja auch- zwischendurch ist es auch nichts ja dann nichts los dann macht da- machen sie alles dicht . und denn . also wir ha- Papa hat genug Geld wir- wir kriegen ja noch Extrageld vom Arbeitsamt und so und denn auch noch Kindergeld und das [würde] mir dann alles gestrichen . das K- dieses Kindergeld jetzt Geld und alles" (I 26)*

Andere Teilnehmer/innen erklären die Vermeidung von Sanktionen zum Ziel ihrer Teilnahme und knüpfen ihre Anwesenheit an die Wohlverhaltensverpflichtungen des Jobcenters:

> *„ja ähm ja ich hatte einen Jobcenter-Termin gehabt und so . die meinten ja ähm . wenn ich hier nicht hingehe denn . äh . geben die mir Geldsperre . oder Geld na gut dann mache ich das eben lieber hier . bevor ich Geld äh-*

gesperrt kriege . und denn bin ich halt hier und jetzt äh ist halt Jobcenter also . meine . also richtig . froh . drüber . dass ich hier bin und durchziehe . und immer pünktlich bin und zuverlässig“ (I 1)

Eine wiederum andere Strategie der Reaktion auf die fehlende Passung ist der Wunsch, den Arbeitsbereich in den Angeboten zu wechseln. Kommen die Fachkräfte dem nicht nach, führt dies regelmäßig zu Maßnahmeabbrüchen der Jugendlichen, die sich mehr Flexibilität bei der Möglichkeit, die Werkstattbereiche zu wechseln, wünschen. Beim Blick auf die Frage, ob die Angebote den Interessen der Jugendlichen entsprechen, erscheinen viele der Angebote aus Sicht der Jugendlichen absurd und zynisch, wenn sie im Rahmen für sie sinnloser Beschäftigungen ihre Zeit in diesen Maßnahmen verbringen müssen. Hier nur zur Veranschaulichung einige Bewertungssequenzen zu den Angeboten:

„dumme Arbeiten .. Mond und Sterne für neugeborene Kinder zu machen . äh ja sinnlos eigentlich hat man die meiste Zeit sich nur gelangweilt“ (I 17)

„da hat der mich irgend so einen Kram machen lassen . wissen Sie irgendwelche Bohrungen irgend- . Firlefanz gell . also . auch gesagt ich will aber ein bisschen mehr- nee nee wir müssen mal gucken wie du arbeitest“ (I 21)

„sechs Stunden Kreuzwort lesen- äh Kreuzworträtsel lösen, Mandalas malen . Knöpfe annähen . also“ (I 22)

„hier kommen sie rein und dann kriegst du mal ein Rätsel oder so . oder ach“ (I 23)

Betrachtet man die Erwartungen der Jugendlichen an die Angebote, so zeigt sich ein für deren Ausgestaltung und Zuweisungspraxis scheinbar schwieriger Befund: Je höher die im Vorfeld geweckten Erwartungen und je bekannter die erforderlichen Berufsbildungs- und Qualifizierungswege, desto eher müssen sich die Fachkräfte in der Einrichtung bei der Gewährung von Hilfe bewähren und desto größer scheint die Wahrscheinlichkeit, dass die Angebote den Erwartungen nicht entsprechen. Umgekehrt gilt: Je geringer die anfängliche Erwartungshaltung an die Effekte der Angebote von Seiten der Jugendlichen, desto weniger häufig werden die Maßnahmen negativ bewertet, da es keine Enttäuschungen gibt. In einigen Interviewsequenzen zeigt sich ein erstaunliches Beharrungsvermögen, vielfach dürfte es sich hier allerdings eher um innerlich unbeteiligte Jugendliche handeln, die ihre Zeit in den Angeboten gleichsam 'absitzen'. Folgt man diesen Beschreibungen der Jugendlichen, so zeigt sich, dass vielfach deren Interessen in den Angeboten nicht entsprochen wird, und wenngleich häufig von ihnen als resigniert, apathisch oder interesselos, wenig anstrengungsbereit und motiviert die Rede ist, so zeigt sich in diesen Passagen, dass die Jugendlichen konkrete Erwartungen an die Angebote haben, diese Erwartungen jedoch vielfach enttäuscht werden.

7.1.6 Kooperationsbeziehungen zu Fachkräften

Zunächst einmal ist, jenseits der Ausführungen der Jugendlichen, auf die grundlegende Bedeutung der Kooperations- und Dienstleistungsbeziehung zwischen den Jugendlichen und den am Hilfeprozess beteiligten Fachkräften hinzuweisen: Alle oben beschriebenen Aspekte werden weitgehend sowohl durch die Jugendlichen als auch durch die Fachkräfte mit unterschiedlicher Akzentuierung gesteuert und/oder beeinflusst und sind zunächst an einem Gegenstand, der Hilfe, orientiert. Dabei dürfte deutlich geworden sein, dass es offenbar – durch unterschiedliche Relevanzen, unterschiedliches Wissen, verschiedene Motive usw. – auch mannigfache Vorstellungen sowohl über den Gegenstand der Hilfe als auch über den jeweiligen Bearbeitungsmodus gibt. Die besondere Bedeutung dieser Beziehung ergibt sich nun vor allem aus der Notwendigkeit, sich gemeinsam sowohl über den Gegenstand der Hilfe als auch über den Bearbeitungsmodus zu verständigen. Hier gibt es – wie oben an verschiedenen Textpassagen gezeigt – auf unterschiedlichen Ebenen zahlreiche Schwierigkeiten und Widersprüche, die ein Zustandekommen eines funktionierenden Arbeitsbündnisses erschweren/verunmöglichen. So scheint es zunächst etwa schon Missverständnisse darüber zu geben, worin das zu lösende Problem besteht. Für die eine Seite ist es der fehlende Förderschulabschluss, für die andere Seite die Pflege der hilfsbedürftigen Mutter. Für die eine Seite besteht das Problem in der fehlenden Struktur und die Lösung darin, erst einmal über Anwesenheit für eine Struktur im Tagesablauf zu sorgen, die andere Seite hat die Vorstellung, der fehlende Realschulabschluss sei das Problem, und hat die Erwartung, dass das Angebot dieses Problem löst. Die Beispiele zu Schwierigkeiten und Widersprüchen bei der Festlegung auf das zu lösende Problem sind zahlreich.

Zu einer fehlenden Passung kommt es hier auf einer allgemeinen Ebene dann, wenn die eine Seite Problemlösungen anbietet, die immer auch von der (koproduktiven) Mitarbeit der anderen Seite abhängig sind, diese aber an diesem Gegenstand der Hilfe keinerlei Interesse hat. Erschwerend hinzu kommt, dass sich beide Seiten nicht nur auf den Gegenstand, also das Problem zu einigen haben, sondern in jedem Fall auch auf einen entsprechenden Bearbeitungsmodus. Sind sich Jugendliche und Fachkräfte einig über das Problem (zum Beispiel der fehlende Schulabschluss), so besteht in einigen Fällen offenbar keine Einigkeit über den Modus der Bearbeitung (sechs Stunden Kreuzworträtsel, Mandalas malen oder Hangman spielen vs. binnendifferenzierter Unterricht mit klaren Regeln oder kleine Lerngruppen und Stützunterricht). Sind die fehlerhafte Zuweisung, die fehlende Abstimmung mit den vermittelnden Institutionen oder die begrenzten Angebote zunächst extern induzierte Koordinationsprobleme, so ist die Aushandlung über die verschiedenen Bearbeitungsmodi zwischen Jugendlichen und Fachkräften erst einmal ein Abstimmungsprozess. Dieser Prozess erfordert Vertrauen und dürfte mit Blick auf den spezifischen Hilfebedarf der Jugendlichen eine höchst emotionale Angelegenheit sein. Voraussetzung für eine funktionierende Arbeitsbeziehung dürfte die Anerkennung des Hilfebedarfs und die Wertschätzung des Anderen, die jeweilige Würdigung bestimmter Fähigkeiten und Interessen, aber auch die Anerkennung bestimmter Grenzen sein. Weiterhin dürfte es erforderlich sein, sich über die jeweilige Kooperationswilligkeit auszutauschen, so dass die Begegnungen nicht flüchtig sein dürfen, sondern in vertrauensvoller Umgebung verstetigt werden müssen. In einigen Interviewpassagen berichten die Jugendlichen über derart vertraute, stabile Beziehungen, die Grundlage für weitere Verständigungen über die jeweilige Problembearbeitung sind und vielfach durch die Initiative der Fachkräfte zustande kommen, die ihrerseits zum Teil trotz Widerständen immer wieder Kooperationswilligkeit anzeigen.

> *„irgendwann halt U [Name des Mitarbeiters] immer angerufen hat gefragt was ich immer so mache . ob ich immer so Lust habe ins Kino zu gehen oder so Bowling immer irgendwie sowas halt . und da hat sie mich oft angerufen obwohl ich nie hergekommen bin . irgendwann habe ich dann gemeint- äh gesagt ja ich komme jetzt immer hierher und lerne ein bisschen und so . ist gut . ja und es macht auch Spaß hier“* (I 14)

Dabei zeigen sich viele der Jugendlichen bei begrenzten Handlungsspielräumen oder persönlichen Belastungsgrenzen der Fachkräfte einsichtig und verständnisvoll, wenn sie diese als grundsätzlich kooperationswillig wahrnehmen. So beschreibt ein Teilnehmer die Bemühungen der zuständigen Fachkraft:

> *„der ist ja . für mich jetzt mehr oder weniger verantwortlich als Sozialarbeiter . der versucht auch so viel er kann . als das . im September war war er auch so oft mit mir unterwegs er war mit mir zusammen beim [Vermittlungsstelle] er hat so oft für mich wo angerufen beim Jobcenter ange-*

rufen da angerufen da noch mal nachgefragt . er hat sehr viel gemacht aber . kam leider nichts bei raus . was aber nicht an ihm lag“ (I 33)

Zur gleichen Fachkraft eine andere Teilnehmerin:

„ich habe das Gefühl dass der mich versteht bei manchen Sachen . gut in manchen Punkten ist er jetzt nicht der richtige Ansprechpartner weil er ist auch ein Mann und so aber . ich weiß nicht warum aber ich habe es gemacht ich habe mich anvertraut . und der hat mich- hat mir auch viel geholfen auf jeden Fall in den acht Monaten . ich glaube wenn er damals nicht gewesen wäre . oder ich hier gar nicht reingekommen wäre dann wäre ich halt nicht mehr . vor allem jetzt nach dem Tod von meiner Mama“ (I 38)

Auch Fehler oder Unzulänglichkeiten innerhalb der Organisation werden bei einer auf gegenseitige Achtung und Anerkennung gestützten persönlichen Beziehung zu den Fachkräften verziehen:

„die Mitarb- es gibt bestimmt Sachen die hier vielleicht nicht ganz so rund laufen aber es muss auch nicht immer alles perfekt laufen . überall muss es mal Fehler geben und selbst wenn es Fehler gibt, dann probieren hier alle- äh so gut wie möglich aus der Welt zu schaffen . damit es halt nicht zu einem größeren Problem wird“ (I 33)

Folgendes Beispiel eines Teilnehmers verdeutlicht – verdichtet an dem Sprichwort – die oben nur kurz angedeutete, aber bedeutende Rolle von Reziprozitätsnormen in den Beziehungen. Diese werden über wechselseitige Erwartungen und Anerkennung gesteuert und können in einseitigen, bevormundenden, stark direktiven Beziehungen gar nicht entstehen. Sie setzen die Einsicht in die eigene Kooperationswilligkeit voraus, welche letztlich nur über (zeitaufwendige) und stabile, wiederkehrende Interaktionen und eine Verständigung auf Ziele und Bearbeitungsmöglichkeiten hergestellt werden kann:

„am Anfang . kennt dich noch keiner ne . am Anfang hat jeder Zweifel . an jedem Menschen . jeder Mensch hat aber eine Chance verdient sagt man ne . und die Chance die habe ich genutzt . ich habe mich überall . den ganzen Leuten hier . denen habe ich das gezeigt dass ich das kann . dass ich auch pünktlich sein kann . dass ich auch zuverlässig bin und alles Mögliche und so wie- so wie ich den Leuten komme kommen die mir auch . wie gesagt- wie gesagt es gibt es gibt einen ganz gute Sprüche wie sie- wie es in den Wald- Wald hineinschallt schallt es auch wieder hinaus ne . gibt

es ja dieses Sprichwort und an das Sprichwort habe ich mich die ganze Zeit gehalten . und so ist es einfach .. so tun sich auch die Leute dann- jeder Mensch will sich mit jeden ordentlich unterhalten" (I 39)

Auch an anderen Stellen ist von der großen Bedeutung enger persönlicher Beziehungen für die Hilfe die Rede. So beschreibt eine Teilnehmerin in mehreren Passagen die Notwendigkeit einrichtungsübergreifender Hilfe und ständig wiederkehrender, verlässlicher Beziehungen. Der Kontakt zu dieser Fachkraft wurde zunächst in der Schule über die Vorstellung der Maßnahme aufgebaut und dann in der Maßnahme selbst intensiviert. Später war die Fachkraft dann hilfreich bei Bewerbungen und der Vermittlung von Praktika. Ständig wurden Ertrag, Wirkung und veränderte berufliche Perspektiven und Erwartungen mit der Jugendlichen besprochen, Zuschüsse für den Führerschein beantragt, mögliche Ausbildungsplätze besprochen usw. Dabei – so lassen die Passagen vermuten – gelang es der Fachkraft in vielen Schritten, die Jugendliche über das Anzeigen von Kooperationswilligkeit, über eine bedingungslose Anerkennung ihrer Bedürftigkeit, über eine gute Erreichbarkeit und über den Aufbau eines vertrauensvollen Verhältnisses zur Mitwirkung und damit zu einem funktionierenden Arbeitsbündnis zu bewegen:

„ich bin auch wirklich dankbar dass ich sie ja wirklich kennengelernt habe und so weil . durch ihr . habe ich auch was gelernt . dass man wirklich nicht immer jetzt selber sagt guck mal du hast jetzt Schule fertig und so was willst du jetzt eigentlich jetzt machen und so und sagst ja . das schaffst du gar nicht und so und . wie gesagt . mir ist die Schule wirklich nicht immer gegangen also die Schule hat mir wirklich nicht gepasst aber durch N [Name der Mitarbeiterin] habe ich . dann . aus mir was gemacht . und so habe dann endlich angefangen mir Selbstvertrauen zu geben und so und habe endlich dann auch angefangen auch mich zu glauben also habe gesagt egal was du jetzt als Praktikum machst versuch es einfach lern das doch einfach mal kennen .. mit ihr Praktikums gefunden habe das entweder für zwei Wochen oder für vier Wochen gemacht und dann . wo ich dann fertig war dann kam ich wieder zu der und da hat sie mich gefragt ja wie war es und dann habe ich ihr das erklärt . ja und . habe gesagt ich würde das nehmen und dann haben die das auch genommen . also ich bin froh dass die mir wirklich geholfen hat .. und deshalb bin ich froh dass ich sie habe und dass sie auch meiner Schwester auch hilft . und so . und . deshalb ich freue mich wirklich dass ich sie kennengelernt habe und so weil . hätte ich sie nicht kennengelernt und so ich wüsste nicht was heute aus mir gewesen- geworden wäre . deshalb ich bin wirklich dankbar für alles was sie getan hat und so und . ich hoffe dass . die Leute die jetzt auch

sie jetzt auch hat und so dass sie das gleiche auch jetzt empfinden nicht dass sie jetzt sagen ja ist jetzt L [Name der Interviewpartnerin] ne die macht das alles schon nee nee . bloß beide müssen das machen weil . sie . hilft dir und du musst auch ihr helfen . dann geht es jetzt nicht ja jetzt L [Name der Interviewpartnerin] macht- schreibt jetzt Bewerbungen für mich und . wird alles gut nein . du musst ihr auch sagen was du reinschreiben willst damit du- du bewirbst dich ja und nicht N [Name der Mitarbeiterin]" (I 44)

Auf der anderen Seite finden sich auch einige kritische, negative Anmerkungen zu den Beziehungen zwischen den Fachkräften und den Jugendlichen, die zum Teil schon bei oben beschriebenen Aspekten, beispielsweise den mehrheitlich als unzureichend beschriebenen herkömmlichen Lehrformaten, zum Ausdruck kommen. Abbrüche stellen sich dort ein, wo Angebote als unpassend wahrgenommen werden und die Fachkraft aus Sicht der Jugendlichen nicht in der Lage oder gewillt ist, die Beschränkung der Angebote hinreichend verständlich zu machen und/oder andere Wege der Problemlösung zu finden. Dabei variieren die Jugendlichen in ihrem Handeln in Abhängigkeit von ihren pragmatischen Kapazitäten (vgl. Kap. 5.1) im Umgang mit diesen Schwierigkeiten. Einige verschwinden, ohne dass es von Seiten der Fachkraft die Möglichkeit gäbe, hier entsprechend zu reagieren. Sie entziehen sich der persönlichen Beziehung, doch vermutlich hätte die Unzufriedenheit der Jugendlichen selbst in diesen Fällen über regelmäßige Rückmeldungen und Gespräche mit Fachkräften, die ein Gespür für die Probleme der Jugendlichen haben, wahrgenommen werden können. Einige Teilnehmer/innen unterstellen einseitige Interessen bei den Angeboten und den Fachkräften und sprechen diesen somit ein gleiches oder korrespondierendes Interesse an ihren Zielen ab. So wird eine persönliche Beziehung unmöglich und eine Verständigung bleibt aus:

B: „danach habe ich ähm halt ein dreiviertel Jahr ungefähr da gearbeitet . habe mich dann krankschreiben lassen die Krankschreibung kam zu spät an also habe ich einen Tag zu spät losgeschickt . und haben sie mich dann drauf gleich gefeuert
I: (7 sec) und dann hast du mal gefragt warum nur weil die spät ankam oder was ja
B: na ja die sind ja auch nur die sind ja mit den die haben ja einen Vertrag mit denen dass die da im Jahr soundso viele Lehrlinge annehmen müssen und da hatten sie bestimmt einfach nur keinen Bock gehabt auf mich . mussten sie mich zwar nehmen aber . hatten sie bestimmt keinen Bock" (I 10)

Andere Jugendliche verhandeln die Probleme, jedoch nicht immer mit einem konstruktiven Ausgang. So beschreibt ein Teilnehmer die Versuche einer Aushandlung anderer möglicher Problemlösungsmodi in dem Moment, in dem die von ihm zunächst bevorzugten Berufsbildungs- und Qualifizierungswege nicht mehr seinem Interesse entsprechen und der Nutzen der Maßnahme somit für ihn nicht mehr unmittelbar zu erkennen ist:

> *„ich kam damals mit meinem Betreuer nicht ganz zurecht .. wir . hatten uns darüber unterhalten dass äh eventuell ähm die Holzwerkstatt das Beste für mich ist . aber ich hatte . leicht das Interesse an dem Bereich Holz verloren und hätte gerne den Bereich gewechselt . und da gab es halt auch massiven Widerstand . ähm . die Fronten haben sich sozusagen verhärtet . ich wollte wechseln . ich durfte nicht ich konnte nicht . und irgendwann war es dann soweit dass ich dann halt gesagt habe . nee ist nicht" (I 5)*

Einige Jugendliche berichten über die Wahrnehmung von Geringschätzung und Stigmatisierung, so dass eine soziale Beziehung nach den oben angedeuteten Kriterien (wechselseitige Anerkennung als integre Person, Verständigung auf gemeinsame Standards einer Interaktion) aus Sicht der Teilnehmenden grundsätzlich nicht mehr möglich ist:

> *„die Ausbilderin die war so was von unfreundlich und wenn du mal was gefragt hast da hat sie sich hingestellt als wenn du dumm wärst ja und wenn man es noch nie gemacht hat dann kann man nicht wissen . ja" (I 11)*

Oder eine andere Teilnehmerin:

> *„die Lehrer meinten zu mir dass ich ähm- doof im Kopf bin ((lacht verlegen)) wie gesagt ich bin das nicht .. okay ich habe zwar meine Fehler . jeder hat Fehler sage ich- sagt man ja . ne ? und- auf jeden Fall bei mir ist . äh- nicht bei mir- wie heißt das- auf jeden Fall . wie soll ich das jetzt sagen ?" (I 25)*

Abschließend noch ein anderer Teilnehmer, der sich über die Abwertung äußert:

> *„weil in gewissen Weisen hatte ich- gab es auch Situationen wo ich das Gefühl hatte . dass . man so über einen Kamm geschert wird so kennen Sie das ja wenn- wenn eine- eine Gruppe von Menschen halt über einen Kamm geschert wird dann- diese Situation passiert halt auch schon ziemlich oft" (I 5)*

7.1.7 Zusammenfassung

Eine Zusammenfassung und mögliche handlungspraktische Ableitungen sind an dieser Stelle schwierig, da im Datenmaterial wie in der Praxis stark unterschiedliche Angebotsformen auf Jugendliche mit sehr heterogenen Bedarfslagen treffen. Legt man allerdings nur die Beschreibung der Jugendlichen zugrunde, so dominieren bei den mehr als 200 Textstellen[3] die negativen Bewertungen und Beschreibungen, die auf fehlende Passungen hindeuten. Kennzeichnend ist ganz allgemein die fehlende Sachkenntnis der Jugendlichen über Bildungs- und Qualifizierungswege. Dies könnte bereits Ausdruck unzureichender Transparenz und Beteiligung der Jugendlichen innerhalb der Angebote sein. Hier offenbaren sich möglicherweise zentrale Kooperationsprobleme zwischen den Fachkräften und den Jugendlichen, die unmittelbare Auswirkungen auf die Verständigung über die jeweiligen Problembereiche oder die Zielvorgaben haben könnten. Die Fachkräfte stehen vor der Frage, wie sie die entsprechenden Angebote vermitteln können und bis zu welchem Punkt es für die Herstellung eines durchschaubaren Arbeitsbündnisses erforderlich ist, das Nebeneinander verschiedenster Organisationen, deren Unterschiede in funktioneller und organisatorischer Hinsicht und deren Tätigkeit/Fokus und damit deren Verortung im Spektrum unterschiedlicher Leistungsanbieter auch den Jugendlichen ausreichend zu verdeutlichen.

In der Bewertung durch die Jugendlichen entsprechen vor allem die stark standardisierten Einheiten, in denen fachtheoretische Qualifikationen und allgemeinbildende Inhalte vermittelt werden, am wenigsten den Erwartungen der Jugendlichen. Diese fühlen sich entweder stark unter- oder häufig überfordert. Den Angeboten gelingt es scheinbar nicht, die unterschiedlichen Lernvoraussetzungen – oder aber mit Blick auf das Klima in den Lerngruppen die unterschiedlichen sozialen Fähigkeiten der Jugendlichen im Umgang mit den Fachkräften – über eine Selektion der Teilnehmer/innen, den Zuschnitt von kleineren Lerngruppen, Stützunterricht, eine angemessene Steuerung der Gruppenprozesse und/oder einen individualisierten und differenzierten Unterricht angemessen zu berücksichtigen. Insgesamt war – etwas überraschend – vergleichsweise selten von Gesprächen über den Leistungs- und Entwicklungsstand oder die Verständigung über den konkreten Hilfebedarf die Rede. Herausgelesen werden können zusammen mit den anderen oben dargestellten Aspekten (falsche Erwartungen, unzureichende Beteiligung und Information etc.) Kooperationsprob-

3 Hier dürften auch Doubletten beim Codieren dabei sein, weil Passagen auch mehreren Themen zugeordnet wurden.

leme, die auf eine fehlende oder unzureichende Abstimmung über die Ziele und den Nutzen der Angebote sowie über mögliche Hilfeprozesse und Lernwege verweisen. Es fehlten weitgehend Beschreibungen von Gesprächen mit klaren Rollenzuweisungen, mit Raum für die Problempräsentationen der Jugendlichen und mit gemeinsamen Lösungsentwicklungen. Letztlich scheint bei vielen Jugendlichen vor allem die Klärung der familiären oder finanziellen Schwierigkeiten die Grundvoraussetzung zu sein, um sich überhaupt mit schulischen oder qualifizierenden Maßnahmen auseinandersetzen zu können. Hier bedarf es einer ganzheitlichen und einzelfallbezogenen Beschäftigung mit dem/r Jugendlichen, die auf wechselseitiger Anerkennung sowie auf Vertrauen und Zutrauen in die Realisierbarkeit der (gemeinsamen) Ziele basiert. Es scheint geradezu absurd, Jugendliche, die vielfach über sehr geringes Zutrauen in ihre pragmatischen Kapazitäten verfügen und mit fehlenden Perspektiven umgehen müssen, mit schulischen und beruflichen Qualifizierungsangeboten in stark standardisierten Angeboten in größeren, sehr heterogenen Lerngruppen zu konfrontieren. Hier ergibt sich die fehlende Passung – zugespitzt formuliert – aus dem Fehler der Organisationen und der Fachkräfte, sich mit den Jugendlichen vielfach nicht über den Gegenstand der Beziehung und über das Procedere zur Lösung des Problems verständigt zu haben und somit eigenmächtig und willkürlich die Behandlung vor einen möglichen Befund zu setzen. Gelungene Hilfe aus Sicht der Jugendlichen liegt dort vor, wo bei flexiblen Angeboten in einem produktiven Klima und in einer vertrauensvollen Atmosphäre in den Einrichtungen der bedingungslos anzuerkennende Hilfebedarf auf Augenhöhe besprochen wird und die Möglichkeit ständiger Reflexion über den Hilfebedarf bei ständiger Anpassung der Lösungsmöglichkeiten gewährleistet ist. Zahlreiche Passagen verweisen auch auf die vergleichsweise hohen Erwartungen der Jugendlichen an die Angebote, die zeigen, dass viele der befragten Jugendlichen alles andere als passiv oder unbedingt zu aktivieren sind. So sind es möglicherweise zunächst die Fachkräfte, die sich in den Eröffnungssequenzen der Hilfeangebote oder über die Gewährung von Hilfe den Jugendlichen gegenüber zu bewähren haben, um sie zur Mitarbeit zu gewinnen.

Insgesamt lässt sich hinsichtlich der Bewertung der Maßnahmen im Datenmaterial eine Tendenz erkennen: Je beteiligungsintensiver das Hilfeangebot (gemeinsame Zielvereinbarung, Erörterung von Problemen, Abstimmung der jeweiligen Erwartungen), je gleichberechtigter die Interaktionen zwischen Jugendlichen und Fachkräften unter der Bedingung eines persönlichen und wertschätzenden Zugangs und je klarer der Nutzen der Hilfeangebote für die Jugendlichen, desto besser fällt die Bewertung aus. Und spiegelbildlich dazu: Je direktiver und unpersönlicher die Arbeitsbeziehungen, das heißt je mehr die Beziehungen zwischen Jugendlichen und Fachkräften von Aufgabenstellungen, Zielvorgaben und Kontrolle geleitet werden, desto negativer fallen die Bewertungen aus. Verstärkt werden die negativen Urteile über die Wahrnehmung der Beziehung zu den Fachkräften als anonym und wenig wertschätzend. Wenn man die Aussagen der Jugendlichen praxisorientiert deutet und daraus Schlussfolgerungen für die Gestaltung der Angebote zur Diskussion stellen will, so wäre u.a. zu debattieren über

- eine Verkleinerung der Lern- und Arbeitsgruppen in den Maßnahmen;
- eine Zielgruppenselektion bei den schulischen Angeboten, die vor allem Rücksicht auf folgende Kriterien nimmt: Alter, Leistungsvermögen, Arbeitshaltungen, Interesse und Disziplin der Teilnehmer/innen;
- Verstetigung des Personals in den Maßnahmen;
- didaktische Fortbildung des Lehrpersonals;
- eine stärkere Beteiligung der Jugendlichen am Zuweisungsprozess;
- mehr Informationsvermittlung über den Nutzen der Maßnahme;
- eine höhere Konzessionsbereitschaft bei Abweichungen von Maßnahmestandards.

7.2 Die Sicht der Organisationsakteur/innen (Leitung und Mitarbeiter/innen) aus Organisationen der Jugendsozialarbeit

7.2.1 Wahrnehmungen/Interpretationen zur Zielgruppe und zu den Anforderungen der Zielgruppe an die Einrichtung

Die Art, in der die Zielgruppe ‚schwer erreichbare junge Menschen' charakterisiert wird, verdeutlicht zum einen die Wahrnehmungen und den spezifischen Blickwinkel, unter dem die Befragten die Jugendlichen erleben. Zum anderen werden in den Charakterisierungen der Zielgruppe Interpretationen zu Anforderungen erkennbar, die die Befragten für den Umgang mit diesen Jugendlichen für angemessen erachten; die Beschreibungen sind daher mit einem pragmatischen, handlungsleitenden Impuls verknüpft. Die vielfältigen Kennzeichnungen der Zielgruppe lassen sich in drei kategoriale Muster bündeln:

- Äußerungen, die die Zielgruppe im Kontext von deren Bezug zu Organisationen charakterisieren;
- Äußerungen, in denen die Lebensbedingungen der betroffenen jungen Menschen als das zentrale Kriterium hervorgehoben wird;
- Äußerungen, die die persönlichen Merkmale und Lebenserfahrungen der jungen Menschen in den Mittelpunkt stellen.

‚Schwer erreichbare' Jugendliche werden charakterisiert als solche, *„die uns nur über Umwege, nach langem Suchen erreichen und die Jugendlichen, für die wir noch nicht das passende Angebot haben"*. In Äußerungen dieser Art stehen nicht Eigenschaften des Jugendlichen im Mittelpunkt, sondern es werden Organisationen und deren Bemühen um Adressat/innen zum Ausgangspunkt gemacht. Das Ergebnis der bisher mangelnden Passung zwischen den Angeboten der Organisationen und den Bedürfnissen, Anforderungen und Eigenheiten der Adressat/innen ist der zentrale Aspekt, an dem die Zielgruppe gekennzeichnet wird. Auch in Äußerungen, die Jugendlichen seien *„schon maßnahmemüde"* oder hätten viele Misserfolge zu verkraften, deutet sich, wenn auch weniger deutlich als in dem erstgenannten Zitat, ein Organisationsbezug an. Mit dem Hinweis auf Maßnahmemüdigkeit und mangelnde Erfolge wird die nicht gelingende Passung zwischen Angeboten einerseits und individuellen Eigenheiten und Anforderungen der Jugendlichen andererseits als ein Grund für ‚schwere Erreichbarkeit' angesprochen. Solche Charakterisierungen der Zielgruppe mit einem Bezug zu Organisationen sind in den Interviewäußerungen jedoch deutlich in der Minderzahl. Es dominieren Äußerungen in den anderen beiden Kategorien.

Bei den Charakterisierungen der Zielgruppe, in denen die Lebensbedingungen der jungen Menschen in den Mittelpunkt gestellt werden, stellt das Sozialisationsmilieu eine zentrale Größe dar:

> *„Menschen, die es über Generationen nicht geschafft haben, sich gesellschaftlich zu integrieren"; „Diese Menschen produzieren Faktoren, die sie im gesellschaftlichen Abseits halten und geben das auch an ihre Kinder weiter."*

Die ‚schwere Erreichbarkeit' der Jugendlichen wird interpretiert als Ergebnis schwieriger familiärer Konstellationen, in denen sie aufwachsen mussten: Die Familien hätten keinen Halt bieten können, manchmal seien Elternteile verstorben, wobei die daraus folgende Alleinerziehenden-Situation mit der Verlust-Bewältigung überlagert sei, Suchterkrankungen in der Familie hätten eine angemessene Erziehung erschwert. Dementsprechend hätten die Jugendlichen *„zu Hause nie ankommen können"* und hätten *„keine Regeln bekommen"*. Sie *„konnten tun und lassen, was sie wollen"* und hätten nie den Umgang mit Regeln gelernt. Eine weitgehende Regellosigkeit sei verkoppelt mit der mangelnden Möglichkeit, Bestätigung zu ihrer Person und zu ihren Handlungen zu erhalten. Viele Jugendliche kämen aus Elternhäusern mit jahrelangem Hilfebezug und ohne geregelte Tagesstrukturen:

> *„Ich nenn manchmal so den Begriff der emotionalen Verwahrlosung, also Kids, die alleine gelassen, sich selbst überlassen sind im Prozess ihres Aufwachsens."*

> *„turbulente, verwirrende Dynamik in der Familie, die zu wenig Orientierung und innerfamiliäre Bildung mitgibt"*

In der dritten Kategorie von Charakterisierungen zur Zielgruppe werden Persönlichkeitsmerkmale, Haltungen/Einstellungen und Verhaltensweisen der Jugendlichen ins Zentrum gestellt. Die Jugendlichen werden als perspektivlos gekennzeichnet. Sie hätten viele Ängste, ihnen fehle Selbstvertrauen aufgrund vieler Misserfolge und sie seien überfordert mit der Übernahme von Verantwortung. U.a. aufgrund fehlender Vorbilder und Vorstellungen, wie Berufsleben und selbstbestimmtes Leben aussehen könnten, hätten sie nur wenige Ziele für sich entwickelt und seien wenig motivierbar. Es sei daher schwierig, *„sie für etwas zu gewinnen, was sie auch durchhalten müssen; sie gehen schnell nach dem Lustprinzip, die haben als Kind nicht gelernt, dass man mal was durchhält"*. Die Jugendlichen könnten *„sich nicht festlegen, z.B. Verabredungen nicht einhalten, können keine Zusagen machen"*. Ihr Verhalten sei durch Unverbindlichkeit geprägt.

In der Konsequenz für die Einrichtungen zeige sich das in fehlender Motivation, mit der die Jugendlichen die Mitarbeiter/innen konfrontieren:

> *„Jugendliche kommen an, ohne zu wissen, was sie wollen und warum sie da sind." „Sie trauen sich nichts zu, z.B. beruflich: sie gucken nicht über den Tellerrand hinaus und sind wenig motiviert." „Da sie nur einen Hauptschulabschluss oder keinen Abschluss haben, sind sie wenig motiviert, sich anzustrengen und nach ihren weiteren Möglichkeiten zu schauen." „Jugendliche sind mit etwas anderem beschäftigt, als sie in dieser Lebens- und Entwicklungsphase beschäftigt sein sollten."*

In einer Äußerung wird die mangelnde Motivation als Ausdruck einer durch vielfältige Lebenserfahrungen erzeugten existenziellen Haltung interpretiert: Die Jugendlichen *„trauen sich, dem Leben und den anderen wenig zu"*.

In einigen Interviewäußerungen werden mangelndes Selbstvertrauen und fehlende Motivation als Ergebnis psychischer Problemlagen interpretiert, die sich in psychischen Krankheiten zu verfestigen drohen und die zu Konstellationen führen, in denen kein adäquates Angebot vorhanden ist bzw. keine Passung zwischen Lebenssituation und organisationalen Handlungsprogrammen hergestellt werden kann:

„Angst, soziale Angst also das ist ganz, ganz oft ein Thema." „Heute sind psychische Problemlagen bei schwer Erreichbaren verbreitet. Die mangelnde Problemeinsicht der Jugendlichen führt zu einem nicht vorhandenen Reha-Status. Sie können an keiner Stelle andocken; sie sind zu gesund für psychiatrische Einrichtungen, aber nicht tragfähig für die Jugendberufshilfe."

Äußerungen, in denen darauf verwiesen wird, die Jugendlichen seien in ‚falschen Cliquen', also in Peergroups, *„die nur rumlungern, die sie von Leistungsbereitschaft abhalten"*, bewegen sich zwischen dem Hinweis auf Lebensbedingungen und dem Verweis auf die Merkmale und Haltungen der Jugendlichen. Die ‚falschen' Peergroups verstärken die unmotivierte Haltung der Jugendlichen und stabilisieren somit diejenigen persönlichen Konstellationen bei den Jugendlichen, die den Zugang der Jugendlichen zu Organisationen der Jugendsozialarbeit erschweren.

Die drei kategorialen Schwerpunkte, in die die charakterisierenden Äußerungen zur Zielgruppe eingeordnet wurden, werden in vielen Antworten von den interviewten Personen verkoppelt, in dem sie die Zielgruppe mit dem Hinweis auf ‚Multiproblemkonstellationen' umreißen:

„Keine Tagesstrukturen, Schulprobleme und Folgen daraus: Probleme bei der Wohnungssuche, Probleme mit Drogen, Probleme mit dem Geld, Schulden, Probleme mit der Gesundheit, zunehmend psychische und seelische Probleme bei diesen Jugendlichen, also Depressionen, infolge von Missbrauchserfahrungen diverse andere Probleme. Also es ist schon nicht ein Problem, was so ein Jugendlicher hat, sondern es ist so ne ganze Reihe von Problemen. Und das macht's für die Jugendlichen quasi gar nicht möglich, sich auf das Ziel Ausbildung zu konzentrieren. Die beschäftigt was ganz anderes, nämlich das ganze Leben auf die Reihe zu kriegen."

Die von den Interviewpartner/innen genannten Anforderungen an die Einrichtungen der Jugendsozialarbeit, mit denen diese den vorher genannten Charakteristika der Zielgruppe entsprechen sollen, lassen sich den o.g. drei kategorialen Mustern zuordnen: Anforderungen an organisationale Handlungsprogramme – Anforderungen zur Einflussnahme auf die Lebensbedingungen der jungen Menschen – Anforderungen zum Umgang mit den persönlichen Eigenschaften, Haltungen und Verhaltensweisen der jungen Menschen.

Am wenigsten benannt wurden Anforderungen zur Einflussnahme auf die Lebensverhältnisse der jungen Menschen. Hier wurde lediglich in allgemeiner Form darauf verwiesen, dass es wichtig sei, sich nicht nur auf die berufsorientierenden und für berufliche Tätigkeit/Ausbildung qualifizierenden Angebote zu beschränken, sondern darüber hinaus umfassend an den *„privaten Problemen"* der Jugendlichen zu arbeiten. Auch die Begründung für das Angebot gemeinsamer Reisen und Ausflüge, dass auf diese Weise die Jugendlichen ‚ganzheitlich' angesprochen werden könnten, deutet auf das Bemühen, die Lebensverhältnisse der Jugendlichen in das Handeln der Einrichtung einzubeziehen. Dieses Plädoyer für den Einbezug der Lebensverhältnisse der Jugendlichen in das Handeln der Organisation wird hier jedoch konzeptionell nicht weiter konkretisiert. Die von einigen Interviewpartner/innen angesprochene *„Lebensweltorientierung"* zielt weitgehend auf die Fähigkeit der Fachkräfte, die Jugendlichen und ihr Verhalten zu verstehen und dieses ‚Fallverstehen' als Hintergrund ihres Handelns zu handhaben: für erforderlich gehalten wird ein *„realistischer Blick auf die Lebenswelt der Kinder und Jugendlichen"* und die Fachkräfte sollen *„verstehen, dass die Strategien der Kinder und Jugendlichen Sinn machen"*.

Dass dieser Anforderungsbereich der Einflussnahme auf die Lebensverhältnisse in solch geringem Umfang und lediglich relativ allgemein benannt wird, spiegelt zum einen die berufsorientierte primäre Ausrichtung der JSA-Organisationen wider, bei der zwar ein Blick auf die Lebensverhältnisse selbstverständlich erscheinen mag, was jedoch in den organisationalen Handlungsoptionen kaum eine Erweiterung auf die Lebenswelt der Jugendlichen herausfordert. Zum anderen werden aber auch diejenigen Organisationen, die möglicherweise stärker lebensweltbezogene Handlungsweisen herausbilden wollen, durch die finanziellen Förderungsbedingungen eingeschränkt. So wird in Interviewäußerungen darauf hingewiesen, dass Fördermittelzweck und Problemlagen/Bedarf der Jugendlichen differieren, und zwar sowohl im Hinblick auf die Möglichkeiten, an Lebenssituationen der Jugendlichen umfassender zu arbeiten, als auch im Hinblick auf eine mangelnde Flexibilität, auf die im Lebensverlauf der Jugendlichen entstandenen persönlichen Faktoren ausreichend eingehen zu können:

> *„Wir haben ein Angebotsspektrum, das einem Fördermittelzweck entsprechen muss, und der Fördermittelgeber hat eine bestimmte Kategorisierung, die eine gewünschte Förderung dieser Jugendlichen erforderlich macht, das wird den Problemlagen nicht ausreichend gerecht, weil es ausblendet, dass diese Biografieverläufe nicht diese lineare Konstante haben."*
> *„Die Fördermittelgeber haben ein bestimmtes Instrumentarium, das diese Förderzusage nur bis zu einem bestimmten Grad an Vernachlässigung akzeptiert, wenn die erreicht ist, ist das Ende der Maßnahme erreicht und das ist kontraproduktiv."*

Anforderungen an organisationale Handlungsprogramme werden thematisiert, wenn die Interviewpartner/innen die Niedrigschwelligkeit der Einrichtung sowie die individuelle Ausrichtung und die Flexibilität in den Angebotsmöglichkeiten und im pädagogischen Umgang mit den Jugendlichen ansprechen. Die Einrichtungen könnten die Jugendlichen am ehesten dann erreichen, wenn sie *„andere Wege finden als die, die üblicherweise gegangen werden“*. Denn die Ausrichtung an den individuellen biografischen Verläufen der Jugendlichen erfordere Flexibilität bei den Handlungsprogrammen: *„Wir können jemandem, der beispielsweise keine Arbeitsbiografie hat, nicht vom ersten Tag an abverlangen, dass er pünktlich, zuverlässig, kontinuierlich mitarbeitet.“* Solche flexiblen, zum Teil ungewöhnlichen Wege seien zu suchen in *„niedrigschwelligen Angeboten mit sehr geringen Anforderungen, die Erfahrungen der Selbstwirksamkeit vermitteln“*, in Ansätzen der aufsuchenden Arbeit sowie in einer individuellen Ausrichtung der Angebote und des pädagogischen Handelns, was viel Flexibilität innerhalb der Organisation erfordere. Die individuelle Ausrichtung des Handelns mache einen differenzierten Blick auf jeden Einzelnen notwendig; die Organisation müsse *„schauen, dass es eine Pädagogik der Passung gibt“*. In Verbindung damit steht die von einigen Interviewpartner/innen hervorgehobene organisationskulturelle Herausforderung, eine Grundhaltung in der Organisation zum Tragen zu bringen: *„Türen offen halten“* mit dem Signal an die Jugendlichen *„ihr seid immer willkommen“*, *„es wird hier niemand aufgegeben“*. Dazu soll die Organisation persönliche Beziehungen ermöglichen und fördern. *„Halt, Struktur und menschliche Beziehung und Wärme“* werden als Elemente gekennzeichnet, die die Organisation in ihren Handlungsprogrammen hervorbringen sollte. Das Interesse am Jugendlichen und die Beziehung, deren Kennzeichnung zwischen den Hinweisen auf freundschaftlich geprägte Beziehungen und *„Sozialarbeiter als Elternersatz bei Sorgen und Nöten der Jugendlichen“* schwankt, sollen einen *„respektvollen Umgang“* als Teil der Organisationskultur unterstützen:

> *„Die müssen schon merken, dass man wirklich mit denen arbeiten will, dass man die achtet, dass man sich auf eine Stufe mit denen stellt, die wollen eher ein Kumpelverhältnis, als so Ausbilder Lehrer Jugendlicher.“*

Der dritte in den Interviews genannte Bereich der Anforderungen an Organisationen der Jugendsozialarbeit (Anforderungen zum Umgang mit den persönlichen Eigenschaften, Haltungen und Verhaltensweisen der jungen Menschen) hat zum einen methodische Implikationen, indem auf die notwendige Suche nach ‚Stärken‘ und möglichen Erfolgserlebnissen bei dem/der Jugendlichen angesprochen wird, und zielt zum anderen auf pädagogische Haltungen bei den Organisationsakteur/innen, mit denen die Haltungen und Verhaltensweisen der Jugendlichen positiv beeinflusst werden sollen. Das Bemühen und der Anspruch, möglichst jeden zu erreichen, setzen im methodischen Handeln voraus, dass die Fachkräfte sich über mögliche Stärken bei dem/der Jugendlichen Gedanken machen und entsprechende Anknüpfungspunkte suchen:

> *„Weil meine Überzeugung ist, dass die bei jedem noch irgendwo sind und vielleicht verborgen, verpanzert unter einer harten Schale, ja nach außen cool sein zu müssen oder sich ... ja, von der normalen Umwelt abgrenzen zu wollen. Also wo ist der Punkt? Wo erreicht man den noch? Wo kann man sie ansprechen, begeistern, motivieren?"*

Wenn solche Anknüpfungspunkte bei den Jugendlichen gefunden werden, erweitert sich die Chance, dass die Jugendlichen sich Erfolgserlebnisse verschaffen und bisher erlebte Misserfolgsketten zumindest ansatzweise durchbrechen können. Auf diese Weise kann eine elementare Motivation für einen Neuanfang erzeugt werden. Dann kann man *„auch noch mal einen neuen Versuch starten, auch wenn schon sehr, sehr viel schief gegangen ist"*.

Im Hinblick auf die beim Jugendlichen zu erzeugenden Haltungen wird in vielen Interviews in unterschiedlichen Varianten die Anforderung eingebracht, die Einrichtung müsse *„Vertrauen aufbauen"* bei dem/der Jugendlichen. Die Formel ‚Vertrauen aufbauen' bleibt in den Interviews unspezifisch, aber es wird erkennbar, dass hier eine Art ‚Grundvertrauen' als Lebenshaltung der Jugendlichen angesprochen wird. Dahinter scheint sich die Erfahrung zu verbergen, dass die ‚schwer erreichbaren jungen Menschen' vielfältige Erfahrungen mit Organisationen und mit Menschen aus ihrer Umwelt gemacht haben, die in ihnen ein Grundvertrauen in ihre Umwelt (und damit auch in Organisationen, zu denen sie mehr oder weniger freiwillig Kontakt aufnehmen) nur begrenzt hat aufkommen lassen, und dass daher die Organisation ein solches Grundvertrauen bei dem/der Jugendlichen fördern muss, damit er/sie sich den Angeboten der Organisation öffnen kann. In dem häufigen Verweis auf ein zu schaffendes Vertrauen der Jugendlichen lassen die Interviewpartner/innen erkennen, dass die Anforderungen an die Organisationen über fachlich kompetent gestaltete Angebote hinausgehen und dass sie die persönliche Ebene der Haltungen und der durch Haltungen geprägten Verhaltensweisen in ihr pädagogisches Handeln einbeziehen müssen.

Neben den drei Schwerpunkten in den benannten Anforderungen an die JSA-Organisationen wird in einigen Äußerungen auch ein gewisses Maß an Ratlosigkeit angesichts der Problemhäufungen bei den Jugendlichen artikuliert:

> *„Die haben so viele Sachen drumherum in ihrem Leben gehabt, dass die gar nicht mehr anders können. Und da fängt man natürlich bei manchen*

nach 20 Jahren erst an jetzt aufzuräumen. Und so grundlegende Dinge aus der Kindheit können wir natürlich auch nicht mehr ändern und wahrscheinlich auch niemand anders mehr. Da muss man natürlich dann irgendwelche anderen Möglichkeiten finden.“

Diese Ratlosigkeit wird dann teilweise verkoppelt mit dem Verweis darauf, dass die Jugendsozialarbeit bereits zu spät ansetze: Dann werden andere Organisationen und Handlungsansätze (insbesondere Schule und Schulsozialarbeit) als primär zuständig erklärt.

7.2.2 Faktoren innerhalb der Einrichtung

Die Interviewfragen zu den Faktoren innerhalb der Einrichtung zielen auf eine Betrachtung der Strukturen und der Handlungsprogramme der Organisation sowie auf deren Bewertung unter der Fragestellung, ob und in welcher Weise diese zum Erreichen der Zielgruppe beitragen:

- Wie stellt sich die Organisation auf die Anforderungen zum Erreichen der Zielgruppe ein?
- Welche für das Erreichen der Zielgruppe förderlichen und hinderlichen Faktoren in der Organisation werden identifiziert?
- Welche Vorstellungen existieren zur Qualifikation und zur Kompetenz derjenigen Organisationsakteur/innen, die im unmittelbaren Arbeitskontakt zu den Jugendlichen stehen?

Die interviewten Personen nannten verschiedene organisationale Maßnahmen, Angebote und strukturelle Gestaltungselemente, mit denen die Organisationen sich auf ‚schwer erreichbare junge Menschen‘ mit ihren Lebenserfahrungen und Verhaltensweisen einstellen:

- der Versuch, über ‚niedrigschwellige Angebote‘ die Zielgruppe zu erreichen und durch eine Ausweitung der Angebote die unterschiedlichen Lebensbereiche der Jugendlichen einzubeziehen und sich nicht auf Angebote im Kontext von Berufsorientierung/Arbeit/Ausbildung zu beschränken. Für eine solche breitere Ausrichtung der Angebotsstrukturierung wurden allerdings finanzielle Begrenzungen aufgrund mangelnder Förderungsmöglichkeiten über öffentliche Haushalte als Hindernis benannt.
- möglichst weitgehende ‚Niedrigschwelligkeit‘ als Gestaltungsprinzip für die Jugendsozialarbeitsangebote: u.a. im Hinblick auf Zugangsmöglichkeiten für Jugendliche (keine ‚formalen Hürden‘ etc.), Flexibilität beim

Wechsel des Arbeitsbereichs/der Werkstatt, flexible Angebote mit Möglichkeiten des leichten Übergangs in andere Maßnahmen.

- Programme/Maßnahmen für psychisch kranke oder psychisch besonders belastete Jugendliche: zum einen im Rahmen eines eigenen, auf diese spezifische Zielgruppe ausgerichteten Angebots innerhalb einer eigenen, von anderen Organisationsteilen abgrenzbaren Organisationseinheit, zum anderen als eine Ausdifferenzierung, die aber innerhalb des Gesamtangebots integriert ist. *(„Für die Zielgruppe der Jugendlichen mit psychischen Problemen befinden wir uns natürlich noch im Aufbau. Also wir haben da als Lösungsvorschlag eben kein Gruppenangebot oder nur vereinzelt gezielte Kleingruppenangebote, sondern konsequent eben diesen individuellen Ansatz. Und da auch die Zusammenarbeit mit Fachdiensten, sowohl auf der Jugendberufshilfeseite als auch auf der Seite der Angebote für psychisch Kranke. Und das eben zusammenzubringen und zu gucken, an welcher Stelle können wir was nutzen und gibt es vielleicht auch Möglichkeiten, das länger zusammenzubringen.")*
- kleine, überschaubare Gruppen mit zusätzlichem ‚Stützunterricht' und Möglichkeiten zur individuellen Förderung.
- klare Tagesstrukturierung: *„die Jugendlichen brauchen eine klare Struktur und die schaffen wir durch Tagesstrukturierung, eine klare Linie"*.
- Probearbeiten, um Motivation und Interessen schon vor Angebotsbeginn abzuprüfen: *„Weil wir halt gemerkt haben, wenn wir das nicht tun … Also viele fühlen sich halt auch unter Druck gesetzt, sag ich mal von Eltern, von Familienhelfern, auch vom Jobcenter teilweise, wenn es dann ums Geld geht, und stehen dann hier, weil sie es müssen in Anführungsstrichen. Und dafür haben wir halt erst mal diese Probearbeitstage eingerichtet. Dann können wir gucken, funktioniert das mit dem Jugendlichen und der Jugendliche kann halt auch gucken ‚ist das was für mich, komm ich mit den Leuten klar, komm ich mit dem Personal klar, komm ich mit dem Umfeld klar?'"*
- Aktivitäten, die außerhalb des ‚Arbeitsalltags' Entwicklungen auf der ‚Beziehungsebene' ermöglichen und fördern: erlebnispädagogische Angebote.

Bei den Bestrebungen, durch zielgruppenbezogene Handlungsprogramme und Alltagsstrukturierungen den Eigenheiten der Zielgruppe zu entsprechen und diese an die Angebote heranzuholen bzw. sie zum Bleiben zu veranlassen, werden jedoch auch Spannungsfelder/Widersprüche deutlich, die ein kontinuierliches, reflektiertes Ausbalancieren erforderlich machen. So wurde bei allen Bemühungen um Niedrigschwelligkeit auch darauf hingewiesen, dass bestimmte Anforderungen an Jugendliche aus dem Charakter einer Maßnahme resultieren und nicht umgangen werden könnten *(„wir sind kein Jugendclub"; „manche halten es denn auch nicht aus und brechen ab und müssen gehen, aber dann ist das halt so")* und dass selbst leichte Anforderungen für bestimmte Jugendliche als eine Zugangsschwelle wirken würden *(„Wir sind schon das richtige Angebot, aber für manche eben auch zu viel").* Die individuelle Ausrichtung der Angebote wird auch nur begrenzt zu ermöglichen sein, denn interne Differenzierungsmöglichkeiten geraten in Spannung zur gruppenorientierten Gestaltung, was das Austarieren des Anforderungsniveaus zu einer schwierigen Aufgabe macht: *„Einige, ich weiß nur, äußern sich so, dass es ihnen zu wenig Anspruch hat in der Jugendwerkstatt, den anderen ist es zu viel, die schaffen die Anforderungen wieder nicht."* Einerseits wird eine klare, transparente Tagesstruktur mit entsprechenden Regeln für notwendig erachtet, um den Jugendlichen Orientierungen zu geben und sie allmählich an Arbeitsmodalitäten heranzuführen, andererseits sind sich die Interviewpartner/innen bewusst, dass solche Strukturen und Regeln eine partiell ausgrenzende Wirkung gerade für einige Jugendliche aus der Zielgruppe haben können (konfrontiert mit den Regeln *„bleiben die dann weg"*). Die Tätigkeit eines Psychologen/einer Psychologin in der Organisation eröffnet einerseits Optionen, die persönlichen Probleme von Jugendlichen zu bearbeiten, und schafft handlungsorientierte Beratungsmöglichkeiten für Sozialpädagog/innen und Fachbetreuer/innen, erzeugt aber andererseits auch Abgrenzungstendenzen bei Jugendlichen: *„Wenn die schon hören das Wort Psychologe, dann kochen die richtig hoch."* Die Handlungen, Strukturgestaltungen und Angebote für die Zielgruppe sind also mit vielfältigen Widersprüchlichkeiten und Ambivalenzen durchzogen, die in der Organisation sorgsam beobachtet und immer wieder neu ausbalanciert werden müssen, weil sie sich in ihrer Dynamik immer wieder anders ausprägen.

Ein weiterer Schwerpunkt in den Interviewaussagen richtet sich auf das ‚Organisationsklima', das den Jugendlichen ein Maß an Anbindung an die Organisation ermöglicht, damit sie in der Organisation gehalten und allmählich für pädagogische Angebote zugänglich werden können. Das implizite ‚Leitbild', das von den Akteur/innen einer Organisation beispielhaft genannt wird – *„Schön, dass Du da bist!"* – muss für die Jugendlichen im Alltag erfahrbar gemacht werden. *„Die Jugendlichen brauchen ein ‚zweites Zuhause': ein Platz, wo du immer hinkommen kannst, wo du immer willkommen bist, wo du sicher bist, wo du versorgt bist, wo jemand ist, der sich wirklich dafür interessiert, wie es dir geht".* Dafür werden zum einen Abläufe und Rituale geschaffen, die über die sachliche Ausrichtung der Maßnahmen hinausgehen, so insbesondere gemeinsame Mahlzeiten und Essensversorgung. Zum Zweiten sind personale Faktoren bedeutsam, indem die Mitarbeiter/innen persönlich geprägte pädagogische Beziehungsoptionen eröffnen. Zum Dritten wird in einigen Organisationen Wert gelegt auf das

Herausbilden einer eigenen Peergroup innerhalb der Einrichtung, damit die Jugendlichen in dieser Peergroup einen Halt finden (z.B. *„gemeinsam die Ausbildung durchhalten“*) und sich gegenüber den Cliquen im Stadtteil abgrenzen können. Damit ein solches Organisationsklima entstehen kann, bedarf es zum einen einer förderlichen Haltung bei den Leitungspersonen *(„flexibel, offen, hellhörig, aufmerksam“)* und zum anderen der Mitarbeiterpartizipation, bei der die Mitarbeiter/innen reale Mitwirkungsmöglichkeiten bei der Organisationsgestaltung haben und Entscheidungsfreiheiten zugestanden bekommen und gleichzeitig Unterstützung bei der Bewältigung ihrer Aufgaben in den Gruppen und in der individuellen Arbeit mit Jugendlichen erhalten.

Als für das Erreichen der Zielgruppe förderliche Bedingungen in der eigenen Organisation wurden von den Interviewpartner/innen unterschiedliche Faktoren genannt, denen zum Teil eine organisationsübergreifende Bedeutung zugesprochen wird und die zum anderen Teil als Reflex von jeweils organisationsspezifischen Konstellationen zu betrachten sind. Die Faktoren sind gewonnen aus den Erfahrungen in der jeweils eigenen Organisation und spiegeln somit zunächst den Erfahrungsbestand aus den acht mit dem Forschungsprojekt kooperierenden Organisationen wider, lassen sich aber sicherlich als eine darüber hinausgehende Reflexionsfolie für andere Organisationen der Jugendsozialarbeit ansehen. Als förderliche Faktoren werden insbesondere genannt:

- Verlässlichkeit in der Tagesstruktur und in den persönlichen Bezügen zu den Mitarbeiter/innen;
- gemeinsame Rituale (u.a. Mahlzeiten);
- flexibler Aufbau von Arbeits- bzw. Anwesenheitszeiten;
- umfassende Öffnungs- und Ansprechzeiten;
- günstiger Standort mit guter Erreichbarkeit;
- positive Peergroup;
- feste Regeln;
- Haltungen von Mitarbeiter/innen: Respekt vor der Lebenswelt der Jugendlichen – Spaß bei der Arbeit – Glaube an den Willen der Jugendlichen – aushalten können, dass Jugendliche auch mal einige Zeit weg bleiben;
- personelle Kontinuität;
- geregelte kollegiale Beratung und Supervision;
- Praxisbezug und Kundenkontakt, die auch im Erleben der Jugendlichen *„sinnvolle Arbeit“* ermöglichen; Bestätigung über den Kundenkontakt, Fertigung für einen Abnehmer *(„deshalb nennen wir den Kunden auch unseren dritten Pädagogen“)*;

- ausreichende und flexible Finanzierungsmodalitäten (als ‚vorhanden' lediglich von einer Organisation angegeben).

Als förderlich und in der eigenen Organisation realisiert werden also sowohl Faktoren auf der personenbezogenen Ebene der Mitarbeiter/innen als auch Elemente der Organisationsgestaltung und des Umgangs mit Umweltfaktoren. Einige von den Interviewpartner/innen genannten Elemente sind aufeinander verwiesen (z.B. personelle Kontinuität in partieller Abhängigkeit von Finanzierungsmechanismen), und bei einigen besteht der bereits angesprochene Spannungscharakter zwischen einzelnen Faktoren (z.B. zwischen festen Regeln und flexiblem Aufbau von Arbeits- und Anwesenheitszeiten oder zwischen Flexibilität und Anbindung an Kundenkontakte mit dem damit einhergehenden ‚Produktionsdruck').

Neben den förderlichen wurden auch vielfältige Faktoren in der Organisation benannt, die das Erreichen der Zielgruppe erschweren und in denen teilweise die Ambivalenz zu den als förderlich bezeichneten Faktoren zum Ausdruck kommt:

- Regeln, Hausordnung, festes Stundenpensum pro Tag;
- fehlende Konsequenzen und fehlende Umgangsmöglichkeiten mit Regelverletzungen;
- keine oder zu geringe Wahlmöglichkeiten der Jugendlichen zum Arbeitsbereich;
- weitgehende Ausrichtung auf eine Komm-Struktur;
- Bindung der Finanzierung an die Teilnehmerzahl;
- umfangreiche Dokumentationspflichten;
- aufgrund der Abhängigkeit von Ausschreibungen mangelnde Kontinuität bei den Kooperationspartnern;
- zu große Konzentration auf berufliche Hilfen/Unterstützung bei zu geringer Aufmerksamkeit gegenüber den zunächst zu klärenden ‚existenziellen Problemen' der Jugendlichen;
- Grenzen eines offenen Beratungskonzepts, bei dem der *„Kontakt nicht engmaschig genug"* ist;
- hohe Anforderung, viele unterschiedliche Jugendliche mit vielfältigen individuellen Betreuungsbedürfnissen und teilweise großem Betreuungsaufwand im Blick haben zu müssen;
- fachlich: fehlende Erfahrung im Umgang mit psychischen Erkrankungen und mit den damit einhergehenden fachlichen Aufgaben;
- der Widerspruch zwischen hohen Anforderungen an die Mitarbeiter/innen einerseits und den unsicheren Arbeitsverhältnissen andererseits;

- innerhalb der Organisation: mangelnde Transparenz bei Entscheidungen und Ambivalenzen, die mit einer ‚starken Leitungsperson' einhergehen.

Im Vergleich zu den förderlichen werden bei den hinderlichen Faktoren deutlicher Aspekte auf der organisationalen Ebene und der Umweltbedingungen benannt, während Faktoren, die der personenbezogenen Ebene zuzuordnen sind, weniger intensiv artikuliert werden. Es werden personenbezogen – neben Grenzen in der fachlichen Kompetenz (Umgang mit psychischen Erkrankungen) – vor allem Faktoren der Arbeitsbelastung (Komplexität der Aufgaben; hohe Anforderungen versus unsichere Arbeitsverhältnisse) benannt, die jedoch weniger den Individuen angelastet werden können, sondern wiederum auf Konstellationen des Handlungsfeldes verweisen, denen die Individuen ausgesetzt sind und in denen sie sich bewähren müssen.

Bei den Anforderungen für das Erreichen der Zielgruppe und bei den förderlichen Faktoren wurden immer wieder die Qualifikationen und die persönliche Eignung der Mitarbeiter/innen hervorgehoben. Insbesondere bei der Zielgruppe der ‚schwer erreichbaren jungen Menschen', die vielfältige Misserfolge und häufig mangelnde Passungen zwischen ihren Bedürfnissen und organisationalen Angeboten erlebt haben, scheint das personale Element zum Herstellen von Erreichbarkeit besonders wichtig zu sein. Bei diesem personalen Element haben in den Antworten der Befragten die persönlichen Eignungsfaktoren eine hervorgehobene Bedeutung: Lebenserfahrung, *„als Person gefestigt sein"* – Geduld, Gelassenheit, Ausdauer, *„extrem tolerant"* sein, einfühlsam, *„stoisch sein"*, Ruhe vermitteln – Flexibilität, Kreativität – Wertschätzung gegenüber den Jugendlichen, ihnen *„auf Augenhöhe begegnen"* können – nicht zu sensibel/empfindlich sein – authentisch sein und auftreten. In den Äußerungen zu den persönlichen Eignungsfaktoren kommt die Erwartung zum Ausdruck, dass die Mitarbeiter/innen ein spezifisches Interesse am jeweiligen jungen Menschen haben – analog zu der in einer Organisation artikulierten Leitorientierung „Schön, dass Du da bist!" oder der Grundhaltung „Ihr seid willkommen!". Nur in einer Interviewäußerung findet man demgegenüber das markante Plädoyer für professionelle Distanz *(„Es ist die Entscheidung des Einzelnen, was er mit der Beratung macht"; „ich muss es dem Jugendlichen überlassen, ob er die Hilfe annimmt oder nicht, wenn er es lässt, dann lässt er es und dann hat das seine Gründe und dann hat es nichts mit mir oder meiner Person zu tun").* Angesichts der Bedeutung persönlicher Faktoren für die Arbeit mit der Zielgruppe, die die interviewten Personen vielfach hervorgehoben haben, erscheint es bemerkenswert, dass in den Interviews kaum auf die Notwendigkeit professioneller Distanz als für die Arbeit erforderliche Haltung hingewiesen wurde.

Neben solchen personenbezogenen Eignungsfaktoren werden fachliche Qualifikation und pädagogische Ausbildung sowie der Erwerb methodischer Kompetenzen (biografieorientierte Methoden, vgl. Hölzle/Jansen 2011; Umgang mit psychischen Auffälligkeiten; Fähigkeiten zur gezielten Kooperation mit anderen Organisationen etc.) zwar ebenfalls als notwendige Voraussetzung benannt, aber es entsteht der Eindruck, dass die persönlichen Eignungsfaktoren nicht nur als gleichwertig zu den fachlichen Qualifikationen gesehen werden, sondern im Vergleich sogar für entscheidender gehalten werden, wenn es um den Umgang mit der Zielgruppe geht.

Den Mitarbeiter/innen als besonderen Persönlichkeiten wird eine hervorgehobene Bedeutung zugesprochen: *„Das Konzept muss mit Persönlichkeiten gefüllt werden."* Neben dem Konzept, dessen Realisierung spezifischer Persönlichkeitsprofile bedarf, ist auch für die Beziehungsarbeit zu den Jugendlichen ein bestimmter Persönlichkeitstypus gefragt, da das weitere Arbeiten mit dem Jugendlichen von einem personengeprägten Bezug abhängig ist: *„Entweder man findet ne Bindung zu demjenigen oder eben nicht."* Ferner wird an Mitarbeiter/innen die Anforderung gerichtet, sensibel zu sein für die Eröffnung von Handlungsmöglichkeiten und dann einzelfallbezogen schnell die angemessene Intervention zu finden: *„Wenn man bei diesen Jugendlichen ein Zeitfenster verpasst, dann ist das nächste auch schon wieder zu."*

Für die Arbeit mit ‚schwer erreichbaren jungen Menschen' scheint ein bestimmter Typus von Mitarbeiter/innen benötigt zu werden: fachlich qualifiziert, aber – scheinbar noch bedeutsamer – persönlich belastbar und mit persönlichen Eigenschaften ausgestattet, die man nur in begrenztem Ausmaß gezielt erwerben kann, die aber für den Umgang mit diesen Jugendlichen als ein zentraler Erfolgsfaktor herausgestellt worden sind. Damit ein solcher Typus von Mitarbeiter/innen zu der Einrichtung findet und dort verbleibt, bedarf es einer entsprechenden Organisationskultur, die für ein ausreichendes Maß an Passung zwischen Organisation und diesem Typus von Mitarbeiter/innen sorgt. Wenn der skizzierte Typus von Mitarbeiter/innen sich in der Organisation verankern will und länger dort verbleibt, wird er wiederum durch sein Handeln und seine Haltungen die Organisationskultur in einer Weise beeinflussen, die sein weiteres Verbleiben dort ermöglicht und andere potenzielle Mitarbeiter/innen mit ähnlichen Haltungen und persönlichen Dispositionen anzieht – ein Prozess der wechselseitigen Verstärkung, der jedoch nur dann in Gang gesetzt werden kann, wenn basale Rahmenbedingungen solche Entwicklungsprozesse nicht bereits im Keim ersticken. Hier sind insbesondere Finanzierungsregelungen, die lediglich eine geringe Bezahlung der Fachkräfte vorsehen und auf enge

Befristungen von Arbeitsverhältnissen ausgerichtet sind, sowie weitere mit der Finanzierung verkoppelte, wenig Flexibilität ermöglichende Programmauflagen als begrenzende Faktoren in den Blick zu nehmen.

7.2.3 Faktoren im Umfeld der JSA-Organisation

Einrichtungen der Jugendsozialarbeit sind eingebettet in ein interorganisationales Bezugsfeld. Sie müssen Kooperationsbezüge zu anderen Organisationen aufbauen und funktionsfähig halten, damit die Organisation ihre Ziele realisieren kann. Für die Hinführung der Jugendlichen zu Ausbildung und Arbeitsmarkt sowie für das Erreichen unterschiedlicher Zielgruppen bedarf es der interorganisationalen Kooperation und die Existenz der Organisation hängt ab von der Bereitschaft der organisationsrelevanten Umwelt, materielle Ressourcen zur Verfügung zu stellen und immaterielle Ressourcen (insbesondere Legitimation) zuzusprechen. Daher ist bedeutsam, welche Organisationen im Umfeld die JSA-Organisationen für ihre Zielrealisierung und für ihre Existenz als maßgeblich betrachten, welchen Stellenwert nach ihrer Wahrnehmung das Erreichen der Zielgruppe bei den als wichtig erachteten externen Organisationen einnimmt sowie wie JSA-Organisationen ihre eigenen Kooperationsbezüge zu den besonders relevanten externen Organisationen einschätzen.

Bei der Frage, welche externen Organisationen die Befragten als für die eigene Einrichtung besonders bedeutsam ansehen, wurde die Entscheidung der Forschungsgruppe, sich bei den Interviews mit relevanten Organisationen aus der Umwelt auf Jugendamt und Jobcenter zu konzentrieren, bestätigt. Diese beiden Organisationen wurden mit Abstand als die wichtigsten Organisationen im Umfeld hervorgehoben (jeweils 16 Nennungen). Mit einigem Abstand dahinter wurden Schulen/kommunales Bildungsdezernat, die Arbeitsagentur und Ausbildungsbetriebe benannt (jeweils 6 Nennungen). Mit wenigen (1 bis 3) Nennungen wurden dann noch versehen: Beratungsstellen, Soziale Dienste, Sozialamt, Wohnungsbaugesellschaft, Polizei, Notschlafstelle, Psychotherapeut/innen, andere Träger der Jugendsozialarbeit im Umfeld, eine im Zusammenhang der Finanzierung tätige Bank, die überregionale und übergeordnete Stelle des eigenen Trägers.

Die Anforderungen des Jobcenters im Hinblick auf das Erreichen der Zielgruppe werden unterschiedlich eingeschätzt: Der größere Teil der Befragten geht von einem relativ großen diesbezüglichen Interesse und einer entsprechenden Erwartung an die eigene Organisation aus, während einige Befragte in ihrer Einschätzung unsicher sind. Die in ihrer Einschätzung Unsicheren beziehen sich vorwiegend auf die einzelnen Fallmanager/innen, denen sie im Einzelfall eine entsprechende Erwartung zusprechen, sie wollen oder können jedoch keine Aussage machen zu den Erwartungen des Jobcenters als Organisation. Insgesamt vermuten die Befragten ein relativ großes Interesse des Jobcenters daran, dass die Einrichtung die Zielgruppe erreicht, denn es werde der JSA-Organisation die Erwartung entgegengebracht, dass sie diejenigen jungen Menschen erreicht, *„an denen sich das Jobcenter schon länger die Zähne ausbeißt"*. Die JSA-Organisationen füllen in ihrer eigenen Wahrnehmung eine Lücke: Jobcenter – und mit Einschränkungen auch das Jugendamt – sähen in der JSA-Organisation eine Möglichkeit, dass eventuell diejenigen Jugendlichen noch erreicht werden, die von ihnen selbst nicht oder nicht mehr erreicht werden. Die Zusammenarbeit mit den Jobcentern hat eine erhebliche Bedeutung für die JSA-Organisationen. Dementsprechend müssen sie sich zum einen den dort vorherrschenden administrativen Gegebenheiten anpassen (z.B. Ausrichtung an Vermittlungsquoten als Erfolgsmaßstab) und mit den zum Teil als widrig empfundenen Gegebenheiten umgehen (z.B. personelle Diskontinuität beim Jobcenter). Zum anderen schlägt sich die hohe Bedeutung der Jobcenter in verstärkten Bemühungen der JSA-Organisationen nieder, in Aushandlungen die Besonderheiten der Zielgruppe ins Bewusstsein zu bringen und für eine größere Flexibilität bei entsprechenden zielgruppenbezogenen Maßnahmen/Angeboten zu werben. Von einigen Einrichtungsrepräsentant/innen wurde zum Ausdruck gebracht, dass mit dem jeweiligen Jobcenter eine gute Kooperation aufgebaut werden konnte, aufgrund derer sich auch relativ flexible und manchmal eher unkonventionell erscheinende Angebote verabreden ließen. Hier scheint es sehr auf die jeweiligen örtlichen personellen Konstellationen und auf allmählich in der Kooperation gewachsene gegenseitige Erfahrungen anzukommen.

Das Jugendamt als Umweltfaktor hat in den Einschätzungen der Befragten eine ambivalente Bedeutung. Das Jugendamt erhält dann einen höheren Stellenwert, wenn die JSA-Organisation in einem ihrer Handlungsbereiche vom Jugendamt finanziert wird (z.B. im Kontext der Hilfen zur Erziehung) oder wenn die Arbeit des Trägers in die Hilfen zur Erziehung hineinreicht; in solchen Fällen werden auch die Kooperationskontakte zum Jugendamt als gut bewertet, wobei dann insbesondere die gute Kooperation bei der Arbeit an und mit Einzelfällen hervorgehoben wird. Wenn es jedoch im engeren Sinne um berufsbezogene Jugendsozialarbeit geht, wird lediglich von den Organisationsakteuren eines Trägers von expliziten Erwartungen des Jugendamtes an die JSA-Organisation berichtet; dabei handelt es sich um einen rechtlich eigenständigen Träger, der aber in seiner Struktur durch eine intensive Nähe zum öffentlichen Träger gekennzeichnet ist. Ansonsten schwanken die Äußerungen der Organisationsakteur/innen zwischen einem nur gering bis gar nicht wahrgenommenen Interesse und Gleichgültigkeit des Jugendamtes im Hinblick auf Jugendsozialarbeit generell und auf die Zielgruppe der ,schwer Erreichbaren' speziell.

Bei einem Großteil der Äußerungen der Befragten erscheint das Jugendamt als eine Organisation, die zwar formal ,irgendwie zuständig' ist für Jugendsozialarbeit und für die Zielgruppe, sich aber faktisch aus dieser Zuständigkeit weitgehend herausgezogen hat. Obwohl die generelle Zuständigkeit auch Menschen im jungen Erwachsenenalter einbezieht, scheint die Altersgrenze von 18 Jahren mit dem Signal verbunden, dass eigene Aktivitäten hier kaum mehr erforderlich seien: *„wer schon in die Berufsschule geht, den interessiert das Jugendamt nicht mehr"* – oder es wird verwiesen auf eine schwierige Kooperation, weil *„die Jugendlichen zu alt sind"*. Viele Befragte nehmen Jugendämter so wahr, dass diese mit der Begrenzung auf das Alter von 18 Jahren sich aus der eigenen Zuständigkeit für Jugendsozialarbeit faktisch zurückziehen. Dementsprechend werde zwar vom Jugendamt das Bemühen der Einrichtungen um die Zielgruppe der ,schwer erreichbaren jungen Menschen' positiv beobachtet, jedoch kaum mit einer eigenen, aktiv zu bewältigenden Zuständigkeit des Jugendamtes in Verbindung gebracht.

> *„Das Jugendamt hat diese Zielgruppe aus den Augen verloren." „Die genannten Problemlagen sind bekannt, aber es gibt in keinster Weise Gegenstrategien." „Schwer erreichbare Jugendliche ist kein Thema für das Jugendamt, sondern eher die wieder aufgetauchten Jugendlichen und dann wird formal abgefragt, hat er einen erzieherischen Hilfebedarf."*

Im Vergleich der beiden Hauptkooperationspartner der JSA-Organisationen wird den Jobcentern von den meisten Befragten eine größere Bedeutung zugesprochen als den Jugendämtern, auch im Hinblick auf die Erwartungen an die JSA-Organisationen, über entsprechende Angebote einen Zugang zu der Zielgruppe zu finden. In der Mehrzahl der in die Untersuchung einbezogenen Regionen ist das Jugendamt zwar ,irgendwie mit im Geschäft' und muss daher in die strategischen Kalküle der JSA-Organisationen einbezogen werden, und es wird auch ein diffuses Interesse des Jugendamtes daran vermutet, dass die JSA-Organisationen die Zielgruppe der ,schwer Erreichbaren' anzusprechen vermag, jedoch wird das Interesse des Jugendamtes als ungenau und wenig handlungsbereit wahrgenommen. Demgegenüber erscheinen die Jobcenter als der für die praktische Arbeit bedeutsamere und handlungsbereite Kooperationspartner, der ein markanteres Interesse an der Integration und der erfolgreichen Arbeit mit der Zielgruppe artikuliert. Dementsprechend scheinen sich die Kooperationsaktivitäten bei den meisten JSA-Trägern deutlich intensiver auf die Jobcenter auszurichten, während die Kooperationsaktivitäten in Richtung

Jugendämter tendenziell mit weniger praktischen Erwartungen und Unterstützungshoffnungen verbunden sind und daher stärker auf das Ziel ausgerichtet, ein allgemeines Klima der Akzeptanz zu schaffen, und weniger auf spezifische Ziele und kontinuierliche, mit dem Handlungsalltag verbundene Kooperationskontakte.

Für die Gestaltung von Kooperationskontakten wird in den Interviews immer wieder die Personenabhängigkeit hervorgehoben. Das an Organisationen herangetragene Vertrauen in die Leistungsfähigkeit (Fähigkeit, mit als schwierig empfundenen Jugendlichen umzugehen; Eröffnung flexibler Handlungsmöglichkeiten im Einzelfall etc.) erfolgt zum einen über vorangegangene Erfahrungen mit der jeweiligen Organisation und zum anderen über die Vertrautheit zwischen den jeweiligen Organisationsakteur/innen. Die interorganisationale Kooperation hat immer eine personelle Komponente der Vertrauensbildung und der persönlichen Verständigungsmöglichkeiten. Dementsprechend wird die mangelnde personelle Kontinuität insbesondere bei den Jobcentern als ein Kooperationsproblem angesprochen, wobei andererseits auch die – z.T. durch Finanzierungsstrukturen bedingte – Personalfluktuation bei JSA-Trägern hier als ein Kooperationshindernis benannt werden müsste, auch wenn dies in den Interviews im Hinblick auf die interorganisationale Kooperationsgestaltung kaum benannt worden ist.

7.2.4 Perspektiven für Veränderungen

Die Interviewpartner/innen wurden nach ihren Wünschen und ihren Perspektiven für Veränderungen in den Organisationen gefragt, um die Zielgruppe besser erreichen zu können. Neben Antworten, die auf die spezifischen Verhältnisse in der jeweiligen Einrichtung zielten (mehr Gruppenveranstaltungen mit aufsuchender Motivationsarbeit, Einrichtung einer Wohngruppe, mehr Anbindung von Therapeut/innen u.a.m.), wurden generell drei Perspektiven angesprochen, deren Realisierung stark von den Rahmenbedingungen abhängt, innerhalb derer die Einrichtungen agieren müssen:

- verbesserte personelle, sachliche und räumliche Ausstattung, die dem Aufwand entspricht, der mit den Bemühungen um das Erreichen der Zielgruppe mit deren komplexen Problemlagen einhergeht;
- Ausweitung des Angebots in zeitlicher und sachlicher Hinsicht: Erweiterung der zeitlichen Erreichbarkeit der Einrichtung (bis hin zu einem ‚24-Stunden-Angebot') und Ermöglichung von stärker aufsuchender Arbeit;

- verbesserte Rahmenbedingungen, die für die Projekte/Angebote gelten: größere Gestaltungsfreiheit bei Angeboten, mehr Zeit für Vertrauensaufbau, längere Projektlaufzeiten.

Insbesondere die Verlängerung der Projektlaufzeiten bildet einen Faktor, um ein zentrales Problem in den JSA-Organisationen zu reduzieren: die Arbeitsplatzunsicherheit der Mitarbeiter/innen und die daraus resultierende Personalfluktuation. Denn ‚gutes Personal finden' wird als ein großes Problem für Handlungs- und Veränderungsperspektiven in den Organisationen angesehen.

Als eine organisationsübergreifende Perspektive werden Verbesserungen in der ‚Vernetzung' der in der Jugendsozialarbeit beteiligten Organisationen angesprochen, bei der die interorganisationale Kooperation sowohl auf Ebene des Vorgehens im Einzelfall als auch auf der Ebene der Infrastrukturgestaltung strukturierter gestaltet werden soll:

> *„Vernetzung ist das A und O … die entscheidende Frage ist die Entwicklung einer Vernetzungsstruktur, die nicht von Zufälligkeiten und personellen Sympathien und Antipathien geleitet wird, sondern die eine Struktur hat, der auf gleicher Augenhöhe die Kooperationspartner sich einer gleichen Zielsetzung bewusst sind, die unterschiedlichen Blickwinkel mögen da erhalten bleiben, aber einen gemeinsamen Blick auf den Jugendlichen zu richten und zu sehen, was muss er tun, was kann ich tun, um die bestmögliche Förderung zu erreichen."*

7.3 Die Sicht von Organisationen aus der Umwelt: Jugendamt und Jobcenter

Um die Sichtweise relevanter Organisationen aus der Umwelt der JSA-Organisationen zu erkunden, wurden Interviews mit Personen aus der mittleren oder oberen Leitungsebene von Jugendämtern (Abteilungsleitung mit Zuständigkeit für Jugendsozialarbeit oder Jugendamtsleitung) und Jobcentern (mittlere Leitungsebene, in deren Zuständigkeitsbereich auch ‚schwer erreichbare junge Menschen' fallen) geführt. Dabei wurden drei Fragenkomplexe angesprochen: die Charakterisierung der Zielgruppe ‚schwer erreichbare junge Menschen in der Jugendsozialarbeit', die darauf bezogenen Anforderungen an Träger der Jugendsozialarbeit sowie Einschätzungen zu der jeweiligen regionalen JSA-Organisation, die in das Forschungsprojekt einbezogen ist. Die Antworten zum dem dritten Fragenkomplex werden nicht einrichtungsbezogen ausgewertet – es wurde Vertraulichkeit zugesichert –, sondern sie werden als Ergänzung und Konkretisierung zu den unter dem zweiten Fragenkomplex erfragten allgemeinen Anforderung an JSA-Organisationen in die Auswertung einbezogen.

7.3.1 Jobcenter

Bei der Charakterisierung der Zielgruppe dominieren personenorientierte Merkmalszuschreibungen, vereinzelt verbunden mit dem Hinweis auf das familiäre Milieu *(„schwieriges Elternhaus“)*. Damit verbunden sind Zielgruppendefinitionen, die aus der Logik der Organisation ‚Jobcenter' resultieren. Demnach gelten für einige Befragte solche Jugendlichen als ‚schwer erreichbar', *„die nicht auf die Einladung vom Jobcenter [zum zweiten Mal] reagieren“*, die also nicht zu Terminen kommen und auch sonst keine oder nur wenig Bereitschaft zur Mitarbeit zeigen. *„Bereitschaft mitzuarbeiten, das ist bei vielen nicht besonders ausgeprägt“* – solche Jugendlichen folgten eher der Devise *„meine Eltern sind auch zu Hause, das geht auch so“*. Die Bereitschaft zur Mitarbeit, die vom Jobcenter vorausgesetzt wird, wird zu einem zentralen Kriterium, an dem eine mehr oder weniger gute oder schwerere Erreichbarkeit von jungen Menschen festgemacht wird.

> *„Voraussetzung ist, dass sie einen Zugang zu uns finden und auch kommen, sonst ist es ungeheuer schwierig, mit ihnen zu arbeiten, klar wenn der nicht da ist, kann ich nicht mit ihm drüber reden, was willst du, was können wir dir anbieten oder was erwarten wir logischerweise auch von dir, SGB II bedeutet ja auch, dass man Gegenleistungen bringen muss, und wenn es eben zum Beispiel der ordentliche Schulabschluss ist oder die Bereitschaft ist, sich um einen Ausbildungsplatz zu kümmern.“*

Eine eigene Zuständigkeit des Jobcenters für die Zielgruppe wird nur begrenzt akzeptiert. Während nur zwei der acht befragten Jobcenter-Akteur/innen die Zuständigkeit ihrer Organisation im Grundsatz bejahen, verweisen die anderen mehr oder weniger deutlich auf eine primäre Zuständigkeit des Jugendamts. Trotz faktischer Verschiebung der Zuständigkeit auf die Jobcenter als ‚letzter Rettungsinstanz' wird die Verantwortlichkeit der Jugendhilfe hervorgehoben mit dem Hinweis, dass die Jobcenter zuständig seien für *„Hilfen mit Arbeitsmarktorientierung“*, während bei der Zielgruppe so viele persönliche Probleme zu bearbeiten seien, dass hier das Jugendamt stärker in der Verantwortung stehe. In diesem Zusammenhang wird auch auf die Personalsituation im Jobcenter verwiesen, die eine intensive Ausrichtung auf die Zielgruppe nicht ermögliche: *„wir haben vielleicht durch Zufall mal einen ausgebildeten Sozialpädagogen in der Arbeitsvermittlung“*, *„die Quereinsteiger sind nicht qualifiziert dafür, den Jugendlichen zu* *erreichen*", „*man braucht echt Fachkräfte und Experten*". Einige Jobcenter-Akteur/innen beteiligen sich zwar an den Modalitäten zur Bearbeitung der persönlichen Schwierigkeiten der Jugendlichen im Sinne einer ‚Begleitung', sehen sich aber dennoch nicht in einer eigenen ‚Zuständigkeit', sondern sehen ihren Beitrag eher in der Beteiligung an einer ‚Vernetzung' von Hilfen.

Als Anforderungen an die JSA-Organisation sehen die Jobcenter-Akteur/innen vor allem die aufsuchende Arbeit und die Arbeit an den persönlichen Schwierigkeiten der Jugendlichen (*„ganzheitlich auf den Menschen ausgerichtet"*) sowie die Gestaltung der Angebote in einer Weise, dass sie für die Jugendlichen attraktiv sind und diese bei einer Maßnahme zu halten vermögen. Die Anforderungen an die JSA-Organisationen ergeben sich aus dem, was die Jobcenter selbst aus personellen und konzeptionellen Gründen nicht tun können und was sie dementsprechend von den JSA-Organisationen erwarten: unterschiedliche Wege zur aufsuchenden Kontaktaufnahme praktizieren, im Kontakt die Amtsferne als Zugangsbonus nutzen (*„nicht den Anstrich haben, eine Maßnahme vom Amt zu sein, eine Zwangsmaßnahme zu sein"*), *„kleinschrittige"* Bearbeitung der individuellen Hindernisse auf dem Weg zum Ausbildungs- und Arbeitsmarkt, und dies alles mit ‚vielfältigen' Angeboten. Auch mit der Formel ‚niedrigschwellig' wird in den Interviews immer wieder eine Anforderung an die Träger der Jugendsozialarbeit formuliert, wobei sich diese Formel sowohl auf die berufsbezogenen Angebote und Maßnahmen als auch auf die darüber hinausgehenden Bearbeitungen der individuellen Probleme der Jugendlichen bezieht.

Ferner wird die Kooperation mit Betrieben als entscheidend angesehen, wobei zugestanden wird, dass es für die JSA-Organisationen sehr schwierig ist, gerade für die Zielgruppe der ‚schwer Erreichbaren' kooperierende Betriebe zu finden, und dass es zur Aufrechterhaltung dieser Kooperation erheblicher Mühen und eines erheblichen Aufwands beim JSA-Träger bedarf.

> *„Es ist ja trotzdem Potenzial, diese schwer Erreichbaren irgendwo unterzubringen, d.h. Institutionen/Einrichtungen zu finden, die auch bereit sind, mit einem Jugendlichen zu arbeiten, der auch Handycaps mitbringt und das Handycap eben in der Motivation liegt und fehlenden Bereitschaft neue Dinge einzugehen. Dass es eben da Institutionen geben muss, wo man sagt, wir sind froh erst mal, dass er da ist. Er wird vielleicht nicht jeden Tag da sein, aber wenn wir da eine gewisse Regelmäßigkeit reinbringen, dann können wir auch längerfristig gut mit ihm arbeiten."*

Bei JSA-Organisationen, die produktionsorientiert arbeiten, wird dieses Charakteristikum einerseits positiv eingeschätzt, weil damit die Realität des Berufslebens stärker abgebildet und für die Jugendlichen genauer erlebbar werde. Andererseits wird aber auch eine ausgrenzende Wirkung für Jugendliche mit größeren Problembelastungen konstatiert: „*Man muss schon ein gewisses Niveau haben für diese Maßnahme, weil eine gewisse Stetigkeit schon gegeben sein muss.*" Ein Interviewpartner sah sogar den Einbezug einer schwierigeren Zielgruppe als problematisch für die von ihm als wichtig erachtete produktionsorientierte Leistungsfähigkeit der JSA-Organisation an.

Auch von den Jobcenter-Akteur/innen wird die hohe Personenabhängigkeit der Arbeit und der Erfolgsaussichten hervorgehoben – als Abhängigkeit von pädagogischen Qualifikationen (auch bei den handwerklichen Mitarbeiter/innen) und von persönlichen Eigenschaften der Mitarbeiter/innen, die persönliche Bezüge zu den Jugendlichen ermöglichen. Gutes Personal wird für notwendig erachtet, auch im Sinne ‚guter Beziehungsarbeiter':

> „*Das Ganze steht und fällt mit den beteiligten Personen. Das ist immer ne Frage, wie arbeite ich mit dem Jugendlichen und es ist natürlich von Person zu Person unterschiedlich. ... wegen der persönlichen Art der Arbeitsweise: Wie geht man auf den Jugendlichen zu? Wie gelingt es, ‚ein Bündnis herzustellen'?*"

> „*Wenn man sie erreicht hat, dann kann man gut mit den Jugendlichen arbeiten, es liegt auch an den Kollegen dort, es liegt immer an den Kollegen, das können sie da mal für sich verbuchen, es liegt immer an dem, der es macht, immer, immer, egal welcher Träger oder Konzept dahinter steht, ist einfach so .. wenn ich gut ankomme bei den Jugendlichen, das ist die halbe Miete und das ist dort gegeben!*"

Damit eingebunden ist die Erwartung an die Einrichtungen, dass sie beharrlich „*dran bleiben*", wie in der von einem Befragten geäußerten leichten Kritik an einer JSA-Organisation zum Ausdruck gebracht wird: „*Die bemühen sich schon so, aber wenn der Jugendliche sagt, er will nicht, dann sind die am Ende ... da kapitulieren sie dann auch leicht.*"

Nur in Einzelfällen werden in einem Interview markante administrative Erwartungen an einen JSA-Träger formuliert wie z.B. in einem Interview, bei dem der Jobcenter-Akteur von der JSA-Organisation erwartete, dass sie die Erwerbsfähigkeit durch Ärzt/innen und Psycholog/innen feststellen lassen sollte und dann, wenn ein junger Mensch nicht für 3 bis 4 Stunden pro Tag als arbeitsfähig ‚diagnostiziert' werde, die Zuständigkeit des Jobcenters beendet werden und der junge Mensch an das Sozialamt *„weitergegeben“* werden könne.

7.3.2 Jugendamt

Auch in den Äußerungen der befragten Jugendamt-Akteur/innen werden bei der Charakterisierung der Zielgruppe persönliche Merkmalsbeschreibungen (Haltungen, Verhaltensweisen der Jugendlichen) genannt, jedoch werden im Vergleich zu den Äußerungen der Jobcenter-Akteur/innen häufiger und deutlicher familiäre Milieufaktoren, also Lebenswelt-Charakterisierungen eingebracht. Neben dem Verweis auf Drogenkonsum, Delinquenz, Schulverweigerung, Affinität zu Rechtsradikalismus, fehlende Motivation oder unzureichende Anstrengungsbereitschaft *(„Jugendliche wollen nicht“)*, mangelnde soziale Kompetenzen, mangelndes Pflichtbewusstsein, Mangel an alltagspraktischen Fähigkeiten, markante Bildungsdefizite, niedrige Persönlichkeitsreife, psychische Erkrankungen etc. werden gleichermaßen Milieufaktoren als verursachende Bedingungen erklärend hinzugesetzt: *„gestörtes“* oder *„bildungsfernes“* Elternhaus, erlittene Traumatisierungen, mangelnde Vorbildwirkung von Familienangehörigen *(„gucken eher auf die Familie, was leben die mir vor“)*, elterliches Erziehungsversagen *(„die haben als Kind nicht gelernt, dass man mal was durchhält, die sind tendenziell vernachlässigt und die Eltern bleiben nicht dahinterher“)*. Andere soziale Milieufaktoren außerhalb der Familie werden demgegenüber kaum benannt. In wenigen Äußerungen werden die Verhaltensweisen der Jugendlichen mit Erfahrungen in und mit Organisationen in Verbindung gesetzt; dann wird meist die Schule genannt. *„Die wenigsten sind von klein auf schwer erreichbar; die jungen Menschen haben schon Erfahrungen in Schule, Jobcenter und anderen Institutionen gemacht und sich aus unterschiedlichen Gründen zurückgezogen ... die Anforderungen sind zu hoch, sie haben nicht die Hilfe bekommen, die sie gebraucht hätten.“* Die Schule habe einige Jugendliche zu Erfahrungen ihres Scheiterns geführt und an den Übergängen von der Schule in die Ausbildung/den Beruf seien sie *„verloren gegangen“*; es sei mit bestehenden Maßnahmen nach der Schule keine für den/die jeweilige/n Jugendliche/n adäquate Anschlussmöglichkeit gefunden worden.

Bei der Frage nach der Zuständigkeit der Jugendhilfe für die Zielgruppe ist ein breites Spektrum von Antworten auszumachen: von einer tendenziellen Verneinung durch den Verweis auf die primäre Zuständigkeit der Eltern und auf Altersgrenzen, über unklare und zögerliche Antworten, bei denen mit Einschränkungen („ja, aber...“) und Hinweisen auf die begrenzten eigenen Möglichkeiten die Jugendhilfe-Zuständigkeit relativiert wird, bis hin zu klaren Bejahungen der Jugendamtszuständigkeit für die Zielgruppe.

Die tendenzielle Abgrenzung gegenüber einer Zuständigkeit des Jugendamtes – trotz eines allgemeinen und letztlich folgenlosen Hinweises auf ein gewisses Maß der elementaren Zuständigkeit auch der Jugendhilfe – wird begründet mit drei Faktoren: mit dem Verweis auf Zuständigkeiten anderer (*„Originär, auch nach dem Grundgesetz, ist für mich die Familie zuständig“* – dann auch Verweis auf Schulen, Jobcenter, Beratungsstellen; *„die primäre Zuständigkeit haben die Eltern, wir sind erst in zweiter Linie dran, ich will die Eltern in die Verantwortung bringen, die müssen das mittragen“*), mit dem Hinweis auf das Alter der Jugendlichen, das wenig Erfolgshoffnungen aufkommen lasse (*„früher ist man auch bei den Älteren noch nachsorgender gewesen, aber man hat die Erfahrung gemacht, dass das eh nichts mehr bringt, es ist zu spät“*) sowie mit dem Hinweis auf das Problem der knappen Haushaltsmittel, aufgrund dessen die Zielgruppe zum Teil bereits aufgegeben worden sei (*„in den letzten zehn Jahren sind die Kosten explodiert und da hat man sich mit den Sparmaßnahmen auf die 16-18-Jährigen fokussiert, weil da die Erfolge nicht so wahrscheinlich waren“*). Der Hinweis auf die elementare Zuständigkeit der Jugendhilfe hat in solchen Äußerungen einen abstrakten Charakter, weil schließlich die Existenz des § 13 SGB VIII unabweisbar ist und auch die Gruppe der jungen Erwachsenen (18 bis 26 Jahre) gemäß den Regelungen im SGB VIII in die Angebotsplanung der Jugendhilfe einzubeziehen ist, und weil demgegenüber jedoch der Eindruck entsteht, dass das Bekenntnis zur Zuständigkeit der Jugendhilfe abstrakt und folgenlos bleibt und dass die Hinweise auf andere Zuständigkeiten außerhalb der Jugendhilfe die Praxis deutlicher widerspiegeln. In unklaren, zögerlichen, relativierenden Antworten wird zwar im Grundsatz eine (Mit-)Zuständigkeit der Jugendhilfe indirekt zugestanden, aber die Zuständigkeit für über 18-Jährige wird stark relativiert und die Aussagen bleiben so unklar, dass letztlich eine spezifische Zuständigkeit nicht mehr deutlich artikuliert wird:

> *„wenn sie nach dem 18. Lebensjahr erstmalig hier aufschlagen, sind sie sowieso nicht mehr Zielgruppe der Jugendhilfe, das ist das große Problem, dass wir dann in den Zuständigkeitsdilemma-Bereich kommen SGB II, III, VIII, das muss dann schon eine sehr massive Bedarfslage sein“ – „um Perspektiven zu entwickeln braucht man eine ganz enge Kooperation und da muss man eigentlich sich gemeinsam auf den Weg machen, zur Zeit scheitern Überlegungen daran, wer ist letztendlich zuständig, ich glaub, die Frage ist die Falsche, die Frage muss sein, wie erreichen wir die Zielgruppe, die Zuständigkeit ist bei allen mit den unterschiedlichen Ausprägungen“*

Der Hinweis auf die fehlenden finanziellen Mittel der Kommune wird bisweilen hinzugefügt, um die kommunale Zuständigkeit angesichts der pragmatischen Handlungsoptionen zu relativieren.

Nur von zwei der acht Jugendamt-Akteur/innen wurde die Zuständigkeit des Jugendamts für die Zielgruppe klar und uneingeschränkt bejaht:

> *„Wir sind dort zu 100 Prozent zuständig, weil es geht ja dort im Bereich des SGB VIII um die soziale Integration. Und Jugendliche, die den Übergang von Schule und Ausbildung nicht schaffen, dort geht es nicht vordergründig um die berufliche Integration. Dort geht's erst mal um die soziale Integration und für die soziale Integration ist in dem Moment vorrangig der Jugendhilfeträger zuständig, weil wir genau dieses Strukturieren des Tagesablaufs, all diese Dinge, die muss – also aus meiner Sicht – der Jugendhilfeträger realisieren. Und wenn der Jugendliche dann soweit ist, dass er diese soziale Integration, dass er seine Tagesstruktur und vielleicht auch seine Schulden abgebaut hat und all diese Dinge, die da anstehen … Wenn er dann soweit ist, dann ist er auch in der Lage in eine Ausbildung zu gehen und kann dann natürlich auch ans Jobcenter und Agentur weitervermittelt werden. Das läuft in … auch so. … Es geht ja nicht darum, dem Jugendlichen das aufzudrücken, sondern den Weg mit dem Jugendlichen zu gehen und da sehen wir uns als Jugendhilfeträger natürlich in der Verantwortung."*

Die Jugendamt-Akteur/innen formulieren ihre Anforderungen an die JSA-Organisationen aus einer Jugendhilfe-Perspektive: Umsetzung von Konzepten, die an die Lebenswelt der Jugendlichen anknüpfen und einen niedrigschwelligen Zugang ermöglichen, individuelle Lösungen für Jugendliche finden, neben den beruflichen Kompetenzen auf die Vermittlung von sozialen und interkulturellen Kompetenzen achten, den familiären Kontext mit in den Blick nehmen, Beziehungsarbeit leisten und Vertrauen schaffen, enge Kooperationen zur Straßensozialarbeit herstellen. Solche und weitere ähnliche Anforderungen gehen zum Teil deutlich über das hinaus, was bei den Förderungen zur Grundlage der Finanzierung der JSA-Maßnahmen gemacht wird und was bei den Ausschreibungen für Maßnahmen der Jugendberufshilfe enthalten ist. Dies ist den Befragten teilweise bewusst, wenn sie etwa formulieren, dass sie von einem Träger erwarten, dass er mit Blick auf die Zielgruppe mehr tut als das, wofür er im Sinne der Ausschreibung bezahlt wird. In ähnlicher Weise werden auch Strukturerwartungen an die JSA-Organisationen formuliert, die sich in Spannung befinden zu den realen Förderkonstellationen: Beständigkeit eines Trägers, ökonomische Stabilität und Flexibilität, stabile und relativ konstante Personalzusammensetzung als Voraussetzung für eine gute Beziehungsarbeit und Vertrauensbildung bei den Jugendlichen. Von einigen Befragten wird zugestanden, dass dafür Projektmittel erforderlich seien, die anders als bei den Hilfen zur Erziehung nicht einzelfallbezogen ausgerichtet sind, dass dafür jedoch angesichts der reduzierten Haushaltsmittel für Jugendsozialarbeit keine finanziellen Spielräume existierten.

Die Stärke der JSA-Organisationen wird darin gesehen, dass sie Hilfemöglichkeiten außerhalb einer von Jugendlichen empfundenen ‚Amtsnähe' organisieren könnten. Die JSA-Organisationen seien keine Behörden und nur in geringem Maße formalisiert, und auch bei den Jugendlichen hätten sie kein solches Image. Dementsprechend sollten sie auch *„Schick-Strukturen"* vermeiden und demgegenüber Niedrigschwelligkeit ihrer Angebote und leichte Zugänglichkeit zur Organisation als Profilelement herausbilden. Die *„richtig schwer Erreichbaren sollen dort landen"*. Von den Jugendamt-Akteur/innen wird die Verlässlichkeit eines Trägers als Kooperationsbasis akzentuiert: als Anforderung und von einigen als in der Kooperation real erlebt hervorgehoben. Ferner wird von JSA-Organisationen gefordert, dass sie sich aktiv in die regionale Zusammenarbeit (‚Vernetzungsstrukturen') der unterschiedlichen, für die Jugendsozialarbeit und die Zielgruppe relevanten Organisationen einbringen.

7.4 Perspektiven der Jugendlichen, der Akteur/innen der JSA-Organisationen, der Akteur/innen aus Jobcenter und Jugendamt: Ähnlichkeiten – Differenzen

Vergleicht man die Perspektiven verschiedenartiger Akteur/innen insbesondere im Hinblick auf solche Aspekte, in denen Ähnlichkeiten und Unterschiede im Hinblick auf pragmatische Erörterungen zum Ausdruck gebracht werden, so ist zunächst eine markante Übereinstimmung bei den drei Akteursgruppen zu vermerken: die hohe Bedeutung der Mitarbeiter/innen und deren Beziehung zu den Jugendlichen. Die Jugendlichen berichten Positives über die JSA-Organisationen insbesondere dann, wenn sie auf einzelne Personen zu sprechen kommen, bei denen sie das Gefühl hatten, dass diese sich um sie bemühten, wenn also die Kooperationsbeziehungen nicht nur funktional aufgebaut werden konnten, sondern sie auch den Eindruck hatten, dass ein Mitarbeiter oder eine Mitarbeiterin ein persönlich gefärbtes Engagement für sie aufbrachten. Umgekehrt werden Äußerungen der Enttäuschung artikuliert, wenn in einer Organisation solche für sie wichtige Personen nicht auftauchten. Dies korrespondiert mit den Äußerungen der Personen aus den JSA-Organisationen, die sowohl die fachlichen Qualifikationen als auch die persönliche Eignung in ihrem Stellenwert für den Erfolg der Arbeit hervorhoben. Die Jugendlichen und die

Personen aus den JSA-Organisationen brachten dies auch mit einem entsprechend förderlichen ‚Binnenklima' bzw. einer entsprechenden Organisationskultur in Verbindung. Die von einem Teil der Jugendlichen geforderte ‚Beziehungsqualität' in den Interaktionen zwischen den Fachkräften und ihnen wird gefördert (und herausgefordert) durch eine Organisationskultur, die die *Formeln „Türen offen halten", „Schön, dass Du da bist!", „ihr seid immer willkommen" oder „es wird hier niemand aufgegeben"* für die Jugendlichen erlebbar werden lässt. Die JSA-Organisationen werden für die Jugendlichen dann in besonderer Weise bedeutsam bzw. die Jugendlichen können dann – in der ihnen möglichen, bisweilen auch rudimentären Form – eine Anbindung an die JSA-Organisation aufbauen, wenn sich in ihrem Erleben die JSA-Organisationen für mehr als ‚nur' für ihre Ausbildung oder ihre berufliche Tätigkeit interessieren. In dieser Erwartung korrespondieren die Jugendlichen auch mit den Erwartungen des Jugendamtes und einiger Jobcenter, für die JSA-Organisationen dann gut sind, wenn diese sich zwar auf Arbeit/Ausbildung ausrichten, aber sich darüber hinaus ‚ganzheitlich' um die Jugendlichen kümmern; diese Umfeld-Organisationen erwarten ein solches ‚ganzheitliches' Vorgehen teilweise in dem Bewusstsein, dass dies für die JSA-Organisationen eine ‚Zusatzleistung' ist, die eigentlich kaum in den Finanzierungen abgegolten wird.

Komplizierter werden die Konstellationen, wenn es in den Äußerungen der Jugendlichen und in denen der Personen aus JSA-Organisationen um ‚Niedrigschwelligkeit' und Flexibilität geht – eine auf Flexibilität ausgerichtete ‚Niedrigschwelligkeit', die auch von Jobcentern und Jugendämtern als Erwartungsbündel an die JSA-Organisationen gerichtet wird. In den Äußerungen der Jugendlichen kommen unterschiedliche, zueinander in Spannung stehende Erwartungen zum Ausdruck: Sie erwarten einerseits eine hohe Flexibilität, z.B. beim Umgang mit Normen in den Gruppen (z.B. im Hinblick auf zeitliche Anforderungen) oder bei ihrem Wunsch nach einem Wechsel des Arbeitsbereichs, andererseits aber auch einen sicheren Rahmen, der ihnen Orientierung bietet, oder bestimmte Regeln in den Gruppen. In den JSA-Organisationen besteht zum einen das Problem, mit den divergenten Anforderungen von Jugendlichen umzugehen, also ‚flexibel', aber nicht ‚ohne Grenzen' zu handeln, also eine – immer unsichere – Balance herzustellen und aufrechtzuerhalten. Zum anderen müssen die Akteur/innen der JSA-Organisationen darauf achten, ihre ‚Niedrigschwelligkeit' *(„niedrigschwellige Angebote mit sehr geringen Anforderungen, die Erfahrungen der Selbstwirksamkeit vermitteln")* nicht in die Beliebigkeit und mangelnde Ernsthaftigkeit ihrer Angebote abrutschen zu lassen, wie es manche Jugendliche erleben. Die Jugendlichen artikulieren Kritik an Angeboten, die vermutlich von den JSA-Akteur/innen mit dem Etikett ‚Niedrigschwelligkeit' konzipiert und legitimiert werden, mit dem Hinweis, dass dies bisweilen sinnentleerte Tätigkeiten seien, Leerlaufzeiten ohne erkennbaren Nutzen. Gerade wenn Jugendliche den Sinngehalt der an sie gerichteten Anforderungen nicht erkennen oder die Tätigkeiten als für sie nicht sinnhaft erleben, wird es schwer, ein Arbeitsbündnis aufzubauen. Lediglich diejenigen Jugendlichen, die eine äußerst extrinsische Motivation haben und die Teilnahme lediglich als Vermeidung von Sanktionen des Jobcenters ansehen (*„die Zeit einfach nur absitzen“*), können dann auf einfache Weise bei einer Maßnahme gehalten werden; andere Jugendliche entwickeln die Neigung zum Abbruch der Maßnahme und damit zu einer weiteren Stufe auf der Spirale der ‚schweren Erreichbarkeit‘. Das Problem für die JSA-Organisationen liegt darin, jeweils individuell bewerten zu müssen, wo die Balance zwischen ‚Niedrigschwelligkeit‘ und ‚bewältigbarer Anforderung als Zeichen von Ernsthaftigkeit‘ liegt und wie diese Balance zu gestalten ist. Es geht also um Unterschiedlichkeiten in der Zielgruppe und um die Möglichkeiten, diesen Unterschiedlichkeiten durch Individualisierung Rechnung zu tragen. Und gleichermaßen geht es um die Ausgestaltung der Paradoxie zwischen ‚notwendiger Strukturierung und Regelhaftigkeit als entwicklungsnotwendiger Orientierungsrahmen für die Jugendlichen‘ einerseits und ‚relativ großer Individualisierung und Flexibilität‘ andererseits. In diesen Widersprüchlichkeiten eine Passung zwischen individuellen, zum Teil spannungsreichen oder gar widersprüchlichen Erwartungen der Jugendlichen und den Angeboten und Handlungsprogrammen der Organisation zu erreichen, stellt eine außerordentlich komplexe und die Organisation kontinuierlich herausfordernde Anforderung dar.

Damit verbunden ist das Problem der Ausrichtung zwischen Individuum und Gruppe. Das Thema ‚Gruppe‘ taucht in den Äußerungen der Personen aus den JSA-Organisationen kaum auf – mit Ausnahme der Akteurinnen aus einer Organisation, die darauf Wert legen, in der Organisation Peergroups schaffen zu wollen, die den Jugendlichen einen Halt zu geben vermögen gegenüber den möglichen negativen Einflüssen anderer Jugendlichengruppen aus dem Stadtteil. Demgegenüber erhalten in den Äußerungen der Jugendlichen die Gruppen eine weitaus größere Bedeutung. Mehrere Jugendliche markieren das Binnenklima in den Gruppen als einen für sie wichtigen Faktor und beschreiben Diversität in den Gruppen als ein Hindernis, das zum Teil sogar als Grund für den Abbruch einer Maßnahmeteilnahme angeführt wird. Die Jugendlichen verweisen auf schwierige Gruppenkonstellationen, in denen sich massive individuelle Problemlagen überlagern und sich zu einer schwer handhabbaren Gemengelage verdichten. Die Bedeutung von Gruppenkonstellationen für die Jugendlichen – förderlich, wenn sie sich in einem guten Gruppenklima wohlfühlen können, hinderlich, wenn sie sich in konfliktanfälligen Gruppenkonstellationen bewegen müssen – wird in den Äußerungen aus den JSA-Organisationen nicht widergespiegelt. In diesen Äußerungen stehen stärker die Individuen mit ihren Anforderungen im Mittelpunkt, während demgegenüber Gruppenkontexte kaum als wichtige Faktoren in den Handlungsprogrammen der Organisation auftauchen. Nimmt man die Äußerungen der Jugendlichen, so wären die JSA-Organisationen aufgefordert, den Faktor ‚Gruppe' deutlicher zu gewichten und ihm mehr Aufmerksamkeit im methodischen Handeln zukommen zu lassen. Allerdings stehen auch hier wiederum die JSA-Organisationen vor der Anforderung, paradoxe Anforderungen bewältigen zu müssen: Individualisierung mit flexibler Ausrichtung einerseits bei gleichzeitigem Blick auf die Gruppe und aktiver Beachtung der Gruppenentwicklung (als Rahmen für die Individuen) andererseits. Hinzu kommt die Anforderung einer individualisierenden Tätigkeit, um die Jugendlichen gruppenfähig zu machen; denn viele Jugendliche konnten nicht ausreichend solche Verhaltensweisen entwickeln und stabilisieren, dass sie sich in Gruppen einigermaßen konfliktfrei und gruppenförderlich bewegen könnten.

An eine weitere Divergenz sei an dieser Stelle erinnert, die bereits in Kapitel 7.1 unter dem Stichwort ‚Arbeitsbündnis/Koproduktion' benannt worden ist. Viele Jugendliche empfinden eine einseitige Problemdefinition und eine einseitig definierte Bearbeitungsperspektive nicht nur durch das Jobcenter, sondern auch durch die JSA-Organisationen. Wenn ein solches Empfinden dominant wird, dann verweigern sie sich schnell entweder durch ‚innere Kündigung', indem sie die Abläufe und Anforderungen an sich vorbeirauschen lassen, oder durch Abbruch der Teilnahme. Auf diese Weise wird eine ‚schwere Erreichbarkeit' bei einem Teil der Jugendlichen allmählich erzeugt oder gefestigt. In der Betrachtung der Äußerungen der JSA-Akteur/innen entsteht der Eindruck, dass die Einseitigkeit der Definitionen und die Prägung der Definitionen durch die Organisation (und der hinter der Organisation stehenden Umfeldorganisationen wie Jobcenter oder Jugendämter) kaum wahrgenommen und nicht als ein Problem gesehen werden. Konfrontiert man die Interviewäußerungen der Jugendlichen mit denen der JSA-Akteur/innen, so scheinen Differenzen auf. Während die Jugendlichen den Eindruck haben, dass sie ihre Perspektive nur begrenzt zur Sprache und zur Geltung bringen können, bemühen sich die JSA-Akteur/innen zwar um einen Einbezug von ‚ganzheitlichen', den Aspekt ‚Beruf/Ausbildung' überschreitenden Lebensverhältnissen eines Jugendlichen, scheinen aber der Beteiligung des Jugendlichen an der Problem- und Bearbeitungsdefinition nur eingeschränkt einen praktischen Stellenwert zuzumessen. Diese Perspektivendifferenzen zwischen Jugendlichen und JSA-Akteur/innen sind einerseits verständlich, weil die JSA-Organisationen sich im Hinblick auf ihr organisationales Umfeld legitimieren müssen und daher geneigt sind, die Problemdefinitionen dieses Umfelds für sich anzunehmen und als einen Arbeitsauftrag zu verstehen. Andererseits sollten die

JSA-Akteur/innen sich bewusst sein, dass sie damit in Gefahr stehen, die für ihre Leistungsfähigkeit zentrale Koproduktionsbereitschaft der Leistungsadressat/innen zu wenig zu beachten, indem sie deren Perspektive zu wenig in die pragmatischen Aushandlungen einbeziehen.

8. Schlussfolgerungen: Was ist zu tun, um ‚schwer erreichbare junge Menschen' durch Angebote der Jugendsozialarbeit besser zu erreichen?

Am Ende eines Forschungsprojekts, das mit einem praktischen Interesse realisiert wurde, steht die Frage nach den Handlungsoptionen, durch die junge Menschen, die sich für die Organisationen der Jugendsozialarbeit bisher als ‚schwer erreichbar' gezeigt haben, möglicherweise besser angesprochen und an Ausbildung und Beruf herangeführt werden können, wie sie also trotz vielfältiger Schwierigkeiten im Hinblick auf den Übergang in Ausbildung und Beruf gezielt gefördert werden können. In den Charakterisierungen der einzelnen Phasen-Typen (Kap. 6.2 und 6.3) sind bereits einige, auf die jeweiligen Phasen bezogenen Schlussfolgerungen zum Handeln von Akteur/innen der Jugendsozialarbeit formuliert worden. Neben diesen phasenspezifischen Anregungen für das Handeln in Organisationen der Jugendsozialarbeit (nachfolgend als ‚JSA-Organisationen' bezeichnet), die aufgrund ihrer phasenspezifischen Differenziertheit hier nicht noch einmal zusammenfassend referiert werden können, aber auf die hier ausdrücklich verwiesen wird, haben die interpretierende Verarbeitung der Interviews mit den jungen Menschen und die Organisationsanalyse mehrere weitere Aspekte sichtbar werden lassen, die abschließend zusammenfassend als Erkenntnisse oder Anregungen aus dem Forschungsprojekt zur Diskussion gestellt werden. Solche Anregungen beziehen sich auf vier unterschiedliche Handlungsebenen:

- das methodische Handeln innerhalb der JSA-Organisationen;
- die inneren Strukturen und Handlungsprogramme der JSA-Organisationen;
- das institutionelle Umfeld der JSA-Organisationen;

- die politisch-administrativen Rahmenbedingungen, innerhalb derer die JSA-Organisationen tätig sind.[1]

8.1 Schlussfolgerungen im Hinblick auf das methodische Handeln innerhalb der JSA-Organisationen

(1) ‚Agency' als theoretisches Konzept: nicht nur für die wissenschaftliche Aufarbeitung des Interviewmaterials, sondern in der daraus entwickelten Phasentypisierung auch hilfreich für methodisches Handeln in der Praxis der Jugendsozialarbeit.

Die Entscheidung, das theoretische Konzept ‚Agency' für die Interpretation des Interviewmaterials heranzuziehen, und die Ableitung der Phasen-Typen, in denen sich jeweils eine mehr oder weniger ‚schwere Erreichbarkeit' bei den Jugendlichen zeigt, folgte primär forschungsstrategischen, wissenschaftlichen Erwägungen. Mit Hilfe des ‚Agency'-Konzepts konnte die Vielfältigkeit des Materials verarbeitet werden im Hinblick auf die der Forschung zugrunde liegenden Fragestellungen nach den individuellen Erfahrungen, die zu ‚schwerer Erreichbarkeit' führen, und nach der darin eingebundenen Bedeutung des individuellen Erlebens von Organisationen. Damit ergibt sich die Frage, ob die Phasentypisierung, die unter forschungsstrategischen Gesichtspunkten konstruiert wurde, auch für die Gestaltung von Praxis in JSA-Organisationen relevant sein kann. Die Phasentypisierung kann die Praxis insofern anregen, als sie Orientierungswissen vermitteln kann, um einen veränderten Blick der Fachkräfte herauszufordern; sie enthält die Anregung, Aufmerksamkeit anders zu strukturieren, und kann somit als eine Reflexionshilfe für das sozialpädagogische Handeln mit einem bestimmten Jugendlichen genutzt werden. Eine Orientierung an Lebensphasen verweist darauf, dass Jugendliche bestimmte Phasen durchlaufen, die sich im Hinblick auf die hier skizzierten Phasen-Typen beschreiben lassen, aber auch durch bestimmte biografische Ereignisse einen bestimmten Phasen-Typus wieder verlassen, aus ihm herausfinden und/oder in ei-

---

1 Die nachfolgend formulierten Anforderungen auf den verschiedenen Handlungsebenen sind in einer ersten Entwurfsfassung mit den im Forschungsprojekt beteiligten acht Trägern der Jugendsozialarbeit diskutiert worden. Forschung und Praxis sind hier in einen Austausch gegangen mit dem Ergebnis, dass die nachfolgenden Thesen/Anregungen auch unter Einbezug eines Praxisblicks formuliert sind. Die Anregungen der Träger sind in die nachfolgenden Thesen eingegangen. Ferner sind Anregungen aus der Diskussion einer zweiten Entwurfsfassung im Projektbeirat verarbeitet worden.

nen anderen Phasen-Typus einmünden können. Bei einer solchen Blickweise stehen nicht individuelle ‚Merkmale' eines oder einer Jugendlichen und entsprechende Etikettierungen (z.B. als „drogensüchtig", „antriebsarm", „depressiv", „ohne Tagesstrukturen" etc.) im Zentrum, sondern es geht um die Frage, wie der/die Jugendliche seine eigene Handlungsmächtigkeit (für seinen Lebensverlauf, für sein Selbstbild, für seine Alltagsbewältigung) konstituiert und wie er dieses subjektive Konzept seiner Handlungsmächtigkeit einordnet in seine Erfahrungen in und mit Organisationen. Das Verstehen dieser Konstituierung von Handlungsmächtigkeit hat Auswirkungen auf den aktuellen Umgang der JSA-Organisation und ihrer Fachkräfte mit einem/r Jugendlichen sowie auf die Möglichkeiten, eine Passung zwischen dem/r Jugendlichen mit seiner/ihrer Situation und seinen/ihren Erwartungen einerseits und den Angeboten/Interventionsmöglichkeiten der JSA-Organisation andererseits zu erreichen. Wenn die JSA-Organisation und die darin tätigen Fachkräfte die Typisierung von Phasen nicht fälschlicherweise gleichsetzen mit einer Kategorisierung von Jugendlichen (nach dem Motto ‚diese/r Jugendliche/r *ist* eine/r vom Typus X'), sondern differenziert analysieren, dass ein/e Jugendliche/r sich gerade in einem bestimmten Phasen-Typus X befindet und sich vorher möglicherweise in anderen Phasen-Typen bewegt hat und verschiedene Phasenwechsel vollzogen hat, dann kann besser in den Blick genommen werden, was der/die Jugendliche in der gerade erlebten Phase an Unterstützung benötigt, um dort herauszufinden und besser erreichbar für weitere Angebote der Jugendsozialarbeit zu sein. Dafür kann die Phasentypisierung, die anhand des ‚Agency'-Konzepts erarbeitet wurde, eine Orientierungshilfe bieten. Dieses Orientierungspotenzial wird jedoch durch zwei Faktoren im Alltag der JSA-Akteur/innen gebrochen: zum einen durch die Neigung, die Differenz zwischen der Typisierung von Phasen und der Typisierung von Jugendlichen aus dem Blick zu verlieren und fälschlicherweise doch wiederum die Jugendlichen als Person zu typisieren, zum anderen durch das Erleben von Sprunghaftigkeit/Spontaneität und damit fehlender Kalkulierbarkeit des Verhaltens von Jugendlichen. Viele Praktiker/innen erleben bei einem/r Jugendlichen, dass diese/r ‚sich heute so und morgen ganz anders' verhält oder äußert; mit ‚phasenuntypischem' Verhalten und Sprechen ist also immer zu rechnen. Insofern bilden die Phasen-Typen eine Orientierung zur Interpretation der Äußerungen und des Verhaltens eines/r Jugendlichen und damit zur Konstituierung eines ‚Sinn-Musters', jedoch darf dies nicht als statisch verstanden werden, sondern das jeweilige Phasenmuster kann immer wieder durch ‚phasenuntypische' Änderungs- und Verhaltensweisen eines/r Jugendlichen partiell und kurzzeitig gebrochen werden.

(2) Herstellen von Koproduktionsbereitschaft als sozialpädagogische Aufgabe.

Wie für alle sozialen Dienstleistungen ist auch und insbesondere in der Jugendsozialarbeit der Erfolg abhängig von der elementaren Frage, ob und wie es gelingt, zu einer ‚Koproduktion' zwischen Leistungserbringer und Leistungsadressat/innen zu gelangen bzw. eine solche ‚Koproduktion' wahrscheinlich zu machen (vgl. Cremer/Goldschmidt/Höfer 2013, 5 ff.; Dunkel 2011). Um eine tragfähige Passung zwischen einem/r Jugendlichen und einer Organisation mit ihren Angeboten herzustellen, bedarf es der expliziten und verstetigten Verständigung (a) auf das zu lösende Problem und (b) auf einen angemessenen Modus der Problembearbeitung. Die Interviews mit den Jugendlichen haben deutlich werden lassen, dass trotz der Divergenzen, die in der Regel in den Ausgangssituationen der Interaktion anzutreffen sind, eine Koproduktionsbasis dann mit größerer Erfolgsaussicht hergestellt werden kann, wenn zwischen dem/r Jugendlichen und einer Fachkraft eine Beziehung aufgebaut werden kann, bei der der/die Jugendliche das Gefühl hat, dass ein Pädagoge/eine Pädagogin ‚an ihm dranbleibt', also ein persönlich geprägtes Interesse an ihm/ihr und seiner/ihrer Entwicklung hat. Der/die einzelne Pädagog/in hat eine große Bedeutung für das Herstellen von elementarer Koproduktionsbereitschaft auf Seiten des/r Jugendlichen. Dies ist in der Organisation zu beachten und muss in der Organisationskultur einen Stellenwert erhalten. Die Möglichkeiten, die den Leitungspersonen zur Einflussnahme auf die Organisationskultur offenstehen (insbes. über das von den Mitarbeiter/innen wahrgenommene Verhalten und die zum Ausdruck gebrachten Haltungen der Leitungspersonen oder über bewusst gesetzte und in deren Wirkungen beobachtete symbolhafte Impulse), sollten dementsprechend von diesen genutzt und kontinuierlich beachtet werden.

(3) Bei notwendiger individueller Ausrichtung des Handelns in der Jugendsozialarbeit auch die Bedeutung der Gruppe methodisch in den Blick nehmen – Balance zwischen erforderlichem individualisierendem Vorgehen und methodischer Beachtung des Gruppenkontextes.

In Kapitel 7.1 und 7.4 ist auf die Bedeutung der Gruppe hingewiesen worden, die diese im Erleben der Jugendlichen hat. Das Handeln in der Jugendsozialarbeit vollzieht sich zu großen Teilen im Gruppenrahmen, und die Jugendlichen erleben diesen Rahmen manchmal als förderlich, häufig aber auch als ein Hindernis, weil in den Gruppen ein großes Maß an Unterschiedlichkeit zu bewältigen ist, das sich bisweilen negativ auf das Binnenklima der Gruppe sowie hinderlich für das eigene Erleben und die eigenen Handlungsoptionen auswirkt. Die Gruppenkonstellationen sind aus der

Sicht der Jugendlichen ein bedeutsamer Faktor mit Einfluss auf ihre ‚Erreichbarkeit': mit positiver Wirkung dann, wenn das Erleben von Gruppe die Jugendlichen motiviert, sich in die Gruppe zu begeben und dadurch an einem Angebot teilzunehmen – in negativer Hinsicht, wenn die Gruppe als abschreckend erlebt wird und der/die Jugendliche sich dementsprechend von der Gruppe und dem Angebot abwendet und sich auf diese Weise ‚schwere Erreichbarkeit' verfestigt. Da in den Interviews mit den Akteur/innen der JSA-Organisationen die Individualisierung deutlich in den Vordergrund gerückt und die Gruppe als bedeutsamer Faktor kaum zur Sprache gebracht wurde, sollten die JSA-Organisationen überprüfen, ob sie den Faktor ‚Gruppe' in den methodischen Handlungsorientierungen ausreichend einbeziehen und ihm ausreichend praktische Aufmerksamkeit zukommen lassen. Damit ist kein Plädoyer gegen ein individualisierendes methodisches Vorgehen formuliert, sondern ein Plädoyer für eine intensivere gruppenpädagogische Aufmerksamkeit im methodischen Handeln. Die Selbstverständlichkeit, dass das Handeln in der Jugendsozialarbeit sich faktisch immer in einem Gruppenkontext vollzieht, zieht nicht gleichsam automatisch eine Berücksichtigung dieser Tatsache in den pädagogischen Konzepten und im pädagogischen Handeln nach sich. Hier sollten die Akteur/innen in den JSA-Organisationen ihre Konzepte und ihre Praxis daraufhin überprüfen, ob sie die von den Jugendlichen benannte Bedeutung der Gruppe ausreichend in den Blick nehmen oder ob sie – z.T. als Reflex der aus dem institutionellen Umfeld an sie gerichteten individuumbezogenen Ausrichtung bei den Aufträgen (besonders markant in der vielfältig geforderten und praktizierten Orientierung an methodischen Perspektiven des Case Management) – die individualisierte Perspektive unter Vernachlässigung der Gruppe zu einseitig in das methodische Zentrum ihres Handelns stellen.

(4) Mitarbeiter/innen benötigen vielfältige Kenntnisse sowie Verweisungs- und Vermittlungskompetenz.

Mitarbeiter/innen in JSA-Organisationen benötigen vielfältige Kenntnisse zu unterschiedlichen individuellen Problemlagen ihrer Adressat/innen und zum institutionellen Umfeld, in dem sie tätig sind, sowie eine gute Verweisungs- und Vermittlungskompetenz. Die Vielfalt der Problemlagen bei den Jugendlichen erfordert neben dem Wissen um sozialpädagogische Methoden und Vorgehensweisen u.a. Kenntnisse zu psychischen Krankheitsbildern, zu Drogenabhängigkeit und Alkoholkrankheiten, zur Schuldenproblematik und zu Entschuldungsstrategien, zu regionalen Angebotsstrukturen im Kontext der Rechtsgebiete von SGB II, III und VIII und zu ihrer spezifischen Nutzbarkeit. Insbesondere das Wissen zur inhaltlichen und strukturellen Verortung der Einrichtungen und ihrer Angebote im Rahmen der regionalen Angebotslandschaft (‚differenzierte Feldkenntnis') muss im Einzelfall kompetent und zielbezogen genutzt werden können, muss also in Verweisungs- und Vermittlungskompetenz umgesetzt werden. JSA-Organisationen können nicht ohne Weiteres darauf vertrauen, dass Mitarbeiter/innen solches Wissen mitbringen bzw. in der – häufig stark begrenzten – Zeit ihrer Mitarbeit in der JSA-Organisation selbst aufbauen können. Damit das erforderliche methodische Handeln herausgebildet werden kann, müssen die Organisationen ihre Verantwortung zu einem handlungsfeldbezogenen ‚Wissensmanagement' wahrnehmen: durch entsprechende Fortbildungen (auch als ‚in house'-Veranstaltungen), durch das Sammeln und Zur-Verfügung-Stellen von Informationen, durch themenbezogene Erörterungen in Teamgesprächen etc.

(5) Widersprüchliche Anforderungen und Ausrichten an Balancen: eine komplexe Anforderung an Mitarbeiter/innen.

Der reflektierte Umgang mit Anforderungen und Regeln stellt eine Herausforderung an das methodische Handeln der Mitarbeiter/innen in JSA-Organisationen dar. Die Mitarbeiter/innen sehen sich widersprüchlichen Erwartungen der Jugendlichen ausgesetzt: zum einen aufgrund von Anforderungen, die angesichts der biografischen Erfahrungen der Jugendlichen ein hohes Maß an Verschiedenartigkeit aufweisen und die in differenzierter Weise von den Mitarbeiter/innen methodisch aufgegriffen werden sollen, und zum anderen durch die Widersprüchlichkeit der Erwartungen der Jugendlichen. Die Jugendlichen erwarten gleichermaßen, dass Regeln vorhanden sind und umgesetzt werden *und* diese Regeln flexibel gehandhabt werden sowie dass die an sie gerichteten (Arbeits-)Anforderungen ‚niedrigschwellig' ausgerichtet sind, also nicht zu hohe Zugangshürden erzeugen, aber auch sinnhaft, sie in ihren individuellen Möglichkeiten herausfordernd angelegt sind. Nimmt man noch das bereits angesprochene Spannungsfeld zwischen individueller Ausrichtung und Gruppenorientierung hinzu, so werden die Widersprüchlichkeit und das notwendige Ausrichten an Balancen im methodischen Handeln sichtbar. Dies ist mit Kompetenzanforderungen an die Mitarbeiter/innen verknüpft, die nur durch kontinuierliche Reflexionsmodalitäten im Team (im Hinblick auf den Umgang mit ‚Fällen'/Einzelpersonen, auf methodische Handlungsweisen, auf Konzepte, auf den Umgang mit Konflikten u.a.m.) herausgebildet werden können.

(6) Mitarbeiter/innen im Spannungsfeld zwischen Sich-Einlassen auf persönlich geprägte Bezüge zu Jugendlichen einerseits und professioneller Distanz andererseits.

Angesichts der spezifischen Arbeitsbelastungen, die von den Eigenheiten und den Interaktionsanforderungen der Zielgruppe ausgehen, und angesichts der vielfach hervorgehobenen persönlichen Eignungsfaktoren, die den personenbezogenen Faktoren eine große Bedeutung für das Erreichen der Zielgruppe und damit für den Erfolg der Organisation zuweisen, müssen die JSA-Organisationen nicht nur für die fachlichen Qualifikationen bei den Mitarbeiter/innen Sorge tragen, sondern gleichermaßen zum einen die persönliche Situation der Mitarbeiter/innen im Blick behalten und zum anderen ausreichend Impulse setzen, die eine professionelle Distanz ermöglichen und kontinuierlich herausfordern. Professionelle Distanz bildet jedoch lediglich den einen Pol; der andere Pol der Professionalität bedeutet ein Sich-Einlassen-Können und Sich-Einlassen-Wollen auf persönlich geprägte Bezüge zu den Jugendlichen, denn in den Äußerungen der interviewten Jugendlichen und auch in den Erwartungen der Umfeldorganisationen wird immer wieder zum Ausdruck gebracht, dass für die als ‚schwer erreichbar' erlebten Jugendlichen ein persönlicher Zugang zu einem/r Mitarbeiter/in der JSA-Organisation einen zentralen Anknüpfungspunkt für die Ansprache an solche Jugendlichen darstellt. Das methodische Handeln muss also gleichermaßen durch professionelle Distanz wie durch die Fähigkeit und Bereitschaft, Jugendliche auf einer persönlichen Ebene anzusprechen, geprägt sein. Ansonsten besteht entweder für die Mitarbeiter/innen die Gefahr, eine professionelle Haltung zugunsten persönlich geprägter Bezüge in den Hintergrund zu drängen – mit negativen Folgen für die Mitarbeiter/innen selbst (zu geringe Abgrenzung und zu großes psychisches Involviert-Sein) und für die Organisation, die möglicherweise Einbußen erleidet bei der Fachlichkeit in der Leistungserstellung. Oder durch eine zu deutliche Hervorhebung professioneller Distanz bleiben die in den persönlichen Bezügen entstehenden Möglichkeiten des Erreichens der Zielgruppe und die Chancen zum Durchbrechen der Spiralentwicklung hin zur Verfestigung von ‚schwerer Erreichbarkeit' ungenutzt.

(7) Gestaltung interorganisationaler Kooperationen: eine Aufgabe, die spezifische Kompetenzen erfordert.

Wenn JSA-Organisationen einen Zugang zu ‚schwer erreichbaren jungen Menschen' eröffnet haben, muss in der Regel an mehreren Problemkonstellationen in der Lebenssituation des jungen Menschen gearbeitet werden. Diese Aufgaben können vielfach nicht von den Akteur/innen der JSA-

Organisation allein bewältigt werden, sondern bedürfen zu ihrer Bearbeitung, wie bereits unter Punkt (4) angedeutet, der gezielten Kooperation mit unterschiedlichen Organisationen aus verschiedenen institutionellen Feldern (Betriebe, Suchtberatungsstellen, Schuldnerberatung, berufsbildende Schulen u.a.m.). Neben der Zeit, die für die Initiierung und die Aufrechterhaltung von Kooperationsbezügen erforderlich ist und von der Organisation einzuplanen ist, bedarf es auch einer spezifisch in den Blick zu nehmenden Fähigkeit der JSA-Mitarbeiter/innen zur interorganisationalen Kooperation. Dazu gehören nicht allein differenzierte Feldkenntnisse zu den Spezifika der regionalen Angebotsstrukturen, sondern auch die Bereitschaft und die Fähigkeit zur Wahrnehmung und Verarbeitung unterschiedlicher Organisationslogiken sowie die kommunikative Kompetenz, zwischen den unterschiedlichen Organisationslogiken Handlungsoptionen zu konstruieren und auszuhandeln, die sich für die Unterstützung eines/r Jugendlichen wahrscheinlich als brauchbar erweisen (vgl. dazu van Santen/Seckinger 2003 und 2005; am Beispiel ASD dies. 2015; Schweitzer 1998). Die Kompetenz zur wirkungsvollen interorganisationalen Kooperation kann nicht ohne Weiteres bei Mitarbeiter/innen vorausgesetzt werden, sondern muss durch die JSA-Organisationen begleitet und gefördert werden. Nicht ausreichend gelungene interorganisationale Kooperationsverläufe sollten analysiert und im Hinblick auf notwendige Kompetenzerweiterung bei den Mitarbeiter/innen ausgewertet werden.

8.2 Schlussfolgerungen im Hinblick auf die inneren Strukturen und Handlungsprogramme der JSA-Organisationen

(1) Umgang mit widersprüchlichen Anforderungen als Fähigkeit einer Organisation zum ‚Paradoxie-Management'.

Organisationen der Jugendsozialarbeit sehen sich mit der Anforderung konfrontiert, ihre Handlungskonzepte zum Umgang mit der Zielgruppe zu flexibilisieren und einen hohen Grad an Individualisierung zu ermöglichen. Hinzu kommt, dass einige Handlungsanforderungen und darauf ausgerichtete Strukturelemente einen ambivalenten bis widersprüchlichen Charakter aufweisen. Solche Spannungsfelder wurden insbesondere in Kapitel 7.2.2 benannt, so u.a.: Anforderungen an Jugendliche richten, aber nicht zu viele und individuell ausgerichtet und nicht überfordernd – transparente Strukturen und Regeln, aber ohne ausgrenzende Wirkung – persönliche Bezüge zu Jugendlichen gestalten, aber ohne Rollendiffusion – Gruppenorientierung, aber dabei individuelle Ausrichtungen an einzelnen Jugendlichen berücksichtigen – psychologische Fachkompetenzen einsetzen, aber ohne die Jugendlichen damit abzuschrecken. Den Umgang mit solchen Spannungsfeldern kann eine Organisation nicht einfach auf die Organisationsmitglieder übertragen (nach dem Motto: das muss jeder für sich lösen …), sondern die Ausbalancierung der Widersprüche muss auch als eine Management-Anforderung an die Organisation verstanden werden. Die Organisation sollte Modalitäten der kontinuierlichen Beobachtung zum Umgang mit diesen Spannungsfeldern herausbilden und darauf ausgerichtete Reflexionsorte schaffen. Solche Reflexionsorte sollten gleichermaßen Reflexionen zu Einzelfällen herausfordern, weil jede/r Jugendliche seinen/ihren je spezifischen biografischen Verlauf und seine/ihre Belastungen mitbringt und somit immer wieder neu Individualität im Handeln mit übergreifenden Handlungsprogrammen abgestimmt werden muss. Zum anderen sollten sich die organisational verankerten Reflexionen auf den einzelfallübergreifenden organisationalen Handlungs- und Angebotsrahmen beziehen. Der Umgang mit Paradoxien stellt generell eine elementare Management-Aufgabe in Organisationen dar (Merchel 2015, 61 f.; Jäger/Beyes 2008) und bedeutet gerade in pädagogischen Handlungskonstellationen eine elementare Beobachtungs- und Gestaltungsherausforderung. Bei Organisationen, die sich um die Zielgruppe der ‚schwer erreichbaren jungen Menschen' bemühen und mit diesen pädagogisch arbeiten, trifft dies wegen der Eigenheiten der Zielgruppe in besonderer und zugespitzter Weise zu. Notwendig ist also in diesen JSA-Organisationen ein waches ‚Paradoxie-Management'. Dazu bedarf es entsprechender Reflexionen der Leitungspersonen, für die Zeit, systematische Anregungen und ggf. weitere Ressourcen (z.B. für Leitungscoaching) zur Verfügung gestellt werden sollten.

(2) Trotz schwieriger Rahmenbedingungen: Organisationen müssen aktives Personalmanagement betreiben.

Angesichts der großen Bedeutung, die einem spezifischen Typus von Mitarbeiter/innen für das Erreichen der Organisationsziele (Erreichen der ‚schwer Erreichbaren') zugesprochen wird, bedarf es einer besonderen Sorgfalt beim Personalmanagement. Die Mitarbeiter/innen sollen, so die weitgehende Übereinstimmung bei allen Befragtengruppen, nicht nur fachliche Qualifikationen (pädagogische und handwerkliche Qualifikationen) aufweisen, sondern darüber hinaus spezifischen personenbezogenen Eignungsanforderungen genügen, um wirkungsvoll mit den Haltungen und Verhaltensweisen der Jugendlichen aus der Zielgruppe umgehen und die für erforderlich gehaltenen persönlichen Bezüge herausbilden zu können. Die jungen Menschen bringen vielfältige Problembelastungen und biografische Lern- und soziale Erfahrungen in die JSA-Organisationen ein und konfrontieren die Mitarbeiter/innen daher mit differenzierten und z.T. hoch komplexen Anforderungen. Damit einher gehen komplexe Gruppenkonstellationen im Hinblick auf Lernanforderungen und die interaktiven Verhältnisse, die von Mitarbeiter/innen zu bewältigen sind. Aufgrund dieser Anforderungen werden hoch kompetente Fachkräfte als Pädagog/innen benötigt, die in der Lage sind, die Paradoxie zwischen Individualität und Diversität in den Handlungsanforderungen einerseits und der Ausrichtung am sozialen Kontext einer Gruppe andererseits zu handhaben. Die Pädagog/innen sollen in der Lage sein, flexibel mit verschiedenartigen Individuen in einem Organisationszusammenhang, also gleichermaßen Strukturen beachtend und Strukturen (z.B. Gruppennormen) setzend umzugehen. Damit die in Kapitel 8.1 skizzierten methodischen Herausforderungen von den Mitarbeiter/innen adäquat bewältigt werden können, sind gute und methodisch systematisierte Einarbeitung, Qualifizierung durch Fortbildung und innerbetriebliche Kommunikation über Wissen sowie Stärkung der sozialen Kompetenzen und der persönlichen ‚Resilienz' der Mitarbeiter/innen herauszubilden. Sicherlich ist hier auch hinzuweisen auf die eingeschränkten Handlungsmöglichkeiten, die den JSA-Organisationen durch die Finanzierungsbedingungen und durch die administrativen Förderungsmodalitäten Grenzen setzen. Die unzweifelhaft vorhandenen Begrenzungen sollten jedoch von den JSA-Organisationen nicht als eine Begründung für einen weitgehenden Verzicht auf Aktivitäten im Personalmanagement herangezogen werden. Vielmehr sollten JSA-Organisationen auch innerhalb der gegebenen Bedingungen Überlegungen anstellen zur Optimierung ihres Personalmanagements (insbesondere im Hinblick auf Personalrekrutierung und Personalbindung) und dazu, wie möglicherweise durch allmähliche Weiterentwicklung der organisationalen Konstellationen der Rahmen für Personalmanagement verbessert werden kann.

(3) Der für das Ansprechen ‚schwer erreichbarer junger Menschen' förderliche Mitarbeitertypus bildet sich heraus und wird gehalten in einer entsprechenden Organisationskultur.

Für einen erfolgversprechenden Umgang mit als ‚schwer erreichbar' angesehenen Jugendlichen wird – den Interviewäußerungen folgend – offenkundig ein bestimmter Typus von Mitarbeiter/in als förderlich erachtet, der bestimmte Merkmale der persönlichen Eignung aufweist. Neben der Anforderung, Mitarbeiter/innen mit einer solchen persönlichen Eignung über Aktivitäten des Personalmanagements an die Organisation zu binden, sollte nicht unbeachtet bleiben, dass auch in einer Organisationskultur förderliche und hinderliche Bedingungen dafür entstehen können, dass sich solche Mitarbeiter/innen intensiver oder weniger intensiv an die Organisation binden sowie dass die Entwicklung solcher persönlicher Eignungsaspekte im Verlauf der Organisationsmitgliedschaft mehr oder weniger intensiv herausgebildet oder verstärkt wird. Dass ein bestimmter, von der Organisation für das Ansprechen der ‚schwer Erreichbaren' präferierter Mitarbeitertypus sich in der Organisation herausbilden kann, wird also auch durch eine entsprechende Organisationskultur ermöglicht oder erschwert. Nun handelt es sich bei ‚Organisationskultur' um ein emergentes Phänomen in Organisationen, das sich nur begrenzt über Steuerungsimpulse gezielt beeinflussen lässt. Jedoch sollten sich Leitungspersonen in den JSA-Organisationen der organisationskulturellen Wirkungen und Nebenwirkungen ihres Leitungsverhaltens und ihrer Entscheidungen bewusst sein (vgl. u.a. Baitsch/Nagel 2009; Wimmer 2009, 30) sowie die Möglichkeiten zu einer reflexiv verarbeiteten Impulsgebung nutzen[2], die zu einer adäquaten Passung zwischen dem gewünschten Mitarbeitertypus und dem Binnenklima in der Organisation beitragen und dadurch die Herausbildung der gewünschten persönlichen Eignungsaspekte befördern.

(4) Verknüpfung berufsorientierter Aktivitäten und sozialpädagogischer Arbeit an sozialen und psychischen Problemen der Jugendlichen – Jugendhilfe-Profil der Einrichtungen!

Die Handlungsprogramme der Jugendsozialarbeit, die auf die Zielgruppe der ‚schwer erreichbaren jungen Menschen' ausgerichtet sind, müssen in besonderer Weise berufsorientierte Aktivitäten und Angebote mit umfassender sozialpädagogischer Bearbeitung von sozialen und psychischen

2 Impulse als Versuch zur Beeinflussung von Organisationskultur sind in ihren Wirkungsoptionen doppelt unsicher: zum einen, weil die intentionale Steuerbarkeit von Organisationssystemen generell als eingegrenzt zu betrachten ist und somit ein intensivierter Steuerungsoptimismus die Prozesslogik in Organisationen verfehlen würde (Simon 2007; Jung/Wimmer 2009), zum anderen, weil sich die auf Organisationen gerichteten Steuerungsimpulse primär auf der Ebene der Symbole bewegen und der Aussagewert von Symbolen sich in besonderer Weise als kontingent und daher unkalkulierbar darstellt. Daher ist insbesondere jeder Impuls in Richtung Organisationskultur in hohem Maße hypothetisch sowohl im Hinblick auf die Ausgangssituation (Wie ist ein Phänomen/ein Zustand in seiner organisationskulturellen Bedeutung zu interpretieren?) als auch im Hinblick auf seine möglichen Wirkungen und Nebenwirkungen. Daher bedarf es kontinuierlicher Beobachtungen auf Seiten des Impulsgebers, ob seine Annahmen im Hinblick auf die Ausgangssituation angemessen waren und in welcher Weise Prozesse mit Wirkungen und unbeabsichtigten Nebenwirkungen auf organisationskulturelle Gegebenheiten in der Organisation angestoßen wurden; gefordert ist also eine Ausrichtung des Handelns am Prinzip der reflexiven Steuerung (s. Merchel 2015, 56 ff. und 141).

Problemen der Jugendlichen miteinander verkoppeln. Es bedarf also einer sozialpädagogischen Orientierung, wie sie dem fachlichen Erkenntnis- und Diskussionsstand in der Jugendhilfe entspricht. Daher sollten sich die JSA-Organisationen – neben einer Konzeptüberprüfung und ggf. Konzeptentwicklung zur Verankerung sozialpädagogischer Methoden und Verfahrensweisen – in die regionalen Diskussionszusammenhänge der Jugendhilfe einbringen und sich deutlich als Teil der Jugendhilfe profilieren. Das sozialpädagogische Profil der JSA-Organisationen, die das Erreichen der ‚schwer Erreichbaren' zu einem bedeutsamen Teil ihrer Organisationsziele erklärt haben, sollte nach innen hin deutlich entwickelt und nach außen markant kommuniziert werden.

(5) Sich-erreichbar-Machen der Organisationen für ‚schwer erreichbare junge Menschen': zeitlich, sozial, organisational.

Damit die ‚schwer erreichbaren' Jugendlichen einen einigermaßen tragfähigen Zugang zu JSA-Organisationen finden können, sollten sich diese Organisationen ‚erreichbar' machen und halten. Ein solches Bemühen hat unterschiedliche Dimensionen. Dazu zählt eine zeitliche Dimension, in der Öffnungszeiten zu thematisieren sind; wenn eine Organisation es ermöglichen kann, auch zu ungewöhnlichen Zeiten (bis in die Abend- oder gar Nachtzeiten) Jugendlichen eine Kontaktaufnahme zu ermöglichen, die dann über eine Hilfe bei akuten Problemen der Lebensbewältigung einen allmählichen Einbezug des Themas ‚Ausbildung/Arbeit' ermöglicht, kann sich dies positiv auswirken. Damit weitet sich dann die Handlungsprogrammatik der JSA-Organisation aus von einer eher eng begrenzten Ausrichtung auf Jugendsozialarbeit (im Sinne von ‚Arbeit/Ausbildung') auf ein umfassenderes Unterstützungsangebot und auf Strukturen, die hin zu einer ‚offenen Anlaufstelle' und zur aufsuchenden Arbeit tendieren. Im Sinne des ‚Sich-erreichbar-Machens' von JSA-Organisationen sind auch innere Organisations- und Arbeitsweisen zu überprüfen: der Grad der Formalisierung in den Abläufen, der Umgang mit Flexibilität in den Verfahrensweisen und im alltäglichen Handeln sowie die Handhabung von Arbeitsanforderungen an Jugendliche.

(6) Schaffen eines finanziellen Freiraums für soziale Aktivitäten und für Unterstützungen im Einzelfall.

Die Finanzierungsbedingungen in der Jugendsozialarbeit sind nicht darauf ausgerichtet, dass sie neben den auf Arbeit und Ausbildung bezogenen Aktivitäten weitere soziale Aktivitäten (z.B. Gruppenaktivitäten außerhalb der Einrichtung, persönlichkeitsbildende gemeinsame Aktivitäten) und im

Einzelfall erforderliche Unterstützungen (z.B. Finanzierung notwendiger Fahrten, finanzielle Unterstützung beim Anschaffen von Handwerksmaterial oder notwendiger Arbeitskleidung, die ein/e Jugendliche/r benötigt) ermöglichen würden. Es wäre förderlich, wenn es einem Träger der Jugendsozialarbeit gelänge, für solche Unterstützungsleistungen, die gerade im Umgang mit ‚schwer Erreichbaren' benötigt werden, einen finanziellen Freiraum zu schaffen, der ein flexibles Eingehen auf entsprechende Anforderungen im Einzelfall erlaubt (z.B. über den Aufbau eines Kreises von Spendern und ggf. durch Sponsoringprojekte).

8.3 Schlussfolgerungen im Hinblick auf das institutionelle Umfeld der JSA-Organisationen

(1) Einbringen der Jugendsozialarbeit in regionale jugendhilfepolitische Aktivitäten.

Die zum Teil eher zögerlichen und ambivalenten Äußerungen der befragten Jugendamt-Akteur/innen zur Zuständigkeit der Jugendhilfe für die Zielgruppe sollten als ein problematisches Signal aufgenommen werden. Die Tendenz bei einem Teil der Jugendämter, den Umgang mit der Zielgruppe im Rahmen der Jugendsozialarbeit stärker in die Verantwortung der Jobcenter zu verschieben mit dem Hinweis, hier handele es sich primär um Aufgaben mit berufs- und ausbildungsorientiertem Profil, wird weder den spezifischen Eigenheiten und Anforderungen der Zielgruppe noch der im SGB VIII definierten Aufgabe der Jugendsozialarbeit (§ 13 Abs. 1 SGB VIII: Förderung der schulischen und beruflichen Ausbildung, der Eingliederung in die Arbeitswelt und der sozialen Integration) gerecht. Die JSA-Organisationen sollten stärker in regionalen jugendhilfepolitischen Aktivitäten (Mitwirkung in Jugendhilfeausschüssen und Arbeitsgemeinschaften gem. § 78 SGB VIII; Beteiligung an der Jugendhilfeplanung) auf die Zuständigkeit der Jugendhilfe für die Zielgruppe aufmerksam machen. Sie sollten den Jugendhilfe-Charakter ihrer Tätigkeit verdeutlichen und darauf hinwirken, dass sich die Jugendhilfe wieder intensiver ihrer eigenen Zuständigkeit annimmt. Eine verstärkte Aktivität in jugendhilfepolitischen Zusammenhängen kann selbstverständlich nicht dazu führen, die Zusammenarbeit mit den Jobcentern zu vernachlässigen, denn Ausbildung und berufliche Tätigkeit sind und bleiben der Schlüssel für soziale Integration.

(2) Verankerung der Jugendhilfe-Perspektive und der aktiven Benachteiligtenförderung in Jugendberufsagenturen.

Die Bestrebungen, diejenigen Institutionen, die die verschiedenen, für die Jugendsozialarbeit relevanten sozialrechtlichen Bereiche (SGB II, III und VIII) bearbeiten, in einer „Jugendberufsagentur" kooperativ zusammenzuführen und damit sowohl die einzelfallbezogene als auch die angebotsbezogene Steuerung zu verbessern, sind im Grundsatz positiv zu werten. Allerdings ist zu vermerken, dass sich „Jugendberufsagentur" bisher noch als ein offenes Konzept mit vielfältigen Varianten der jeweils örtlichen Ausgestaltung darstellt, wodurch sich künftig weitere Gestaltungsanforderungen und Entwicklungsmöglichkeiten ergeben. Dabei ist insbesondere darauf zu achten, dass die Zielgruppe der ‚schwer Erreichbaren' nicht aus dem Blick gerät, sondern das Erreichen dieser Zielgruppe als ein wichtiger Bestandteil der Aufgaben dieser Jugendberufsagenturen verankert wird sowie entsprechende praktische Bemühungen entfaltet und ausgebaut werden. Das Erreichen und die Förderung von benachteiligten jungen Menschen müssen zu einem wesentlichen Kriterium werden, an dem der Erfolg von Jugendberufsagenturen zu bewerten ist. Es müssen niedrigschwellige, offene und aufsuchende Zugänge zur Jugendberufsagentur sichergestellt werden, und die auf den jeweiligen individuellen Unterstützungsbedarf ausgerichtete Sichtweise der Jugendhilfe muss einen zentralen Platz in der Jugendberufsagentur finden. Zu diesem Zweck ist darauf zu achten, dass in den Kooperationskontext der Jugendberufsagenturen die Jugendämter aktiv eingebunden werden, denn über eine aktive Einbindung der Jugendämter können diese ihre Mitverantwortung gem. § 13, § 80 Abs. 4 und § 81 SGB VIII wahrnehmen und dafür sorgen, dass die Zielgruppe der ‚schwer erreichbaren jungen Menschen' mit ihren sozialen Problemlagen und Unterstützungsbedürfnissen in die Steuerungsaktivitäten und die Hilfe-Aktivitäten einbezogen bleiben. Der Einbezug der (zweigliedrigen) Jugendämter hat zur Voraussetzung, dass die Jugendsozialarbeit gerade für die hier betrachtete Zielgruppe der ‚schwer Erreichbaren' als eine aktiv wahrzunehmende Aufgabe der Jugendhilfe verstanden und praktisch konzipiert wird. Dazu bedarf es auf der kommunalen Ebene einer Bereitschaft, die Zielgruppe der ‚schwer Erreichbaren' nicht abzuschreiben, sondern deren spezifischen Hilfebedarf anzuerkennen und über auch unkonventionelle Wege der Förderung diese Zielgruppe auf dem Weg zu Arbeit und Ausbildung zu unterstützen. Über das neue ESF-Vorhaben "JUGEND STÄRKEN im Quartier", das in den kommenden vier Jahren gemeinsam vom Bundesministerium für Familie, Senioren, Frauen und Jugend und dem Bundesministerium für Umwelt, Naturschutz, Bau und Reaktorsicherheit umgesetzt wird, haben Kommunen unter Einbeziehung freier Träger die Möglichkeit, mit den Akteur/innen der Jugendberufsagenturen gemeinsame Strukturen aufzubauen. Weil gerade bei Jugendlichen in schwierigen Lebensverhältnissen voraussichtliche Hindernisse beim Übergang von Schule und Beruf vielfach bereits in den Schulen erkennbar sind, sollte es gelingen, realisierbare Formen des frühzeitigen Einbezugs von Schule in den Kooperationskontext der Jugendberufsagenturen zu finden. Für Jugendliche, die ansonsten nicht erreicht werden, sollten dabei auch aufsuchende Hilfen eingerichtet werden, die von Trägern der Jugendsozialarbeit geleistet werden.

(3) Frühzeitiges Handeln im schulischen Kontext zur Vermeidung von Entwicklungen hin zu ‚schwerer Erreichbarkeit'.

Für die Zielgruppe der ‚schwer erreichbaren' Jugendlichen werden die Faktoren, die möglicherweise in späteren Lebensstadien die Erreichbarkeit der Jugendlichen beeinträchtigen, häufig bereits relativ früh in den Schulen sichtbar. Hier ist zum einen Schulsozialarbeit mit einem Tätigkeitsschwerpunkt bei der Vorbereitung und Unterstützung des Übergangs von der Schule in Ausbildung/Beruf erforderlich, also konzeptionell ausgerichtet am Bild einer ‚Schulbezogenen Jugendsozialarbeit'. Zum anderen sollten Träger der berufsbezogenen Jugendsozialarbeit in einer Verkoppelung mit Akteur/innen der Schulsozialarbeit hier frühzeitig tätig werden können, z.B. über solche Handlungsansätze, die es ermöglichen, die Jugendlichen mit ihren Schwierigkeiten im Übergang Schule – Ausbildung – Beruf im Blick zu behalten und sie hier im nahen Kontakt kontinuierlich und verlässlich zu begleiten (wie es insbesondere das BMFSFJ-Programm „JUGEND STÄRKEN im Quartier" ermöglicht und fördert). ‚Schwere Erreichbarkeit' entwickelt sich häufig dann, wenn nach der Schulphase die Organisationen eine/n Jugendliche/n aus dem Blick verlieren, die Kontakte zwischen den Organisationen und einem Jugendlichen tendenziell formalisiert verlaufen und der/die Jugendliche sich aus diesen formalisierten Kontaktbemühungen zurückzieht. Ein personalisierter Bezug, der bereits zu einem Zeitpunkt einsetzt, an dem der/die Jugendliche – wenn auch häufig bereits in gebrochener Form – von der Organisation ‚Schule' noch erreicht wird, kann helfen, die Wahrscheinlichkeit eines Rückzugs des/r Jugendlichen und damit ein Beschreiten des Weges hin zu ‚schwerer Erreichbarkeit' zu reduzieren.

(4) Enge Kooperation mit Betrieben – insbesondere im Hinblick auf Besonderheiten der Jugendlichen und Anforderungen im Umgang mit diesen Jugendlichen.

Wenn es im Einzelfall gelingt, einen produktiven Arbeitskontakt zu einem/r Jugendlichen zu initiieren, der/die sich bisher als ‚schwer erreichbar' gezeigt hat, erweist es sich häufig als schwierig, geeignete Betriebe (u.a. für Praktika oder gar für eine Ausbildung) zu finden, in denen Mitarbeiter/innen in der Lage sind, sich auf die Eigenheiten der Zielgruppe einzustellen und trotz der erwartbaren Schwierigkeiten und Konflikte an der Zusammenarbeit mit dem/r jeweiligen Jugendlichen festzuhalten. Es bedarf einer spezifischen Kooperation zwischen einer JSA-Organisation und einigen Betrieben, die sich für den Umgang der Betriebe mit diesen Jugendlichen als einigermaßen belastbar erweist. Dafür müssen die JSA-Organisationen in der Kooperation die Betriebe auf die Eigenheiten von Jugendlichen aus der Zielgruppe einstellen, für einen wohlwollenden Umgang mit diesen Jugendlichen werben und eine relativ enge, kontinuierliche Praktikums- oder Ausbildungsbegleitung gewährleisten. Bei der Konzipierung und Ausgestaltung der Kooperationen sollten auch die Erfahrungen einbezogen werden, die im Programm „JUGEND STÄRKEN: 1000 Chancen" gemacht worden sind – einem Programm der Ausbildungsunterstützung, das vom BMFSFJ gemeinsam mit dem Verband „Wirtschaftsjunioren Deutschland" realisiert wird.

8.4 Schlussfolgerungen im Hinblick auf die politisch-administrativen Rahmenbedingungen

(1) Verbesserung der Rahmenbedingungen, damit Organisationen der Jugendsozialarbeit ‚gute Pädagog/innen' an sich binden und ihnen adäquate Arbeitsbedingungen bieten können.

Die JSA-Organisationen sehen sich im Hinblick auf den Zugang zu der Zielgruppe einem hohen Erwartungsdruck sowohl der Jobcenter als auch der Jugendämter sowie weiterer Organisationen ausgesetzt. Jedoch sind die Förderungen und die Finanzierungsmodalitäten nicht so gestaltet, dass die JSA-Organisationen die zur Erfüllung der Erwartungen erforderlichen Bedingungen in ausreichendem Maße schaffen könnten. Das Anforderungsprofil, das sowohl an die JSA-Organisationen als auch an deren Mitarbeiter/innen gerichtet wird, und die Bedingungen, unter denen die JSA-Organisationen und ihre Mitarbeiter/innen tätig werden, passen nicht zusammen.

Zur Bewältigung der spannungsreichen und fachlich herausfordernden Anforderungen gerade bei der Zielgruppe der ‚schwer Erreichbaren' braucht man die ‚besten Pädagog/innen', also pädagogische Fachkräfte mit hoher fachlicher Kompetenz und mit einer tragfähigen Erfahrungsbasis, sowie der Komplexität der Anforderungen angemessene Beratungs- und Unterstützungsangebote für diese Pädagog/innen (Supervision, moderierte kollegiale Beratung). Dies steht mit den Bedingungen, unter denen JSA-

Organisationen ihre Arbeit machen müssen, in einem deutlichen Gegensatz: Für die Arbeit mit den am schwersten erreichbaren jungen Menschen existieren – im Vergleich zu anderen Handlungsfeldern – klägliche Bedingungen, die es kaum ermöglichen, ‚gute Pädagog/innen' an die JSA-Organisationen zu binden.

Die Bedingungen lassen eine Realisierung der Erwartungen aus dem Anforderungsprofil als kaum möglich erscheinen. Wie soll eine JSA-Organisation z.B. die für eine fachlich gute Leistungserbringung notwendige Personalentwicklung betreiben, wenn ein erheblicher Teil der Mitarbeiter/innen aufgrund der Finanzierungsmodalitäten in unsicheren Arbeitsverhältnissen handeln muss und wenn daraus ein für die Kontinuität der Arbeit schädliches Maß an Personalfluktuation resultiert? Die Rahmenbedingungen müssen eine angemessene Bezahlung ermöglichen, die der Arbeitsbelastung (psychischer und sozialer Druck, der von den Interaktionsanforderungen der Zielgruppe ausgeht) entspricht; ferner sind sichere und langfristigere Arbeitsverhältnisse erforderlich. Neben den kontinuierlichen Bemühungen, in den Aushandlungen mit Finanzgebern flexible und innovative Handlungspotenziale zu erschließen, sollten die JSA-Organisationen auch offensiv auf die begrenzenden Wirkungen der öffentlichen Förderungspolitik und auf die begrenzten Möglichkeiten aufmerksam machen, innerhalb der vorhandenen Förderstrukturen die an sie herangetragenen hohen Anforderungen zu realisieren. Politisch ist darüber nachzudenken, in welcher Weise für eine effektive Wahrnehmung der Verantwortung für die in diesem Forschungsprojekt beschriebene Zielgruppe die Jugendsozialarbeit mit stabileren Rahmenbedingungen ausgestattet werden könnte.

(2) Unterstützung der Ausbildung von bisher ‚schwer erreichbaren' Jugendlichen entsprechend dem individuellen Bedarf und in der erforderlichen Intensität.

Wenn junge Menschen aus der Zielgruppe der ‚schwer Erreichbaren' zur Aufnahme einer Berufsausbildung motiviert werden konnten, so geht dem eine erste Phase des Beziehungsaufbaus voraus, der erst Motivierungspotenziale erzeugt, die dann in eine Bereitschaft des/r Jugendlichen einmünden können. Auch in der Folge ist gerade bei dieser Zielgruppe davon auszugehen, dass eine intensive Unterstützung des/r Jugendlichen und der betrieblichen Akteur/innen erforderlich ist, um zwischenzeitlich auftretende Konflikte und Probleme und daraus entstehende Motivationseinbußen bewältigen zu können. Es ist genau zu beobachten, ob die Potenziale, die durch eine Assistierte Ausbildung in den Betrieben eröffnet werden, zur wirkungsvollen Unterstützung dieser Jugendlichen in der notwendigen zeitlichen und fachlichen Betreuungsintensität ausreichen. Die betriebsorientierten Assistenzprogramme müssen eine Spannbreite der Förderung und Unterstützung ermöglichen, die dem spezifischen Bedarf der hier skizzierten Zielgruppe entspricht. Angesichts der vielfältigen Erfahrungen und Problembelastungen, die die Jugendlichen aus der Zielgruppe mitbringen, kann man Zweifel anmelden, ob die erforderlichen individuellen und intensiven Unterstützungsansätze, die bei diesen Jugendlichen voraussichtlich aktiviert werden müssen, in einem ‚normalen Betrieb' immer zu realisieren sind und ob mit den Möglichkeiten einer Assistierten Ausbildung das Problem für die Zielgruppe der ‚schwer Erreichbaren' als bewältigt angesehen werden kann. Es kann sich herausstellen, dass möglicherweise auch außerhalb von Betrieben Ausbildungsmöglichkeiten für solche Jugendlichen geschaffen werden müssen, die mit Assistenzprogrammen bei einer Ausbildung in einem ‚normalen Betrieb' nicht ausreichend unterstützt und dort gehalten werden können. Daher sollten Überlegungen einbezogen werden, ob, in welchem Umfang und in welcher Weise für die hier als ‚schwer erreichbar' charakterisierten Jugendlichen eigene Ausbildungsoptionen bei Trägern der Jugendsozialarbeit eröffnet werden können. Neben Bemühungen zu einer intensiven Nutzung von Assistenzprogrammen für die betriebliche Ausbildung könnte möglicherweise ein Förderungsprogramm für diese eng begrenzte Zielgruppe den Trägern eine ‚Ausbildung von besonders benachteiligten Jugendlichen' ermöglichen, die den in diesem Forschungsprojekt erneut zum Ausdruck gekommenen Problemlagen und spezifischen Unterstützungsnotwendigkeiten für diese Zielgruppe Rechnung trägt. Hier sollten flexible Anpassungen an die Anforderungen vor Ort möglich gemacht werden.

(3) Ausschreibungsverfahren so ausrichten, dass Unterstützungsanforderungen für die Zielgruppe und entsprechend aufgebaute Kompetenzen der Träger Berücksichtigung finden.

Bei Ausschreibungs- und Vergabeverfahren der Agentur für Arbeit und der Jobcenter sollte geprüft werden, ob und in welcher Weise regionale Situationen und Anforderungen besser berücksichtigt werden können. Einzubeziehen sind ferner das erforderliche Personalprofil mit den Kompetenzen und Anforderungen, die in Kapitel 8.2 und in Punkt (1) dieses Kapitels hervorgehoben wurden, – mit den entsprechenden Konsequenzen für eine der Belastung und den Kompetenzen angemessene Bezahlung und für eine größere Kontinuität bei den Arbeitsverhältnissen. Ferner ist ein finanzieller Mehrbedarf zu berücksichtigen, der bei der Arbeit mit den ‚schwer erreichbaren' Jugendlichen angesichts ihrer komplexen individuellen Problemlagen und der daraus resultierenden Unterstützungsanforderungen entsteht.

Gerade für die Arbeit mit ‚schwer erreichbaren' Jugendlichen sind die Kompetenzen, die bestimmte JSA-Organisationen im Laufe der Zeit entwickelt haben, und die aufgebauten interorganisationalen Kooperationsmodalitäten als eine Ressource zu nutzen, was bei den Ausschreibungsverfahren als eine regionale Gestaltungsoption zur Geltung gebracht werden sollte.

(4) Präventive Handlungsansätze auch übergreifend und quer zu traditionellen Arbeitsbereichen der Kinder- und Jugendhilfe in Förderungserwägungen einbeziehen.

Wenn man in der Jugendsozialarbeit den Blick auf ‚schwer erreichbare junge Menschen' richtet, so wird man feststellen, dass ein Teil dieser Jugendlichen in stark benachteiligenden Lebensverhältnissen aufgewachsen ist (s. die Ausführungen in Kap. 4) und die Benachteiligungen in den räumlichen und sozialen Lebensverhältnissen sich zu denjenigen Problemkonstellationen verdichtet haben, die den Zugang zu einer beruflichen Ausbildung und zum Arbeitsmarkt und damit eine soziale Integration markant erschweren. Entsprechend dem Präventionsgedanken, der in den programmatischen Äußerungen zur Kinder- und Jugendhilfe immer wieder in den Mittelpunkt gestellt wird (in vielfältigen Kinder- und jugendpolitischen Dokumenten u.a. vom 8. Jugendbericht, BMJFFG 1990 bis zum 13. Kinder- und Jugendbericht, BMFSFJ 2009, 51 ff; vgl. auch Böllert 2011), ist zu überlegen, ob in stark sozial belasteten städtischen Regionen frühzeitige, sozialraumnahe, präventive Aktivitäten von Trägern gefördert werden können (sowohl im Rahmen von Modellprojekten als auch in einer kontinuierlichen Finanzierung), die sich übergreifend zu den bisherigen traditionellen Arbeitsbereichen der Kinder- und Jugendhilfe um eine ganzheitliche individuelle und soziale, die familiären Konstellationen berücksichtigende präventive Förderung der Kinder und Jugendhilfe bemühen – nicht zuletzt im Sinne einer Sozialpädagogik der ‚Handlungsbefähigung' als eine optionale pädagogische Antwort auf das hier in der Forschung verwendete ‚Agency'-Konzept (s. Grundmann 2008). Hier könnte ein Ansatzpunkt liegen, um der Entwicklung hin zu ‚schwerer Erreichbarkeit', die dann in der Jugendsozialarbeit zu einer Herausforderung wird, frühzeitig entgegenzuwirken.

Literaturverzeichnis

Abraham, M./Büschges, G. (2004): Einführung in die Organisationssoziologie. 3. Aufl. Wiesbaden: VS Verlag für Sozialwissenschaften

Albert, Gert (2007): Idealtypen und das Ziel der Soziologie. Berliner Journal für Soziologie, 17 (1), 51–75

Autorengruppe BIBB/Bertelsmann Stiftung (2011): Reform des Übergangs von der Schule in die Berufsausbildung. Aktuelle Vorschläge im Urteil von Berufsbildungsexperten und Jugendlichen Bonn. (abzurufen unter: http://www.bibb.de/dokumente/pdf/a21_ergebnisbericht_expertenmonitor_2010_preprint.pdf; 07.06.2015)

Autorengruppe Bildungsberichterstattung (Hrsg.) (2012): Bildung in Deutschland 2012. Ein indikatorengestützter Bericht mit einer Analyse zur kulturellen Bildung im Lebenslauf. Bielefeld: W. Bertelsmann

Autorengruppe Bildungsberichterstattung (Hrsg.) (2014): Bildung in Deutschland 2014. Ein indikatorengestützter Bericht mit einer Analyse zur Bildung von Menschen mit Behinderungen. Bielefeld: W. Bertelsmann

[BA] Bundesagentur für Arbeit (2004): Berufsvorbereitende Bildungsmaßnahmen (BvB) der Bundesagentur für Arbeit (BA) - Neues Fachkonzept Geschäftsanweisung v. 12.01.2004 Nürnberg

Bacher, Johann/Tamesberger, Dennis/Leitgöb, Heinz/Lankmayer, Thomas (2013): NEET-Jugendliche: Eine neue arbeitsmarkpolitische Zielgruppe in Österreich. In: WISO, Wirtschafts- und Sozialpolitische Zeitschrift, 36. Jg. (2013), Nr. 4, 104–131

Bacher, Johann u.a. (2014): Unterstützung der arbeitsmarktpolitischen Zielgruppe "NEET". Studie von ISW, IBE und JKU im Auftrag des Bundesministeriums für Arbeit, Soziales und Konsumentenschutz. Sozialpolitische Studienreihe Band 17. Wien: Verlag des ÖGB

Baethge, Martin/Solga, Heike/Wieck, Markus (2007): Berufsbildung im Umbruch. Signale eines überfälligen Aufbruchs. Bonn

Baitsch, Ch./Nagel, E., (2009): Organisationskultur – Das verborgene Skript der Organisation. In: Wimmer, R./Meissner, J.O./Wolf, P. (Hrsg.), Praktische Organisationswissenschaft. Lehrbuch für Studium und Beruf. Heidelberg: Carl Auer, 219–240

Beierlein, C./Kemper, C. J./Kovaleva, A./Rammstedt, B. (2013): Kurzskala zur Erfassung allgemeiner Selbstwirksamkeitserwartungen (ASKU). Methoden, Daten, Analysen 7 (2), 251–278

Bender, Désirée/Hollstein, Tina/Huber, Lena (2013): Migration, Armut und Agency – Empirische Beispiele und methodologische Reflexionen. In: Graßhoff, Gunter (Hrsg.), Adressaten, Nutzer, Agency. Akteursbezogene Forschungsperspektiven in der Sozialen Arbeit. Wiesbaden: Springer VS, 255–276

Bennewitz, Heiko (2011): Perspektive "One-Stop-Government"? Jugendsozialarbeit an den Schnittstellen zwischen SGB II, III und VIII. In: dreizehn. Zeitschrift für Jugendsozialarbeit, Nr. 4, 2011, 4–7

[BIBB] Bundesinstitut für Berufsbildung (2013): Datenreport zum Berufsbildungsbericht 2013. Informationen und Analysen zur Entwicklung der beruflichen Bildung. Bonn

[BIBB] Bundesinstitut für Berufsbildung (2014): Datenreport zum Berufsbildungsbericht 2014. Informationen und Analysen zur Entwicklung der beruflichen Bildung. Bonn

Bleck, Christian/Enggruber, Ruth (2007): Zielgruppen- und Wirkungsanalyse von Berufsvorbereitenden Bildungsmaßnahmen des Christlichen Jugenddorfwerk Deutschlands e.V. Abschlussbericht, Forschungsstelle DIFA (Düsseldorfer Integrationsförderung in Ausbildung und Arbeit) der Fachhochschule Düsseldorf

Blumer, Herbert (2013): Symbolischer Interaktionismus. Aufsätze zu einer Wissenschaft der Interpretation, Frankfurt am Main: Suhrkamp

Blumer, Herbert (1954): What is Wrong with Social Theory? In: American Sociological Review, Vol. 19, No. 1., 3–10

[BMAS] Bundesministerium für Arbeit und Soziales (2014): Nationaler Implementierungsplan zur Umsetzung der EU-Jugendgarantie in Deutschland

[BMFSFJ] Bundesministerium für Familie, Senioren, Frauen und Jugend (2009): 13. Kinder- und Jugendbericht. Berlin: Eigenverlag

[BMI] Bundesministerium des Inneren und Bundesministerium der Justiz (2006): Zweiter periodischer Sicherheitsbericht des Bundesministeriums des Inneren. (abzurufen unter:
http://www.bmi.bund.de/SharedDocs/Downloads/DE/Veroeffentlichungen/2_periodischer_sicherheitsbericht_langfassung_de.html; 07.06.2015)

[BMJFFG] Bundesministerium für Jugend, Familie, Frauen und Gesundheit (1990): Achter Jugendbericht. Bonn: Eigenverlag

Bogner, A./Littich, B./Menz, W. (2014): Interviews mit Experten. Eine praxisorientierte Einführung. Wiesbaden: Springer VS

Böllert, K. (2011): Prävention und Intervention. In: Otto, H.-U./Thiersch, H. (Hrsg.), Handbuch Soziale Arbeit. 4. Aufl. München/Basel: Ernst Reinhardt Verlag, 1125–1130

Braun, Frank/Geier, Boris (2013): „Übergangssystem“: Tragfähigkeit und bildungspolitische Karriere eines Konzepts. Kinder- und Jugendhilfe in neuer Verantwortung. Materialien zum 14. Kinder- und Jugendbericht. Herausgegeben von der Sachverständigenkommission 14. Kinder- und Jugendbericht. München: Deutsches Jugendinstitut

Butterwegge, Christoph/Lösch, Bettina/Ptak, Ralf (2008): Kritik des Neoliberalismus. Wiesbaden: Verlag für Sozialwissenschaften

[BZgA] Bundeszentrale für gesundheitliche Aufklärung (2012): Die Drogenaffinität Jugendlicher in der Bundesrepublik Deutschland 2011. Der Konsum von Alkohol, Tabak und illegalen Drogen: aktuelle Verbreitung und Trends. Köln: Bundeszentrale für gesundheitliche Aufklärung

Chassé, Karl August (2010): Unterschichten in Deutschland. Materialien zu einer kritischen Debatte. Wiesbaden: VS Verlag für Sozialwissenschaften

Christe, Gerhard (2006): Bewertung von Integrationserfolgen Berufsvorbereitender Bildungsmaßnahmen. INBAS, Berichte und Materialien, Band 14. Offenbach

Christe, Gerhard (2011): Notwendig, aber reformbedürftig. Die vorberufliche Bildung für Jugendliche mit Migrationshintergrund. Expertise im Auftrag des Gesprächskreises Migration und Integration der Friedrich-Ebert-Stiftung. WISO Diskurs

Clark, Burton R. (1960): The "Cooling-Out" Function in Higher Education. In: The American Journal of Sociology, Vol. 65, No. 6, 569–576

Coles, B./Godfrey, C./Keung, A./Parrott, S./Bradshaw, J. (2010): Estimating the life-time cost of NEET: 16–18 year olds not in Education, Employment or Training. Research Undertaken for the Audit Commission. Department of Social Policy and Social Work and Department of Health Sciences. The University of York. (abzurufen unter:

http://www.york.ac.uk/media/spsw/documents/research-and-publications/NEET_Final_Report_July_2010_York.pdf; 07.06.2015)

Collins, K.: Advanced Sampling Designs in Mixed Research: Current Practices and Emerging Trends in the Social and Behavioral Sciences. In: Tashakkori, A./Teddlie, C. (2010): Sage Handbook of Mixed Methods in Social & Behavioral Research (2 ed.). Thousand Oaks, CA: Sage Publications. 353–377

Cremer, G./Goldschmidt, N./Höfer, S. (2013): Soziale Dienstleistungen. Ökonomie, Recht, Politik. Tübingen: Mohr Siebeck (UTB)

Cusworth, L./Bradshaw, J./Coles, B./Keung, A./Chzhen, Y. (2009): Understanding the Risks of Social Exclusion Across the Life Course: Youth and Young Adulthood, Social Exclusion Task Force/Cabinet Office

DCSF (2008): NEET Toolkit: Reducing the proportion of young people not in education, employment or training (NEET). (abzurufen unter: http://www.education.gov.uk/publications/eOrderingDownload/7508-DCSF-Neet%20Toolkit.pdf; 07.06.2015)

Deacon, Alan (2004): Different Interpretations of Agency within Welfare Debates. In: Social Policy and Society, Vol. 3, No. 4, 447–455

Dehmer, Mara/Steimle, Hans-E.: Von NEETS zu needs?! Über den Umgang mit dem NEETs-Begriff in Deutschland und Europa. In: Nachrichtendienst des Deutschen Vereins für Öffentliche und Private Fürsorge, Bd. 91, 12/2011, 543–548

Deutscher Bundestag (Hrsg.) (2013): Bericht über die Lebenssituation junger Menschen und die Leistungen der Kinder- und Jugendhilfe – 14. Kinder- und Jugendbericht. Drucksache 17/12200, Berlin

Dittmar, Norbert (2009): Transkription. Ein Leitfaden mit Aufgaben für Studenten, Forscher und Laien. Wiesbaden: 3. Aufl. Verlag für Sozialwissenschaften

Dombrowski, Rosine/Solga, Heike (2012): Soziale Ungleichheiten im Schulerfolg. Forschungsstand, Handlungs- und Forschungsbedarf. In: Kuhnhenne, Michaela (Hrsg.)/Miethe, Ingrid (Hrsg.)/Sünker, Heinz (Hrsg.)/Venzke, Oliver (Hrsg.), (K)eine Bildung für alle – Deutschlands blinder Fleck. Stand der Forschung und politische Konsequenzen. Opladen u.a.: Budrich, 51–86

Drepper, Th. (2010): Soziale personenbezogene Dienstleistungsorganisationen aus neoinstitutionalistischer Perspektive. In: Klatetzki, Th. (Hrsg.), Soziale personenbezogene Dienstleistungsorganisationen. Soziologische Perspektiven. Wiesbaden: Verlag für Sozialwissenschaften, 129–165

Dunkel, W. (2011): Arbeit in sozialen Dienstleistungsorganisationen: die Interaktion mit dem Klienten. In: Evers, A./Heinze, Th./Olk, Th. (Hrsg.), Handbuch Soziale Dienste. Wiesbaden: VS Verlag für Sozialwissenschaften, 187–205

Emirbayer, Mustafa/Mische, Ann (1998): What Is Agency? In: The American Journal of Sociology, 103 (4), 962–1023

Eurofound (2012): NEETs – Young people not in employment, education or training: Characteristics, costs and policy responses in Europe, Publications Office of the European Union, Luxembourg, 19 ff.

Europäische Kommission (2012): Mitteilung der Kommission an das Europäische Parlament, den Rat, den Europäischen Wirtschafts- und Sozialausschuss und den Ausschuss der Regionen. Einen arbeitsplatzintensiven Aufschwung gestalten. Straßburg 18.4.2012

Filipp, Sigrun-Heide/Aymanns, Peter (2010): Kritische Lebensereignisse und Lebenskrisen. Vom Umgang mit den Schattenseiten des Lebens. Stuttgart: Kohlhammer

French, W.L./Bell, C.H. (1990): Organisationsentwicklung. 3. Aufl. Bern/Stuttgart: Haupt

Fröhlich-Gildhoff, Klaus/Rönnau-Böse, Maike (2011): Resilienz. 2. Aufl. München: Ernst Reinhardt Verlag

Furlong, A. (2006): Not a very NEET solution: representing problematic labour market transitions among early school-leavers. In: Work, Employment & Society, 20, 553–569

Furlong, A. (2007): The zone of precarity and discourses of vulnerability. NEET in the UK (Comparative Studies on NEET, Freeter, and Unemployed Youth in Japan and the UK). In: The Journal of Social Sciences and Humanities, Education, 42, 101–121

Gadow, Tina/Peucker, Christian/Piuto, Liane/Seckinger, Mike (2013): Vielfalt offener Kinder- und Jugendarbeit. Eine empirische Analyse. In: deutsche jugend. Zeitschrift für Jugendarbeit, 61 (9), 380–389

Galuske, Michael (2005): Jugendsozialarbeit und Jugendberufshilfe. In: Otto, H.-U./Thiersch, H. (Hrsg.), Handbuch Sozialarbeit Sozialpädagogik. 3. Aufl. München/Basel: Reinhardt Verlag, 885–893

Gaupp, Nora (2013): Wege in Ausbildung und Ausbildungslosigkeit. Bedingungen gelingender und misslingender Übergänge in Ausbildung von Jugendlichen mit Hauptschulbildung. Düsseldorf: Hans-Böckler-Stiftung

Gaupp, N./Lex, T./Reißig, B./Braun, F. (2008): Von der Hauptschule in Ausbildung und Erwerbsarbeit. Ergebnisse des DJI-Übergangspanels. Berlin

Gerhardt, Uta (2001): Idealtypus – Zur methodologischen Begründung der modernen Soziologie. Frankfurt: Suhrkamp 2001

[G.I.B./IAB] (Gesellschaft für innovative Beschäftigungsförderung mbH/Institut für Arbeitsmarkt- und Berufsforschung) (2010): Weiterführung der Begleitforschung zur Einstiegsqualifizierung (EQ) im Auftrag des Bundesministeriums für Arbeit und Soziales (BMAS). Erster Zwischenbericht. Berlin

Giesecke, J./Ebner, C./Oberschachtsiek, D. (2010): Bildungsarmut und Arbeitsmarktexklusion. Die Wirkung schulischer und beruflicher Bildung auf dem westdeutschen Arbeitsmarkt. In: Quenzel, G./Hurrelmann, K. (Hrsg.), Bildungsverlierer: Neue Ungleichheiten. Wiesbaden: VS Verlag für Sozialwissenschaften, 421–438

Goffman, Erving (1952): On Cooling the Mark Out: Some Aspects of Adaptation and Failure. Psychiatry: Journal of Interpersonal Relations 15, 451–463

Grundmann, M. (2008): Handlungsbefähigung – eine sozialisationstheoretische Perspektive. In: Otto, H.-U./Ziegler, H. (Hrsg.), Capabilities – Handlungsbefähigung und Verwirklichungschancen in der Erziehungswissenschaft. Wiesbaden: Verlag für Sozialwissenschaften, 131–142

Grundmann, Matthias/Wernberger, Angela (2015): Familie und Sozialisation. In: Hill, Paul. B., Kopp, Johannes (Hrsg.), Handbuch Familiensoziologie, Wiesbaden: Springer VS, 413–434

Hammersley, Martyn (2006): Sensitizing Concepts. In: Jupp, Victor: Sage Dictionary of Social Research Methods. London/Thousend Oaks/New Delhi: Sage Publications, 279–280

Hampel, Christian (2010): § 13 SGB VIII – *die* Rechtsgrundlage der Jugendsozialarbeit. jugendsozialarbeit aktuell, Nr. 93. Landesarbeitsgemeinschaft Katholische Jugendsozialarbeit Nordrhein-Westfalen e.V. (LAG KJS NRW), Köln

Hauser, R. (2007): Probleme des deutschen Beitrags zu EU-SILC aus der Sicht der Wissenschaft – Ein Vergleich von EU-SILC, Mikrozensus und SOEP. In: SOEPpapers on Multidisciplinary Panel Data Research

Heinz, Walter R. (2009): Structure and agency in transition research. In: Journal of Education and Work 22 (5), 391–404

Helbig, Marcel/Nikolai, Rita (2008): Wenn Zahlen lügen. Vom ungerechtesten zum gerechtesten Bildungssystem in fünf Jahren. WZBrief Bildung 03/November 2008. Berlin: WZB

Helfferich, Cornelia (2012): Einleitung: Von roten Heringen, Gräben und Brücken. Versuch einer Kartierung von Agency-Konzepten. In: Bethmann, Stephanie/Helfferich, Cornelia/Hoffmann, Heiko/Niermann, Debora (Hrsg.), Agency. Qualitative Rekonstruktion und gesellschaftstheoretische Bezüge von Handlungsmächtigkeit. Weinheim/Basel: Juventa, 9–39

Hillmert, Steffen (2012): Familienstrukturen und soziale Bildungsreproduktion. In: Solga, Heike/ Becker, Rolf (Hrsg.), Soziologische Bildungsforschung. In: Kölner Zeitschrift für Soziologie und Sozialpsychologie, Sonderband 52, 325–345

Hitlin, Steven/Elder, Glen H. (2007): Time, Self, and the Curiously Abstract Concept of Agency. ln: Sociological Theory 25 (2), 170–191

Hölzle, Ch./Jansen, I. (Hrsg.) (2011): Ressourcenorientierte Biografiearbeit. Grundlagen – Zielgruppen – kreative Methoden. 2. Aufl. Wiesbaden: Verlag für Sozialwissenschaften

Hopf, Christel (1978): Die Pseudo-Exploration. Überlegungen zur Technik qualitativer Interviews in der Sozialforschung. Zeitschrift für Soziologie, 7, 1978, 97–115

Icking, Maria/Mahler, Julia (2011): Das Werkstattjahr. Eine empirische Untersuchung der Programmumsetzung. Materialien zu Monitoring und Evaluation. Arbeitspapiere 40. Herausgegeben von der G.I.B. Bottrop

[IfaB] Institut für angewandte Bildungsforschung GmbH (2006): Studie „Abbrecherproblematik in berufsvorbereitenden Bildungsmaßnahmen". Abschlussbericht. Im Auftrag des BMBF

[INBAS] Institut für berufliche Bildung, Arbeitsmarkt- und Sozialpolitik GmbH (2006): Entwicklungsinitiative: Neue Förderstruktur für Jugendliche mit besonderem Förderbedarf. Auswertung von soziodemografischen, Verlaufs- und Verbleibsdaten der Teilnehmenden im Modellversuchsjahr 2004–2005. Offenbach am Main

Jäger, U./Beyes, T. (2008): Von der Kunst des Balancierens. Entwicklungen, Themen und Praktiken des Managements von Nonprofit-Organisationen. Bern/Stuttgart/Wien: Haupt

Janoska-Bendl, Judith (1965): Methodologische Aspekte des Idealtypus. Max Weber und die Soziologie der Geschichte. Berlin: Duncker & Humblot

Julius, Henri (2009): Bindung und familiäre Gewalt-, Verlust- und Vernachlässigungserfahrungen. In: Julius, Henri/Gasteiger-Klicpera, Barbara/Kißgen, Rüdiger (Hrsg.), Bindung im Kindesalter. Diagnostik und Intervention. Hogrefe Verlag, Göttingen, 13–26

Jung, St./Wimmer, R. (2009): Organisation als Differenz: Grundzüge eines systemtheoretischen Organisationsverständnisses. In: Wimmer, R./Meissner, J.O./Wolf, P. (Hrsg.), Praktische Organisationswissenschaft. Lehrbuch für Studium und Beruf. Heidelberg: Carl Auer, 101–117

Jungbauer-Gans, M./Kriwy, P. (2004): Soziale Benachteiligung und Gesundheit bei Kindern und Jugendlichen. Wiesbaden: Verlag für Sozialwissenschaften

Kelle, Udo/Kluge, Susann (1999): Vom Einzelfall zum Typus. Fallvergleich und Fallkontrastierung in der qualitativen Sozialforschung. Opladen: Leske + Budrich

Kessl, Fabian/Reutlinger, Christian/Ziegler, Holger (2007): Erziehung zur Armut? Soziale Arbeit und die neue Unterschicht. Wiesbaden: Verlag für Sozialwissenschaften

Kindler, Heinz/Lillig, Susanna/Blüml, Herbert/Meysen, Thomas/Werner, Annegret (Hrsg.) (2006): Handbuch Kindeswohlgefährdung nach § 1666 und Allgemeiner Sozialer Dienst (ASD). München: Deutsches Jugendinstitut e.V.

Keupp, Heiner/Dill, Birgit (Hrsg.) (2010): Erschöpfende Arbeit: Gesundheit und Prävention in der flexiblen Arbeitswelt. Bielefeld: transcript Verlag

Konsortium Bildungsberichterstattung (2006): Bildung in Deutschland. Ein indikatorengestützter Bericht mit einer Analyse zu Bildung und Migration. Bielefeld

Kotitschke, Edith/Becker, Rolf (2014): Familie und Bildung. In: Hill, Paul B./Kopp, Johannes (Hrsg.), Handbuch Familiensoziologie, Wiesbaden: Springer VS, 737–773

Krampen, G./Viebig, J./Walter, W. (1982): Entwicklung einer Skala zur Erfassung dreier Aspekte von sozialem Vertrauen. Diagnostica, 28, 242–247

Kuckartz, Udo (2010): Einführung in die computergestützte Analyse qualitativer Daten. 3. Aufl. Wiesbaden: Verlag für Sozialwissenschaften

Kuckartz, Udo (2014): Mixed Methods: Methodologie, Forschungsdesigns und Analyseverfahren. Wiesbaden: Verlag für Sozialwissenschaften

Kühl, St. (2011): Organisation. Eine sehr kurze Einführung. Wiesbaden: Verlag für Sozialwissenschaften

Kuhnhenne, Michaela/Miethe, Ingrid/Sünker, Heinz/Venzke, Oliver (2012): Bildung als soziale und politische Frage. In: Kuhnhenne, Michaela (Hrsg.)/Miethe, Ingrid (Hrsg.)/Sünker, Heinz (Hrsg.)/Venzke, Oliver (Hrsg.), (K)eine Bildung für alle – Deutschlands blinder Fleck. Stand der Forschung und politische Konsequenzen. Opladen u.a.: Budrich, 7–16

Kuhnke, Ralf (2007): Pretestung des Baseline-Fragebogens und Entwicklung einer Strategie zur Validitätsprüfung von Einzelfragen. Arbeitsbericht im Rahmen einer Dokumentationsreihe: Methodische Erträge aus dem "DJI-Übergangspanel". Halle: DJI

Kuhnke, Ralf/Müller, Matthias (2009): Lebenslagen und Wege von Migrantenjugendlichen im Übergang Schule-Beruf: Ergebnisse aus dem DJI-Übergangspanel. Forschungsschwerpunkt „Übergänge in Arbeit“ am Deutschen Jugendinstitut e.V., Wissenschaftliche Texte 3/2009, München/Halle

Kuhnke, Ralf/Skrobanek, Jan (2011): Junge Menschen aus Mecklenburg-Vorpommern und Schleswig-Holstein in berufs- und ausbildungsvorbereitenden Angeboten. Bericht zur Vergleichsuntersuchung von Teilnehmerinnen und Teilnehmern in den drei Angeboten: Berufs- und Ausbildungsvorbereitendes Jahr, Produktionsschule und Berufsvorbereitende Bildungsmaßnahmen. Halle: DJI

Lamnek, S. (1995): Qualitative Sozialforschung. Bd. 2, Methoden und Techniken. 3. Aufl. Weinheim/Beltz: Psychologie-Verlags-Union

Lange, Andreas (2008): Agency – eine Perspektive für die Jugendforschung. In: Homfeldt, H.G./Schröer, W./Schweppe, C. (Hrsg.): Vom Adressaten zum Akteur. Soziale Arbeit und Agency. Opladen/Farmington Hills: Barbara Budrich, 155–182

Lappe, L. (2003): Fehlstart in den Beruf. Jugendliche mit Schwierigkeiten beim Einstieg ins Arbeitsleben. München: DJI Verlag

Lau, T./Wolff, S. (1983): Der Einstieg in das Untersuchungsfeld als soziologischer Lernprozess. In: Kölner Zeitschrift für Soziologie und Sozialpsychologie (35), 417–437

Lenz, Karl (1991): Prozeßstrukturen biographischer Verläufe in der Jugendphase und danach. Methodische Grundlagen einer qualitativen Langzeitstudie. In: Combe, A./Helsper, W. (Hrsg.), Hermeneutische Jugendforschung. Theoretische Konzepte und methodologische Ansätze. Opladen: Westdeutscher Verlag, 50–70

LSN Learning (2009): Tackling the NEETs problem Supporting Local Authorities in reducing young people not in employment, education and training

Lucius-Hoene, Gabriele (2012): "Und dann haben wir's operiert". Ebenen der Textanalyse narrativer Agency-Konstruktionen. In: Bethmann u.a. (Hrsg.): Agency. Qualitative Rekonstruktionen und gesellschaftstheoretische Bezüge von Handlungsmächtigkeit. Weinheim/Basel: Beltz Juventa, 40–70

Lucius-Hoene, Gabriele/Deppermann, Arnulf (2004): Rekonstruktion narrativer Identität. Ein Arbeitsbuch zur Analyse narrativer Interviews. 2. Aufl. Wiesbaden: VS Verlag für Sozialwissenschaften

Marshall, Victor W. (2000): Agency, Structure, and the Life Course in the Era of Reflexive Modernization. Presented in a symposium on "The Life Course in the 21st Century", American Sociological Association meetings, Washington DC, August 2000

Mayrhofer, W./Meyer, M./Titscher, St. (Hrsg.) (2010): Praxis der Organisationsanalyse. Anwendungsfelder und Methoden. Wien: facultas.wuv

Merchel, J. (2015): Management in Organisationen der Sozialen Arbeit. Eine Einführung. Weinheim/Basel: Beltz Juventa

Meuser, M./Nagel, U. (2013): Experteninterviews – methodische Voraussetzungen und methodische Durchführung. In: Friebertshäuser, B./Langer, A./Prengel, A. (Hrsg.), Handbuch Qualitative Methoden in der Erziehungswissenschaft. 4. Aufl. Weinheim/Basel: Beltz Juventa, 457–472

Mick, Carola (2012): Das Agency-Paradigma. In: Bauer, Ulrich/Bittlingmayer, Uwe/Scherr, Albert (Hrsg), Handbuch- Bildungs- und Erziehungssoziologie. Wiesbaden: Verlag für Sozialwissenschaften, 527–546

Mohr, G. (2006): Systemische Organisationsanalyse. Dynamik und Grundlagen der Organisationsentwicklung. Bergisch-Gladbach: EHP-Verlag

Muche, Claudia/Oehme, Andreas/Schröer, Wolfgang (2010): Niedrigschwellige Integrationsförderung. Eine explorative Studie zur Fachlichkeit niedrigschwelliger Angebote in der Jugendsozialarbeit. Herausgegeben von der Bundesarbeitsgemeinschaft örtlich regionaler Träger der Jugendsozialarbeit e.V. (BAG ÖRT), Berlin

Peucker, Christian/Piuto, Liane/Santen, Eric van: Kinder- und Jugendschutz durch offene Jugendarbeit. In: DJI Impulse, Nr. 2, 2014, 22–24

Pingel, Andrea (2010): Jugendsozialarbeit §13 SGB VIII als Aufgabe der Jugendhilfe?! Informationen zur aktuellen Datenlage, bundesweiten Entwicklungen und fachlichem Hintergrund der Diskussion um die Umsetzung der Jugendsozialarbeit durch die (kommunale) Jugendhilfe. Arbeitspapier der Stabsstelle des Kooperationsverbundes. Berlin

Plicht, H. (2010): Das neue Fachkonzept berufsvorbereitender Bildungsmaßnahmen der BA in der Praxis. Ergebnisse aus der Begleitforschung BvB. IAB-Forschungsbericht 7/2010

Pohl, A./Stauber, B. (2007): „Auf einmal ist dir das nicht mehr egal…“ Motivation und Partizipation in zwei Projekten der Jugendsozialarbeit. In: Stauber, B./Pohl, A./Walther, A. (Hrsg.), Subjektorientierte Übergangsforschung. Rekonstruktion und Unterstützung biografischer Übergange junger Erwachsener. Weinheim/München: Juventa, 201–225

Pohlmann, M./Markova, H. (2011): Soziologie der Organisation. Eine Einführung. Konstanz/München: UTB/UVK-Verlagsgesellschaft

Pothmann, Jens (o.J.): Benachteiligung in Zahlen. Eine Expertise. Datenlagen zur Jugendsozialarbeit in Nordrhein-Westfalen

Preisendörfer, P. (2011): Organisationssoziologie. Grundlagen, Theorie und Problemstellungen. 3. Aufl. Wiesbaden: Verlag für Sozialwissenschaften

Presser, S./Blair, J. (1994): Survey Pretesting: Do different Methods produce different Results? In: Sociological Methodology (24), 73–104
Prüfer, P./Rexroth, M. (2005): Verfahren zur Evaluation von Survey-Fragen: Ein Überblick. ZUMA Arbeitsbericht Nr. 96/05
Przyborski, A./Wohlrahb-Sahr, M. (2014): Qualitative Sozialforschung. Ein Arbeitsbuch. München: 4. Aufl. Oldenbourg Wissenschaftsverlag
Quenzel, Gudrun/Hurrelmann, Klaus (Hrsg.) (2010): Bildungsverlierer. Neue Ungleichheiten. Wiesbaden: VS Verlag für Sozialwissenschaften
Raithel, J. (2011): Jugendliches Risikoverhalten. Eine Einführung. Wiesbaden: Verlag für Sozialwissenschaften
Raithelhuber, Eberhard (2011): Übergänge und Agency. Eine sozialtheoretische Reflexion des Lebenslaufkonzepts. Opladen: Budrich
Raithelhuber, Eberhard (2008): Von Akteuren und Agency – eine sozialtheoretische Einordnung der structure/agency-Debatte. In: Homfeldt, H.G./Schröer, W./Schweppe, C. (Hrsg.): Vom Adressaten zum Akteur. Soziale Arbeit und Agency. Opladen/Farmington Hills: Barbara Budrich, 17–46
Rauschenbach, Thomas/Leu, Hans-Rudolf/Lingenauber, Sabine/Mack, Wolfgang/Schilling, Matthias/Schneider, Kornelia/Züchner, Ivo (2004): Non-formale und informelle Bildung im Kindes- und Jugendalter. Konzeptionelle Grundlagen für einen nationalen Bildungsbericht. Berlin: Bundesministerium für Bildung und Forschung
Reichertz, Jo (1991): Der Hermeneut als Autor. Zur Darstellbarkeit hermeneutischer Fallrekonstruktionen. In: Österreichische Zeitschrift für Soziologie, 16 (4), 3–16
Reißig, Birgit (2010): Biographien jenseits von Erwerbsarbeit. Prozesse sozialer Exklusion und ihre Bewältigung. Wiesbaden: Verlag für Sozialwissenschaften
Reißig, Birgit/Schreiber, Elke (2012): Übergangsgestaltung von der Schule in die Arbeitswelt. Kurzexpertise. München
Rothgeb, J./Willis, G./Forsyth, B. (2007): Questionnaire Pretesting Methods. Do Different Techniques and Different Organization produce similar Results? Bulletin de Méthodologie Sociologique (96), 5–31
Sackmann, Reinhold (2013): Lebenslaufanalyse und Biografieforschung. Eine Einführung. 2. erweiterte Aufl. Wiesbaden: Springer VS
Santen, E. van/Seckinger, M. (2003): Kooperation: Mythos und Realität einer Praxis. Eine empirische Studie zur interinstitutionellen Zusammenarbeit am Beispiel der Kinder- und Jugendhilfe. München
Santen, E. van/Seckinger (2005): Fallstricke im Beziehungsgeflecht: die Doppelebenen interinstitutioneller Netzwerke. In: Bauer, P./Otto, U. (Hrsg.), Mit Netzwerken professionell zusammenarbeiten. Band II: Institutionelle Netzwerke in Steuerungs- und Kooperationsperspektive. Tübingen: DGVT-Verlag, 201–219
Santen, E. van/Seckinger, M. (2015): Kooperationen im ASD. In: Merchel, J. (Hrsg.), Handbuch Allgemeiner Sozialer Dienst (ASD). 2. Aufl. München/Basel: Ernst Reinhardt Verlag, 353-368
Scherr, Albert (2013): Agency – ein Theorie- und Forschungsprogramm für die Soziale Arbeit? In: Graßhoff, Gunter (Hrsg.), Adressaten, Nutzer, Agency. Akteursbezogene Forschungsperspektiven in der Sozialen Arbeit. Wiesbaden: Verlag für Sozialwissenschaften, 229–242
Scherr, Albert (2012): Soziale Bedingungen von Agency. Soziologische Eingrenzung einer sozialtheoretisch nicht auflösbaren Paradoxie. In: Bethmann, Stephanie/Helfferich, Cornelia/Hoffmann, Heiko/Niermann, Debora (Hrsg.), Agency. Qualita-

tive Rekonstruktion und gesellschaftstheoretische Bezüge von Handlungsmächtigkeit. Weinheim/Basel: Juventa, 99–121

Schimank, Uwe (1999): Drei Wünsche zur soziologischen Theorie. In: Soziale Welt 50 (4), 415–422

Schmidt, Holger (2011): Zum Forschungsstand der Offenen Kinder- und Jugendarbeit. Eine Sekundäranalyse. In: Schmidt, Holger (Hrsg.): Empirie der Offenen Kinder- und Jugendarbeit. Wiesbaden: VS Verlag für Sozialwissenschaften, 13–127

Schruth, Peter (2011): Zum (notwendigen) Bestand der Jugendsozialarbeit als Teil der Jugendhilfe. In: dreizehn, Zeitschrift für Jugendsozialarbeit, 4/2011, herausgegeben vom Kooperationsverbund Jugendsozialarbeit, 8–13

Schumann, Karl F./Gerken, Jutta/Seus, Lydia: "Ich wußt' ja selber, daß ich nicht grad der Beste bin ... ": zur Abkühlungsproblematik bei Mißerfolg im schulischen und beruflichen Bildungssystem. Universität Bremen, SFB 186 Statuspassagen und Risikolagen im Lebensverlauf (Hrsg.), Bremen, 1991 (Arbeitspapier / Sfb 186 12)

Schütze, Fritz (1977): Die Technik des narrativen Interviews in Interaktionsfeldstudien. Arbeitsberichte und Forschungsmaterialien Nr. 1 der Universität Bielefeld, Fakultät für Soziologie

Schwarzer, R. (1994). Optimistische Kompetenzerwartung: Zur Erfassung einer personalen Bewältigungsressource. Diagnostica, 40, 105–123

Schwarzer, R./Jerusalem, M. (1999): Skalen zur Erfassung von Lehrer- und Schülermerkmalen. Dokumentation der psychometrischen Verfahren im Rahmen der Wissenschaftlichen Begleitung des Modellversuchs Selbstwirksame Schulen. Berlin: Freie Universität Berlin

Schweitzer, J. (1998): Gelingende Kooperation. Systemische Weiterbildung in Gesundheits- und Sozialberufen. Weinheim/München: Juventa

Scottish Executive (2006): More Choices, More Chances: A Strategy to Reduce the Proportion of Young People not in Education, Employment or Training in Scotland. Edinburgh

Shanahan, M. J./Elder, G. H., Jr. (2002): History, Agency, and the Life Course. In: Dienstbier, R.A./Crockett, L.J. (Hrsg.), Agency, Motivation, and the Life Course. Lincoln: University of Nebraska Press, Vol. 48, 145–186

Simon, F.B. (2007): Einführung in die systemische Organisationstheorie. Heidelberg: Carl Auer

Stein, Margit (2009): Allgemeine Pädagogik. München: Ernst Reinhardt Verlag

Tillmann, Frank/Gehne, Carsten (2012): Situation ausgegrenzter Jugendlicher. Expertise unter Einbeziehung der Praxis. Düsseldorf: Bundesarbeitsgemeinschaft Katholische Sozialarbeit

Titscher, St./Meyer, M./Mayrhofer, W. (Hrsg.) (2008): Organisationsanalyse. Konzepte und Methoden. Wien: facultas.wuv

Vogd, W. (2009): Rekonstruktive Organisationsforschung. Qualitative Methodologie und theoretische Integration. Opladen: Budrich

Walgenbach, P. (2002): Institutionalistische Ansätze in der Organisationstheorie. In: Kieser, A. (Hrsg.), Organisationstheorien. 5. Aufl. Stuttgart: Kohlhammer, 319–353

Walper, Sabine/Thönnissen, Carolin/Wendt, Eva-Verena/Bergau, Bettina (2009): Geschwisterbeziehungen in riskanten Familienkonstellationen. Sozialpädagogisches Institut im SOS-Kinderdorf e.V., Materialien 7, Geschwister in der stationären Erziehungshilfe

Walther, Andreas (2002): ‚Benachteiligte Jugendliche': Widersprüche eines sozialpolitischen Deutungsmusters. Anmerkungen aus einer europäisch-vergleichenden Perspektive. In: Soziale Welt, 53 (1), 87–107

Weber, Max (1973): Die „Objektivität" sozialwissenschaftlicher und sozialpolitischer Erkenntnis. In: Gesammelte Aufsätze zur Wissenschaftslehre, hrsg. von Winckelmann, Johannes. Tübingen, 146–214

Wiesner, R. u.a. (2011): SGB VIII. Kinder- und Jugendhilfe. Kommentar. 4. Aufl. München: C.H. Beck

Wimmer, R. (2009): Führung und Organisation - zwei Seiten ein und derselben Medaille. In: Revue für postheroisches Management, Heft 4, 20–33

Winkler, Christoph (2005): Lebenswelten Jugendlicher. Eine empirisch-quantitative Exploration an Berufsschulen zur sonderpädagogischen Förderung im Regierungsbezirk Oberfranken. München

Witzel, Andreas (1996): Auswertung problemzentrierter Interviews. In: Stobl, R./Böttger, A. (Hrsg.), Wahre Geschichten. Zur Theorie und Praxis qualitativer Interviews. Baden-Baden: Nomos Verlagsgesellschaft, 49–76

Witzel, Andreas (1985): Das problemzentrierte Interview. In: Jüttemann, Gerd (Hrsg.), Qualitative Forschung in der Psychologie: Grundfragen, Verfahrensweisen, Anwendungsfelder. Weinheim: Beltz, 227–255

Witzel, Andreas (2000): Das problemzentrierte Interview [25 Absätze]. Forum Qualitative Sozialforschung/Forum: Qualitative Social Research, 1(1), Art. 22

Wolff, Stephan (2010): Wege ins Feld und ihre Varianten. In: Flick, U./von Kardorff, E./Steinke, I. (Hrsg.), Qualitative Forschung. Ein Handbuch. Hamburg: Rowohlt Taschenbuchverlag, 334–348

Zander, Margherita (2010): Armes Kind - starkes Kind? Die Chance der Resilienz. 3. Aufl. Wiesbaden: Verlag für Sozialwissenschaften

Ziegler, H. (2008): Soziales Kapital und Agency. In: Homfeldt, H.G./Schröer, W./ Schweppe, C. (Hrsg.): Vom Adressaten zum Akteur. Soziale Arbeit und Agency. Opladen/Farmington Hills: Barbara Budrich, 83–106